KB043938

세계 끝의 버섯

세계 끝의 버섯

자본주의의 폐허에서 삶의 가능성에 대하여

애나 로웬하웁트 칭 지음

노고운 옮김

현실문화

차 례

일러두기

1. 외국 인명과 지명은 국립국어원 외래어 표기법을 원칙으로 하되,
   국내에서 널리 사용되는 표기는 관행에 따르기도 했다.
2. 본문의 [ ]는 원문의 이해를 돕기 위해 옮긴이가 보충한 것이다.
3. 원서의 (제목 표기가 아닌) 이탤릭체 표시는 강조체로 옮겼다.
4. 지은이가 본문에서 인용하는 책의 경우 국역본이 있으면 최대한
   그 서지사항을 달아주었다.
5. 제목을 표시하는 기호로 단행본, 잡지, 신문에는 『 』를, 논문과 기
   사, 단편 문학 작품에는 「 」를, 영상물과 예술 작품에는 〈 〉를 사
   용했다.

서로 얽히게 하는 것들

계몽주의 시대부터 서구 철학자들이 우리에게 보여준 자연은 웅대하고 보편적이면서도 수동적이고 기계적인 것이었다. 자연이란 인간이 도덕적 의도에서 길들이고 지배할 수 있는 배경이자 자원이었다. 모든 인간과 비인간 존재의 생기 넘치는 활동을 상기시키는 일은 비서구권과 비문명권의 이야기꾼을 비롯한 우화 작가들의 몫으로 남겨졌다.

그런데 이러한 분업을 약화시키는 몇 가지 일이 발생했다. 첫째, 그와 같이 길들이고 지배하는 모든 활동 때문에 자연이 엉망진창이 되자 지구상에 생명체가 존속할 수 있을지 불확실해졌다. 둘째, 한때 우화에나 등장하는 이야기로 여겨졌던 이종 간 얽힘 interspecies entanglements은 이제 생명이 어떻게 다양한 존재들의 상호작용을 필요로 하는지 보여주는 진지한 토론 주제가 되어 생물학자와 생태학자 사이에서 논의되고 있다. 인간이 다른 모든 존재를 짓밟고선 살아남을 수 없다. 셋째, 전 세계 여성과 남성이 전에 [서구] 남성에게만 부여되던 인간의 지위에 포함되어야 한다고 강력히 요구하고 있다. 방종한 우리 존재가 기독교적 남성성의 중심 개념인 인간의 도덕적 의도성—이것 때문에 인간은 자연과 다르다고 보았다—의 토대를 약화시킨다.

문명의 제1원리를 벗어나 새로운 방식으로 진실된 이야기를 할 때가 왔다. [계몽주의적 의미의] 인간과 자연이 없다면 모든 생물은 소생할 수 있고, 남성과 여성은 편협하게 상상된 합리성에 구속받지 않고 스스로를 표현할 수 있다. 그러한 이야기들이 더는 밤의 속삭임으로 격하되는 일이 없다면, 진실되면서도 기막히게 멋진 이야기가 될 수도 있을 것이다. 우리가 엉망으로 만든 이 세계에 아직 무언가 살아 있다는 사실을 달리 어떻게 설명할 수 있겠는가?

이 책은 버섯을 추적하며 그런 진실된 이야기를 들려준다. 대부분의 학술서와 달리, 이 책에는 짧지만 다채로운 장들이 펼쳐질 것이다. 나는 그 장들이 비 온 뒤 쑥쑥 올라오는 버섯과 같았으면 했다. 다시 말해서 넘쳐날 만큼 풍부한 것, 탐험을 부르는 것, 언제나 너무 많은 것이 되기를 바랐다. 각 장의 이야기가 모여 만드는 것은 논리적인 기계가 아니라 열린 배치open-ended assemblages다.[1] 각 장은 그 바깥에 있는, 훨씬 더 많은 이야기를 향해 손짓한다. 각

---

1. 배치란 철학자 질 들뢰즈(Gilles Deleuze)의 개념인 아장스망(agencement)을 번역한 용어다. 애나 칭은 이 책의 1장 각주 8에서 배치를 어떤 의미로 사용하는지 자세히 설명하고 있다. —옮긴이

장은 서로 얽혀 있으면서도 서로를 방해하는데, 그 모양이 내가 서술하려고 하는 세계의 패치성patchiness[2]과 닮았다. 아울러 책에 첨부된 사진은 텍스트와 나란히 어떤 이야기를 들려주지만, 미리 얘기해두자면 삽화처럼 텍스트를 직접적으로 설명하지는 않는다. 내가 이미지를 사용하는 것은 내가 논하는 장면보다는 내 주장에 깃들어 있는 정신을 나타내기 위해서다.

'제1의 자연'은 (인간을 포함한) 생태적 관계를 의미하고 '제2의 자연'은 자본주의적으로 변형된 환경을 뜻한다고 상상해보라. 대중적으로는 생소한, 자연에 대한 이러한 시각은 윌리엄 크로넌William Cronon의 책 『자연의 메트로폴리스Nature's Metropolis』[3]에서 비롯된 것이다. 그렇다면 내 책은 '제3의 자연'을 제안하는데, 그것은 곧 자본주의 속에서도 삶을 살아내는 것을 뜻한다. 우리는 제3의 자연을 깨닫기 위해서라도 미래가 단일한 방향으로 뻗어나간다는 가정을 버려야 한다. 양자장의 가상 입자들처럼 복수複數의 미래가

---

2. 패치의 사전적 의미는 구멍 난 부분을 때우기 위해 덧대는 작은 조각이나 조각난 작은 공간, 또는 채소나 과일을 경작하는 작은 땅을 뜻한다. 저자는 이 책에서 패치를 두 가지 의미로 사용하고 있다. 먼저 자본주의를 세계 전체에 영향을 미치는 하나의 거대한 체계로 보는 대신에 확장성을 가진 획일적 방식의 생산, 운송, 소비가 세계의 여러 지역에서 실행되는 패치(조각)들이 연결되면서 작동하는 체계로 본다. 두 번째 의미는 송이버섯 곰팡이, 소나무, 인간, 동물, 새, 곤충, 다른 식물 등이 배치를 통해 형성하는 생태적 얽힘의 관계망이다. 패치성은 두 의미에서 모두 고정되어 있지 않아 변화 가능하고 패치 내부와 외부의 요소들이 서로 맺는 관계가 불안정한 특성을 뜻한다. 이 개념을 통해 저자는 송이버섯이 선물 경제와 상품 경제에 동시에 포함되면서 자본주의적이고 비자본주의적인 패치를 넘나드는 모습을 보여준다. 또한 수많은 시간적 리듬이 다양한 방식으로 겹치면서 조화와 부조화를 생산하는 방식으로 패치들이 얽히는 양상을 형상화하면서 지구 생물의 공생을 설명한다. ─옮긴이

3. William Cronon, *Nature's metropolis* (New York: W. W. Norton, 1992).

수많은 가능성과 함께 출몰한다. 제3의 자연은 이런 시간적 다성음악 안에서 창발하기 때문이다. 하지만 진보에 관한 이야기들이 우리 눈을 멀게 했다. 이 책은 진보의 이야기 없이 세상을 이해하기 위해 삶이 얽혀 있는 방식의 열린 배치를 그려낼 것이다. 이들 열린 배치가 많은 종류의 시간적 리듬과 조화를 이루면서 합쳐지기 때문이다. 나의 형식 실험과 내가 펼치는 주장은 서로를 뒷받침한다.

이 책은 2004년부터 2011년까지 미국과 일본, 캐나다, 중국, 핀란드에서 송이버섯 시즌 동안 수행된 현지 조사 자료, 또 이곳들을 비롯해 덴마크, 스웨덴, 튀르키예 등지의 과학자, 산림관리인, 송이버섯 무역업자와의 인터뷰를 바탕으로 쓰였다. 아마도 나의 송이버섯 추적은 여기서 끝나지 않을 것이다. 멀게는 모로코, 한국, 부탄 같은 지역의 송이버섯이 나를 부른다. 이 책을 마주하는 독자들도 나와 함께 '송이버섯 열병'을 조금이나마 경험하기를 바란다.

숲바닥[4] 아래에 있는 곰팡이 균체는 버섯을 생산하기 훨씬 전부터 뿌리와 무기질 토양을 한데 묶으면서 그물망과 실타래처럼 뻗어나간다. 모든 책은 이와 마찬가지로 드러나지 않은 협업을 통해 탄생

4. 산림의 지표면을 뜻한다. 초목이 없는 땅의 표면과 달리 낙엽 퇴적물, 많은 종류의 버섯, 다양한 초본 식물이 분포하고 있다. ─옮긴이

한다. 개개인의 이름이 적힌 명단만으로는 부족하기에, 이 책을 가능하게 한 협력적 참여에 대해 언급하면서 감사 인사를 하고자 한다. 이 책은 최근의 민족지 대부분과는 다르게, 협업을 통한 실험에 바탕을 둔 연구로 이루어졌다. 더욱이 내 생각에 연구할 가치가 있어 보인 질문들은 내가 여러 참가자 가운데 그저 한 명으로 참여한 치열한 토론을 통해 형성된 것이다.

이 책은 티머시 초이Timothy Choy, 리바 파이어Lieba Faier, 일레인 갠Elaine Gan, 마이클 해서웨이Michael Hathaway, 이노우에 미야코井上美弥子, 사쓰카 시호佐塚志保, 그리고 내가 참여한 '마쓰타케 월드 리서치 그룹Matsutake Worlds Research Group'의 작업을 통해 탄생했다. 인류학 역사의 상당 기간 동안 민족지는 혼자서 수행하는 작업이었지만, 우리 모임은 협업이 상존하는 새로운 방식의 인류학을 시도하고자 의기투합했다. 민족지의 핵심은 연구 대상인 연구 참여자와 함께 어떤 상황에 대해 생각하는 방법을 배우는 것이다. 연구 범주는 연구를 시작하기 전에 존재하는 것이 아니라 그 연구와 **더불어** 발전한다. 다른 연구자들, 즉 서로 다른 지역 지식local knowledge을 습득하고 있는 연구자들과 함께 작업할 때는 어떻게 이 방법을 활용할 수 있을까? 우리 모임은 거대 과학에서 하듯 목적을 미리 세워놓고 연구하기보다는, 협업을 통해 연구 목표가 드러나게 하기로 결심했다. 우리는 다양한 형식의 연구와 분석 및 글쓰기를 시도하면서 이런 도전을 이어나갔다.

이 책은 마쓰타케 월드 리서치 그룹에서 발간하는 미니 총서의 첫 번째 책으로, 뒤이어 마이클 해서웨이와 사쓰카 시호의 책이 출간될 예정이다.[5] 하나의 책에서 다음 책으로 줄거리가 펼쳐지는 모험 이야기라고 이해해주기 바란다. 송이버섯의 세계에 관한 우리의 호기심은 책 한 권에 담기거나 한 가지 목소리로만 표현될 수는 없다. 다음에 펼쳐질 이야기들을 알기 위해서 이후에 출판될 책에도 관심을 가져주었으면 한다. 나아가 우리 책은 에세이와 논문을 포함해 다른 장르로도 이어진다.[6] 일레인 갠과 나는 영화 제작자 세라 도사Sara Dosa와 팀을 이뤄 여러 대륙의 채집인, 과학자, 상인, 산림관리인의 이야기를 담은 온라인 공간을 구축했다(www.matsutakeworlds.org). 일레인 갠의 예술과 과학art-and-science 실천은 더 많은 협업이 이뤄질 수 있도록 영감을 주었다.[7] 세

5. 2021년 7월에 마쓰타케 월드 리서치 그룹에서 협업 중인 학자들이 모두 참여해 『송이버섯의 세계(Matsutake Worlds)』(Lieba Faier and Michael J. Hathaway eds., 2021, Berghahn Books)라는 제목의 책을 출간했다. 그리고 2022년 4월에 해서웨이의 단독 저서 『버섯이 사는 이유: 송이버섯과 그들이 만드는 세상(What a Mushroom Lives For: Matsutake and the Worlds They Make)』(Michael J. Hathaway, 2022, Princeton University Press)이 출간되었다. —옮긴이
6. 다음의 논문을 참고하기 바란다. Matsutake Worlds Research Group, "A new form of collaboration in cultural anthropology: Matsutake world," *American Ethnologist* 36, no. 2 (2009): 380-403; Matsutake Worlds Research Group, "Strong collaboration as a method for multi-sited ethnography: On mycorrhizal relations," *Multi-sited ethnography: Theory, praxis, and locality in contemporary research*, ed. Mark-Anthony Falzon, 197-214 (Farnham, UK: Ashgate, 2009); Anna Tsing and Shiho Satsuka, "Diverging understanding of forest management in matsutake science," *Economic Botany* 62, no. 3 (2008): 244-256. 해당 연구 집단은 현재 논문을 함께 출간할 특별호를 준비 중이다.
7. 샌프란시스코에서 열린 2012년 미국 인류학 연례 학술회의 발표한 논문인 Elain Gan and Anna Tsing, "Some experiments in the representation of time: Fungal clock"; 나탈리 맥키버(Natalie McKeever)가 애니메이션을 담당하고 2013년 시드니 대학에서 진행된 비디오 설치미술인 Gan and Tsing, "Fungal time in the satoyama forest."

라 도사의 영화 〈마지막 시즌The Last Season〉이 이러한 대화 작업에 더해졌다.[8]

송이버섯 연구는 우리를 분과 학문적 지식 너머로 이끌 뿐 아니라 다양한 언어, 역사, 생태, 문화적 전통이 세상을 형성하는 곳으로 데려간다. 리바 파이어, 이노우에 미야코, 사쓰카 시호는 일본을, 티머시 초이와 마이클 해서웨이는 중국을 연구한다. 나는 이 연구 모임에서 동남아시아 지역을 맡았으며 미국 태평양 연안 북서부에서 일하는 라오스 및 캄보디아 출신의 송이버섯 채집인을 연구할 계획이었다. 그러나 이 작업을 수행하려면 도움이 필요하다는 것을 깨달았다. 회르레이푸르 욘손Hjorleifur Jonsson과의 협업, 그리고 루에 방Lue Vang과 데이비드 펑David Pheng의 도움은 미국 내 동남아시아인에 대한 나의 연구에 꼭 필요한 것이었다.[9] 문화와 생태 연구소Institute for Culture and Ecology의 에릭 존스Eric Jones와 캐스린 린치Kathryn Lynch, 리베카 맥레인Rebecca McLain은 나를 송이버섯의 세계로 인도했으며 여전히 좋은 동료로 남아 있다. 베벌리 브라운Beverly Brown과의 만남도 고무적이었다. 에이미 피터슨Amy Peterson은 나를 일본계 미국인으로 이뤄진 송이버섯 공동체에게 소개해주었고 그들과 교제하는 요령을 알려주었다. 수 힐턴Sue Hilton은 나와 함께

---

8. Sara Dosa, *The last season* (Filament Productions, 2014). 이 영화는 오리건주의 두 채집인(미국-인도차이나전쟁의 백인 참전용사와 캄보디아인 난민)의 관계를 따라간다.

9. 회르레이푸르 욘손의 책 *Slow anthropology: Negotiating difference with the Iu Mien* (Ithaca, NY: Cornell University Southeast Asia Program Publications, 2014)은 우리와 협력하면서 받은 자극과 욘손의 지속적인 이우 미엔(Iu Mien) 사회에 대한 연구가 합쳐져서 탄생했다.

소나무를 관찰했다. 윈난성에서는 뤄원훙罗文宏과 한 팀이 되어 작업했다. 교토의 이시카와 노보루石川登는 뛰어난 가이드이자 동료였다. 핀란드에서는 에이라마이야 사보넨Eira-Maija Savonen이 제반 사항을 마련해주었다. 여행 하나하나가 이러한 협업의 중요성을 내게 일깨워주었다.

이 책이 출판되기까지 다른 종류의 협업도 많이 이뤄졌다. 특히 국내외 학자들의 도움으로 이루어진 나의 두 가지 학술적 성장이 이 책에 반영되었다. 나는 캘리포니아대학 산타크루스캠퍼스University of California, Santa Cruz에서 도나 해러웨이Donna Haraway와 공동 강의를 맡는 등 페미니즘 과학학을 배울 수 있는 특권을 누렸다. 이곳에서 나는 비판을 통해서만이 아니라 세계를 구축하는 지식을 통해서도 자연과학과 문화연구를 가로지르는 학문이 가능함을 엿볼 수 있었다. 그렇게 우리가 생산해낸 것 중 하나가 다종에 관한 스토리텔링multispecies storytelling이다. 산타크루스의 페미니즘 과학학 공동체 덕분이었다. 또한 나는 이곳을 통해 이후에 많은 동지를 만났다. 앤드류 매슈스Andrew Mathews는 상냥하게 나를 숲으로 다시 이끌어주었다. 헤더 스완슨Heather Swanson은 내가 비교를 통해, 또 일본을 통해 사고하도록 도움을 주었다. 크리스틴 루데스탐Kristen Rudestam은 오리건주에 대해 알려주었다. 제러미 캠벨Jeremy Campbell, 재커리 케이플Zachary Caple, 로잰 코언Roseann Cohen, 로자 피섹Rosa Ficek, 콜린 호그Colin Hoag, 케이티 오버스트리트Katy Overstreet, 베티나 스토엣저Bettina Stoetzer 등 많은 이와 대화를 나누면서 배운 바 또한 많다.

나는 산타크루스 등지에서 자본주의에 대한 비판적 페미니
즘 연구를 접하던 도중에 영웅적으로 물신화된 자본주의 이면의
자본주의를 알고 싶다는 생각을 하게 됐다. 마르크스주의의 범주
들이 인류학의 민족지적 해석 기법인 두꺼운 기술thick description을
반영하지 못하는 경향이 있음에도 내가 여전히 마르크스주의적
성향을 유지하는 이유는 리사 로펠Lisa Rofel이나 실비아 야나기사
코Sylvia Yanagisako 같은 페미니스트 동료 학자의 통찰력 덕분이다.
토론토 대학University of Toronto(타냐 리Tania Li의 초대를 받았다)과 미
네소타대학University of Minnesota(캐런 호Karen Ho의 초대를 받았다)의
연구 모임이 그랬듯이, 캘리포니아대학 산타크루스캠퍼스 소속 페
미니즘 고등연구소Institute for Advanced Feminist Research 역시 내게 지적
인 자극을 주었다. 덕분에 나는 번역 기계translation machines라는 개
념을 사용해 전 지구적인 공급사슬을 구조적으로 기술하려는 시
도의 첫발을 내디딜 수 있었다. 고故 줄리 그레이엄Julie Graham이 생
전에 나를 격려해준 짧은 순간을 영예롭게 기억한다. 그가 캐스린
깁슨Kathryn Gibson과 함께 개척했던 '경제적 다양성economic diversity'
이라는 시각은 나를 비롯한 많은 학자에게 도움이 되었다. 권력과
차이 문제를 놓고 산타크루스에서 제임스 클리퍼드James Clifford, 로
자 피섹, 수전 하딩Susan Harding, 게일 허섀터Gail Hershatter, 메건 무디
Megan Moodie, 브레히에 판 에이켈런Bregje van Eekelen 등 많은 이와 나
눈 대화도 아주 긴요했다.

나의 연구가 가능했던 것은 많은 연구재단 및 기관의 지원이
있었기 때문이다. 캘리포니아대학의 환태평양연구프로그램Pacific

Rim Research Program에서 초기 연구비를 지원받아 연구의 첫 단계를 시작할 수 있었다. 중국과 일본에서 이뤄진 마쓰타케 월드 리서치 그룹의 공동 연구는 도요타재단Toyota Foundation의 지원을 받았다. 캘리포니아대학 산타크루스캠퍼스는 내게 연구 목적의 휴직을 허가해주었다. 닐스 부반트Nils Bubandt와 오르후스대학Aarhus University 은 내가 이 책의 콘셉트를 잡고 집필을 시작할 수 있도록 차분하면서도 자극이 되는 환경을 제공해주었다. 2010-2011년에는 존 사이먼 구겐하임 기념재단John Simon Guggenheim Memorial Foundation으로부터 받은 연구지원금 덕분에 이 책을 쓸 수 있었다. 이 책의 막바지 작업을 하던 때는 덴마크국립연구재단Danish National Research Foundation에서 연구비를 지원받아 오르후스대학의 인류세 프로젝트Anthropocene project에 착수할 무렵이었다. 내게 이런 기회를 준 것에 감사를 드린다.

많은 이가 초고를 읽고, 함께 토론하고, 이 책이 출판될 수 있도록 도움을 주었다. 나탈리아 브리쳇Nathalia Brichet, 재커리 케이플Zachary Caple, 앨런 크리스티Alan Christy, 폴라 에브런Paulla Ebron, 수전 프리드먼Susan Friedman, 일레인 갠, 스콧 길버트Scott Gilbert, 도나 해러웨이, 수전 하딩, 프리다 하스트룹Frida Hastrup, 마이클 해서웨이, 게일 허섀터, 크레그 헤더링턴Kregg Hetherington, 러스틴 호그니스Rusten Hogness, 앤드류 매슈스, 제임스 스콧James Scott, 헤더 스완슨, 그리고 수전 라이트Susan Wright는 흔쾌히 듣고, 읽고, 조언해주었다. 이노우에 미야코는 시를 다시 번역해주었다. 캐시 쳇코비치Kathy Chetkovich 는 글을 쓰고 생각할 때 없어서는 안 될 길잡이였다.

이 책에 실린 사진은 오로지 일레인 갠의 너그러운 도움으로 완성된 것이다. 모두 내가 연구하는 동안 촬영된 사진인데, 그중 일부(9, 10, 14장 도입부의 사진과 「인터루드: 추적하기」의 맨 아래 사진)는 연구보조원 루에 방이 나와 함께 작업할 당시 찍은 것이다. 나머지 사진은 내가 촬영했다. 일레인 갠은 로라 라이트Laura Wright의 도움을 받아 그 사진들을 사용할 수 있도록 해주었다. 또한 일레인 갠은 각 장의 섹션을 구분해주는 삽화도 그렸다. 이 삽화는 곰팡이 포자, 빗방울, 균근菌根 및 버섯을 묘사한 것이다. 독자들이 이 그림을 즐겨주었으면 한다.

모든 연구 지역에서 함께 이야기하고 작업해준 많은 이에게 나는 막대한 빚을 졌다. 채집인들은 채집을, 과학자들은 연구를 잠깐 멈췄으며, 기업인들은 사업 시간을 할애했다. 모두에게 감사한다. 하지만 이 책에서는 사생활 보호를 위해 그들의 이름을 대부분 가명으로 적었다. 과학자 및 자신의 견해를 공적 영역에서 발표한 공인은 예외로 두었다. 공개적으로 입장을 표명한 이들의 이름을 밝히지 않는 것은 결례라고 생각한다. 지명도 같은 원칙을 적용했다. 즉, 도시 이름은 밝혀두었지만 이 책은 일차적으로 촌락 연구가 아니므로, 이름을 언급하는 것이 주민의 사생활을 침해할 수 있는 시골 지역일 경우에는 구체적인 장소를 밝히지 않았다.

이 책은 이렇듯 갖가지 출처에서 얻은 자료에 기대고 있기 때문에, 통합된 참고문헌 목록을 따로 넣지 않고 주석으로 문헌을 표시했다.

이 책의 내용 중 일부는 다른 포럼에서 발표된 바 있다. 해당 출처를 소개하자면 다음과 같다. 3장은 *Common Knowledge* 18, no. 3 (2012): 505-524에 수록된 글을 요약한 것이다. 6장은 "Free in the forest," in *Rhetorics of Insecurity*, ed. Zeynep Gambetti and Marcial Godoy-Anativia (New York: New York University Press, 2013), 20-39를 요약한 것이다. 9장은 *Hau* 3, no. 1 (2013): 21-43에 수록된 보다 긴 논문을 발전시킨 것이다. 16장의 내용 중 일부는 *Economic Botany* 62, no. 3 (2008): 244-256에 수록된 글에서 가져왔는데, 사쓰카 시호와 공저한 학술논문이라는 점에서 주목할 만하다. 「인터루드: 춤추기」는 *Nature Philosophy, Activism* 10 (2013): 6-14에서 더 긴 글의 형태로 읽을 수 있다.

규정하기 힘든 삶, 오리건.
산업비림非業備林의 폐허에서
송이버섯의 갓이 올라온다.

프롤로그
가을 향기

넓게 번지는 버섯갓들로 가득한 다카마토高松 능선,
채워지고, 번창하고—
가을 향기의 신비.
— 8세기 일본의 시가집 『만요슈万葉集』 중에서

삶이 엉망이 되어갈 때 여러분은 무엇을 하는가?
나는 산책을 한다. 그리고 운이 좋으면 버섯을 발견한다. 버섯을 통해 내 감각은 되살아난다. 꽃처럼 소란스러운 색깔이나 향기를 지

---

* 제사(題詞, epigraph): 이노우에 미야코가 친절하게도 나와 함께 이 시를 번역해주었다. 우리는 뜻을 그대로 살리면서도 다른 의미도 연상할 수 있게 번역하고자 했다. 다른 방식의 번역을 보려면 마쓰타케 리서치 협회가 편집한 책 『마쓰타케』(일본어판)(Kyoto: Matsutake Research Association, 1964)의 전문(前文)을 읽기 바란다. "송이버섯의 아로마. 고송촌(高松村)의 다카마쓰(高松) 언덕 꼭대기에 이르는 길은 빠르게 솟아오르는 (송이버섯의) 갓들이 이룬 고리 모양과 선으로 막혔다. 이 버섯들은 기분을 매우 상쾌하게 하는 매력적인 가을 아로마를 내뿜는다 …."

니고 있어서가 아니다. 버섯은 불현듯 나타나, 다행히도 내가 그곳에 있음을 상기시켜 준다. 그러면 불확정성indeterminacy의 공포 속에서도 아직 즐거움이 있음을 알게 된다.

물론 공포는 존재하며, 나만 느끼는 것도 아니다. 세계적인 기후 위기가 들이닥치고 있고, 산업 발전은 100년 전 어느 누가 상상했던 것보다 지구 생명체에 더 치명적임이 증명되었다. 경제는 더는 성장이나 낙관적 전망을 제시하지 않는다. 어떤 일자리든 간에 앞으로 닥칠 경제 위기로 사라져 버릴 수 있다. 그런데 내가 두려워하는 것은 비단 새롭게 등장하는 재앙만은 아니다. 나는 우리 모두가 어디로 가고 있는지, 왜 그리로 가는지 설명할 방법이 없음을 깨닫는다. 불안정성precarity은 한때 불우한 이들만의 운명으로 여겨졌다. 이제는 우리 모두의 삶이 불안정한 것 같은데, 돈을 벌고 있는 순간에도 그렇다. 20세기 중반에 글로벌 북반구[1]의 시인과 철학자는 자신들이 우리cage 안에 너무나 안정된 상태로 갇혀 있다고 느꼈던 반면, 오늘날 글로벌 북반구와 글로벌 남반구의 많은 사람은 곤란한 상황과 끝없이 마주치고 있다.

이 책은 불확정성과 불안정성의 상황, 즉 안정성에 대한 약속이 부재하는 삶을 탐구하기 위해 버섯과 함께 떠난 나의 여행 이야기다. 1991년에 소련이 무너지자 갑자기 정부 지원을 못 받게 된

---

1. 근대 식민지화와 세계화를 통해 부를 축적한 유럽 및 북미 국가 대부분이 지구 북반구에 있기에, 부의 전 지구적 불균형 분배를 학술적으로 표현하기 위해 세계를 부유하고 '발전'된 글로벌 북반구(the global north)와 가난하고 '저개발'된 글로벌 남반구(the global south)로 지칭하게 되었다. —옮긴이

수천 명의 시베리아인이 버섯을 따러 숲으로 달려갔다는 이야기를 읽은 적이 있다.[2] 내가 쫓는 것이 이러한 버섯은 아니지만, 이 이야기에 내가 하고 싶은 말이 담겨 있다. 바로 우리 것인 줄만 알았던 통제된 세계가 실패했을 때, 통제받지 않는 버섯의 삶이 선물이자 길잡이가 되어준다는 것이다.

내가 여러분에게 버섯을 건네줄 순 없지만, 나를 따라 이 프롤로그 서두의 시에서 예찬한 '가을 향기'를 음미해보길 바란다. 이 향기는 일본에서 매우 귀히 여기는, 향이 진한 야생 버섯인 송이버섯 냄새다. 송이버섯은 가을의 상징으로 사랑받고 있다. 그 냄새는 여름의 풍요를 상실한 슬픔을 환기시키지만, 가을의 날카로운 강렬함과 고조된 감수성 또한 불러일으킨다. 전 지구적 진보의 풍요로운 여름이 끝날 때, 이러한 감수성이 필요할 것이다. 가을 향기는 확실하게 보장하는 것이 부재하는 보통의 삶으로 나를 데려간다. 이 책은 20세기에 안정성이라는 전망을 제시했던 근대화와 진보의 꿈에 대한 비판이 아니다. 나보다 앞서 많은 분석가가 이미 그러한 꿈을 분석한 바 있기 때문이다. 한때 우리는 그런 꿈에 기대어 우리가 어디로 가고 있는지 다 같이 알고 있다고 여겼다. 이제 내가 다루고자 하는 것은 근대화와 진보의 꿈에 대한 비판 대신, 그런 발판 없이 사는 삶에 상상력을 동원해 도전해보는 일이다. 만약 우리가 송이버섯 진균이 갖는 매력에 마음을 연다면, 송이버섯은 우리를 호기

---

2. Sveta Yamin-Pasternak, "How the devils went deaf: Ethnomycology, cuisine, and perception of landscape in the Russian far north" (PhD diss., University of Alaska, Fairbanks, 2007).

심의 세계로 인도할 수 있다. 내가 보기에는 그러한 호기심이야말로 불안정한 시대에 협력해 생존하기 위한 첫 번째 필요조건이다.

어느 급진적 팸플릿은 이 도전을 다음과 같이 설명한다.

많은 사람이 외면하려 하는 망령은 세계가 '구원받지' 못할 것이라는 단순한 깨달음이다. … 만약 우리가 전 지구적 혁명의 미래를 믿지 않는다면, (항상 그래왔듯이) 현재를 살아야만 한다.[3]

1945년에 히로시마가 원자폭탄으로 파괴됐을 때, 폭탄 맞은 풍경 속에서 처음 등장한 생물이 송이버섯이었다고 한다.[4]

원자폭탄을 손에 넣은 것은 자연을 지배하고자 하는 인간의 꿈이 절정에 달했을 때였다. 그리고 이때부터 그 꿈은 무위로 돌아가기 시작했다. 히로시마에 떨어진 폭탄으로 상황은 달라졌다. 갑자기 우리는 인간이 의도했든 아니든 지구의 거주 적합성을 파괴

---

3. *Desert* (Stac an Armin Press, 2011), 6, 78.
4. 중국인 송이버섯 무역업자들이 처음으로 그 이야기를 했을 때, 나는 그것을 도시 전설이라고 여겼다. 그러나 일본에서 공부한 한 과학자가 1990년대 일본 신문에 그 이야기가 발표된 사실을 확인해주었다. 나는 그 기사를 찾지 못했다. 하지만 폭탄이 투하된 8월은 시기상 송이버섯 결실기의 시작과 일치한다. 그 버섯들에 얼마나 많은 방사능이 잔존하였는지는 계속 미스터리로 남아 있다. 어떤 일본인 과학자가 히로시마 송이버섯의 방사능 수치를 연구할 계획을 세웠지만, 정부에서 그 주제를 피하라 말했다고 한다. 미국이 투하한 원자폭탄은 도시 500미터 상공에서 폭발했고, 따라서 바람에 실려 가서 지역적인 오염은 거의 없었다는 것이 공식적인 입장이다

할 수 있음을 깨닫게 됐다. 오염, 대멸종, 기후변화에 대해 알아갈수록 이러한 인식은 더욱 커졌다. 현재의 불안정성 중 그 절반은 지구의 숙명에 관한 것이다. 과연 우리는 어떤 종류의 인간에 의한 교란human disturbances을 안고 살아갈 수 있을까? 지속가능성이 이야기되고는 있지만, 우리가 다종multispecies의 후손들에게 거주할 만한 환경을 물려줄 가능성은 얼마나 될까?

히로시마에 떨어진 폭탄은 현존하는 불안정성의 나머지 절반, 즉 전후戰後 발전의 놀라운 모순을 생각하게 한다. 제2차 세계대전 이후 미국에서 개발한 [원자]폭탄은 근대화의 증거로 여겨졌다. 따라서 밝은 미래를 약속하는 것처럼 보였다. 누구든지 그 혜택을 누릴 터였다. 미래의 방향은 익히 알려져 있었다. 하지만 지금도 그러한가? 한편으로는 전후 개발 기구를 통해 구축된 글로벌 정치경제가 세계 곳곳에 손을 뻗었다. 다른 한편으로는 여전히 우리 사회가 계속 발전될 것이라고 약속하지만, 우리는 이미 그 수단을 잃어버린 것 같다. 공산주의 사회와 자본주의 사회 모두 근대화를 통해 일자리를, 그것도 그냥 아무 일자리가 아니라 안정적인 임금과 혜택을 제공하는 '표준 고용'을 제공할 거라고 알고 있었다. 그런 일자리는 이제 매우 드물다. 대부분의 사람은 훨씬 더 비정규적인 생계 수단에 의존한다. 그렇다면 모든 사람이 자본주의에 의존하고 있지만 거의 어느 누구도 이전에 '정규직'이라 불리던 직업을 갖고 있지 않다는 것은 우리 시대의 아이러니라 할 만하다.

불안정성과 함께 살아가려면 우리를 이런 처지에 빠뜨린 자들을 탓하기만 해서는 안 된다(그러는 것이 유용해 보이고, 나 또한 그렇게 하는 것에 반대하지 않을지라도 말이다). 우리는 주위를 둘러보며 이 이상한 신세계에 주목하고, 상상력을 펼쳐 이 세계의 윤곽을 감지해야 한다. 이때 버섯이 도움을 준다. 폭탄 맞은 풍경 속에서도 기꺼이 나타나고자 하는 송이버섯 덕택에 이제 우리는 함께 사는 집인 이 폐허를 탐색할 수 있다.

송이버섯은 인간이 교란한 숲에 산다. 쥐, 너구리, 바퀴벌레처럼 송이버섯도 인간이 만든 환경 문제의 일부를 기꺼이 참아주고 있다. 하지만 송이버섯은 유해 생물이 아니다. 송이버섯은 귀한 고급 식재료이며, 적어도 일본에서는 높은 가격 때문에 종종 지구상 가장 귀한 버섯으로 취급되기도 한다. 송이버섯은 나무에 영양분을 제공할 수 있기 때문에, 척박한 땅에서도 숲이 조성될 수 있도록 돕는다. 송이버섯을 따라가다 보면 환경 교란이 일어나고 있음에도 공존할 수 있는 가능성을 배우게 된다. 이것이 환경을 더 훼손해도 된다는 뜻은 아니지만, 여하간 송이버섯은 협력적 생존의 한 가지 방식을 보여준다.

송이버섯은 글로벌 정치경제의 균열도 분명히 보여준다. 지난 30년간 송이버섯은 북반구 전역의 숲에서 채집되어 신선한 상태로 일본에 배송되면서 글로벌 상품이 되었다. 많은 송이버섯 채집인은 삶의 터전과 선거권을 빼앗긴 문화적 소수자다. 예컨대 미국 태평양 연안 북서부에 거주하는 가장 상업적인 송이버섯 채집인들은 라오스와 캄보디아에서 이주해온 난민이다. 송이버섯은 가격이 높기 때문에 어디에서 채집되든 생계에 큰 도움이 되며, 문화 회생cultural revitalization을 촉진하기도 한다.

그러나 송이버섯 상업은 20세기식 발전의 꿈으로 이어지지는 못한다. 나와 이야기를 나눈 버섯 채집인 대부분은 삶의 터전에서 쫓겨나고 소중한 것을 잃어버리는 등 끔찍한 일을 경험했다. 생계를 이어갈 다른 방도가 없는 이들에게 상업적 채집은 근근이 살아가는 방식보다 더 나은 방법이다. 하지만 이는 어떤 종류의 경제인가? 송이버섯 채집은 자영업이며, 채집인을 고용하는 회사는 없다. 임금이나 혜택도 없으며, 채집인은 그저 자기가 찾은 버섯을 팔 뿐이다. 버섯이 나지 않는 해도 있는데, 그런 시기에 채집인은 경비 손해에 더해 수입도 없다. 상업적 야생 버섯 채집은 사회보장이 제공되지 않는 불안정한 생계의 한 예다.

　　이 책은 송이버섯 상업과 생태를 추적하면서 불안정한 생계와 불안정한 환경을 이야기할 것이다. 나는 각각의 사례를 통해 뒤얽힌 삶의 방식들이 열린 배치의 모자이크를 이루면서 그 하나하나가 시간적 리듬과 공간적 원호圓弧의 모자이크를 향해 더 깊게 열리는, 말하자면 나 자신이 패치성에 둘러싸여 있음을 깨닫는다. 우리는 현재의 불안정성을 지구 전체의 상태로 이해해야만 우리 세계가 처한 이 상황을 알아차릴 수 있다. 성장을 가정한 분석만이 권위를 갖는 한, 전문가들은 시공간의 이질성을 보지 않는다. 일반인 참여자와 관찰자에게는 그 이질성이 명확히 보일 때조차 말이다. 그러나 이질성에 관한 이론은 아직 걸음마 단계에 있다. 우리의 현 상태와 관련된, 패치성이 있는 예측 불가능성을 이해하려면 우리의 상상력을 재개해야 한다. 이 책의 요지는 버섯을 통해 바로 그 과정을 추동하는 것이다.

상업에 관하여: 당대의 상업은 자본주의의 제약과 가능성 내에서 작동한다. 그러나 마르크스Karl Marx의 선례를 따라 자본주의를 학습한 20세기 학생들은 하나의 강력한 물줄기만 보고 나머지는 무시하는 방식으로 진보를 이해했다. 이 책은 부가 축적되는 방식을 분석하며 불안정성으로 가득한 이 세계를 세심하게 관찰함으로써 한쪽으로 치우친 가정 없이도 자본주의 연구가 가능하다는 것을 보여줄 것이다. 진보를 가정하지 않는다면 자본주의는 패치와 같은 모양으로 보이지 않을까? 이는 곧 **계획에 포함되지 않았던 패치에서 생산된 가치가 자본을 위해 전유**appropriation**되기 때문에, 부가 한곳으로 집중되는 것이 가능하다**는 이야기다.

생태에 관하여: 인문학자들은 인간의 진보적 지배를 가정했기에 자연을 근대성에 반하는 낭만적 공간으로 봐왔다.[5] 그러나 20세기 과학자들은 진보를 풍경 연구의 틀로도 사용했다. 팽창에 대한 가정이 집단생물학의 계통적 서술 방식에 스며들었다. 생물종 간 상호작용과 교란의 역사가 소개되면서 생태학이 새롭게 발전했고, 이로써 다른 방식으로 생각하는 것이 가능해졌다. 기대할 바가 줄어든 이 시대에 나는 **많은 생물종이 서로 조화를 이루지도, 정복하지도 않으면서 함께 살아가는, 교란에 기반한 생태**를 찾고 있다.

---

5. 이 책에서 나는 '인문학자(humanist)'라는 용어를 인문학자와 사회과학자 모두를 포함하는 용어로 사용한다. 자연과학자와 반대되는 용어로 사용하면서 스노(C. P. Snow)가 "두 개의 문화"라고 부른 것을 떠올린다. Charles Percy Snow, *The Two Cultures* (1959; London: Cambridge University Press, 2001): [국역본] C. P. 스노우, 『두 문화』, 오영환 옮김(사이언스북스, 2001). 자신들을 '포스트휴머니스트'라고 부르는 이들도 인문학자들이란 용어에 포함했다.

나는 경제와 생태 중 어느 한쪽이 다른 한쪽에 종속된다고 보는 방식을 거부하지만, 경제와 환경을 잇는 한 가지 중요한 연결 고리를 먼저 소개하는 것이 좋겠다. 바로 인간과 비인간 모두를 투자 자원으로 삼아 부를 축적한 인간의 역사다. 이 역사를 통해 고무된 투자가들은 사람과 사물 모두를 소외시켰는데, 여기서 소외란 마치 생명의 얽힘 관계는 중요하지 않다는 듯이 독립할 수 있는 능력을 말한다.[6] 사람과 사물은 소외되는 과정을 거치며 이동하는 자산이 되었다. 운송을 통해 거리라는 장벽이 허물어지면서, 사람과 사물은 자신의 삶의 세계에서 떨어져 나와 다른 삶의 세계에서 교환되는 자산이 될 수 있다.[7] 이는 가령 먹거나 먹힐 때처럼 다른 존재를 단지 어떤 삶의 세계 일부로 사용하는 것과는 크게 다른데, 그 경우에는 다종의 생물들이 그 자리에 그대로 생활하기 때문이다. 소외는 생활-공간의 얽힘을 배제한다. 소외시키려는 [자본주의의] 꿈은 단 하나의 독립형 자산만을 중시하는 방향으로 풍경을 변화시킨다. 그 밖의 다른 모든 것은 잡초나 쓰레기가 된다. 이런 곳에서 생활-공간의 얽힘에 주의를 기울이는 일은 비효율적이고, 어쩌면 구시대적인 것처럼 보인다. 단일 자산을 더 생산하지 못하면 그 장소는 버려진다. 나무는 베인다. 석유는 고갈된다. 작물은

---

6. 마르크스는 '소외'를 노동자가 생산 과정과 생산품 및 다른 노동자들로부터 분리되는 현상을 의미하는 용어로 특별히 지칭했다. Karl Marx, *Economic and philosophy manuscripts of 1844* (Mineola, NY: Dover Books, 2007). 나는 마르크스의 용례에서 더 확장해 이 용어를 인간과 비인간이 그들의 세계 과정에서 분리된 것을 고찰하는 데 사용한다.
7. 소외는 20세기 국가 주도의 산업사회주의에도 내재했다. 그것은 점점 구시대적인 현상이 되어가고 있는 까닭에 여기서는 다루지 않는다.

플랜테이션 농장 토양에서 더는 자라지 않는다. 자산을 탐색하는 일이 다른 곳에서 다시 시작된다. 따라서 소외가 이루어지면서 풍경은 단순화되고, 단순화된 풍경은 자산 생산 후 유기된 공간, 즉 폐허로 변한다.

오늘날 전 지구적 풍경은 온통 이 같은 폐허로 뒤덮여 있다. 하지만 생명이 다했다고 여겨지는 이런 장소들도 여전히 생기 넘치는 상태로 존재할 수 있다. 버려진 자산 들판asset fields은 종종 새로운 다종과 다문화의 삶을 생산한다. 전 지구적으로 불안정성이 나타나는 현실에서 우리에게 남은 선택지는 이러한 폐허에서 생명을 찾는 일밖에 없다.

우리가 내디딜 첫걸음은 다시 호기심을 갖는 것이다. 진보 서사의 단순화에서 해방되어 패치성의 매듭과 맥박을 탐험하는 것이다. 송이버섯이 하나의 출발점이다. 이 버섯에 대해 알면 알수록 나는 놀라운 점을 발견하게 된다.

이 책은 일본에 관한 책이 아니지만, 계속 읽어나가려면 일본의 송이버섯을 어느 정도 알아둘 필요가 있다.[8] 송이버섯이 일본의 문

8. 이 절은 오카무라 도시히사(岡村稔久)의 『まつたけの文化誌[송이버섯 문화지]』(東京: 山と溪谷社, 2005)를 참고한다. 시무라 후사코(志村房子)가 친절하게 이 책을 번역해 주었다. 일본 문화에 나타나는 버섯에 대한 다른 논의를 알고자 한다면 R. 고든 와슨 (R. Gordon Wasson)의 "Mushrooms and Japanese culture," *Transactions of the Asiatic Society of Japan II* (1973): 5–25와 네다 히토시(根田仁)의 『きのこ博物館[버

헌상에 처음 기록된 것은 이 프롤로그 서두에 소개한 8세기 시가詩歌를 통해서다. 당시에 이미 송이버섯은 가을철을 상징하는 향기로 칭송받고 있었다. 송이버섯은 나라奈良와 교토 근방에서 흔히 볼 수 있었는데, 이곳 사람들이 산림을 남벌해 사원을 짓고 대장간의 땔감으로 써버린 탓이다. 실로 인간의 교란을 통해 일본에서 트리콜로마 마쓰타케Tricholoma matsutake[9]가 출현한 셈이다. 이는 송이버섯의 가장 흔한 숙주 나무인 소나무(학명은 피누스 덴시플로라Pinus densiflora다)가 인간의 남벌이 남긴 무기질 토양과 햇빛으로 싹을 틔우기 때문이다. 일본의 숲이 인간에 의해 교란되지 않고 다시 생장하자, 활엽수가 소나무에 그늘을 드리워 소나무가 더는 싹을 틔우지 못하게 됐다.

일본 전역에서 벌어진 남벌로 소나무가 확산되면서 송이버섯은 양치류로 장식된 상자에 아름답게 담긴 귀한 선물이 되었다. 송이버섯은 귀족들에게 주어지는 영예로운 선물이었다. 에도시대(1603-1868)에 이르러서는 도시 상인 같은 성공한 평민들도 송이버섯을 즐겼다. 송이버섯은 가을을 상징하면서 사계절을 기릴 때 지칭되는 사물 중 하나였다. 가을에 송이버섯을 따러 가는 것은 봄에 벚꽃을 구경하는 연회와 맞먹는 일이었다. 송이버섯은 시가의 인기 있는 주제가 되었다.

새벽에 향나무 숲에서 절의 종소리가 들리고,

섯 박물관』(東京: 八坂書房, 2003)을 참고하기 바란다.
9. 송이버섯의 학명. ―옮긴이

가을 향기가 숲 아랫길을 감싼다.

— 다치바나 아케미橘曙覧(1812–1868)[10]

자연을 노래한 다른 일본 시가와 마찬가지로 여기서도 계절을 나타내는 대상이 분위기를 조성하는 데 보탬이 되고 있다. 송이버섯은 사슴 울음소리라든지 추석 보름달 같은 더 오래된 기호와 더불어 가을철을 상징한다. 다가오는 겨울의 헐벗음은 향수를 불러일으키면서 어느덧 솟아나는 외로움으로 가을을 어루만지는데, 이 시가가 그런 분위기를 자아낸다. 송이버섯은 엘리트 계층이 향유하던 쾌락이었으며, 세련된 취향을 갖고 자연을 예술적으로 재구성하며 살아갈 수 있는 특권의 기호였다.[11] 이런 이유로, 농민들이 엘리트 계층의 야유회를 준비하면서 송이버섯을 '심을' 때(이를테면 자연산 송이버섯이 없어서 버섯을 인위적으로 땅에 꽂아두었을 때) 반대하는 사람은 아무도 없었다. 송이버섯은 계절의 변화를 표현하는 이상적인 요소가 되었고, 시가뿐 아니라 다도와 연극을 아우르는 모든 예술 형식에서 환영받았다.

흘러가는 구름이 자취를 감추면, 나는 버섯 향기를 느낀다.

— 나가타 고이永田耕衣(1900–1997)[12]

---

10. 岡村稔久, 『まつたけの文化誌』, 55쪽 인용(시무라 후사코와 이노우에 미야코 번역).
11. 시라네 하루오(白根治夫)는 이를 "두 번째 자연"이라고 부른다. 다음을 참고하기 바란다. *Japan and the culture of the four seasons: Nature, literature, and the arts* (New York: Columbia University Press, 2012).
12. 岡村稔久, 『まつたけの文化誌』, 98쪽 인용(시무라 후사코와 이노우에 미야코 번역).

에도시대는 메이지 유신과 일본의 급격한 근대화로 끝이 났다. 산림 남벌도 빠른 속도로 진행되어 소나무와 송이버섯에 유리한 생태 조건을 남겼다. 교토 지역에서 마쓰타케는 '버섯'을 칭하는 일반 용어가 됐다. 특히 20세기 초에는 송이버섯이 흔했다. 그러나 1950년대 중반부터 상황이 변하기 시작했다. 소농민 산림지는 목재 생산지로 바뀌어 벌목되거나, 교외 개발을 위해 포장되거나, 농민들이 도시로 이주하면서 버려졌다. 장작과 숯 대신에 화석연료가 쓰였고, 농민들은 활엽수로 짙은 녹음을 이룬, 남아 있는 산림지를 더는 사용하지 않았다. 한때 송이버섯으로 뒤덮였던 산비탈은 이제 소나무가 자라기에 너무 그늘진 곳이 되어버렸다. 급속히 퍼진 선충은 그늘에 가려진 소나무를 죽였다. 1970년대 중반에 이르자 일본 전역에서 송이버섯은 보기 드문 것이 되었다.

그러나 한편으로 이 시기는 일본의 급격한 경제성장과 함께 송이버섯이 매우 값비싼 선물, 특전, 뇌물로서 수요가 많은 때였다. 송이버섯 가격은 급등했다. 일본 외 지역에서도 송이버섯이 자란다는 사실이 갑자기 중요해졌다. 일본인 여행가와 해외 거주민들이 일본으로 송이버섯을 보내기 시작했다. 송이버섯 국제무역을 하는 수입업자들이 등장하면서 비일본인 채집인도 몰려들었다. 처음에는 송이버섯으로 간주될 만한 색깔과 유형의 버섯이 넘쳐나는 듯했는데, 그 이유는 해당 버섯들에서 송이버섯 향이 났기 때문이다. 북반구 전역의 숲속에 방치됐던 송이버섯이 갑자기 주목받으면서 학명 등록도 급증했다. 지난 20년간 여러 이름이 정리되었다. 현재 유라시아 전역에 분포한 송이버섯은 대부분 트리콜로마 마쓰타케다.[13] 북미에서 트리콜로마 마쓰타케는 동부와 멕시코 산간 지역에서만 발견되는 것 같다. 북미 서부에서 발견되는 송이버섯은 트리콜로마 마그니벨라레Tricholoma magnivelare[14]로, 트리콜로마 마쓰타케와는 다른 생물종이다. 그러나 우리가 종 분화의 역학을 잘 알지 못하기에, 일부 과학자들은 이러한 향을 내는 버섯들을 일반 용어인 '송이버섯'으로 명명하는 것이 최선이라 여긴다.[15] 이 책에서는 분류 문제를 다룰 때를 제외하고는 이 방식을 따를 것이다.

일본에는 세계 곳곳에서 채집된 송이버섯의 등급을 매기는 기준이 있고, 이 등급에 따라 가격이 결정된다. 나는 한 일본인 수입업자의 설명을 듣고 이런 등급을 처음으로 알게 됐다. "송이버섯은 사람과 같아요. 미국 버섯이 흰색인 것은 미국인이 백인이기 때문이

---

13. 남유럽과 북아프리카의 트리콜로마 칼리가툼(T. caligatum)(이 버섯도 송이버섯으로 팔린다)이 같은 생물종인지에 관한 문제는 아직 해결되지 않았다. 개별 생물종 지위를 지지하는 주장에 대해서는 다음의 문헌을 참고하기 바란다. I. Kytovuori, "The Tricholoma caligatum group in Europe and North Africa," *Karstenia* 28, no. 2 (1988): 65-77. 북서아메리카의 트리콜로마 칼리가툼은 완전히 다른 생물종이지만, 그것 역시 송이버섯으로 팔린다. 다음 문헌을 참고하기 바란다. Ra Lim, Alison Fischer, Mary Berbee, and Shannon M. Berch, "Is the booted tricholoma in British Columbia really Japanese matsutake?" *BC journal of Ecosystems and management* 3, no. 1 (2003): 61-67.
14. 트리콜로마 마그니벨라레의 기준 표본은 미국 동부에서 나온 것이고, 아직 트리콜로마 마쓰타케라고 증명되지 않았다(데이비드 아로라David Arora와의 개인적인 대화에서, 2007년). 미국 북서부의 송이버섯에는 또 다른 학명이 필요할 것이다.
15. 분류에 대한 최근 연구를 보려면 다음의 문헌을 참고하기 바란다. Hitoshi Murata, Yuko Ota, Muneyoshi Yamaguchi, Akiyoshi Yamada, Shinichiro Katahata, Yuichiro Otsuka, Katsuhiko Babasaki, and Hitoshi Neda, "Mobile DNA distributions refine the phylogeny of 'matsutake' mushrooms, Tricholoma sect. Caligata," *Mycorrhiza* 23, no. 6 (2013): 447-461. 송이버섯의 다양성에 대한 과학자들의 견해를 더 알고자 한다면 17장을 참고하기 바란다.

고, 중국 버섯이 검은색인 것은 중국인이 검기 때문이죠. 일본인과 일본 버섯은 그 중간에 멋지게 자리 잡고 있어요." 모든 사람이 이와 똑같은 등급을 사용하진 않지만, 이 냉혹한 일화는 글로벌 무역을 구조화하는 여러 분류 및 평가 형식을 대변하는 것으로 볼 수 있다.

한편 일본에 거주하는 사람들은 봄의 꽃망울부터 가을 단풍까지 계절의 아름다움을 느끼게 했던 소농민 산림지를 잃어버릴까 걱정한다. 1970년대부터 이러한 산림지를 되살리기 위해 자원봉사 단체들이 조직되었다. 이 단체들은 자신들의 활동이 수동적인 미학을 넘어서길 바라면서, 회복된 산림지가 인간의 생계에 도움이 될 방법을 모색해왔다. 값비싼 송이버섯은 산림지 회복을 도모하는 데 이상적인 상품이었다.

그리하여 나는 불안정성으로, 또 우리네 엉망진창 속 생활로 되돌아간다. 하지만 생활은 더욱 복잡해졌다. 이는 일본의 미학과 생태학적 역사 때문만이 아니라 국제관계와 자본주의 무역 관행 때문이기도 하다. 이 책은 그런 이야기를 담고 있다. 우선은 버섯을 이해하는 것이 중요할 것이다.

오, 송이버섯이여!
송이버섯을 발견하기 전 느끼는 짜릿함.
— 야마구치 소도山口素堂(1642-1716)[16]

16. 岡村稔久, 『まつたけの文化誌』, 54쪽(시무라 후사코와 이노우에 미야코 번역).

술을 부리는 시간, 원난성.
장이 도박하는 것을
경한다.

1부
남은 것은 무엇인가?

내가 낯선 숲에서 빈손으로 길을 잃었다는 사실
을 깨달았을 때는 아직 환한 초저녁이었다. 미국 오리건주의 캐스
케이드산맥으로 송이버섯과 송이버섯 채집인을 찾으러 간 첫 번째
여행이었다. 그날 오후에 버섯 채집인들이 사용하는 산림청의 '대
형 야영지'는 찾았지만, 채집인들은 모두 일을 나가고 없었다. 그들
이 돌아오기를 기다리면서 나는 혼자 버섯을 찾아보기로 결심했
던 것이다.

　　이보다 더 가망 없어 보이는 숲은 상상할 수 없었다. 바위투성
이 메마른 땅에는 가느다란 로지폴소나무 가지 말고는 아무것도
자라지 않았다. 풀조차 자라지 않을 정도로, 땅에서 자라나는 식
물이 거의 없었다. 흙을 만지자 날카로운 부석浮石 조각들에 손가
락이 베였다. 오후가 깊어지자 '구릿빛 머리copper tops'라고 불리는,
푸석푸석한 냄새가 나고 약간의 주황색이 가미된 거무스름한 빛깔

의 버섯을 한두 개 발견했다.[1] 그 외에는 아무것도 없었다. 설상가상으로 나는 방향감각까지 잃었다. 어느 쪽으로 몸을 돌려도 숲은 똑같아 보였다. 내 차를 찾으려면 어느 방향으로 가야 할지 알 수 없었다. 잠깐 나가는 것이라 생각해 아무것도 가져오지 않았는데, 곧 목마르고 배고프고 추워지리라는 것을 깨달았다.

휘청거리며 걷다 보니 흙길이 나왔다. 하지만 어느 방향으로 가야 하는 걸까? 터벅터벅 걷는 사이 해는 점점 기울고 있었다. 픽업트럭이 지나간 것은 내가 1마일[약 1.6킬로미터] 정도 걸은 후였다. 밝은 표정의 젊은 남자와 주름이 많은 나이 든 남자가 타고 있었는데, 나를 차에 태워주었다. 젊은 남자는 자신을 카오라고 소개했다. 그의 삼촌처럼 자신도 1980년대에 태국의 난민촌에서 미국으로 이주한, 라오스의 구릉지대가 고향인 미엔인Mien[2]이라고 했다.

1.   버섯광들을 위한 정보: 그 버섯은 트리콜로마 포칼레(Tricholoma focale)였다.
2.   이들을 '미엔족'이 아니라 '미엔인'이라고 번역한 이유는 이들의 문화에 대한 오해를 방지하기 위해서다. 미엔인, 몽인, 크메르인과 같은, 한 국가의 소수민족의 경우 '-인'이 아니라 '-족'으로 부르고 번역하는 경향이 있다. 이를 통해 독자는 이들 사회가 그 규모가 작고, 수렵 채집을 통해 생계를 유지하며, 국가에 소속되기보다는 독립적인 정치 체제를 유지하는 원주민 부족이라고 생각하기 쉽다. 또한 현대 문화가 아닌 전근대적인, 또는 '미개하고 야만적인' 문화를 가진 사회라는 편견을 가지는 경향이 있다. 한 국가의 국민을 한국인, 일본인, 미국인처럼 '-인'이라고 부르듯이, 소수민족도 그들과 동등하게 '-인'으로 번역했다. 아메리카 원주민 부족의 경우는 그들이 원주민 부족이라는 정치적 범주를 지키려고 하는 경우이므로 '-족'으로 번역했다. 번역에 관해 한 가지 더 설명하자면, 영어의 she를 '그녀'로 번역하지 않고 he와 she 모두 '그'로 번역했다. 그 이유는 '그녀'라는 표현이 한국말이라기보다는 서구권 언어의 번역어일뿐 아니라 일반적으로 쓰이는 말인 '그'가 남성만을 뜻하고 여성을 언급하기 위해서는 '그녀'라고 특정해야 하는 방식에 반대하기 때문이다. 따라서 '그녀'라고 쓰기를 거부하는 것은 선생, 배우, 의사 등 일반 명사가 남성만을 지칭하고, '여선생', '여배우', '여의사'와 같이 여성임을 의미하기 위해서는 '여'라는 접두사를 포함해야만 하는 남성중심주의적 언어 표현에 대한 비판이다.—옮긴이

그들은 캘리포니아주 새크라멘토에 사는 이웃 사이로, 이곳에 함께 버섯을 따러 왔다면서 나를 자신들의 캠프로 데리고 갔다. 젊은 남자는 물을 구하기 위해 플라스틱 물병들을 차에 싣고는 조금 떨어진 곳에 있는 식수 저장고로 갔다. 나이 든 남자는 영어는 못했지만 나처럼 표준 중국어를 조금 할 줄 알았다. 서로 어색하게 말을 이어나가는 동안 그는 PVC 파이프로 만든 수제 물담뱃대를 꺼내 담배에 불을 붙였다.

카오가 물을 가지고 돌아왔을 때는 이미 해가 질 무렵이었다. 그런데도 그는 버섯을 따러 가자며 내게 손짓했다. 근처에 버섯이 있었다. 사방이 어두워지고 있는데도 우리는 캠프에서 멀지 않은 바위 언덕을 기어올랐다. 내 눈에는 흙과 가지만 앙상한 소나무밖에 보이지 않았지만, 양동이와 막대기를 든 카오는 아무것도 없는 땅을 깊이 찌르더니 두툼한 버섯갓을 꺼냈다. 어떻게 이게 가능하지? 거기에는 아무것도 없었는데. 하지만 이제 그곳에 버섯이 있었다.

카오가 내게 버섯을 건넸다. 내가 그 냄새를 맡은 것은 그때가 처음이었다. 편하게 맡을 수 있는 냄새는 아니었다. 꽃이나 입에 침이 고이게 하는 음식 냄새처럼 좋은 냄새가 아니었다. 불쾌했다. 많은 이가 끝끝내 그 냄새를 좋아하지 못한다. 말로 설명하기 어려운 냄새다. 어떤 사람은 썩는 냄새에 비유하기도 하고, 어떤 사람은 가을 향기의 청아한 아름다움으로 표현한다. 내 첫 느낌은 그저 … 놀라움이었다.

내가 놀란 이유는 냄새 때문만은 아니었다. 미엔인들, 일본의 미식 버섯, 그리고 나는 오리건주의 폐허가 된 산업비림에서 무엇을 하고 있는가? 나는 미국에서 오랫동안 살았지만 이런 것에 대해 들어본 적이 없었다. 미엔인들의 캠핑장은 예전에 내가 동남아시아에서 수행했던 현장연구를 떠오르게 했고, 버섯은 일본 미학과 요리법에 대한 관심을 자극했다. 반면에 이 죽어가는 숲은 SF소설에 나오는 악몽 같았다. 나의 잘못된 상식 때문이었지만, 우리 모두가 마치 동화에서 튀어나올 법한 상황에 놓여 신비롭게 시공간을 초월해 존재하고 있는 것 같았다. 나는 너무 놀라고 또 강렬한 흥미를 느껴서 탐험을 이어가지 않을 수 없었다. 이 책을 통해 독자 여러분을 내가 발견한 미로로 인도하고자 한다.

마술을 부리는 시간, 교토부.
이모토 씨의 회생 지도.
이것은 그의 송이버섯
산이다. 즉, 다양한 계절, 역사,
희망의 타임머신이다.

1
알아차림의 기술

석기시대로 돌아가자고 제안하는 것이 아니다. 내 의도
는 반동적이지도, 심지어 보수적이지도 않으며, 그저 전
복적일 따름이다. 유토피아를 꿈꾸는 상상력은 자본주
의와 산업주의처럼, 그리고 인구가 그런 것처럼 오로지
성장만을 꿈꾸는 일방향 미래에 갇혀 있는 것 같다. 나
는 돼지가 제 길을 가게 하려면 어떻게 해야 할지 알아
내려는 것뿐이다.
— 어슐러 K. 르 귄

1908년과 1909년, 두 명의 철도 사업가가 오리건

---

*   제사: Ursula K. Le Guin, "A non-Euclidean view of California as a cold place to be," *Dancing at the edge of the world*, 80-100 (New York: Grove Press, 1989), on 85: [국역본] 어슐러 K. 르 귄, 『세상 끝에서 춤추다』, 이수현 옮김(황금가지, 2021).

주의 데슈츠강을 따라 철도를 건설하는 사업을 놓고 경쟁했다.[1] 이들의 목표는 캐스케이드산맥 동부의 우뚝 솟은 폰데로사소나무와 포틀랜드에 밀집해 있는 목재 저장소 간의 산업적 연결망을 상대 방보다 먼저 건설하는 것이었다. 그러다 1910년에 두 사람은 이 아슬아슬한 경쟁을 포기하고 공동으로 사업을 운영하기로 했다. 벌목된 소나무가 그 지역에서 멀리 떨어진 시장으로 마구 실려 나갔다. 제재소는 새로운 정착민을 맞이했으며, 제재소 노동자가 늘어감에 따라 마을도 성장했다. 1930년대에 이르러 오리건주는 미국에서 목재를 가장 많이 생산하는 지역이 됐다.

이것이 우리가 아는 이야기다. 개척자와 진보 이야기, 그리고 '텅 빈' 공간이 산업 자원을 지닌 장소로 탈바꿈한 이야기다.

1989년, 플라스틱으로 만들어진 점박이올빼미 인형이 목이 매달린 채 오리건주의 목재 운반 트럭에 실렸다.[2] 태평양 연안 북서부의 숲이 지속 불가능한 벌목으로 파괴되고 있음을 환경주의자들이 드러내 보인 것이다. 한 활동가는 이렇게 말했다. "점박이올빼미는 탄광의 카나리아와 같았습니다. 그것은 … 붕괴되기 직전의 생태계를 상징했습니다."[3] 어느 연방법원 판사가 올빼미 서식지

---

1. Philip Cogswell, "Deschutes Country Pine Logging," *High and mighty*, ed. Thomas Vaughan, 235–260 (Portland: Oregon Historical Society, 1981); Ward Tonsfeldt and Paul Claeyssens, "Railroads up the Deschutes canyon" (Portland: Oregon Historical Society, 2014), https://www.ohs.org/education/oregonhistory/narratives/subtopic.cfm?subtopic_ID=395.
2. "Spotted owl hung is effigy," *Eugene Register-Guard*, May 3, 1989: 13.
3. Ivan Maluski, Oregon Sierra Club, Taylor Clark, "The owl and the chainsaw," *Willamette Week*, March 9, 2005, https://www.wweek.com/portland/

를 보호하기 위해 오래된 숲에서의 벌목을 금지하자 벌목꾼들은 분노했다. 하지만 그런 벌목꾼의 수가 과연 몇이나 됐을까? 벌목꾼의 일자리는 목재 회사가 기계화되면서, 또한 최상의 목재가 고갈되면서 점점 줄어들었다. 1989년에 이르러서는 이미 많은 제재소가 문을 닫았고, 벌목 회사들은 다른 지역으로 옮겨 가고 있었다.[4] 한때 목재로 벌어들인 부의 중심지인 캐스케이드산맥 동부는 이제 벌목된 숲이 되었고, 제재소 마을이었던 곳은 관목으로 뒤덮이고 말았다.

이것이 우리가 알아야 할 이야기다. 산업적으로 탈바꿈한다는 것은 생계 터전을 잃고 풍경을 훼손하게 될 물거품 같은 약속이었다. 하지만 그것이 전부는 아니다. 이런 기록에 미처 담기지 않은 이야기가 있다. 우리가 이 이야기를 쇠락의 결말로 마친다면 모든 희망을 저버리는 것이나 다름없다. 그렇지 않다고 하더라도 약속과 붕괴가 거듭되는 다른 장소로 눈을 돌리는 것에 지나지 않을 것이다.

산업화의 약속이라는 유혹과 그에 따른 붕괴를 넘어, 훼손된 풍경에서 창발하는 것은 무엇인가? 1989년 무렵 오리건주의 벌목된 숲에서는 또 다른 일이 시작됐다. 바로 야생 버섯 무역이다. 처음부터 이것은 전 세계의 붕괴와 연관된 일이었다. 1986년 체르노

article-4188-1989.html에서 인용했다.
4. 1979년에 오리건주의 목재 가격이 떨어졌다. 목재소는 문을 닫았고 기업 합병이 뒤따랐다. Gail Wells, "Restructuring the timber economy" (Portland: Oregon Historical Society, 2006), http://www.ohs.org/education/oregonhistory/narratives/subtopic.cfm?subtopic_ID=579.

빌 참사로 유럽의 버섯이 오염되자 무역업자들은 버섯을 구하러 태평양 연안 북서부로 오게 됐다. 일본이 높은 가격에 버섯을 수입하기 시작했을 당시는 실직 상태의 인도차이나 난민들이 캘리포니아주에 자리를 잡던 시기와도 맞아떨어지는데, 이때 버섯 무역이 달아오르고 있었다. 수천 명이 이 새로운 '백금'을 얻기 위해 태평양 연안 북서부로 몰려들었다. 숲을 두고 '일자리냐 환경이냐' 하는 논쟁이 한창 진행되던 때였지만, 어느 쪽도 버섯 채집인을 신경 쓰지 않았다. 일자리 옹호론자들은 건강한 백인 남성을 위한 임금 계약만을 상상했다. 이들 눈에 장애가 있는 백인 전역 군인, 아시아계 난민, 아메리카 원주민, 미등록 라틴아메리카인으로 구성된 채집인들은 보이지 않는 침입자였다. 환경보전론자들 역시 인간이 숲을 교란하지 못하게 하려고 투쟁했으니, 수천 명의 사람들이 숲에 들어왔다는 사실을 알았다면 환영하지 않았을 것이다. 그러나 버섯 사냥꾼은 대체로 눈에 띄지 않았다. 기껏해야 아시아인의 존재가 침입으로 여겨져 지역민에게 공포심을 일으키는 정도였다. 언론은 폭력 범죄를 염려했다.[5]

21세기에 접어들고 몇 년이 지나자 일자리와 환경을 맞바꿔야 할 것이라는 관념이 조금 설득력을 잃은 듯했다. 환경을 보전하든 안 하든 간에, 미국에서 20세기 기준으로 '일자리'라 여겨졌던

---

5. 해당 사례로 아래의 문헌들을 참고하기 바란다. Michael McRae "Mushrooms, guns, and money," *Outside* 18, no. 10 (1993): 64–49, 151–154; Peter Gillins, "Violence clouds Oregon gold rush for wild mushrooms," *Chicago tribune*, July 8, 1993, 2; Eric Gorski, "Guns part of fungi season, *Oregonian*, September 24, 1996, 1, 9.

것들의 수는 줄어들었다. 게다가 직업이 있든 없든, 우리 모두 환경 파괴로 죽게 될 것만 같았다. 우리는 경제적이고 생태적인 붕괴 속에서도 살아가야 한다는 문제에 봉착했다. 진보에 관한 이야기도, 붕괴에 관한 이야기도 어떻게 하면 협력적 생존을 생각할 수 있을지 말해주지 않는다. 이쯤에서 버섯 채집에 주의를 기울여보자. 버섯 채집이 우리를 구원해주진 않겠지만, 우리에게 상상의 문을 열어줄지 모른다.

지질학자들은 인간이 끼친 영향이 다른 지질학적 작용력을 뛰어넘는 시대라는 의미에서 현시대를 인류세Anthropocene로 부르기 시작했다. 이 글을 쓰는 지금 인류세라는 말은 아직 새로운 용어이고, 여러 모순을 품고 있을 것으로 예상된다. 따라서 이 용어가 인간의 승리를 함의한다고 해석하는 사람들도 있지만, 그 반대의 해석이 더 정확해 보인다. 계획하거나 의도한 것은 아닐지언정 인간이 지구를 엉망으로 만들었기 때문이다.[6] 더욱이 인간을 의미하는

---

6. "Arts of Living on a Damaged Planet," Santa Cruz, CA, May 9, 2014에서 도나 해러웨이의 발표 "Anthropocene, Capitalocene, Chthulucene: Staying with the Trouble," http://anthropocene.au.dk/arts-of-living-on-a-damaged-planet/. 도나 해러웨이는 '인류세'는 하늘의 신들에게 손짓한다고 주장한다. 그는 그 대신에 우리가 우리 시대를 툴루세(Chthulucene)로 부르면서 "촉수를 가진 것들"—그리고 다종의 결합―을 존경하자고 제안한다. 2014년 '좋은' 인류세를 위한 계획에 관한 논쟁이 설명하듯이, 인류세는 다양한 의미를 가진다. 예를 들어 '그린 모더니즘(green modernism)'을 통해 인류세를 포용하자는 다음 주장을 참고하기 바란다. Keith

접두사 '인류anthropo-'가 붙어 있긴 해도 인류세의 이 엉망인 상태는 생물종으로서의 인류로부터 기인한 결과가 아니다. 인류세란 인류가 출현하면서 시작된 것이 아니라, 풍경과 생태의 광범위한 파괴를 주도한 근대 자본주의가 도래하면서 시작됐다고 보는 것이 가장 설득력 있다. 그러나 이런 시기 문제 때문에 접두사 '인류-'는 더 문제가 된다. 자본주의 등장 이후의 인간을 상상해보면 진보라는 관념, 그리고 인간 및 다른 존재들을 모두 자원으로 만들어버린 소외 기술의 확산을 떠올리지 않을 수 없다. 이 같은 기술은 인간들을 분리하고 정체성을 철저히 감시함으로써 협력적 생존을 어렵게 했다. 인류세 개념은 근대인의 자만심이라 부를 만한 이런 열망덩어리를 환기시키는 동시에, 우리가 이를 넘어설지도 모른다는 희망을 불러일으킨다. 과연 우리는 이러한 인간 체제 내에서 살아가면서도 그 체제를 넘어설 수 있을까?

내가 버섯과 버섯 채집인에 대해 기술하려 할 때 주저하게 되는 이유는 이 때문이다. 근대인의 자만심 탓에 어떤 기술description도 장식적인 각주 이상의 것이 되지 못한다. 접두사 '인류-'는 패치성을 갖는 풍경, 복수의 시간성, 그리고 인간과 비인간의 가변적인 배치, 즉 협력적 생존이라는 문제에 주의를 기울이는 데 방해가 된다. 그래서 나는 버섯 채집을 가치 있는 이야기로 만들기 위해 우선 이러한 '인류-'가 해놓은 일을 기록하고, 그것['인류-']이 이룬

Kloor, "Facing up to the Anthropocene," http://blogs.discovermagazine.com/collideascape/2014/06/20/facing-anthropocene/#U6h8XBbgvpA

업적으로 인정받지 못한 영역을 탐험할 것이다.

실로 남은 것은 무엇이냐 하는 문제를 곰곰이 생각해보자. 국가의 유효성과 자연 풍경에 대한 자본주의의 대대적인 파괴를 고려할 때, 우리는 국가와 자본주의의 기획 바깥에 있던 것들이 오늘날 왜 살아남았는지 질문할 수 있다. 이 질문에 답하려면 다루기 힘든 가장자리의 것들을 관찰할 필요가 있다. 미엔인과 송이버섯이 오리건주에서 함께 모이게 된 까닭은 무엇일까? 언뜻 사소해 보이는 이런 질문이 모든 것의 방향을 뒤집어, 예측 불가능한 마주침encounters을 핵심적인 것으로 보도록 이끌지도 모른다.

우리는 날마다 불안정성에 관한 뉴스를 접한다. 일자리를 잃은 사람도 있고, 일자리를 가져본 적이 없어 분노하는 사람도 있다. 고릴라와 민물알락돌고래는 멸종 위기다. 해수면이 상승하면서 태평양군도 전체가 물에 잠긴다. 그러나 대체로 우리는 이런 불안정성을 세계가 작동하는 방식에서 예외적 상황이라 여긴다. 불안정성은 체계에서 '예외'라고 말이다. 그런데 만약 불안정성이 내가 생각하는 것처럼 우리 시대의 조건이라면 어떨까? 아니, 달리 말해서 우리 시대가 불안정성을 인지할 단계에 이른 것이라면 어떨까? 불안정성과 불확정성, 또 우리가 사소하게 여기는 무언가야말로 우리가 추구하는 체계성의 중심을 이루는 것들이라면?

불안정성은 타자들에게 취약한 상태를 말한다. 예측 불가능한 마주침은 우리를 변모시킨다. 우리는 우리 자신조차 통제할 수 없다. 공동체의 안정적인 구조에 의존할 수 없는 우리는 가변적인 배치로 내던져지고, 이로써 우리와 관계된 타자뿐 아니라 우리 자신도 재형성된다. 우리는 현재의 상황에 의존할 수 없다. 우리의 생존 능력을 포함한 모든 것이 유동적이다. 불안정성을 중심으로 생각하면 다른 방식의 사회 분석이 가능하다. 불안정한 세계는 목적론이 없는 세계다. 시간 본연의 무계획성을 뜻하는 불확정성은 우리에게 두려움을 주지만, 불안정성을 놓고 생각해보면 불확정성도 삶을 가능케 한다는 사실이 명확해진다.

　이 모든 얘기가 이상하게 들린다면, 그건 순전히 우리 대부분이 진보와 근대화를 꿈꾸도록 길러졌기 때문이다. 이러한 틀에서 미래로 이어질지 모를, 진보 및 근대화와 관련된 현재의 일부가 선별되고, 나머지는 역사에서 '떨어져 나가는' 사소한 것으로 취급된다. 여러분은 내게 되물을 것이다. "진보? 그건 19세기의 관념이에요." 일반적인 상태를 말할 때 '진보'라는 용어를 쓰는 일은 드물어졌고, 20세기 근대화조차 구식으로 느껴지기 시작했다. 그러나 어디서든 우리는 진보와 근대화를 향상과 연결 지어 범주화하고 가정한다. 우리는 날마다 진보와 근대화의 목적—민주화, 성장, 과학, 희망—을 상상한다. 왜 우리는 경제성장과 과학의 발달을 기대하는가? 발전이라고 명시하진 않더라도 역사에 관한 우리 이론들은 이런 범주들에 물들어 있다. 우리들 개개인의 꿈도 마찬가지다. 다 같이 해피엔딩을 맞이하는 일이 없을지도 모른다는 말은 꺼내기조차 어렵다는 것을 나는 인정할 수밖에 없다. 그렇다면 구태여 아침에 잠자리에서 일어날 필요가 있을까?

　진보라는 개념은 인간이란 존재는 무엇을 의미하는가에 관해 이미 널리 받아들여진 가정들에도 깊숙이 내재되어 있다. '주체성',

'의식', '의도'와 같이 다른 용어로 위장하고 있을 때조차 우리는 인간이 미래를 전망한다는 점에서 지구상의 나머지 생명체와 다르다고 반복해서 배운다. 다른 생물종들은 우리 인간에게 의존해 그저 하루하루를 살아갈 뿐이라고 말이다. 우리가 인간은 진보를 통해 **만들어진다**고 여기는 한, 비인간 역시 이런 상상의 프레임 안에 갇히게 된다.

진보는 서로 다른 종류의 시간을 하나의 리듬에 맞추면서 전진해나가는 행진이다. 그런 식으로 추동하는 박자가 없다면, 우리는 다른 시간의 패턴을 알아차릴 수 있을지도 모른다. 살아 있는 것들은 저마다 계절에 따른 성장 맥박을 통해서, 일생 동안 행하는 생식 패턴을 통해서, 그리고 지리적 팽창을 통해서 세계를 재구축한다. 유기체들이 서로 도움을 청하고 함께 어우러져 풍경을 빚어내기에, 하나의 생물종 안에서도 복수의 시간-만들기time-making 프로젝트가 존재한다. (벌목된 캐스케이드산맥 숲의 재성장과 히로시마의 방사선생태학radioecology은 우리에게 다종의 시간-만들기를 보여준다.) 나는 서술과 상상이 가능하도록 새로운 활기를 불어넣는 그러한 복수의 시간성에 호기심을 가져볼 것을 제안한다. 이것은 세계가 그 자체의 범주들을 발명한다는 식의 간단한 경험론이 아니다. 대신에 우리가 어디로 가고 있는지 알 수 없다는 식의 불가지론적 태도를 취한다면, 우리는 그동안 무시되었던 것들을 찾을지도 모른다.

이 장 도입부에 나온 오리건주의 역사에 관한 짧은 이야기들을 다시 생각해보자. 철도를 주제로 한 첫 번째 에피소드는 진보에

관한 이야기다. 이것은 이후에 철도가 우리 운명을 뒤바꿔놓았다
는 이야기로 이어진다. 두 번째 이야기는 숲이 파괴된 사실을 중요
한 역사로 소개한다는 점에서 이미 개입에 관한 것이다. 그러나 두
번째 이야기는 첫 번째 이야기와 맞닿아 있다. 성공으로 끝나는 이
야기든 실패로 끝나는 이야기든, 진보에 빗대어 설명하면 세계를
충분히 이해할 수 있다는 가정이 그것이다. 쇠퇴를 주제로 한 이야
기에는 남겨진 것도, 넘치는 것도 없다. 즉, 진보에서 벗어난 것은
아무것도 없다. 붕괴에 관한 이야기에서조차 진보 개념이 여전히
우리를 지배한다.

　　그러나 근대인의 자만심만이 세계를 만드는 유일한 계획인 것
은 아니다. 우리를 둘러싼 많은 세계-만들기world-making 프로젝트
중에는 인간에 의한 것도 있고 비인간에 의한 것도 있다.[7] 세계-만

7.　세계 만들기는 존재에 관한 철학으로, 일부 학자들이 "존재론"이라고 부르는 것과의 대
　　화를 통해 이해될 수 있다. 그 학자들처럼 나도 상식(제국의 정복을 가끔 자기도 모
　　르는 새 당연하다고 가정하는 일 같은 것을 포함한다)을 방해하는 일에 관심이 있다.
　　(예를 들어, Eduardo Viveiros de Castro, "Cosmological deixis and Amerindian
　　perspectivism," *Journal of the Royal Anthropological Institute* 4, no. 3 (1998):
　　469-488.) 대안적 존재론으로서의 세계-만들기 프로젝트는 다른 세계가 가능하다는
　　것을 보여준다. 그러나 세계-만들기는 우주론보다는 현실적인 활동에 초점을 맞춘다.
　　따라서 비인간 존재가 어떻게 그들 자신의 관점을 구성하는지 논의하는 것은 더 쉽다.
　　대부분의 학자는 비인간에 대한 인간의 관점을 이해하기 위해 존재론을 이용한다. 내
　　가 아는 바로는, 비인간도 그들 자신의 존재론이 있다는 급진적인 주장을 한 연구는 퍼
　　스의 기호학(Peircian semiotics)을 사용해 연구한 에두아르도 콘(Eduardo Kohn)의
　　How forests think (Berkeley: University of California Press, 2013)(국역본으로, 에
　　두아르도 콘, 『숲은 생각한다―숲의 눈으로 인간을 보다』, 차은정 옮김[사월의책, 2018])
　　밖에 없다. 반면에 모든 유기체는 세계를 만든다. 인간 역시 특별한 지위를 갖지 않는
　　다. 마지막으로 세계 만들기 프로젝트들은 겹친다. 대부분의 학자가 관점들을 한 번
　　에 하나로 분리하기 위해 존재론을 사용하는 반면, 세계 만들기를 생각하는 것은 겹치
　　는 양상과 역사에 따른 결과로 일어나는 마찰을 허용한다. 하나의 세계-만들기 접근

들기 프로젝트는 살아가는 실질적인 행위를 통해 창발하며, 그 과정에서 지구를 변화시킨다. 인류세의 접두사 '인류-'의 그림자 아래서 그 프로젝트들을 보려면, 우리의 주의를 다른 방향으로 돌려야 한다. 채집에서 도둑질에 이르는 많은 생계 활동이 산업화 이전부터 지금껏 존재해왔으며, (상업적인 버섯 채집을 포함한) 새로운 생계 활동도 등장하고 있다. 우리는 그런 생계 활동이 진보와 무관하다는 이유로 무시한다. 하지만 그러한 생계 활동 역시 세계를 만든다. 그리고 앞만 바라보기보다는 주변을 둘러보는 방법을 우리에게 알려준다.

인간만이 세계를 만들 수 있는 것은 아니다. 우리는 비버가 댐, 수로, 굴을 만들면서 하천의 모양을 재형성하는 것을 알고 있다. 사실 모든 유기체는 흙, 공기, 물을 변형해 생태적 주거지를 만든다. 운용할 수 있는 주거 환경을 만들 능력이 없는 생물종은 멸종할 것이다. 그 과정에서 각각의 유기체는 모든 생명체의 세계를 바꾼다. 박테리아는 대기 중 산소를 만들었고, 식물은 그 농도가 유지되도록 돕는다. 식물이 땅에서 살아가는 것은 곰팡이가 암석을 소화해 흙으로 만들었기 때문이다. 이러한 사례가 말해주듯, 세계-만들기 프로젝트에는 하나 이상의 생물종이 참여하기에, 프로젝트는 서로 겹칠 수 있다. 인간 역시 다종의 세계를 만드는 데 늘 참여해왔다. 불을 쓸 수 있게 된 원시 인류는 조리하는 것은 물론,

법은 존재론에 대한 관심 대상에 제임스 클리퍼드(James Clifford)가 자신의 책 『복귀(Returns)』에서 "현실주의"라고 부른 다중의 스칼라(multi-scalar) 분석을 끌어들인다 (Cambridge, MA: Harvard University Press, 2013).

대지를 불태워 식용 구근과 사냥하는 동물이 좋아하는 풀이 잘 자랄 수 있게 했다. 우리의 주거 환경이 다른 생물종에게 자리를 내어줄 때 인간은 다종의 세계를 형성한다. 이는 단지 농작물, 가축, 반려동물의 문제가 아니다. 소나무는 곰팡이를 파트너로 삼아, 인간이 만든 화전火田에서 번창한다. 소나무와 곰팡이는 환한 빈터와 노출된 무기질 토양을 이용하고자 힘을 합친다. 인간과 소나무와 곰팡이는 스스로를 위해, 그리고 다른 생명체를 위해 동시적으로 주거 환경을 만들어나간다. 그것이 다종의 세계다.

20세기 학문은 근대인의 자만심을 공고히 해나가는 한편, 여러 갈래로 나뉘고 층을 이루고 결합하는 과정을 통해 세계를 형성하는 프로젝트를 우리가 알아차리지 못하도록 음모를 꾸몄다. 학자들은 다른 삶의 방식을 억압하면서 특정한 삶의 방식을 확산시키는 행위에 도취되었기에, 그 밖에 어떤 일이 일어나고 있는가에 관한 질문은 무시했다. 그러나 진보에 관한 이야기가 견인력을 잃자 다른 방식으로 바라보는 것이 가능해졌다.

배치assemblage는 유용한 개념이다. 생태학자는 때로 고정되고 제한된 함의를 갖는 생태적 '공동체'를 벗어나 배치로 관심을 돌렸다. 하나의 배치 안에 존재하는 여러 생물종이 어떤 방식으로 서로서로 영향을 끼치는지는 결코 정해져 있지 않다. 어떤 것은 서로를 방해하고 (혹은 먹고) 어떤 것은 생존을 위해 협력한다. 또 어떤 것은 자신들이 같은 장소에 있음을 이제 막 우연히 알게 됐다. 배치는 열린 모임gathering이다. 이를 통해 우리는 편견 없이 공동의 영향에 대해 물을 수 있고, 형성 중인 잠재적 역사를 볼 수 있다.

그러나 내가 뜻하는 바를 위해서는 요소들의 모임을 가리키는 유기체가 아닌 다른 무언가가 필요하다. (무생물로 존재하는 방식까지 포함한) 삶의 방식이 한데 모이는 모습을 봐야 할 것이다. 인간의 존재 방식과 마찬가지로 비인간의 존재 방식도 역사적으로 변화한다. 살아 있는 것들에게 생물종으로서의 정체성은 출발점이지만, 그것만으로는 충분치 않다. 존재 방식이란 마주침에서 창발하는 결과다. 인간을 떠올려보면 이 점은 분명해진다. 버섯 채집은 삶의 방식이지만 모든 인간이 공유하는 특성은 아니다. 다른 생물종의 경우도 마찬가지다. 소나무는 인간이 만들어낸 빈터를 사용하는 데 도움이 될 버섯을 찾는다. 배치는 삶의 방식을 모으기만 하는 것이 아니라 그러한 방식을 만들어낸다. 배치를 중심에 놓고 생각하면 다음과 같이 질문하게 된다. 어떻게 모임은 때때로 부분들의 합보다 더 큰 '사건happenings'이 되는가? 만약 진보를 뺀 역사가 불확정적이고 다각적이라면, 배치가 그것이 지닌 가능성을 보여줄 수 있는가?

배치에서는 의도치 않은 조율coordination 패턴이 발달한다. 그런 패턴을 알아차린다는 것은 다양한 삶의 방식이 모여 빚어내는 시간적 리듬 및 규모scale의 상호작용을 지켜본다는 뜻이다. 놀랍게도 이 방법은 환경 연구만이 아니라 정치경제 연구에도 새로운 활력을 불어넣을 수 있는 방법으로 밝혀졌다. 배치 내에 정치경제적 양상이 존재하는 것은 비단 인간만의 일이 아니다. 플랜테이션 농장의 작물은 자유롭게 살아가는 동종 생물과는 다른 삶을 산다. 짐을 나르는 말과 사냥꾼을 태우는 말은 같은 생물종이지만 삶의 방식이 다르다. 배치는 자본과 국가로부터 벗어날 수 없으므로, 정치경제가 작동하는 방식을 관찰하기에 좋은 장소가 된다. 자본주의에는 목적성이 없다고 할 때, 우리는 어떤 것이 이미 구조적으로 마련된 방식을 통해서만이 아니라 병치되는 과정을 통해서 한데 모이는지 또한 볼 필요가 있다.

다른 저자들은 '배치'를 다른 의미로 사용한다.[8] '다운율poly-phonic'이라는 수식어를 생각해보면, 내가 배치 개념을 사용하는 방식을 이해하는 데 도움이 될 것이다. 서양 음악에서 다성음악poly-phony은 자율적인 멜로디가 뒤얽히는 음악을 가리킨다. 다성음악의 예로는 마드리갈madrigal[9]과 푸가fugue[10]가 있다. 이런 음악은 현대인이 듣기엔 그 형식이 구식 같고 낯설게 느껴지는데, 그 이유는

---

8. 일부 사회과학자들은 이 용어를 푸코(Michel Foucault)의 담론 형성(discursive formation)과 비슷한 어떤 것을 가리키는 용어로 사용한다(예를 들어, Aihwa Ong and Stephen Collier, eds., *Global assemblages* [Hoboken, NJ: Wiley-Blackwell, 2005]). 그러한 '배치' 개념은 공간을 가로질러 확장되고 장소를 정복한다. 그러한 배치는 불확정성을 통해 구성되지 않는다. 구성적인 마주침이 내 분석의 핵심이므로, 내가 사용하는 배치 개념은 어떤 규모에서도 하나의 장소에 모이게 하는 것을 뜻한다. 또 다른 '배치' 개념은 행위자-연결망 이론에서 다루듯이 연결망을 뜻한다(Bruno Latour, *Reassembling the social* [Oxford: Oxford University Press, 2007]). 하나의 연결망은 더 많은 연합을 구조적으로 생산하는 연합들의 사슬이다. 내가 사용하는 배치는 상호작용을 하는 구조를 가정하지 않고 존재하는 방식이 모인 것을 뜻한다. 배치는 철학자 질 들뢰즈의 아장스망(agencement)을 번역한 것인데, 이 용어는 '사회적인' 것에 대한 정의를 넓히려는 다양한 시도를 지지해왔다. 나 역시 이러한 의미로 사용해 그러한 구성(configuration)에 동참한다.

9. 무반주 다성음악 기법으로 불리는 세속 성악곡 장르이고, 16-17세기에 이탈리아에서 주로 발전했다. —옮긴이

10. 바로크 시대 음악의 주된 악곡 형식이다. 둘 이상의 선율이 대위법에 따라 배치되어 동시에 연주되는데, 첫 부분에 등장한 주제가 다양한 음역에서 반복적으로 모방을 통해 이어진다. —옮긴이

다성음악의 자리를 통일된 리듬과 멜로디로 작곡되는 음악 형식이 차지했기 때문이다. 바로크 양식 이후에 등장한 고전음악은 통일성을 목표로 삼았다. 이것이 바로 내가 논의한 의미의 '진보', 즉 시간의 통일된 조율이었다. 이 통일성이 20세기 로큰롤에서는 듣는 이의 심장박동을 연상케 하는 강한 비트 형식을 취한다. 우리는 단일한 관점으로만 음악을 듣는 데 익숙하다. 나는 다성음악을 처음 접하면서 감상에 새로이 눈뜨게 됐다. 개별적이면서도 동시에 등장하는 멜로디들을 골라내야 했고, **또한** 그 멜로디들이 함께 빚어내는 화음과 불협화음의 순간들에도 귀 기울여야 했다. 배치가 갖는 복수의 시간적 리듬과 궤도를 이해하기 위해서는 바로 이런 종류의 알아차림이 필요하다.

음악에 친숙하지 않다면, 농업과 관련된 다운율의 배치를 떠올려봐도 좋겠다. 상업적 농업의 목표는 플랜테이션 농업의 시대부터 작물을 단일 작물로 분리하고, 수확을 조율하기 위해 해당 작물이 동시에 익어가도록 만드는 것이었다. 그러나 다른 종류의 농경에는 복수의 리듬이 존재한다. 내가 연구한 인도네시아령 보르네오섬의 이동경작 농법에서는 여러 작물이 같은 땅에서 함께 자랐고 각각의 작물이 자라는 시기도 서로 달랐다. 벼, 바나나, 타로, 고구마, 사탕수수, 야자나무, 과실수가 섞여 자랐다. 농부들은 각각의 작물이 서로 다른 시기에 성숙해가는 과정에 주의를 기울여 경작해야 했다. 이런 리듬을 통해 작물은 인간의 수확과 관계를 맺었다. 예를 들어 만약 다른 꽃가루 매개자 혹은 식물과의 관계가 추가되면 리듬도 배가됐다. 다운율의 배치는 이러한 리듬들의 모임이며, 인간과 비인간이 함께하는 세계-만들기 프로젝트의 결과다.

다운율의 배치는 근대 정치경제가 아직 손을 뻗지 않은 영역을 우리에게 보여준다. 공장 노동은 조율된 진보적 시간의 전형이다. 그러나 상품 생산 및 공급사슬에도 다운율의 배치가 스며들어 있다. 넬리 추Nellie Chu가 연구한 중국의 소규모 의류 봉제 공장을 생각해보자. 많은 경쟁사와 마찬가지로 이곳 역시 지방의 부티크 브랜드와 이름난 국제적 브랜드의 생산 주문, 그리고 나중에 브랜드 상품으로 탈바꿈하기 위해 상표 없는 제품 생산을 요구하는 회사의 주문까지, 여러 개의 보급로를 끊임없이 전전하면서 상품을 생산한다.[11] 각각의 주문에는 서로 다른 기준, 재료, 노동이 요구된다. 이 공장이 하는 일은 산업적 조율을 공급사슬의 복잡한 리듬에 맞추는 것이었다. 공장을 벗어나 예측 불가능한 야생 산물 채집을 관찰해보면 리듬은 더욱 배가된다. 다운율의 배치와 산업 과정을 조율하는 활동은 수익 창출이라는 측면에서 자본주의적 생산의 주변부일수록 더욱 중요해진다.

마지막 사례들이 보여주듯, 진보의 리듬에서 벗어나 다운율의 배치를 관찰한다는 것은 도덕적 욕망에 관한 문제가 아니다. 진보는 항상 더 나은 것이 기다리고 있는 대단한 것으로 여겨졌다. 진보는 우리에게 '진보적인' 정치적 명분을 주었고, 나 또한 이것을 배우면서 자랐다. 나는 진보와 짝을 이루지 않는 정의正義를 알지

---

11. Nellie Chu, "Global supply chains of risks and desires: The crafting of migrant entrepreneurship in Guangzhou China" (PhD diss., University of California, Santa Cruz, 2014).

못한다. 문제는 진보가 더는 타당하지 않다는 것이다. 어느 날 고개를 들고 보니 왕이 벌거벗었다는 사실을 깨닫게 된 이들이 갈수록 늘어났다. 알아차림noticing을 위한 새로운 도구가 중요하게 느껴지는 이유는 바로 이런 딜레마 자체에 내재한다.[12] 실로 지구에서의 삶은 위기를 맞은 듯하다. 다음에 나올 2장에서는 협력적 생존의 딜레마를 다루고자 한다.

12. 이러한 생각은 하나의 방법론으로서 도나 해러웨이와 메릴린 스트래선(Marilyn Stra-thern)의 이론적 통찰을 결합한 것이다. 스트래선은 깜짝 놀라게 하는 것(the startle of surprise)이 어떻게 상식을 방해해 우리가 배치 내에 존재하는 서로 다른 세계 만들기 프로젝트를 알아차릴 수 있는지 보여준다. 해러웨이는 다른 프로젝트를 가로지르는 상호작용에 주의를 기울이기 위해 맥락을 따라간다. 나는 이러한 방법들을 종합해 한 가지 종류의 프로젝트가 다른 프로젝트에 의해 당황스러운 방식으로 방해받는 양상에 주목하며 배치를 추적한다. 이러한 학자들이 존재론(스트래선)에 대한, 그리고 세계 만들기(해러웨이)에 대한 인류학적 생각에 영향을 미쳤다는 사실을 밝히는 것이 좋겠다. 메릴린 스트래선의 "The ethnographic effect," *Property, Substance, and effect* (London: Athlone Press, 1999), 1–28과 도나 해러웨이의 *Companion species manifesto* (Chicago: Prickly Paradigm Press, 2003)를 참고하기 바란다.

마술을 부리는 시간, 원난성.
시장에 가는 이족彝族 사람의
조끼에 수놓인 송이버섯은
부와 안녕을 약속한다.
이 조끼는 (이족) 종족성과
(곰팡이) 생물종을 약호화하는데,
이 둘은 마주침의 가변적인
역사들에서 한순간의
행위를 가능하게 한다.

2

협력으로서의 오염

나는 다 괜찮을 거라고 말해주는 사람을 원했지만, 아
무도 그렇게 말해주지 않았다.

— 마이 넹 모우아Mai Neng Moua, 「메콩강으로 가는 길에」

어떻게 모임은 그 부분들의 합보다 더 큰 '사건'
이 되는가? 한 가지 답은 오염이다. 우리는 마주침을 통해 오염된
다. 우리가 다른 존재들에게 길을 열어줌에 따라 마주침이 우리 존
재를 변화시키기 때문이다. 오염을 통해 세계-만들기 프로젝트가
변화하면 상호적인 세계와 새로운 방향이 창발할 수도 있다.[1] 모든

---

*   제사: Mai Neng Moua, "Along the way to the Mekong," in *Bamboo among the oaks: Contemporary writing by Hmong Americans*, ed. Mai Neng moua, 57–61 (St. Paul, MN: Borealis Books, 2002) 중 60에서 인용함.

1.   다세포 생물은 박테리아의 여러 번에 걸친 상호 오염을 통해 태어났다. Lynn Margulis and Dorion Sagan, *What is life?* (Berkeley: University of California Press, 2000):

존재는 오염의 역사를 수반한다. 순수성은 선택지에 없다. 불안정성을 유념하는 태도가 갖는 한 가지 장점은 상황에 맞게 변화하는 것이 생존의 방식임을 우리에게 상기시켜 준다는 점이다.

그러나 생존이란 무엇인가? 미국에서 유행하는 판타지를 살펴보면, 생존이란 항상 다른 존재와 싸워 자기 자신을 지키는 것을 뜻한다. 미국 텔레비전 프로그램이나 외계 행성 이야기에 등장하는 '생존'은 정복과 팽창의 동의어다. 나는 생존을 그런 의미로 사용하지 않겠다. 이 책을 읽는 독자들도 열린 마음으로 다른 의미를 생각해보기 바란다. 어떤 생물종이든 살아 있기 위해서는 살기에 적합한 협력이 필요하다는 것이 이 책이 주장하는 바다. 협력이란 차이를 수용하며 일한다는 의미로, 이것은 곧 오염으로 이어진다. 협력하지 않는다면, 우리 모두는 죽는다.

대중적인 판타지만이 문제의 전부는 아니다. 하나만 살아남고 나머지는 다 죽는다는 식의 이야기가 학자들 사이에서도 통용된다. 학자들은 생존을 인간이든 비인간이든 (생물종, 개체군, 유기체, 유전자 등 어떤 '개별자individual'이건 간에) 개별적 이익의 증진이라고 상상해왔다. 20세기를 주름잡은 두 가지 학문인 신고전파 경제학과 집단유전학을 살펴보자. 이 두 학문은 20세기 초반에 근대 지식을 재정의할 만큼 대담한 공식을 제시하면서 중요한 학문으로 떠올랐다. 집단유전학은 진화론과 유전학을 통합해 생물학에서 '현대 종합설modern synthesis'에 대한 관심을 불러일으켰다. 신고전파

[국역본] 린 마굴리스·도리언 세이건, 『생명이란 무엇인가』, 김영 옮김(리수, 2016).

경제학은 근대 경제를 상상하고 창조하면서 경제 정책을 개조했다. 이 두 학문 연구자들은 서로 접점이 거의 없었음에도 마치 쌍둥이처럼 비슷한 틀을 세웠다. 각각의 중심에는 재생산에 대해서든 부에 대해서든 개별자의 이익을 극대화하려는 자립적self-contained 개별 행위자가 존재한다. 리처드 도킨스Richard Dawkins가 주장하는 '이기적 유전자' 개념이 이런 관념과 맞닿아 있으며, 이는 삶의 여러 가지 규모를 이해하는 데 유용하다. 그에 따르면, 자기 자신의 이익만을 생각하는 유전자(또는 유기체나 개체군populations)의 능력이 바로 진화를 부추기는 요인이 된다.[2] 이와 유사하게, 경제적 인간을 뜻하는 '호모 에코노미쿠스Homo economicus'도 자기 자신에게 가장 큰 이익이 되는 선택을 하며 살아간다.

자립을 상정하자 새로운 지식이 폭발적으로 증가했다. 자립과 (어떤 규모에서든) 그에 따른 개별자의 사리 추구에 기반해 생각하면 오염, 즉 마주침을 통한 변형을 무시할 수 있었다. 자립적 개별자는 마주침을 통해 변형되지 않는다. 개별자는 자기 이익을 극대화하면서 마주침을 이용하지만, 그럼에도 마주침으로 변형되지는 않는다. 이렇게 바뀌지 않는 개별자들의 자취를 쫓는 데는 **알아차림**이 필요치 않다. '표준적인' 개별자는 집단 전체를 대신하는 분석 단위가 될 수 있다. 오로지 논리만으로 지식을 체계화하는 것이 가능해진다. 마주침을 통해 변형될 가능성을 배제하면, 수학이 자연사와 민족지를 대체할 수 있다. 이런 단순화로 인한 생산성 덕

2. Richard Dawkins, *The selfish gene* (Oxford: Oxford University Press, 1976): [국역본] 리처드 도킨스, 『이기적 유전자』, 홍영남·이상임 옮김(을유문화사, 2018).

분에 신고전파 경제학과 집단유전학의 영향력은 매우 강력해졌고, 이 두 학문의 근본 전제가 명백한 허위에 기반한다는 사실이 갈수록 잊혔다.[3] 따라서 경제와 생태에는 저마다 진보는 팽창이라는 알고리즘이 자리 잡았다.

우리는 불안정한 생존이라는 문제를 통해 무엇이 잘못되었는지 살펴볼 수 있다. 불안정성이란 우리가 다른 존재에 취약하다는 것을 인지하는 상태다. 생존하려면 도움이 필요한데, 도움은 의도했든 안 했든 간에 모름지기 다른 존재가 우리에게 제공하는 서비스다. 발목이 삐었을 때는 튼튼한 막대기가 걷는 데 도움이 될 것이다. 이럴 때 나는 막대기에 도움을 청한다. 이제 나는 여성과 막대기의 움직이는 마주침이다. 나로서는 다른 존재—인간이든 비인간이든—에게 도움을 구하지 않고서 직면할 수 있는 도전이라는 것은 생각조차 하기 어렵다. 우리가 각자 홀로 생존한다는 식의, 사실과 정반대되는 환상을 품을 수 있는 건, 다른 존재를 의식하지 않아도 되는 특권이 있기 때문이다.

만약 생존하기 위해 항상 다른 존재와 관계를 맺어야 한다면, 생존이란 필연적으로 자기 자신과 다른 존재가 함께 변형하는 과정에서 나타나는 불확정성에 영향을 받을 수밖에 없다. 우리는 생물종 내에서, 그리고 생물종 간에 이뤄지는 협력을 통해 변화한다. 지구상의 생명체에게 중요한 일은 자립적 개별자의 의사결정분지도decision trees가 아니라 이 같은 변형을 통해서 일어난다. 우리는

---

3. 많은 비평가는 이 가정이 기반하고 있는 '이기적인 성향'을 거부했고, 그 방정식에 이타심을 추가했다. 그러나 문제는 이기적 성향이 아니라 자립이다.

끈질긴 개별자들의 팽창과 정복 전략만을 보기보다는 오염을 통해 발전하는 역사들을 찾아 나서야만 한다. 그렇다면 모임gathering은 어떻게 '사건'이 될 수 있을까?

협력은 차이를 가로지르는 작업이지만, 이것을 자립적 진화의 경로에 존재하는 순수한 다양성으로 해석해서는 안 된다. 우리 '자신들selves'의 진화는 이미 마주침의 역사를 통해 오염되었다. 그 어떤 새로운 협력을 시작하든 간에 우리는 이미 다른 것과 섞여 있다. 설상가상으로 우리는 우리에게 가장 큰 해를 입히는 프로젝트와도 얽혀 있다. 우리는 다양성 덕분에 협력에 참여할 수 있는데, 그런 다양성은 몰살과 제국주의 등등의 역사를 통해 창발한다. 오염이 다양성을 만든다.

이러한 현실은 우리가 종족성ethnicity이나 생물종 같은 명칭이 수행한다고 상상하는 일을 바꾼다. 범주들이 불안정하다면, 우리는 그 범주들이 마주침을 통해 등장하는 것을 지켜봐야 한다. 범주의 명칭을 사용하려면, 그러한 범주가 일시적으로 유지하는 배치를 추적하는 일에 전념해야 한다.[4] 그래야만 내가 캐스케이드산맥 숲에서 미엔인들과 송이버섯을 만났던 시점으로 돌아갈 수 있다. '미엔인'으로 존재한다는 것, 혹은 '숲'으로 존재한다는 것은 어

---

4. 종명(種名, species name)은 유기체를 소개할 때 유용한 학습법이지만, 그 명칭은 해당 유기체의 특성도, 때때로 빠르게 집합적으로 변화하는 그 유기체의 위치도 담아내지 못한다. 종족명도 똑같은 문제가 있다. 하지만 그러한 명칭조차 없는 것은 더 나쁘다. 즉, 모든 나무나 아시아인은 똑같이 생겼다고 상상하게 한다(서구 사회에서는 백인이 아닌 사람, 특히 아시아인이 똑같이 생겨서 개개인을 구분하기 어렵다고 공공연하게 발언하는 인종차별주의가 존재한다—옮긴이). 알아차림을 위한 실체를 제공하기 위해 명칭이 필요하지만, 그것은 움직이고 있는 명칭으로서 필요한 것이다.

떤 의미인가? 이러한 정체성들은 모든 것을 변형하는 폐허의 역사로부터 우리들의 만남에 들어왔다. 심지어 새로운 협력이 그 정체성들을 바꿔놓았을 때조차 말이다.

오리건주의 국유림은 미국 산림청U.S. Forest Service에서 관리한다. 산림청의 활동 목적은 숲을 국가 자원으로 보전하는 것이다. 그러나 풍경 보전을 둘러싼 상황은 100년간 이루어진 벌목과 산불 억제의 역사 탓에 절망적일 만큼 혼선을 겪어왔다. 그 과정에서 오염은 숲을 변형시키면서 숲을 창조한다. 이런 까닭에, 수효를 세는 것뿐만 아니라 알아차리는 것 또한 풍경을 이해하는 데 필수적이다.

오리건주의 숲은 20세기 초에 미국 산림청이 형성되는 데 주요한 역할을 했다. 이 시기 산림감독관들은 목재 부호들이 지지할 만한 보전이란 어떤 것일지 파악하려 했다.[5] 가장 큰 성과는 산불 억제였는데, 벌목꾼과 산림감독관 모두 그것에 동의할 수 있었다. 그러던 와중에 벌목꾼들은 캐스케이드산맥 동부에서 백인 개척자들에게 깊은 인상을 준 폰데로사소나무를 차지하는 데 혈안이 되어 있었다. 1980년대에 광대한 폰데로사 지대가 벌목으로 사라졌다. 그런데 이 나무는 산림청이 중단시킨 주기적인 산불내기 없이는 번식하지 못한다는 것이 밝혀졌다. 반면 전나무와 막대기 같은 모양의 로지폴소나무는 산불을 금지하자 번창했다. 단, "번창했다"

5. Harold Steen, *The U.S. Forest Service: A history* (1976; Seattle: University of Washington Press, centennial ed., 2004); William Robbins, *American forestry* (Lincoln: University of Nebraska Press, 1985).

라는 말이 살아 있거나 죽었거나 죽어가는 잡목이 훨씬 더 빽빽하게 자라서 불에 더 잘 타게 되는 현상이 광범위하게 확산되는 것을 뜻한다면 말이다.[6] 수십 년간 산림청이 하던 관리라는 것은 한편으로는 폰데로사소나무를 되살리려고 하면서, 다른 한편으로는 불에 잘 타는 전나무와 로지폴소나무 잡목을 솎아내거나, 잘라내거나, 다른 방식으로 조절하려 한다는 의미였다. 저마다 인간의 교란으로 생명을 찾은 폰데로사소나무, 전나무, 로지폴소나무는 이제 오염된 다양성을 지닌 생물들이다.

놀랍게도 폐허가 된 이 산업 풍경에서 새로운 가치가 창발했으니, 바로 송이버섯이었다. 송이버섯은 성장한 로지폴소나무 아래에서 특히 잘 돋아나는데, 성장한 로지폴소나무는 산불내기가 금지된 캐스케이드산맥 동부에 엄청나게 많이 존재한다. 로지폴소나무는 폰데로사소나무 벌목과 산불내기 금지 방침 덕택에 널리 퍼져나갔으며, 불에 잘 타는 특성이 있음에도 산불내기가 금지된 덕분에 오랜 시간에 걸쳐 성장할 수 있었다. 오리건주의 송이버섯은 로지폴소나무가 40년에서 50년 이상 자란 뒤에야 비로소 돋아난다. 이는 산불내기를 금지했기 때문에 가능한 일이었다.[7] 송이버섯 풍년은 근래의 역사, 즉 오염된 다양성이 만들어낸 현상이다.

그렇다면 동남아시아 산간 지역 사람들은 오리건주에서 뭘 하

---

6. 오리건주의 블루산맥의 생태에 관한 정보를 보려면 Nancy Langston, *Forest dreams, forest nightmares* (Seattle: University of Washington Press, 1996)를 참고하기 바란다. 캐스케이드산맥 동부의 생태에 관한 더 자세한 논의는 14장을 참고하기 바란다.
7. 산림감독관 필 크루즈(Phil Cruz)와의 인터뷰, 2004년 10월.

고 있는 걸까? 일단 숲에 있는 거의 모든 사람이 명백하게 '종족적인ethnic' 이유로 그곳에 있다는 사실을 깨달은 나는, 이러한 종족성이 암시하는 바가 무엇인지 시급히 알아내야 했다. 나는 무엇이 버섯 채집을 비롯한 공동의 의제를 만들어내는지 알아야 했다. 그래서 내가 그 명칭을 아는 종족 집단들을 따라갔다. 숲과 마찬가지로 채집인에 대해서도 단순히 인원수만 세면 되는 것이 아니라 채집인이 되어가는 과정을 이해해야 한다. 그러나 동남아시아 난민에 관한 미국 학계의 거의 모든 연구는 동남아시아의 종족적 형성을 무시하고 있다. 내가 이런 식의 누락에 맞서기 위해 길게 이야기하더라도 양해해주기 바란다. 미엔인에게는 나름의 특수성이 있지만, 여기서는 그들이 모든 채집인을, 그리고 우리 모두를 대신해주고 있다. 협력을 통한 변형은 보기 흉하든 그렇지 않든 간에 인간의 조건이다.

카오가 속한 미엔인 공동체의 먼 조상은 이미 모순 속에서, 그리고 도주의 여정에서 그 모습을 드러낸다고 상상된다. 그들은 제국의 권력을 피해 중국 남부의 산지를 떠돌면서도, 자신들을 조세와 강제 노역에서 면제시켜준다는 내용의 제국 문서 또한 소중히 간직했다. 100여 년 전에 그들 중 일부가 조금 더 멀리, 즉 지금의 라오스, 태국, 베트남이 된 북부 산간지대로 이주했다. 그들은 한자에 기반한 독특한 문자를 가져와서 정령들에게 바치는 글을 쓰는 데 이용했다.[8] 중국의 권위를 거부하면서도 수용하는 이 문자는 오

---

8. Jeffrey MacDonald, *Transnational aspects of Iu-Mien refugee identity* (New York: Routledge, 1997).

염된 다양성을 깔끔하게 표현한다. 미엔인은 중국인이면서 중국인이 아닌 것이다. 이후 그들은 라오인/태국인이 되는 법을 배웠으나 라오인/태국인이 아니었고, 그다음에는 미국인이 되는 법을 배웠으나 미국인이 아니었다.

미엔인은 국가 경계를 중요시하지 않는다. 미엔인 공동체는 거듭해서 경계를 넘나들었는데, 특히 군대의 위협을 받을 때 그러했다. (카오의 삼촌은 국경을 넘어 이동하면서 중국어와 라오어를 배웠다.) 그러나 이러한 이동성에도 불구하고 미엔 사회가 국가의 통제를 받지 않는 자율적인 사회인 것은 아니다. 회르레이푸르 욘손은 국가 정책에 따라 미엔인이 영위하는 삶의 방식이 여러 차례 어떻게 변화해왔는지를 설명한다. 예를 들어 20세기 전반에 태국의 미엔인은 아편 무역을 통해 자신들의 공동체를 조직했다. 막강한 힘을 가진 남성 연장자가 통솔하는 일부다처 대가족만이 아편 계약을 지속적으로 성사시킬 수 있었다. 어떤 가구는 식솔이 100명이나 됐다. 태국 정부에게는 이런 가족 조직을 통치할 권한이 없었다. 통치 권한은 미엔인과 아편의 마주침에서 생겨났다. 20세기 후반에는 이와 비슷하게 미리 계획되지 않은 과정을 통해 태국의 미엔인이 독특한 관습을 지닌 하나의 '종족 집단'으로 분류됐다. 태국의 소수민족 정책이 이런 정체성을 가능케 했다. 그렇게 미엔인은 라오스와 태국 양국의 정책에 영향을 받으면서도 그 정책을 피해가며 두 나라의 국경을 넘나들었다.[9]

---

9. Hjorleifur Jonsson, *Mien relations: Mountain people and state control in Thailand* (Ithaca, NY: Cornell University Press, 2005).

많은 민족이 국경에 걸쳐 있는 아시아의 고산들을 잘 알고 있었다. 미엔인은 이렇게 옮겨 다니는 집단, 즉 하나같이 제국의 통치와 반란, 합법적 또는 불법적인 무역, 그리고 천년왕국 운동의 동원millennial mobilization[10]을 겪어온 집단과 관계를 맺으며 민족의식을 발전시켜왔다. 미엔인이 어떻게 송이버섯 채집인이 됐는지를 이해하려면 오늘날 오리건주의 숲에 자리 잡은 또 다른 집단인 몽인 Hmong과의 관계를 고려해야 한다. 몽인은 여러 면에서 미엔인과 비슷하다. 몽인 역시 중국에서 남쪽으로 도망쳤다. 그들도 국경을 넘어 다녔고, 상업적인 아편 농장에 적합한 고원지대에서 살았으며, 자신들의 독특한 방언과 전통을 소중히 여긴다. 20세기 중반에 한 문맹의 농부가 시작한 천년왕국 운동이 완벽하게 독창적인 몽 문자[11]를 만들어냈다. 이 무렵은 미국-인도차이나전쟁이 벌어지던 시기였는데, 그 중심에 몽인 사회가 있었다. 언어학자 윌리엄 스몰리 William Smalley가 지적하듯, 당시 고무된 상태의 이 농부는 그 지역의 폐기된 군수품을 통해 영어, 러시아어, 중국어로 쓰인 글을 접했을 것이고, 라오어와 태국어도 보았을지 모른다.[12] 전쟁의 쓰레기 더미에서 출현한 독특하고 복합적인 파생물인 몽 문자는 미엔 문자와 더불어 오염된 다양성을 보여주는 경이로운 아이콘이다.

몽인은 자신들의 부계 씨족 조직을 자랑스러워하는데, 민족

---

10. 천년왕국설에 기반한 종교 운동을 지칭한 것으로 보인다. ─옮긴이
11. 숑르양(Shong Lue Yang)이 만든 문자인 파하우 몽(Pahawh Hmong).─옮긴이
12. William Smalley, Chia Koua Vang, and Gnia Yee Vang, *Mother of writing: The origin and development of a Hmong messianic script* (Chicago: University of Chicago Press, 1990).

지학자 윌리엄 게디스William Geddes에 따르면, 씨족은 남성들 사이 장거리 유대 관계를 형성하는 열쇠가 되어왔다.[13] 군 지휘관은 씨족 관계를 통해 면대면 관계망을 벗어나 병사들을 모집할 수 있었다. 이 점이 증명된 것은 1954년에 프랑스가 베트남 민족주의자들에게 패한 뒤였는데, 당시 미국은 식민지 관할권과 더불어 프랑스군으로부터 훈련받은 몽 군인들의 충성심까지 넘겨받았다. 이러한 군인들 가운데 한 사람이었던 방 파오Vang Pao 장군은 라오스에 거주하는 몽인들로부터 군대를 일으켜 미국 편에서 싸웠고, 1970년대 CIA 국장 윌리엄 콜비William Colby는 그를 두고 "베트남전쟁의 가장 큰 영웅"이라고 불렀다.[14] 방 파오는 개인뿐 아니라 마을과 씨족도 전쟁에 동원했다. 방 파오가 몽 사회를 대표한다고 나섬으로써 공산주의 단체 파테트 라오Pathet Lao 편에서 싸운 몽인들이 있다는 사실이 가려지긴 했지만, 방 파오는 자신의 명분이 곧 몽 사회의 명분이자 미국 반공주의의 명분이 되도록 했다. 그는 자신의 카리스마를 활용했을 뿐 아니라 아편 운송, 폭격 목표, CIA의 쌀 투하를 통제함으로써 어마어마한 종족적 충성심을 불러일으켰고, 이는 몽인들을 하나의 '몽' 사회로 통합했다.[15] 오염된 다양성을 이

13. William Geddes, *Migrants of the mountains: The cultural ecology of the Blue Miao (Hmong Nyua) of Thailand* (Oxford: Oxford University Press, 1976).

14. Douglas Martin, "Gen. Vang Pao, Laotian who aided U.S., dies at 81," *New York Times*, January 8, 2011에서 인용했다. https://www.nytimes.com/2011/01/08/world/asia/08vangpao.html.

15. 이러한 역사에 관한 자료는 다음 문헌들에서 참고했다. Alfred McCoy, *The Politics of heroin: CIA complicity in the global drug trade* (Chicago: Chicago Review Press, 2003); Jane Hamilton-Merritt, *Tragic mountains: The Hmong, the*

보다 잘 드러내주는 사례는 생각하기 어렵다.

어떤 미엔인들은 방 파오의 군대에서 싸웠다. 또 어떤 미엔인들은 몽인들을 따라 반 비나이Ban Vinai 난민 캠프로 향했다. 반 비나이 난민 캠프는 1975년에 미군이 철수하자 라오스에서 도망해온 방 파오의 도움으로 태국에 세워진 곳이다. 그런데 이 전쟁으로 몽인은 종족적, 정치적 통합의 감각을 얻었지만, 미엔인은 그렇지 못했다. 어떤 미엔인들은 미엔인 장군 차오 라Chao La 같은 정치 지도자들을 위해서 싸웠다. 어떤 미엔인들은 공산주의가 승리하기 훨씬 전에 라오스를 떠나 태국으로 갔다. 욘손이 미국에 거주하는 미엔인들의 구술사를 통해 밝힌바, 라오스 출신 미엔인들의 집단 구분은 종종 순전히 '지역적인 것'—북부 미엔인, 남부 미엔인—으로 여겨졌으나, 이는 사실 방 파오와 차오 라라는 두 지도자가 강제한 재정착 과정을 통해 미엔인들이 둘로 갈라진 역사를 말해준다.[16] 욘손은 전쟁이 종족 정체성을 만들어낸다고 주장한다.[17] 사람들은 전쟁 때문에 강제로 이동하면서 흩어지기도 하지만, 다시 상상된 조상의 문화를 중심으로 결속을 다지기도 한다. 몽 사회는 이러한 혼합 현상을 고무시키기 위해 거들었고, 미엔인들이 그 과정에 참여하게 됐다.

Americans, and the secret war in Laos, 1942–1992 (Indianapolis: Indiana University Press, 1999); Gary Yia Lee, ed., *The impact of globalization and transnationalism on the Hmong* (St. Paul, MN: Center for Hmong Studies, 2006).
16. 2007년에 나눈 개인적인 대화에서.
17. Hjorleifur Jonsson, "War's ontogeny: Militias and ethnic boundaries in Laos and exile," *Southeast Asian Studies* 47, no. 2 (2009): 125–149.

라오스에서 태국으로 건너갔던 미엔인들은 1980년대에 동남아시아의 반공주의자들을 난민 자격으로 미국에 데려와 시민권을 부여한 미국의 정책 대상에 포함됐다. 난민들이 미국에 도착했을 때는 마침 복지 제도의 규모가 축소되던 시기였고, 난민의 생계나 동화에 필요한 자원은 거의 제공되지 않았다. 돈도 없고 서구식 교육도 받지 않은 라오스와 캄보디아 출신 난민 대부분은 송이버섯 채집과 같이 사회적 공공망에서 벗어난 일로 옮겨갔다. 그들은 오리건주의 숲속에서 인도차이나전쟁 기간 동안 연마한 기술을 활용했다. 정글에서 전투를 경험했던 이들은 익숙하지 않은 숲에서 나아가는 방법을 알기에 좀처럼 길을 잃지 않았다. 그러나 이 숲이 일반적인 인도차이나인의 정체성이나 미국인의 정체성을 활성화하진 않았다. 미엔인, 몽인, 라오인, 크메르인은 태국 난민 캠프의 구조를 본떠 각자 분리된 공간에서 생활했다. 그럼에도 오리건주의 백인들은 가끔 그들을 모두 '캄보디아인'이라고 부르거나 더 헷갈리게 '홍콩인'이라고 부른다. 오염된 다양성은 다양한 형태의 편견과 강탈을 헤쳐나가는 와중에 확산한다.

이쯤에서 독자 여러분이 이렇게 말해주면 좋겠다. "이건 뉴스거리도 아니야! 내 주변에 이와 비슷한 풍경과 사람이 얼마나 많은지 나도 얘기할 수 있어." 나도 동의한다. 오염된 다양성은 어디에나 존재한다. 이런 이야기가 이토록 널리 퍼져 있고 잘 알려져 있다면, 다음과 같은 질문을 던져볼 필요가 있다. 왜 우리는 세상을 이해하는 데 이런 이야기를 활용하지 않는 걸까? 한 가지 이유는 오염된 다양성이 복합적이고, 추할 때가 많으며, 우리를 초라하게 만들기 때문이다. 오염된 다양성은 생존자들을 탐욕, 폭력, 환경 파괴의 역사에 연루시킨다. 기업의 벌목으로 성장한 뒤얽힌 풍경은 앞서 존재했던 대체 불가능한 우아한 거인들을 상기시킨다. 전쟁 생존자들은 그들이 딛고 넘은 시체, 혹은 그들이 사살한 시체들을 상기시킨다. 이 생존자들을 사랑해야 할지 증오해야 할지 우리는 알지 못한다. 도덕적 심판을 간단히 내릴 수는 없는 것이다.

설상가상으로 오염된 다양성은 근대 지식의 특징이 된 일종의 '요약하기'에 저항한다. 오염된 다양성은 특수하고 역사적이며 항상 변화할 뿐 아니라 관계를 맺으며 존재한다. 여기에 자립적 구성 단위란 없다. 오염된 다양성의 구성 단위는 마주침에 기반한 협력이다. 자립적 구성 단위가 없다면, 어느 '하나의' 관련자에 대한 비용과 혜택 또는 기능성을 산출하는 것도 불가능하다. 그 어떤 자립적 개별자나 집단도 마주침을 감지한 상태에서는 자신의 개별적 이익을 확신할 수 없다. 자립에 기반한 알고리즘이 없다면, 학자와 정책 입안자는 문화사와 자연사에서 중대한 것을 배워나가야 할지도 모른다. 하나의 등식으로 전체를 파악하길 꿈꾸는 사람들에겐 아마도 시간이 너무 오래 걸리는 일일 것이다. 그러나 누가 그들에게 그것을 파악할 책임자의 지위를 주었는가? 만약 골치 아픈 이야기를 쏟아내는 것이 오염된 다양성에 대해 말할 수 있는 최선의 방식이라면, 이제 그렇게 쏟아내는 것을 우리의 지식 실천의 일부로 만들 때다. 어쩌면 전쟁 생존자들과 마찬가지로, 우리는 죽음과 죽을 고비와 쓸데없는 삶에 대한 우리의 모든 이야기가 우리 편에 서서 현재의 도전에 직면하도록 도와줄 때까지 말하고 또 말해야 할 것이다. 골치 아픈 이야기들의 그런 불협화음에 귀 기울일 때, 비로소 우리는 불안정한 생존을 향한 최선의 희망과 마주칠 수 있을지 모른다.

이 책은 캐스케이드산맥의 숲 외에도 도쿄의 경매장, 핀란드령 라플란드, 그리고 내가 너무 흥분한 나머지 마시던 차를 쏟은, 어느 과학자 구내식당에서 벌어진 이 같은 이야기를 얼마간 담고 있다. 이런 이야기를 한 번에 다 듣는다는 것은 각각의 선율이 나머지 선율을 타고 넘나드는 마드리갈을 부르는 것만큼이나 도전적인 일이요, 일단 익숙해지면 간단한 일이기도 하다. 뒤섞인 리듬은 우리가 아직도 간절한 마음으로 따르고 싶어 하는 통일된 진보-시간에 대해 여전히 생기 넘치는 시간적 대안으로서 연주된다.

마술을 부리는 시간, 도쿄.
쓰키지築地 도매시장에서
경매에 참여할
송이버섯을 정리한다.
버섯을 재고품으로
전환하는 작업이 필요하다.
상품이 시장 속도에
맞춰 빠르게 생산되려면
이전의 관계가 끊어져야 한다.

3
규모에 따른 문제

아니오, 아니오, 당신은 생각하는 것이 아닙니다. 당신은
그저 논리적일 뿐입니다.
— 물리학자 닐스 보어Niels Bohr가 '유령 같은 원격 작용
spooky action at a distance'을 옹호하며

이야기를 쏟아내고 귀 기울여 듣는 것은 하나의
연구 **방법**이다. 그것을 과학이라고, 새로운 지식이라고 강하게 주
장하지 않을 이유가 있을까? 이때 연구 대상은 오염된 다양성이고,
분석 단위는 불확정적인 마주침이다. 무엇을 알려 하건 간에 우리
는 알아차림의 기술을 회생시키고 민족지와 자연사를 아울러야만
한다. 그러나 여기에는 규모 문제가 따른다. 우리가 쏟아내는 이야

---

*   제사: Otto Robert Frisch, *What little I remember* (Cambridge: Cambridge
University Press, 1980), 95에 인용된 닐스 보어(Niels Bohr)의 명언.

기는 깔끔하게 요약될 수 없다. 이야기의 규모도 깔끔하게 정리되지 않는데, 그 이유는 하나의 이야기에 끼어들어 방해하는 다른 지형과 박자가 우리의 관심을 사로잡아 더 많은 이야기를 이끌어내기 때문이다. 이것이 바로 이야기를 쏟아내는 연구 방법이 하나의 과학으로서 갖는 힘이다. 이렇게 끼어들어 방해해야만 대부분의 근대 과학이 갖는 한계, 즉 연구 틀은 바꾸지 않으면서 무한한 확장 가능성을 요구하는 방식에서 벗어날 수 있다. 알아차림의 기술은 이런 식으로 규모를 '확장'할 수 없기 때문에 구식으로 여겨진다. 연구 과제를 변경하지 않고도 자신의 연구 틀을 좀 더 큰 규모에 적용할 수 있는 능력은 근대 지식의 특징이 되었다. 버섯에 대해 생각하고픈 마음이 조금이라도 있다면, 그와 같은 기대는 접어야 한다. 나는 이런 마음가짐으로 버섯 숲을 '반反플랜테이션 농장'으로서 연구한다.

규모의 확장에 대한 기대가 과학에만 국한되는 것은 아니다. 진보라는 것 자체가 프로젝트의 기본 틀이 되는 가정을 바꾸지 않고 프로젝트를 확대할 수 있는 능력으로 곧잘 규정되곤 했다. 이런 속성이 바로 '확장성scalability'이다. 이 용어가 조금 헷갈릴 수 있는데, '규모 측면에서 논의 가능함'이란 뜻으로 해석될 수 있기 때문이다. 그러나 확장성 있는 프로젝트와 확장성 없는 프로젝트 모두 규모와 관련해 논의될 수 있다. 페르낭 브로델Fernand Braudel이 역사의 장기지속longue durée에 대해 설명한 것이나 닐스 보어가 양자 원자를 선보인 것은 규모에 대한 사고방식에 대대적인 혁신을 일으켰지만, 그들의 연구가 확장성에 관한 프로젝트는 아니었다. 반면에 확장성이란 어떤 프로젝트가 그 틀에 아무런 변화도 일으키지 않으면서 규모를 순조롭게 바꿀 수 있는 능력이다. 예를 들어 확장성 있는 사업은 그 사업이 확대되더라도 조직은 변하지 않는다. 확장성은 새로운 관계가 추가되어 사업이 변화하더라도 사업상의 관계 자체는 변형되지 않을 때에만 가능하다. 확장성 있는 연구 프로젝트가 이미 그 연구 틀에 들어맞는 데이터만을 받아들이는 것도 비슷한 이치다. 확장성은 프로젝트 요소들이 마주침에 깃든 불확정성을 감지하지 못하는 상태를 필요로 한다. 그런 식으로 팽창이 순조롭게 이루어지는 것을 허용하는 것이다. 그로 인해 확장성은 의미 있는 다양성, 즉 변화를 일으킬 수 있는 다양성을 몰아내기도 한다.

확장성은 자연에 존재하는 일반적인 특성이 아니다. 프로젝트를 확장하려면 많은 작업이 필요하다. 심지어 작업을 마친 뒤에도 확장성 있는 프로젝트 요소와 확장성 없는 프로젝트 요소 사이에는 여전히 상호작용이 일어날 것이다. 그러나 브로델과 보어 같은 사상가가 공헌을 했음에도, 인류가 규모의 확장을 통해 전진한다는 인식은 매우 강력하게 자리 잡았다. 따라서 확장될 수 있는 요소는 어마어마한 주목을 받고, 확장될 수 없는 요소는 걸림돌로 여겨진다. 이제는 우리가 단지 서술 대상으로서만이 아니라 이론을 성립하게 하는 요인으로서 확장될 수 없는 요소에 관심을 기울일 때다.

비확장성nonscalability에 관한 이론은 확장성을 창출하는 데 필요한 작업에서, 또 그리하여 빚어진 엉망진창인 상황에서 시작될

지도 모른다. 이것을 잘 보여주는 초기의 영향력 있는 사례가 바로 유럽 식민지의 플랜테이션 농장이다. 일례로 16-17세기 브라질의 사탕수수 플랜테이션 농장에서 포르투갈인 농장주들은 순조롭게 팽창해나갈 수 있는 공식을 우연히 발견했다. 그들은 자립적이고 호환 가능한 프로젝트를 고안해냈는데, 그 내용인즉 지역민과 지역 작물을 없애버리고, 주인 없는 빈 땅을 마련한 다음, 이국적이고 고립된 노동력과 작물을 가져와 생산에 투입한다는 것이었다. 확장성을 지닌 이러한 풍경 모델은 이후 산업화와 근대화에 영감을 주었다. 이런 모델과 이 책의 주제인 송이버섯 숲이 보이는 현저한 차이를 대조하면 확장성으로부터 비판적 거리를 두는 데 유용한 방식을 알 수 있다.[1]

포르투갈이 식민지 브라질에 건설한 사탕수수 플랜테이션 농장의 구성 요소를 생각해보자. 첫 번째 요소는 포르투갈인들에게 익숙한 수수 가지다. 사탕수수는 수수 가지를 땅에 꽂은 다음 그 가지에서 싹이 트기를 기다리는 방식으로 재배되었다. 모든 작물이 클론clone[2]이었는데, 유럽인들은 뉴기니가 기원인 이 재배종

1. 사탕수수 플랜테이션과 관련해서는 인류학, 지리학, 미술사, 농경사(historical agronomy)를 포함한 많은 학문으로 이루어진 학제 간 연구물이 풍부하게 존재한다. 특히 다음 문헌들을 참고하기 바란다. Sidney Mintz, *Sweetness and power: The place of sugar in modern history* (Harmondsworth, UK: Penguin, 1986)(국역본으로, 시드니 민츠, 『설탕과 권력』, 김문호 옮김[지호, 1998])와 Mintz, *Worker in the cane* (New Haven, CT: Yale University Press, 1960); J. H. Galloway, *The sugar cane industry* (Cambridge: Cambridge University Press, 1991); Jill Casid, *Sowing empire* (Minneapolis: University of Minnesota Press, 2005); Jonathan Sauer, *A historical geography of crop plants* (Boca Raton, FL: CRC Press, 1993).
2. '클론'이란 무성 생식에 의해 유전적으로 동일하게 복제되어 생성된 세포나 유기적 조직

cultigen을 번식시키는 방법을 몰랐다. 묘목의 호환성은 생식에 영향 받지 않는데, 이러한 호환성이 유럽종 수수의 특성이었다. 유럽종 수수는 신대륙으로 건너간 후 다른 종과 거의 교배되지 않았다. 작물치고는 비교적 자립적으로 살아가는, 마주침을 모르는 식물이었다.

두 번째 요소는 사탕수수를 재배하는 노동력이다. 포르투갈식 사탕수수 재배는 포르투갈인들이 아프리카에서 노예화한 이들을 빼내오면서 새롭게 획득한 권력과 더불어 시작됐다. 농장주의 입장에서 볼 때 노예화한 아프리카인들은 신대륙의 사탕수수 노동자로서 큰 이점이 있었다. 이들 노동자들은 그 지역에서 형성된 사회관계가 전무했기 때문에 농장에서 탈출할 방법을 마련할 수 없었다는 점이 바로 그것이었다. 신대륙에서 반려종companion species 이나 질병 관계에 관한 어떤 역사도 없었던 사탕수수와 마찬가지로, 이들 노동자도 고립되어 있었다. 그들은 자립적 존재가 되어가는 중이었고, 따라서 추상적 노동으로서 규격화될 수 있었다. 플랜테이션 농장은 통제력을 강화하기 위해 그들을 더욱 소외시키는 방향으로 조직되었다. 일단 가장 중요한 제분 작업이 시작되면, 모든 작업은 제분소 시간표에 따라 이뤄져야 했다. 노동자들은 최대한 빨리, 동시에 부상을 막기 위해 최대한 집중해서 사탕수수를 잘라야 했다. 이런 상황에서 노동자들은 사실상 자립적이고 호환 가능한 단위가 됐다. 이미 상품으로 여겨졌던 그들에게는 사탕수

체를 가리킨다. —옮긴이

수의 생산 주기에 맞춘 규칙적 패턴과 조율된 타이밍으로 인해 호환 가능한 작업이 부과되었다.

인간 노동에서도, 작물 상품에서도 프로젝트의 틀과 관련된 호환 가능성은 이러한 역사적 실험을 통해 등장했다. 실험은 성공했다. 유럽은 엄청난 이윤을 남겼고, 유럽인 대다수는 그것이 끼치는 영향을 목격하기에는 너무 멀리 있었다. 프로젝트 규모가 처음으로 확장될 수 있었다. 아니, 좀 더 정확하게 말하자면 확장성이 있는 것처럼 보였다.[3] 사탕수수 플랜테이션 농장은 세계의 온난한 지역으로 팽창하고 퍼져나갔다. 플랜테이션 농장의 대표적인 구성 요소—클론 묘목, 강제된 노동력, 정복당한 빈터—는 어떻게 소외와 호환성, 팽창이 전례 없는 이윤을 낳을 수 있는지 보여주었다. 이 공식은 우리가 진보와 근대성이라 부르게 된 꿈의 형태를 빚어냈다. 시드니 민츠Sidney Mintz가 주장하듯, 산업화 시기에 공장들은 사탕수수 플랜테이션 농장을 모델로 삼아 플랜테이션식 소외를 미리 계획해두고 있었다.[4] 확장성을 활용해 팽창하는 데 성공하자 자본주의적 근대화가 모습을 드러냈다. 투자자들은 플랜테이션 농장 같은 곳을 만들겠다는 욕망을 품은 채 세계의 더욱더 많은 곳을 마음속에 그리며 온갖 종류의 새로운 상품을 고안해냈다. 마침

---

3. 사탕수수 플랜테이션은 농장주가 원하는 만큼 완전하게 확장될 수 없었다. 노예 노동자들은 마룬 공동체(maroon communities, 탈주에 성공한 노예들이 군대나 노예 사냥꾼에게 쉽게 발각되지 않는 외진 지역에 형성한 그들만의 공동체 사회—옮긴이)로 도망쳤다. 외부로부터 유입된 곰팡이성 부패 현상이 사탕수수에 퍼졌다. 확장성은 결코 안정적이지 않다. 기껏 잘된다고 해도 엄청난 양의 노동을 요구한다.

4. Mintz, *Sweetness and power*, 47.

내 그들은 지구상의 모든 것, 나아가 지구 너머의 모든 것이 확장성을 갖고 있으며 시장가치로 교환될 수 있다고 상정했다. 이 주장이 바로 공리주의다. 공리주의는 결국 근대 경제학으로 굳어졌고, 적어도 겉보기에는 확장성을 더욱 단단히 구축하는 데 기여하는 듯했다.

송이버섯 숲과 대조해보자. 사탕수수 클론과 달리 송이버섯은 다른 생물종과 변형적인 관계를 맺지 않고서는 살아갈 수 없는 것이 분명하다. 송이버섯은 숲의 특정한 나무와 어울려 지내는 땅속 곰팡이의 자실체子實體다. 이 곰팡이는 숙주 나무 뿌리와 상리공생相利共生 관계를 맺는데, 나무에게 양분을 찾아주고 자신은 나무로부터 탄수화물을 얻는다. 송이버섯 덕택에 숙주 나무는 비옥한 부엽토가 없는 척박한 땅에서도 살아갈 수 있다. 그 대가로 곰팡이는 나무에게서 영양분을 공급받는다. 이 변형적인 상리공생 때문에 인간의 송이버섯 재배는 불가능했다. 일본의 연구기관들이 송이버섯을 재배하기 위해 수백만 엔을 들여 노력해왔지만 아직 성공하지 못했다. 송이버섯은 플랜테이션 농장의 환경 조건에 저항한다. 송이버섯에게 필요한 것은 숲의 역동적인 다종적 다양성, 그리고 이를 통해 서로를 오염시키는 관계성이다.[5]

더욱이 송이버섯 채집인은 사탕수수 농장의 규율에 단련되고

---

5. 송이버섯 생물학과 생태학 입문을 읽고자 한다면, 다음의 문헌을 참고하기 바란다. 小川真, 『マツタケの生物学』[송이버섯의 생물학](1978; 東京: 築地書館, 1991); David Hosford, David Pilz, Randy Molina, and Michael Amaranthus, *Ecology and management of the commercially harvested American matsutake mushroom* (USDA Forest Service General Technical Report PNW-412, 1997).

대체 가능한 노동자와는 매우 다르다. 노동 규율에 따른 소외가 없기 때문에 숲에서는 확장 가능한 기업도 형성될 수 없다. 미국 태평양 연안 북서부 지역에서 채집인들은 '버섯 열병mushroom fever'을 좇아 숲으로 모여든다. 그들은 정식으로 고용되지 않은 채 자기 길을 찾아가는 독립적인 사람들이다.

그러나 송이버섯 상업을 원시적인 생존 방식으로 여긴다면 그것은 착각이다. 그런 생각은 진보에 눈이 먼 사람들이 하는 오해다. 송이버섯 상업은 확장성이 등장하기 이전에 존재한 어떤 상상의 시간에 생겨난 것이 아니다. 그것은 확장성, 말하자면 폐허에 깃든 확장성에 기대고 있다. 오리건주의 많은 채집인은 산업 경제 때문에 난민이 된 이들이며, 숲은 그 자체가 확장성 작업의 잔재다. 송이버섯 상업과 송이버섯 생태 둘 다 확장성과 이를 무위로 돌리는 일 사이의 상호작용에 의존한다.

미국 태평양 연안 북서부는 20세기 미국의 목재 정책이 시행된 호된 시련의 장소였다. 이 지역은 이미 중서부의 숲을 파괴한 전력이 있는 목재 산업의 관심을 끌었는데, 마침 그 시기는 미국의 국가 통치 정책에서 과학적 산림관리가 우세해진 때였다. 사적이거나 공적인 (그리고 나중에는 환경주의적인) 이해관계를 추구하는 집단들이 태평양 연안 북서부에서 전투를 벌였다. 그들이 미온적으로나마 과학적, 산업적 산림관리에 동의한 것은 많은 타협을 거친 결과였다. 그런데 지금도 이 지역에서는 숲을 마치 확장성을 지닌 플랜테이션 농장처럼 다루며, 숲이 언제나 그런 식으로 존재할 것이라고 믿는 모습을 엿볼 수 있다. 1960년대와 1970년대에 걸친

공사公私 합동 산업적 산림관리의 전성기 동안 이것이 의미하는 바는 단일종 동령림同齡林이었다.[6] 이런 식의 관리에는 엄청난 품이 들었다. 사람들은 원치 않는 수종樹種과 여타 생물종에 독약을 살포했고, 불이 날 소지를 완벽하게 차단했다. 소외된 노동자들은 '우월한' 품종의 나무를 심었다. 숲을 솎아내는 것은 혹독한 작업이었으나 정기적으로, 또 필수적으로 행해졌다. 나무는 적당한 간격으로 심어져야만 최대한 성장할 수 있었으며 기계 수확 또한 가능했다. 목재용 나무는 새로운 사탕수수였다. 다종의 방해 없이 균일하게 성장하도록 관리되었고, 이름 모를 노동자나 기계에 의해 솎아지고 수확되었다.

숲을 플랜테이션 농장으로 바꾸는 프로젝트는 뛰어난 기술력이 있음에도 기껏해야 불균형적으로 진행될 뿐이었다. 일찍이 목재 회사들은 가장 값비싼 나무를 수확하는 것만으로도 큰돈을 벌어들였다. 제2차 세계대전 이후 국유림이 벌목을 위해 개방되었을 때도 이 회사들은 '높은 등급의' 목재 수확을 이어나갔는데, 성장한 나무는 빨리 자라는 어린 나무幼木로 대체하는 것이 좋다는 기준이 제시되면서 이러한 수확 방법에 명분이 생겼다. 개벌皆伐이라든지 '같은 수령樹齡의 나무들만 관리'하는 방식이 도입된 것도 이처

<hr/>

6. 주요 참고문헌은 다음과 같다. Paul Hirt, *A conspiracy of optimism: Management of the national forests since World War Two* (Lincoln: University of Nebraska Press, 1994); William Robbins, *Landscapes of conflict: The Oregon story, 1940–2000* (Seattle: University of Washington Press, 2004); Richard Rajala, *Clearcutting the Pacific rainforest: Production, science, and regulation* (Vancouver: UBC Press, 1998).

럼 까다롭게 골라 수확하는 방법이 갖는 비효율성을 극복하기 위해서였다. 그러나 과학적, 산업적 관리를 통해 나무를 재성장시키는 방식은 이윤을 많이 남기지 못했다. 이전에는 거대한 목재용 수종이 아메리카 원주민들의 산불내기 방법으로 유지되어왔던 곳에서 '알맞은' 종을 번식시키기란 어려웠다. 한때 커다란 폰데로사소나무가 지배하던 곳에서 전나무와 로지폴소나무가 자랐다. 이윽고 태평양 연안 북서부의 목재 가격이 급락했다. 나무를 쉽게 수확할 수 없게 된 목재 회사들은 다른 지역으로 더 값싼 나무를 찾아 나서기 시작했다. 거대 목재 회사의 정치적 영향력과 자금이 사라지자 이 지역의 산림청 지구는 재정 지원을 상실했고, 비용 면에서도 숲을 플랜테이션 농장처럼 관리할 엄두조차 내지 못하게 됐다. 환경주의자들은 법원에 산림 보전을 위한 보호 법률을 더 엄격하게 적용할 것을 요구하기 시작했다. 그들이 추락하는 목재 경제에 대한 책임을 뒤집어썼지만, 목재 회사와 거대한 나무들 대부분은 이미 사라진 뒤였다.[7]

2004년에 내가 캐스케이드산맥 동부를 돌아다닐 즈음엔, 한때 거의 폰데로사소나무만으로 이루어져 있던 순림純林에 전나무와 로지폴소나무가 널리 퍼져 있었다. 고속도로를 따라 세워진 표

---

7. 일이 어떻게 잘못되었는지에 대한 정보는 랭스턴(Nancy Langston)의 *Forest dreams* (2장의 각주 6번에 인용)를 참고하기 바란다. 캐스케이드산맥 동부에 관해서는 1989년 4월 18–20일에 온타리오주의 선더베이에서 개최된 온타리오주 자연자원국(Ontario Ministry of Natural Resources) 워크숍에서 발표된 논문 Mike Znerold, "A new integrated forest resource plan for ponderosa pine forests on the Deschutes National Forest"를 참고하기 바란다.

지판에는 여전히 "산업용 목재"라고 쓰여 있었지만 산업이 여전히
존재한다고 상상하기 힘든 모양새였다. 전나무와 로지폴소나무의
덤불로 뒤덮인 풍경을 보니, 목재로 사용하기엔 너무 작은 나무들
만 있고 휴양을 즐기기엔 썩 좋지 못한 경치가 눈에 띄었다. 하지
만 이 지역 경제에 다른 무언가가 등장했다. 바로 송이버섯이었다.
1990년대 들어 산림청 연구자들은 버섯의 연간 상업적 가치가 적
어도 목재의 가치만큼은 된다는 사실을 발견했다.[8] 송이버섯은 확
장성 있던 산업비림이 폐허로 변한 자리에서 확장성 없는 산림 경
제를 활성화했다.

불안정성을 염두에 두고 생각한다는 것은, 확장성을 만들어내
고자 하는 프로젝트가 풍경과 사회를 변형시켜온 방식을 이해함과
동시에 한편으로는 확장성이 실패하는 지점, 그리고 확장성 없는
생태적, 경제적 관계가 분출하는 지점을 응시해야 한다는 점에서
도전적인 일이다. 확장성과 비확장성 양쪽 모두가 이뤄놓은 결과에
주목하는 것이 중요하다. 그러나 확장성은 나쁘고 비확장성은 좋
다고 생각하는 것은 큰 착각이다. 확장성 없는 프로젝트도 확장성
있는 프로젝트만큼이나 끔찍한 결과를 낳을 수 있다. 규제받지 않
고 일하는 벌목꾼들은 과학적인 산림감독관보다 더욱 빠르게 숲
을 파괴한다. 확장성 있는 프로젝트와 확장성 없는 프로젝트를 가

---

8. Susan Alexander, David Pilz, Nancy Weber, Ed Brown, and Victoria Rockwell,
"Mushrooms, trees, and money: Value estimates of commercial mushrooms
and timber in the Pacific Northwest," *Environmental Management* 30, no. 1
(2002): 129–141.

르는 주요한 특징은 윤리적 행동 여하가 아니다. 확장성 없는 프로젝트는 팽창할 채비를 하지 않기 때문에 좀 더 다채로운 양상을 띠지만, 그것 역시 무해한 것부터 끔찍한 것에 이르기까지 다양한 범위에 걸쳐 있다.

비확장성이 새롭게 분출한다고 해서 확장성이 사라졌다는 뜻은 아니다. 확장성은 신자유주의적 구조조정의 시대에 시민, 정부, 기업이 함께 작동하는 대중 동원의 문제라기보다는 갈수록 기술적인 문제로 축소된다. 4장에서 다루겠지만, 확장성 있는 회계 업무와 확장성 없는 직장 내 관계 사이의 연결을 명확하게 하는 것이 자본주의적 축적을 이루기 위한 한 가지 모델로 점점 더 많이 받아들여지고 있다. 엘리트 계층이 자신들의 회계 장부를 규준화regularize할 수만 있다면, 확장성 없이도 생산이 이루어진다. 우리는 불안정성의 형태와 전략에 몰두하면서도 확장성 있는 프로젝트가 지속적으로 헤게모니를 장악하는 현실을 놓치지 않고 지켜볼 수 있을까?

2부에서는 확장성 있는 회계 업무가 확장성 없는 노동 및 자연자원 관리를 가능하게 하는 자본주의 체제에서, 확장될 수 있는 형태와 확장될 수 없는 형태 사이에 나타나는 상호작용을 추적한다. 이러한 '구제salvage' 자본주의하에서 공급사슬은 몹시 다양한 형태의 노동과 자연이 자본에 상응하게 되는 번역 과정을 조직해낸다. 3부에서는 변형적인 마주침이 삶의 가능성을 창조하는 반anti-플랜테이션 농장으로서의 송이버섯 숲으로 복귀한다. 여기서는 생태 관계에 나타나는 오염된 다양성을 논의의 중심에 놓고 다룰 것이다.

그러나 먼저 불확정성에 대해 생각해보고자 한다. 불확정성은 내가 추적하는 배치에서 핵심적인 특징이다. 지금까지 나는 다음과 같은 부정적인 특징을 열거하며 배치를 정의했다. 즉, 배치의 성분들은 오염되었고, 따라서 불안정하며, 배치는 순조롭게 확장되기를 거부한다고 말이다. 그러나 배치는 항상 소멸 가능한 것으로 규정되는 것만큼이나 그것이 모으는 무언가의 힘으로도 규정된다. 배치는 역사를 만든다. 형언할 수 없으면서도 현존하고 있는 이러한 조합은 냄새로 확연히 드러난다. 냄새는 버섯의 또 다른 선물이다.

규정하기 힘든 삶, 도쿄.
어느 요리사가 송이버섯을
살펴보고, 냄새 맡고, 요리를
준비한다. 송이버섯을 구워
가보스ヵボス 라임 한 조각을
곁들여 접시에 낸다.
냄새는 우리 안에 있는
또 다른 것의 존재다.
표현하기 어렵지만 생생한 냄새는
마주침으로, 그리고
불확정성으로 이끈다.

인터루드
냄새 맡기

"무슨 잎인가? 무슨 버섯인가?"
— 존 케이지John Cage가 번역한 마쓰오 바쇼松尾芭蕉의
고전 시가

냄새 이야기란 무엇인가? 냄새의 민족지가 아닌, 사람과 동물의 콧속으로 퍼지고 식물의 뿌리와 토양세균의 세포막에도 강하게 남아 있는 냄새 자체에 관한 이야기 말이다. 냄새는 기억과 가능성이 얽힌 가닥으로 우리를 끌어들인다.

송이버섯은 나뿐 아니라 다른 많은 이들을 인도한다. 사람과 동물은 그 냄새에 동하여 북반구의 야생을 가로지르며 송이버섯

---

* 제사: John Cage, "Mushroom haiku," https://www.youtube.com/watch?v=XNzVQ8wRCB0.

을 찾아 헤맨다. 사슴은 많은 버섯 중에서 송이버섯을 선별한다. 곰은 송이버섯을 찾으려고 통나무를 헤집고 구덩이를 판다. 그리고 여러 명의 오리건주 버섯 사냥꾼은 엘크가 날카로운 부석 토양에서 송이버섯을 파내느라 코와 주둥이에서 피를 흘리는 것을 보았다고 내게 이야기했다. 송이버섯 냄새가 엘크를 이 패치에서 저 패치로 이끈다고 그들은 말했다. 그리고 냄새는 화학적 민감성의 특정한 형태이며 다른 그 무엇도 아니다. 이렇게 해석하면 나무들도 송이버섯 냄새에 동해 버섯을 자신들의 뿌리로 초대한다. 송로버섯의 경우처럼, 날아다니는 곤충들이 이 지하 은닉처를 선회하는 것이 관찰되었다. 반면에 민달팽이와 다른 곰팡이, 여러 종류의 토양세균은 그 냄새를 역겨워하며 송이버섯이 존재하는 장소에서 어느 정도 범위 밖으로 물러난다.

냄새는 규정하기 힘들다. 우리는 냄새의 효과에 깜짝 놀란다. 냄새가 강렬하고 특정한 반응을 일으킬 때조차도 우리는 냄새를 말로 설명하는 방법을 잘 알지 못한다. 인간은 공기를 들이마실 때 숨쉬기와 냄새 맡기를 동시에 하는데, 냄새를 묘사하는 것은 공기를 묘사하는 것만큼이나 어렵다. 그러나 공기와 달리 냄새가 난다는 것은 또 다른 것이 존재한다는 신호이며, 우리는 그것에 이미 반응하고 있다. 반응은 항상 우리를 새롭게 한다. 우리는 더는 우리 자신─또는 최소한 이전의 우리 자신─이 아니라 또 다른 것과 마주치고 있는 우리 자신이다. 마주침이란 본래 정확히 규정할 수 없는 현상이다. 우리는 마주침을 통해 예상할 수 없는 방식으로 변형된다. 규정하기 어렵지만 명확히 존재하는 혼란스러운 조합의 냄새가 마주침에 내재한 불확정성에 대해 알려주는 유용한 안내자가 될 수 있을까?

인간은 불확정성으로 버섯을 이해하는 데 있어서 풍요로운 유산을 물려받았다. 미국인 작곡가 존 케이지가 작곡한 짧은 퍼포먼스 곡들로 이루어진 〈불확정성Indeterminacy〉이라는 시리즈에는 버섯과의 마주침을 기리는 내용이 많이 담겨 있다.[1] 케이지는 야생 버섯을 찾기 위해서는 특정한 종류의 관심이 필요하다고 보았다. 그것은 마주칠 때 발생하는 모든 가능성과 놀라움을 포함해 마주침이 일어나는 지금 여기here and now에 관심을 두는 것이다. 케이지의 음악은 대부분 이렇게 '항상 다른' 지금 여기에 관한 것이었는데, 그는 이것을 고전음악에서 나타나는 지속적인 '같음sameness'과 대조했다. 그래서 그는 청중이 작곡된 음악만큼이나 주변의 소리도 들을 수 있도록 작곡했다. 그의 유명한 작품 중 하나인 〈4분 33초4′33″〉에서 청중은 어떤 음악도 연주되지 않는 상황에서 듣기만 하도록 강요된다. 케이지는 일이 일어나는 그대로 듣는 방식에 주의를 기울였기에 불확정성을 이해할 수 있었다. 이 장의 도입부에 인용한 글은 17세기 일본 시인 마쓰오 바쇼의 하이쿠 "마쓰타케야 시라누키노하노 헤바리쓰쿠まつ茸や しらぬ木の葉の へばりつく"를 케이지가 직접 번역한 것인데, 나는 이것이 "송이버섯, 그리고 그것에 붙어 있는 / 알려지지 않은 어떤 나무 이파리"라고 번역된 것을 보

---

1. http://www.lcdf.org/indeterminacy/를 참고하기 바란다. 라이브 연주를 보려면 다음 링크를 이용하면 된다: https://www.youtube.com/watch?v=AJMekwS6b9U.

왔다.[2] 케이지는 이 번역이 마주침의 불확정성을 충분히 명확하게 보여주지 못한다고 느꼈다. 먼저 그는 "알려지지 않은 것이 버섯과 잎을 결합시킨다"라고 번역했는데, 이는 마주침의 불확정성을 근사하게 표현한 것이었다. 그러나 그는 너무 장황하다고 생각했다. "무슨 잎인가? 무슨 버섯인가?"로 번역하면서 케이지는 버섯으로부터 배우는 과정에서 매우 가치 있다고 생각한 그 열린 상태를 우리에게도 보여줄 수 있었다.[3]

불확정성은 과학자들이 버섯 연구를 통해 배우는 과정에서도 마찬가지로 중요하게 다뤄지는 특성이다. 균류학자 앨런 레이너Alan Rayner는 곰팡이의 성장에서 나타나는 불확정성을 곰팡이에 관한 가장 흥미로운 현상 중 하나로 여긴다.[4] 인간의 몸은 생애 초반에 이미 확정된 형태를 갖춘다. 부상을 입지 않는 한, 우리는 사춘기 때 형성된 몸과 그다지 다르지 않은 모습으로 살아간다. 우리 몸에는 팔다리가 더 많이 자라지 않고, 지금 가지고 있는 뇌 하나밖에 없다. 이와 달리 곰팡이는 일생 동안 계속 자라고 형태를 바꾼다. 곰팡이는 마주침과 환경에 따라 모양을 바꾸는 것으로 유명하다. 많은 곰팡이가 '잠재적으로 죽지 않는' 존재인데, 이는 질병이나 부상 또는 자원 결핍으로 죽을 수는 있지만 나이가 많이 들어

2. 이 번역은 R. H. 블라이스(R. H. Blyth), "Mushrooms in Japanese verse," *Transactions of the Asiatic Society of Japan*, 3rd ser., II (1973): 93–106 중 97에 나와 있다.
3. 해당 번역에 대한 케이지의 논의를 살펴보려면, 다음 링크를 이용하면 된다. https://www.youtube.com/watch?v=XNzVQ8wRCB0.
4. Alan Rayner, *Degrees of freedom: Living in dynamic boundaries* (London: Imperial College Press, 1997).

서 죽지는 않는다는 의미다. 이런 사소한 사실 한 가지를 통해서도 우리가 지식과 존재함에 대해 생각할 때 확정된 삶의 형태와 나이 듦이 당연한 현상이라고 의심 없이 상정한다는 것을 깨닫게 된다. 우리는 그러한 제한에 영향받지 않는 생명을 거의 상상하지 못한다. 그런 상상을 하는 경우는 오직 마술로 빠지는 순간뿐이다. 레이너는 버섯과 함께 다른 방식으로 생각하는 도전을 제안한다. 우리 삶의 일부분은 곰팡이가 지닌 불확정성과 더 비슷하다는 것이다. 우리의 일상적 습관은 반복을 통해 형성되지만, 기회와 마주침에 제한 없이 반응한다는 특성도 있다. 만약 우리의 확정되지 않은 삶의 형태가 우리 몸의 모습이 아니라 오랜 시간 동안 우리의 동작들이 모여 만들어낸 형태라면 어떨까? 불확정성은 우리가 마주침에 의해 어떻게 변형되는지 보여주면서 인간의 삶에 대해 우리가 정한 개념을 확장시킨다. 인간과 곰팡이는 마주침을 통해 지금 여기서 일어나는 변형을 공유한다. 때때로 그들은 서로와 마주친다. 17세기의 또 다른 하이쿠에 적혀 있듯이 말이다. "송이버섯, / 내 코 바로 앞에서 / 다른 사람이 가져간松茸や 人にとらるる 鼻の先."[5] 어떤 사람인가? 어떤 버섯인가?

송이버섯 냄새는 나를 물리적인 방식으로 변형시켰다. 내가 처음으로 송이버섯을 요리했을 때, 먹음직스럽게 볶아졌음에도 그것은 망친 음식이었다. 냄새가 너무 강해서 나는 먹을 수가 없었다. 그 냄새와 마주치지 않고 다른 채소만 골라낼 수도 없었다. 전

---

5. 무카이 교라이(向井去来)의 작품. 블라이스의 글 "Mushrooms"의 98에 번역되어 인용된 것을 참고했다.

부 버리고 맨밥을 먹었다. 그 이후부터는 신중해져서 채집만 하고 먹지는 않았다. 결국 어느 날 한 일본인 동료에게 한가득 가져다줬더니 그는 뛸 듯이 기뻐했다. 평생 이렇게 많은 송이버섯은 본 적이 없다고 했다. 물론 그는 저녁 식사로 조금 요리해줬다. 먼저 그는 칼을 대지 않고 버섯을 찢는 방법을 보여줬다. 칼의 금속 성분이 맛을 바꾼다고 했다. 게다가 그의 어머니에 따르면 버섯의 정령이 칼의 금속 성분을 좋아하지 않는다는 것이었다. 그러고 나서 그는 달궈진 팬에 기름을 두르지 않고 송이버섯을 구웠다. 기름은 향을 바꾼다고 설명했다. 가장 나쁜 것은 향이 강한 버터다. 송이버섯은 마른 채로 굽거나 국에 넣어야 한다. 기름이나 버터는 요리를 망친다. 그는 라임즙을 약간 뿌린 송이버섯구이를 상에 내놓았다. 훌륭한 맛이었다. 나는 그 냄새에 매료되기 시작했다.

그 후로 몇 주 동안 내 감각이 변했다. 당시는 송이버섯 풍년이어서 어느 곳에나 송이버섯이 있었다. 이제는 살짝 냄새만 맡아도 행복감을 느꼈다. 나는 보르네오섬에서 여러 해 동안 산 적이 있는데, 기묘하게 고약한 냄새를 풍기는 열대 과일 두리안에 대해서도 비슷한 경험을 했었다. 처음 두리안을 대접받았을 때는 거의 토할 뻔했다. 그런데 그해에 두리안이 풍년이었고, 어느 곳에서나 그 냄새를 맡을 수 있었다. 얼마 지나지 않아 나는 그 냄새를 맡고 설레게 되었다. 무엇 때문에 역겨웠는지 기억할 수 없었다. 송이버섯도 비슷했다. 무엇 때문에 불쾌했는지 더는 기억할 수 없었다. 이제는 냄새가 기쁨이 되었다.

그렇게 반응한 것은 나 혼자만이 아니다. 우에다 고지上田耕司는 교토의 전통 시장에서 아름답게 꾸민 채소 가게를 경영한다. 그가 말하길, 송이버섯 시즌 동안 상점을 방문하는 사람들 중 대부분은 버섯을 구매하기보다는(그가 파는 송이버섯은 비싸다) 냄새를 맡으러 온다고 한다. 가게에 오는 것만으로도 사람들이 행복감을 느낀다는 것이다. 그가 송이버섯을 판매하는 이유는 이 버섯이 사람들에게 진정한 즐거움을 주기 때문이라고 했다.

아마도 송이버섯 냄새가 주는 이러한 행복감 때문에 일본인 향미 기술자들은 인공 송이버섯향을 제조하게 되었을 것이다. 이제는 송이버섯맛 감자칩과 송이버섯맛 즉석 미소 된장국을 살 수 있다. 내가 먹어봤는데 혀끝에서 송이버섯맛을 조금 느낄 수 있었다. 그렇지만 버섯을 직접 마주치는 것과는 확연히 달랐다. 그럼에도 여전히 많은 일본인이 이러한 형태로만, 혹은 송이버섯 밥 또는 송이버섯 피자에 든 냉동 버섯 형태로만 송이버섯을 알고 있다. 그들은 왜 쓸데없이 야단법석을 떠는지 의아해하기도 하고, 송이버섯에 대해 그치지 않고 이야기하는 사람들에 대해 완곡하게 비판적인 태도를 보이기도 한다. 어떤 것도 그 정도로 좋은 냄새를 가질 수는 없다.

일본의 송이버섯 애호가들은 이런 식의 비판을 알고 있고, 그렇기에 송이버섯을 열정적으로 변호해왔다. 그들은 송이버섯 냄새가 요즘 젊은이들이 절대 알지 못하는(그들에게는 무척 손해나는 일일 텐데) 과거를 회상하게 만든다고 말한다. 송이버섯에서는 조부모님을 찾아뵙고 잠자리를 쫓던 어린 시절 및 시골 생활과 같은 냄새가 난다는 것이다. 지금은 산에서 밀려나 사라지고 있는 툭 트인 소나무 숲을 생각나게 한다. 그 냄새와 함께 많은 소소한 기억들이 돌아온다. 한 여성은 그 냄새가 시골 마을에서 실내문으로 사용한 장지문을 생각나게 한다고 설명했다. 그의 할머니가 새해마다 문종이를 갈았고, 새해의 버섯을 싸는 데 그 종이를 사용했기 때문이다. 자연이 오염되거나 독성을 띠기 전으로, 지금보다 더 살기 수월한 시대였다.

교토의 원로 송이버섯 과학 연구자 오가와 마코토_{小川眞}의 설명에 의하면, 노스탤지어는 좋은 용도로 사용될 수 있다. 내가 그를 만났을 때, 그는 막 퇴직한 참이었다. 게다가 연구실도 비우고 책과 논문까지 버린 후였다. 그러나 그는 송이버섯의 과학과 역사에 관해서는 걸어 다니는 도서관이었다. 퇴직했기에 그가 열정을 품은 것들에 대해 이야기하기가 더 쉬웠다. 그는 자신의 송이버섯 연구는 언제나 사람과 자연, 둘 모두를 옹호하는 일이었다고 설명했다. 그는 사람들에게 송이버섯 숲을 잘 가꾸는 방법을 보여주면, 도시 사람들은 시골 생활에 관심을 가지게 되고 촌락은 판매 가능한 가치 있는 상품을 보유하게 되면서, 도시와 시골 간 연결이 다시 활성화될 것이라고 꿈꿨다. 한편 송이버섯 연구가 경제적 이익을 가져올 거라는 기대감 덕분에 재정 지원을 받을 때조차도 버섯 연구는 기초과학에 많은 기여를 했는데, 특히 변화하는 생태계에서 살아가는 생물들 사이의 관계를 이해하는 데 도움을 주었다. 노스탤지어가 이 프로젝트의 일부분이었다면, 그것이 많으면 많을수록 더 좋았다. 이것은 그의 노스탤지어이기도 했다. 그는 나의 연구팀을 어느 오래된 사찰 뒤에 있는, 한때 송이버섯 숲이 번창했던 곳으로 데려갔다. 이제는 인간이 심은 침엽수와 잎이 넓은 상록수가 빽빽하게 들어찬 그 산에 소나무라고는 죽어가는 몇 그루밖에 없었다. 송이버섯은 찾을 수 없었다. 그가 기억하기로 이전에는 산비탈이 버섯으로 넘쳐났다. 마르셀 프루스트Marcel Proust의 마들렌처럼 송이버섯은 잃어버린 시간temps perdu의 냄새가 난다.

오가와 박사는 많은 아이러니와 웃음으로 노스탤지어를 음미한다. 우리가 송이버섯이 없는 사찰의 숲 옆에서 비를 맞으며 서 있는 동안 그는 일본의 송이버섯 사랑이 한국[6]에서 기원했다고 설명했다. 이 이야기를 듣기 전에 알아두어야 할 것이 있는데, 일본의 민족주의자들과 한국인들은 사이가 나쁘다는 것이다. 한국의 귀족이 일본의 문명을 시작했다는 오가와 박사의 설명은 일본인들의 신경을 거스르는 발언이다. 그의 이야기 속에서는 문명이 모두 좋은 것만은 아니다. 오가와 박사에 따르면, 한국인은 일본 중부로 오기 오래전에 사찰 건설과 철기를 생산하는 대장간의 연료로 쓰려고 숲의 나무를 베었다. 그들은 한국에서 송이버섯이 자라는, 인간에 의해 교란된 탁 트인 소나무 숲을 가꿨는데, 이는 그러한 숲이 일본에 생기기 훨씬 전의 일이었다. 8세기에 한국인들이 일본으로 건너왔고 숲의 나무를 베었다. 소나무 숲은 그런 산림벌채 이후에 갑자기 생겨났고, 그와 함께 송이버섯도 나타났다. 한국인들은 송이버섯 냄새를 맡았고 그러면서 고국을 생각했다. 그것이 첫 번째 노스탤지어이고 송이버섯을 향한 첫사랑이다. 일본

6. 삼국시대를 뜻한다. ―옮긴이

의 새로운 귀족들이 오늘날 유명한 가을 향기를 처음 찬양한 것은 한국을 향한 갈망에서였다고 오가와 박사는 이야기했다. 해외로 이민을 간 일본인이 송이버섯에 집착하는 것도 놀랄 일이 아니라고 그는 덧붙였다. 그는 오리건주에서 만난 일본계 미국인 송이버섯 사냥꾼에 관한 우스운 일화로 이야기를 끝맺었는데, 그 사람은 오가와 박사의 연구에 대해 일본어와 영어가 뒤섞여 알아듣기 어려운 말로 경의를 표하며 이런 말을 했다고 한다. "우리 일본인은 송이버섯에 미쳐 있어요!"

오가와 박사의 이야기는 노스탤지어를 고려하고 있기에 흥미로웠지만, 또 다른 면도 생각하게 했다. 송이버섯은 심하게 교란된 숲에서만 자란다. 송이버섯과 소나무는 일본 중부에서 짝을 이루며 서식하는데, 둘 다 심각한 산림 벌채가 행해진 곳에서만 자란다. 정말이지 전 세계적으로 봐도 송이버섯은 가장 많이 교란된 유형의 숲과 관련이 있다. 빙하, 화산, 모래언덕—또는 인간의 행위—때문에 다른 나무와 심지어는 유기질 토양까지 없어져버린 장소 말이다. 내가 거닐었던 오리건주 중부의 부석 지대는 한편으로는 송이버섯이 잘 서식하는 전형적인 땅이자 대부분의 식물과 여타 곰팡이는 자랄 수 없는 땅이다. 마주침의 불확정성은 이렇게 빈곤한 풍경에서 어렴풋이 나타난다. 어떤 개척자가 이곳에 오는 길을 발견했으며, 어떻게 살아갈 수 있었을까? 가장 튼튼한 묘목이라 할지라도 바위투성이 땅에서 영양분을 뽑아내는, 그 못지않게 강한 곰팡이를 짝으로 만나지 못했더라면 살아남지 못했을 것이다. (무슨 잎인가? 무슨 버섯인가?) 곰팡이가 성장할 때 나타나는 불확정성 또한 영향을 미친다. 곰팡이가 수용受容적인 나무뿌리를 만날 수 있을까? 기질基質[7]이나 잠재하는 영양분이 바뀐다면? 곰팡이는 불확정적으로 성장하면서 풍경을 배운다.

인간도 마주침을 겪는다. 그들이 땔나무를 자르고 풋거름을 모으는 동안 우연히 곰팡이를 양육하게 될까? 아니면 함께 자라기 힘든 식물을 심거나 이국적인 질병을 가져올까? 혹은 교외 주택지로 개발하면서 그 땅을 아스팔트로 포장해버릴까? 인간 역시 이러한 풍경에 영향을 미친다. 그리고 인간은 (곰팡이나 나무처럼) 마주침에서 맞닥뜨린 시련에 대처하기 위해 역사를 소환한다. 이러한 역사는 인간과 비인간 모두에게 결코 잘 짜인 기계장치 프로그램이 아니라 오히려 불확정적인 지금 여기의 응축이다. 철학자 발터 벤야민Walter Benjamin이 표현한 것처럼, 우리가 붙잡는 과거는 "위험의 순간에 빛나는" 기억이다.[8] 우리는 "이전에 가본 곳으로 뛰어드는 호랑이의 도약처럼" 역사를 재연한다고 벤야민은 말한다.[9] 과학 연구자 헬렌 베런Helen Verran은 또 다른 이미지를 제공한다. 호주 욜뉴인Yolngu이 지내는 의례에서 클라이맥스, 즉 창 하나를 이야기꾼들이 모여 있는 중앙에 던지는 행위가 일어날 때, 조상들의 꿈꾸기에 대한 기억은 현재의 도전으로 응결된다는 것이다. 창 던지기

---

7. 결합조직의 기본 물질. ─옮긴이
8. Walter Benjamin, "On the concept of history," *Gesammelten Schriften*, trans. Dennis Redmond (Frankfurt: Suhrkamp Verlag, 1974), sec. 6, 1:2: [국역본] 발터 벤야민, 『역사의 개념에 대하여, 폭력비판을 위하여, 초현실주의 외』, 최성만 옮김(길, 2008).
9. 위의 글의 sec. 14. 벤야민은 이 부분에서 패션과 혁명을 비교하고 있다. 패션과 혁명은 현재를 만나기 위해 과거로부터 수확된다.

는 과거를 지금 여기로 융합한다.[10] 우리 모두는 냄새를 통해서 그 창 던지기, 그 호랑이의 도약을 알고 있다. 우리가 마주침에서 떠올리는 과거는 냄새에 응축되어 있다. 어린 시절에 조부모님을 찾아뵈었던 경험을 냄새로 맡는 것은 일본 역사의 큰 부분을 응축해 담고 있다. 냄새에는 20세기 중반에 존재한 시골 생활의 활력만 담겨 있는 것이 아니라, 그 전인 19세기에 나무를 다 잘라내 벌거숭이 풍경을 만들어낸 산림 파괴와 그 후에 뒤따른 도시화, 유기된 숲이 함께 뭉쳐져 있다.

일부 일본인들이 자신들이 교란한 숲에서 노스탤지어 냄새를 맡는다고 해서 모든 사람이 그러한 야생의 공간에서 항상 노스탤지어의 감정만을 떠올리는 것은 아니다. 송이버섯 냄새를 다시 생각해보자. 대부분의 유럽 출신 사람들은 그 냄새를 견디지 못한다. 한 노르웨이인은 이 유라시아계 생물종의 첫 번째 학명으로 구역질 나는 모발이라는 뜻의 트리콜로마 나우세오숨Tricholoma nauseosum을 선택했다. (최근 분류학자들은 일본인의 취향을 인정해 예외적으로 이 버섯의 이름을 트리콜로마 마쓰타케로 개명했다.)

---

10. 2010년에 이루어진 베런과의 개인적인 대화에서. 베런은 욜뉴인에 대해 쓴 많은 글에서 지금 여기(here and now)에 관한 개념을 발전시켰다. 예를 들어, "욜뉴인의 지식은 꿈꾸기가 세속적인 것에 침범한 것이다. 특정한 사람들이 특정한 시간에 특정한 것들을 하는 지금 여기로 꿈꾸기는 옮겨진다. … 지식은 다른 영역에 속하는 요소들의 지금 여기에 삶을 데려가는 꿈꾸기를 공연(performance)하는 것 이상은 될 수 없다." (베런의 이 글은 캐럴라인 조지프스Caroline Josephs의 글에 인용되었다. Caroline Josephs, "Silence as a way of knowing in Yolngu indigenous Australian storytelling," in *Negotiating the Sacred II*, ed. Elizabeth Coleman and Maria Fernandez-Dias, 173–190 [Canberra: ANU Press, 2008], 181).

유럽계 미국인도 비슷한데, 그들 역시 태평양 연안 북서부의 트리콜로마 마그니벨라레의 냄새에 감동받지 않는 편이다. 내가 백인 채집인들에게 그 냄새를 묘사해달라고 부탁했을 때, 그들은 "곰팡이", "테레빈유", "진흙" 냄새라고 말했다. 썩은 곰팡이의 악취에 대한 이야기로 대화 주제를 바꾼 사람도 한 명 이상이었다. 어떤 이들은 캘리포니아주의 균류학자인 데이비드 아로라가 그 냄새를 설명하기 위해 사용한 "'레드핫'[11]과 더러운 양말 사이의 도발적인 절충"이라는 표현을 잘 알고 있었다.[12] 전혀 먹고 싶은 냄새가 아니다. 오리건주의 백인 채집인들은 송이버섯을 요리할 때 피클로 만들거나 훈제한다. 이 과정을 통해 냄새를 가려서 어떤 버섯인지 알 수 없게 만든다.

미국의 과학자들이 송이버섯 냄새가 무엇을 쫓아버리는지(민달팽이)를 연구해온 반면, 일본의 과학자들은 그 냄새가 무엇을 끌어들이는지(일부 날아다니는 곤충들)를 연구해왔다는 것은 놀라운 일도 아니다.[13] 사람들이 송이버섯과의 마주침에서 이렇게 다른 감성을 가진다면, 과연 그들이 맡은 냄새가 '같은' 냄새라고 할 수 있을까? 그 문제가 사람뿐 아니라 민달팽이와 각다귀에도 해당될까? 만약 내 경험처럼 냄새에 대한 느낌이 바뀐다면 어떻게 될까? 만

11. 계피향 사탕. —옮긴이
12. David Arora, *Mushrooms demystified* (Berkeley: Ten Speed Press, 1986), 191.
13. William F. Wood and Charles K. Lefevre, "Changing volatile compounds from mycelium and sporocarp of American matsutake mushroom, *Tricholoma magnivelare*," *Biochemical Systematics and Ecology* 35 (2007): 634–636. 일본에서 이루어진 연구를 찾지 못했지만 오가와 박사에게서 그것에 관해 듣게 되었다. 같은 화학 성분이 그 냄새의 에센스로 분리되었는지는 알지 못한다.

약 버섯도 마주침을 통해 바뀔 수 있다면 어떻게 될까?

오리건주의 송이버섯은 많은 숙주 나무와 관계를 맺는다. 오리건주의 채집인들은 버섯 크기와 모양뿐 아니라 냄새를 가지고도 각각의 송이버섯이 자란 숙주 나무를 구별할 수 있다. 내가 상품으로 나온, 진심으로 나쁜 냄새가 나는 송이버섯을 살펴보고 있던 날, 이 주제에 관한 이야기가 나왔다. 그 채집인은 송이버섯의 숙주 나무로는 흔치 않은 은청전나무 아래서 그 버섯을 발견했다고 설명했다. 벌목꾼들은 은청전나무를 "오줌전나무"라고 부르는데, 그 이유는 자를 때 나무에서 나는 악취 때문이라고 한다. 그 버섯들은 상처 입은 은청전나무만큼이나 악취를 풍겼다. 나는 그 버섯에서 송이버섯 냄새를 맡을 수 없었다. 그렇지만 그 냄새는 마주침이 만들어낸 오줌 전나무와 송이버섯의 조합이 아닌가?

이러한 불확정성에는 아주 흥미로운 자연-문화의 매듭이 있다. 서로 다른 방식의 냄새 맡기와 서로 다른 속성의 냄새가 함께 쌓여 있다. 버섯 안에 함께 응축되어 있는 모든 문화사와 자연사를 이야기하지 않고 송이버섯 냄새를 설명하기란 불가능한 것 같다. 어떤 방식으로든 서로 뒤얽힌 것을 완벽히 해체하려고 하면—예를 들어, 인공적인 송이버섯향이 그러한데—가장 중요한 것을 잃어버릴 수 있다. 즉, 역사 속으로 뛰어드는 호랑이의 도약과 같은 마주침의 불확정적인 경험을 보지 못한다. 그 외의 어떤 것을 냄새라고 할 수 있겠는가?

송이버섯 냄새는 기억과 역사를 둘러싸고 뒤엉키며, 비단 인간에게만 그런 것이 아니다. 냄새는 그 자체로 강력한 박진력을 가진 정동affect으로 가득한 매듭 속에 여러 존재 방식을 집합시킨다. 송이버섯 냄새는 마주침을 통해 발생했기에 우리에게 역사의 형성 과정을 보여준다. 송이버섯 냄새를 맡자.

자본주의의 가장자리가
영향을 미친다. 오리건주.
구매인이 고속도로 한쪽에
자리 잡는다. 상업은 재고품이
모이는 중심 지역에
비숙련 노동과 자원을
연결한다. 그곳에서 자본주의적
가치가 번역되어 축적된다.

2부
진보 이후에: 구제 축적

내가 송이버섯에 대해서 처음으로 들은 것은 균류학자 데이비드 아로라에게서였다. 그는 1993년부터 1998년까지 오리건주에서 송이버섯 캠프를 연구했다. 나는 문화적으로 화려한 글로벌 상품을 찾고 있었고, 아로라가 말하는 송이버섯 이야기에 매우 큰 흥미를 느꼈다. 그는 송이버섯 구매인들이 밤에 버섯을 사려고 고속도로 옆에 텐트를 친다고 말해주었다. "그들은 낮에 아무것도 하지 않으니 당신과 이야기할 시간이 많을 거예요"라고 그는 귀띔했다.

그리고 정말로 그곳에 구매인들이 있었는데, 구매인 외에도 사람들이 아주 많았다. 커다란 텐트에 들어가자 마치 동남아시아 시골에 온 것 같았다. 사롱을 입은 미엔인들이 돌로 만든 삼각대 밑에 등유 초롱을 놓고 불을 지펴 물을 끓였고, 사냥한 고기와 물고기를 말리려고 스토브 위에 걸어두었다. 노스캐롤라이나주에서 온 몽인들은 수제 죽순 통조림을 팔려고 가져왔다. 라오인들은 천막을 치고 면 요리를 팔았다. 쌀국수뿐 아니라 내가 미국에서 먹어본 것 중에 가장 정통한 방식으로 요리한 랍laap[1]을 팔았는데, 가공되지 않은 선지, 칠리고추, 내장 부위가 가득했다. 라오인들의 노래방 기계는 배터리로 켜지는 스피커를 통해 요란하게 쾅쾅거렸다. 참Cham계 채집인도 만났는데, 참어가 말레이어와 비슷해서 내가 이해할 수 있지 않을까 생각했지만, 그는 참어를 쓰지 않았다. 그런지 스타일의 옷을 입은 십 대 크메르인 아이는 나의 언어적 한계를 놀리면서 자신은 크메르어, 라오어, 영어, 에보닉스Ebonics[2] 등 네 가지 언어를 말할 줄 안다고 자랑했다. 그 지역에 거주하는 아메리카 원주민도 가끔 채집한 버섯을 팔러 왔다. 백인과 라틴아메리카인도 있었는데, 대부분 공식 캠프를 피해 숲에 혼자 있거나 소규모 집단으로 머물렀다. 그리고 방문자들도 있었다. 새크라멘토에서 온 필리핀인 한 명은 미엔인 친구들을 따라 이곳에 와서 1년 동안 지냈는데, 그는 여기가 왜 좋다는 것인지 잘 이해하지 못하겠다고 했다. 포틀랜드에서 온 한국인은 자신도 여기에 낄 수 있겠다고 생각했다.

그러나 이 광경에 전혀 코즈모폴리턴적이지 못한 점이 있었다. 일본의 상점과 소비자로부터 이들 채집인과 구매인을 분리하는 틈이 바로 그것이었다. 이 버섯이 (일본계 미국인을 위한 시장에 아주 조금 팔리는 것을 제외하면) 일본으로 간다는 사실을 모든 사람이

---

1. 저민 고기나 생선과 채소를 어장(魚醬), 라임즙 및 여러 향신료로 버무려 만든 라오스 요리. —옮긴이
2. 많은 미국 흑인이 사용하는 영어로, 영어와 다른 별개의 언어로 인정하는 사람도 있다. —옮긴이

알고 있었다. 모든 일반 구매인과 대규모 구매업자bulkers[3]는 일본에 직접 판매하고 싶어 했지만 아무도 어떻게 하면 되는지 알지 못했다. 일본과 다른 공급지의 송이버섯 무역에 관한 오해가 빠르게 퍼졌다. 백인 채집인들은 일본에서 이 버섯이 최음제의 가치가 있다고 단언했다. (일본에서 송이버섯에 남근의 의미가 함축되어 있긴 하지만, 그 누구도 [마]약 효과를 위해 먹지는 않는다.) 어떤 사람들은 중국의 인민해방군에 대해 불만을 드러냈는데, 인민해방군이 사람들을 징집해 버섯 채집을 시킨 탓에 국제 가격이 하락했다는 것이다. (중국의 채집인들은 오리건주에서 채집하는 사람들처럼 독립적으로 일한다.) 어떤 이가 도쿄에서 엄청나게 비싼 가격으로 송이버섯이 거래된다는 것을 인터넷에서 발견했을 때, 아무도 그것이 '일본산' 송이버섯의 가격이라는 점을 깨닫지 못했다. 중국계이면서 일본어에도 유창한, 이례적인 출신 성분의 대규모 구매업자 한 명이 내게 그러한 오해에 대해 속삭였다. 그러나 그는 외부인이었다. 이 남자를 제외한 다른 모든 오리건주의 채집인, 구매인, 그리고 대규모 구매업자는 일본에서 이 무역이 어떻게 진행되는지 아무것도 모르고 있었다. 그들은 일본이라는 환상의 땅을 만들어냈고, 그 땅을 어떻게 평가해야 할지 몰랐다. 그들은 자신들의 송이버섯 세계에 있었다. 그 세계는 그들을 송이버섯 공급자로 함께 묶는, 활동과 의미의 패치다. 하지만 버섯이 거쳐 가는 더 먼 곳으로의 여정은 알지 못했다.

---

3. 상품을 작은 단위로 포장하지 않고 대규모 화물 컨테이너에 적재해 대형 선박으로 운송하는 무역상. —옮긴이

나의 연구는 상품사슬의 일부로 존재하는 미국과 일본 사이의 이러한 균열을 따라간다. 각 부분의 특징은 가치를 생산하고 그것에 접근하는 서로 다른 과정에 있다. 그러한 다양성을 고려할 때, 우리가 자본주의라고 부르는 글로벌 경제의 이 부분을 무엇이 형성하는가?

자본주의의 가장자리가
영향을 미친다. 오리건주.
채집인들이 도로 옆의
한 구매인에게 송이버섯을
팔기 위해 줄을 선다.
불안정한 생계가 자본주의적
통치의 가장자리에서
자신을 드러낸다.
불안정성은 과거가 미래로
이어지지 않을 수도 있는
지금 여기다.

4
가장자리를 작업하기

　　단기간 동안만 존재하는 배치와 다방향성을 띠는multidirectional 역사를 강조하는 이론으로 자본주의에 대해 따지려고 하는 것이 이상하게 보일 수도 있다. 결국 글로벌 경제는 지속적으로 진보의 중심을 차지해왔고, 급진적인 비평가들조차 자본주의에 내재한 전향적前向的 움직임이 세상을 가득 채우고 있는 것으로 설명한다. 거대한 불도저가 설명서에 쓰인 대로 작동하는 것처럼, 자본주의는 지구를 평평하게 만들고 있는 것 같다. 그러나이 모든 것은 일부 보호 구역의 소수집단에게만이 아니라 모든 곳의 안팎에서 다른 무슨 일이 일어나고 있는지에 대한 질문을 제기하게 할 뿐이다.

　　19세기에 공장들이 들어서는 것에 깊은 인상을 받은 마르크스는 임금노동과 원료의 합리화를 필요조건으로 하는 자본주의적 형식을 밝혔다. 대부분의 분석가는 그의 선례를 따라 공장에서 작동하는 시스템이 국민국가의 협력을 받아 형성된, 일관성 있는 통치 구조라고 상상했다. 그러나 마르크스의 시대뿐 아니라 현재에도 경제의 많은 부분이 근본적으로 완전히 다른 현장에서 일어난다. 공급사슬은 대륙을 가로지를 뿐 아니라 기준을 바꿔가며 꿈틀댄다. 그 사슬을 관통하는 단일한 합리성은 찾기 어려울 것이다. 그렇지만 여전히 더 많은 투자를 위해 자산은 축적된다. 어떻게 이렇게 작동하는가?

공급사슬은 선두 기업이 상품 수송을 지휘하는 특정한 종류의 상품사슬이다.[1] 2부에서는 오리건주의 숲에서 일하는 송이버섯 채집인과 일본에서 그 버섯을 먹는 사람을 연결하는 공급사슬을 살펴보겠다. 그 사슬은 놀라운 일과 문화적 다양성으로 가득 차 있다. 거기에는 우리가 공장 노동을 통해 알고 있는 자본주의가 거의 없다. 그러나 공급사슬은 오늘날의 자본주의에서 중요한 대목 중 하나를 보여주는데, 그것은 노동이나 원료를 합리화하지 않고도 부의 축적이 가능하다는 것이다. 합리화하는 대신에 다양한 사회적, 정치적 공간을 가로질러서 번역하는 작업이 필수적인데, 나는 그러한 공간을 생태학자들이 사용하는 용어를 빌려 '패치'라고 부르겠다. 사쓰카 시호에 따르면, 번역은 하나의 세계-만들기 프로

---

1. 상품사슬은 상품의 생산자와 소비자를 연결하는 일종의 배열(arrangement)이다. 공급사슬이란 선두 기업의 하청으로 조직된 그러한 상품사슬이다. 선두 기업은 생산자이거나 무역업자이거나 소매상일 수도 있다. 다음 문헌을 참고하기 바란다. Anna Tsing, "Supply chains and the human condition," *Rethinking Marxism* 21, no. 2 (2009): 148-176.

젝트를 또 다른 세계-만들기 프로젝트에 끌어들이는 것이다.[2] 번역이라는 말 때문에 언어에 주목하게 되지만, 이는 부분적인 조율이 일어나는 다양한 형식을 가리키는 말이기도 하다. 차이가 존재하는 장소를 교차하며 행해지는 번역이 **바로** 자본주의다. 그러한 번역이 행해져야만 투자자는 부를 축적할 수 있다.

자유를 쟁취한 사람이 받는 트로피처럼 여겨지기에 간절한 마음으로 찾아 헤매게 되는 버섯이 어떻게 자본주의적 자산이 되는가? 그리고 그 후에 어떻게 전형적인 일본식 선물이 되는가? 이 질문에 답하려면, 공급사슬을 구성하는 요소들이 예상치 못한 배치를 이루며 연결되는 현상에 주목해야 할 뿐 아니라, 그러한 연결고리를 하나의 초국적 순환 노선으로 끌어들이는 번역 과정 또한 주의 깊게 봐야 한다.

자본주의는 부를 한곳으로 모으는 시스템으로, 부가 모이면 새로운 투자가 가능하고 새로운 투자는 더 많은 부의 집중을 낳는다. 이 과정이 축적이다. 축적을 설명할 때 사용하는 고전적인 모델은 공장이다. 공장주는 노동자가 매일 생산하는 상품의 가치보다 적은 돈을 노동자에게 지불하고 남은 부를 모아 자신의 것으로 한다.

---

2. Shiho Satsuka, *Nature in translation* (Durham, NC: Duke University Press, 2015). 사쓰카는 "번역"을 확대된 의미로 사용하는 후기식민주의 이론과 과학학 연구를 참고한다. 좀더 자세한 논의를 보려면 16장을 참고하기 바란다.

공장주는 그 여분의 가치로 투자자산을 '축적한다.'

하지만 그러한 공장에서조차 축적에 기여하는 다른 요소가 존재한다. 자본주의가 처음으로 연구 대상이 된 19세기에는 원료를 자연이 인간에게 증여한 무한한 유산이라고 상상했다. 이제 우리는 원료의 존재를 더는 당연한 것으로 여길 수 없다. 예를 들면, 우리의 식량 조달 체계에서 자본가는 생태를 개조하는 것 외에도 그것이 지닌 역량 자체를 인간의 목적을 위해 이용하면서 착취한다. 산업형 농장에서조차도 농부들은 광합성이나 동물의 소화력처럼 자신들의 통제 밖에 있는 생명 과정에 의존한다. 자본주의적 농장은 부를 모으기 위해 생태적 과정을 통해 형성된 살아 있는 존재들을 끌어들인다. 나는 이를 '구제salvage'라고 부르는데, 자본주의적 통제를 받지 않고 생산된 가치를 써먹는 것을 의미한다. 자본주의적 생산에 사용되는 많은 원료는 자본주의가 시작되기 훨씬 전부터 존재했다(석탄과 석유를 생각해보라). 또한 자본가들은 '노동'의 전제 조건인 인간 생명을 생산할 수 없다. '구제 축적'은 선두 기업이 상품 생산 조건을 통제하지 않고 자본을 축적하는 과정이다. 구제는 통상적인 자본주의 과정에서 드러나는 부수적인 장식이 아니다. 그것은 자본주의가 작동하는 방식의 한 가지 특징이다.[3]

3. 이 용어는 산업 노동을 하게 된 농촌 사람들이 당한 권리 박탈의 폭력을 지칭하는 마르크스의 용어 '본원적 축적(primitive accumulation)'에 그 뿌리를 두고 있다. 마르크스의 분석처럼, 나는 자본주의가 형성된 방식을 연구하기 위해 산업적 형성물 외부를 살펴본다. 본원적 축적과 달리 구제는 결코 완결되지 않는다. 축적은 항상 구제에 의존한다. 구제 축적은 또한 노동력 생산을 필요로 한다. 공장 노동자는 자본가가 결코 완벽하게 통제하지 않는 삶의 과정을 거치면서 생산되고 재생산된다. 자본가는 공장에서 노동자들이 상품을 만드는 능력을 이용하지만, 그러한 능력의 모든 면을 생산해낼 수는 없

구제가 이루어지는 장소는 자본주의의 내부인 동시에 외부다. 나는 그 장소들을 '주변자본주의적pericapitalist'이라고 부른다.[4] 주변자본주의적 활동에 의해 생산되는, 인간과 비인간을 포함한 모든 종류의 상품과 서비스는 자본주의적 축적을 위해 구제된다. 만약 소농민 가족이 자본주의적 식품사슬에 속하는 곡물을 생산한다면, 소농민 농업에서 발생한 가치를 구제함으로써 자본 축적이 가능하다. 글로벌 공급사슬이 세계의 자본주의를 특징짓는 현 시점에서 이러한 과정은 어디에나 존재한다. '공급사슬'이란 가치가 선두 기업을 위한 이익으로 번역되는 상품사슬이다. 비자본주의 가치 체계와 자본주의 가치 체계 사이의 번역은 이 공급사슬을 통해 이루어진다.

글로벌 공급사슬을 통해 이루어지는 구제 축적은 새로운 현상이 아니다. 이미 잘 알려진 이전의 몇몇 사례를 살펴보면 구제 축적이 어떻게 이루어지는지 명확히 알 수 있다. 조지프 콘래드Joseph Conrad의 소설 『어둠의 심연Heart of Darkness』에 서술된 바 있는, 중앙아프리카와 유럽을 연결하는 19세기의 상아 공급사슬을 생각해보자.[5] 이 소설에는 반전이 있는데, 화자가 매우 존경하는 유럽인 무역업자가 상아를 입수하기 위해 야만적인 행동을 저지르는 것을

다. 노동자의 능력을 자본주의적 가치로 변형하는 것이 바로 구제 축적이다.
4. 나는 '비자본주의적(noncapitalist)'이라는 용어를 자본주의적 논리 바깥에서 생산되는 가치 형태를 지칭하기 위해 남겨두겠다. 내가 만든 '주변자본주의적'이라는 용어는 자본주의 내부와 외부의 **장소**(sites) 모두에 적용된다. 이 용어는 분류상의 위계 구조가 아니고, 모호성을 탐구하기 위한 방법이다.
5. Joseph Conrad, *Heart of darkness* (1899; Mineola, NY: Dover Books, 1990): [국역본] 조지프 콘래드, 『어둠의 심연』, 이석구 옮김(을유문화사, 2008).

그가 목격하는 장면이다. 모두가 아프리카의 문명과 진보를 이룩한 힘이 바로 유럽인이라고 생각하기 때문에 그 무역업자가 보인 야만성은 매우 경악스럽다. 오히려 문명과 진보야말로 폭력으로 확보한 가치에 접근하기 위해 구사하는 은폐술이며 번역 기제라는 사실이 드러난다. 고전적인 구제다.

공급사슬 번역의 좀 더 밝은 면을 보고자 한다면, 19세기 미국 북부 출신의 투자자가 고래기름을 입수하는 이야기를 다룬 허먼 멜빌Herman Melville의 소설을 생각해볼 수 있다.[6] 『모비 딕Moby-Dick』은 공장 규율에 대한 우리의 고정관념을 산산조각 낼 만한 소란스러운 국제 포경선에 대한 이야기다. 그러나 정작 그들이 세계 곳곳에서 고래를 잡아 얻은 기름은 미국에 기반을 둔 자본주의 공급사슬에 유입된다. 이상하게도 피쿼드호에 탑승한 모든 작살잡이는 아시아, 아프리카, 아메리카, 태평양군도 출신으로, 미국 문화에 동화되지 않은 토착민들이다. 미국의 산업 규율에 따른 훈련이라곤 조금도 받지 않은 사람들의 전문 기술이 없으면, 그 배는 단 한 마리의 고래도 잡을 수 없다. 그러나 이러한 방식의 작업으로 얻은 생산물은 종국에는 자본주의적 가치 형태로 번역되어야 한다. 그 배는 자본주의적으로 조달된 자금이 있었기 때문에 항해할 수 있다. 토착 지식이 자본주의적 수익으로 전환되는 것이 바로 구제 축적이다. 고래의 생명이 투자로 전환되는 것 역시 마찬가지로 구제 축적이다.

6. Herman Melville, *Moby-Dick* (1851, New York: Signet Classics, 1998): [국역본] 허먼 멜빌, 『모비 딕』, 김석희 옮김(작가정신, 2011).

여러분이 구제 축적은 옛일이라고 결론짓기 전에 현대의 사례 한 가지를 이야기하겠다. 재고품 관리 기술의 발전으로 오늘날의 글로벌 공급사슬은 활기를 띠게 되었다. 선두 기업들은 재고품을 관리하게 되면서 자본주의와 그 밖의 것을 포함하는 모든 종류의 경제 제도에서 자신들이 판매하는 상품을 생산할 자원과 노동을 얻을 수 있게 되었다. 소매업계의 거인으로 알려진 월마트는 이러한 혁신을 자리 잡게 한 기업 중 하나다. 월마트는 컴퓨터가 상품을 재고품으로 목록화해 인식하게 하는, 검고 흰 막대기들이 나열된 범용상품코드Universal Product Codes, UPCs[7]를 필수화하는 데 앞장섰다.[8] 재고품 식별이 쉽다는 것은 결과적으로 월마트가 상품이 생산되는 노동 및 환경 조건을 무시할 수 있다는 뜻이다. 절도와 폭력을 포함하는 주변자본주의적 방법이 그 생산 과정의 일부분일 수 있다. 나는 우디 거스리Woody Guthrie의 노래에 고개를 끄덕여 동의하면서, 범용상품코드가 인쇄된 꼬리표 양면의 차이와 생산과 회계 간의 차이를 연결시켜 생각해본다.[9] 이 꼬리표의 한쪽 면에는 검고 흰 막대기들이 인쇄되어 있어 상품을 상세하게 추적하고 접근할 수 있도록 한다. 그 반대쪽 면에는 아무것도 없다. 아무

7. 우리가 흔히 접하는 상품의 바코드를 가리킨다. —옮긴이

8. Misha Petrovic and Gary Hamilton, "Making global markets: Wal-Mart and its suppliers," in *Wal-Mart: The face of twenty-first century capitalism*, ed. Nelson Lichtenstein, 107–142 (New York: W. W. Norton 2006).

9. "그곳의 높은 벽이 나를 막아섰네. 표지판에 사유지라고 쓰여 있었지. 하지만 뒷면에는 아무것도 쓰여 있지 않았어. 이 땅은 당신과 나를 위해 만들어졌어." Woody Guthrie, "This land is your land," 1940, http://www.woodyguthrie.org/Lyrics/This_Land. htm.

것도 없는 면은 월마트가 상품이 어떻게 만들어지는지에 대해 조금도 관심이 없다는 사실을 보여주는 징표다. 왜냐하면 가치는 회계를 통해서 번역될 수 있기 때문이다. 따라서 월마트는 공급자들에게 계속해서 상품을 더 싸게 생산하도록 강요했고, 그렇게 함으로써 야만적인 노동 착취와 환경 파괴를 장려하는 것으로 유명해졌다.[10] 야만savage과 구제salvage는 종종 쌍둥이와 같다. 구제는 폭력과 오염을 이윤으로 번역한다.

재고품을 통제할수록, 노동과 원료를 통제할 필요는 줄어든다. 공급사슬은 꽤 다양한 상황에서 생산된 가치를 자본주의의 재고품으로 번역하면서 가치를 생산한다. 그것에 대해 생각해볼 수 있는 방법 중 하나는 확장성인데, 확장성은 변화하는 관계를 뒤틀림 없이 확장하는 창조적인 기술적 솜씨를 뜻한다. 월마트는 재고품의 식별이 쉽기 때문에 생산 자체에서 확장성을 갖추지 않고도 확장성 있는 소매를 확대할 수 있다. 생산은 관계에 따라 특정한 꿈과 계획을 추구하는, 비확장성 영역에 속하는 떠들썩하고 다양한 것들이 수행하도록 떠넘겨진다. 우리는 '하향 경쟁'을 통해 이것을 가장 잘 알 수 있다. 즉 강압적 노동, 위험한 영세 제조업체 sweatshops, 유독성을 지닌 대체 성분, 무책임한 환경 갈취와 폐기를 촉진하는 글로벌 공급사슬의 역할이 그것이다. 이러한 생산 조건

10. 참고문헌은 다음과 같다. Barbara Ehrenreich, *Nickel and dimed: On (not) getting by in America* (New York: Metropolitan Books, 2001); [국역본] 바버라 에런라이크, 『노동의 배신』, 최희봉 옮김(부키, 2012); Lichtenstein, ed., *Wal-Mart*; Anthony Bianco, *The bully of Bentonville: The high cost of Wal-Mart's everyday low prices* (New York: Doubleday, 2006).

은 선두 기업이 더욱더 값싼 상품을 제공하라고 공급자를 압박하는 곳에서 일어날 것이라 예상할 수 있는 결과다. 『어둠의 심연』에서처럼, 규제받지 않은 생산은 상품사슬로 번역되고 다시 진보의 이미지로 상상되기도 한다. 무시무시한 일이 아닐 수 없다. 동시에 J. K. 깁슨-그레이엄J. K. Gibson-Graham은 '후기자본주의 정치'에 대한 낙관론에서 경제적 다양성은 희망적일 수 있다고 주장한다.[11] 주변 자본주의적 경제 형식은 우리 삶에서 의심 없이 받아들여져 왔던 자본주의의 권위를 재고하는 장소가 될 수 있다. 다양성은 (한 가지 방식만이 아니라) 최소한 앞으로 일어날 수많은 방식에 기회를 준다.

지리학자 수전느 프레이드버그Susanne Freidberg는 서아프리카를 프랑스와 연결하고 동아프리카를 대영제국과 연결하는 프랑스 강낭콩haricots verts의 공급사슬을 비교한 연구에서 뛰어난 통찰력을 보여주었다. 그는 이 연구에서 공급사슬이 어떻게 서로 상당히 다른 경제적 형식을 고무할 수 있는지에 관해 식민사와 민족사 속의 다양한 사례를 제시하며 설명한다.[12] 프랑스의 신식민주의 계획은 농민 조합peasant cooperatives을 동원한다. 영국 슈퍼마켓의 표준 규격은 국외 거주자의 신용 사기scam 활동을 부추긴다.[13] 이와 같은 경

---

11. J. K. Gibson-Graham, *A post capitalist politics* (Minneapolis: University of Minnesota Press, 2006).

12. Susanne Freidberg, *French beans and food scares: Culture and commerce in an anxious age* (Oxford: Oxford University Press, 2004).

13. Susanne Freidberg, "Supermarkets and imperial knowledge," *Cultural Geographies* 14, no. 3 (2007): 321–342.

우처럼, 차이들의 내부와 외부에는 구제 축적에 맞서거나 그 속에서 항해하며 방향을 탐색하는 정치적 활동을 건설할 여지가 있다. 그러나 깁슨-그레이엄의 이론을 좇아 그러한 정치를 '후기자본주의적'이라고 부르는 것은 아직 시기상조인 듯하다. 삶과 상품은 구제 축적되면서 비자본주의적 형식과 자본주의적 형식 사이를 왔다 갔다 한다. 그 형식들은 서로의 모양을 빚어주고 서로에게 침투한다. '주변자본주의적'이라는 용어에는 이러한 번역에 사로잡힌 우리가 자본주의로부터 결코 완전하게 보호될 수 없다는 사실이 내포되어 있다. 그래서 주변자본주의적 공간을 안전한 방어와 회복을 위한 플랫폼으로 보긴 어렵다.

그와 동시에, 더욱 주목을 끄는 비판적 대안으로서 경제적 다양성의 존재를 무시하는 일은 오늘날 들어 훨씬 더 말도 안 되는 방법처럼 보인다. 자본주의를 분석하는 대부분의 비평가들은 자본주의 체제의 통일성과 동질성을 주장한다. 마이클 하트Michael Hardt와 안토니오 네그리Antonio Negri 같은 많은 학자가 자본주의 제국 바깥에는 어떤 공간도 없다고 주장한다.[14] 모든 것이 단일한 자본주의 논리로 지배받는다는 것이다. 깁슨-그레이엄은 이러한 주장을 비판적인 정치적 입장, 즉 자본주의를 초월할 가능성을 형성하려는 시도라고 평가했다. 자본주의가 세계에 행사하는 획일성을 강조하는 비평가들은 단일한 연대를 통해 자본주의를 극복하고자

14. Michael Hardt and Antonio Negri, *Empire* (Cambridge, MA: Harvard University Press, 2009): [국역본] 안토니오 네그리·마이클 하트, 『제국』, 윤수종 옮김(이학사, 2001).

한다. 그러나 그들이 제시하는 희망에는 눈가리개가 필요하다! 그 대신에 경제적 다양성을 인정하는 것이 어떤가?

내가 깁슨-그레이엄, 하트와 네그리를 언급하는 이유는 그들의 의견을 묵살하기 위함이 아니다. 사실 나는 그들이야말로 아마도 21세기 초에 활동한, 가장 핵심을 찌른 반자본주의 비평가라고 생각한다. 더 나아가 이 학자들은 우리가 생각하고 행동할 만한 것들 사이에 두드러지게 대조적인 골포스트를 진열해놓음으로써 공동으로 우리 분석에 중요한 기여를 하고 있다. 자본주의는 모든 부분을 정복해 전체를 지배하는 단 하나의 체제인가, 아니면 많은 경제 형식 중에서 별도로 분리된 하나의 경제 형식인가?[15] 이 두 가지 입장 사이에서 우리는 자본주의적 형식과 비자본주의적 형식이 주변자본주의적 공간에서 상호 작용하는 방식을 볼 수 있다. 깁슨-그레이엄은 소위 '비자본주의적' 형식이라고 하는 것들이 단지 옛날의 후미진 벽지에만 존재한 것이 아니라, 자본주의 세계의 중심 어디에서나 발견될 수 있다고 꽤 정확하게 조언한다. 그러나 그들은 그러한 형식을 자본주의의 대안으로 여긴다. 나는 그 대신에 자본주의가 의존하는 비자본주의적 요소들을 찾을 것이다. 그리하여 일례로 제인 콜린스Jane Collins의 설명처럼, 멕시코의 피복

---

15. 특히 생각해보기에 좋은 문헌자료는 하트와 네그리의 *Commonwealth* (Cambridge, MA: Harvard University Press, 2009)(국역본으로는, 안토니오 네그리·마이클 하트, 『공통체』, 정남영·윤영광 옮김[사월의책, 2014])와 깁슨-그레이엄의 *Post capitalist politics* 사이의 상호작용이다. 다음 문헌도 참고하기 바란다. J. K. Gibson-Graham, *The end of capitalism (as we knew it): A feminist critique of political economy* (London: Blackwell, 1996): [국역본] J. K. 깁슨-그레이엄, 『그따위 자본주의는 벌써 끝났다』, 이현재·엄은희 옮김(알트, 2013).

제조 공장에서 일하는 노동자들이 일을 시작하기도 전에 **그들이 여성이기 때문에** 바느질하는 법을 알고 있을 것으로 기대된다고 했을 때, 우리는 비자본주의적 경제 형식과 자본주의적 경제 형식이 협력하는 상황을 살짝 엿볼 수 있다.[16] 여성은 성장하면서 집에서 바느질을 배운다. 구제 축적은 그러한 기술을 공장주가 이윤을 낼 목적으로 공장에 끌어오는 과정이다. 그렇다면 우리는 (그 대안뿐 아니라) 자본주의를 이해하기 위해 자본주의자들의 논리 안에만 머무를 수는 없다. 우리에게는 축적이 가능한 경제적 다양성을 보는 민족지적 눈이 필요하다.

어떤 개념을 살아 숨쉬게 하려면 구체적인 역사가 있어야 한다. 그렇다면 버섯 채집이야말로 진보 이후에 탐색해볼 만한 장소이지 않은가? 송이버섯이 거쳐 가는 오리건주에서 일본까지의 상품사슬에 존재하는 균열과 가교를 살펴보면 경제적 다양성을 통해 성취된 자본주의가 드러난다. 주변자본주의적 행위를 통해 채집되고 팔리는 송이버섯은 채집된 다음날 일본으로 보내지면서 자본주의의 재고품이 된다. 이러한 번역은 많은 글로벌 공급사슬의 중심이 되는 문제다. 이제 이 사슬의 첫 번째 부분을 기술해보기로 하자.[17]

---

16. Jane Collins, *Threads: Gender, labor, and power in the global apparel industry* (Chicago: University of Chicago Press, 2003).
17. 리바 파이어(Lieba Faier)는 일본의 송이버섯 상품사슬과 관련된 관점을 제시한다. "Fungi, trees, people, nematodes, beetles, and weather: Ecologies of vulnerability and ecologies of negotiation in matsutake commodity exchange," *Environment and Planning A* 43 (2011): 1079–1097.

미국인은 자신들이 보기에 그저 가치를 훔칠 뿐인 중간상인을 싫어한다. 그러나 중간상인은 능숙한 번역가다. 그들의 활동을 살펴보면 구제 축적이 일어나는 과정이 보인다. 오리건주에서 일본으로 송이버섯을 운송하는 상품사슬에서 북미 대륙의 상황을 살펴보자. (중간상인이 많은 일본의 상황에 대해서는 나중에 이야기할 것이다.) 프리랜서 채집인이 국유림에서 버섯을 채집해 프리랜서 구매인에게 판다. 프리랜서 구매인은 그것을 대규모 구매업자와 거래하는 현장 중개인에게 팔고, 현장 중개인은 판매 후 배송까지 담당하는 대규모 구매업자나 수출업자에게 판다. 마지막으로 버섯은 일본의 수입업자에게 팔린다. 왜 이렇게 중간상인이 많이 존재하는가? 역사를 살펴보면 가장 명확한 답을 얻을 수 있다.

일본에서 송이버섯이 부족하다는 사실이 처음으로 명백해진 것은 1980년대였다. 그때부터 일본 무역상들은 송이버섯을 수입하기 시작했다. 일본은 투자 자본이 넘쳐나는 상황이었고, 송이버섯은 최상의 사치품이자, 동시에 특전(賞), 선물, 또는 뇌물이 되기에 딱 알맞았다. 미국산 송이버섯은 도쿄에서 여전히 값비싼 이색 상품이었고 많은 식당이 버섯을 얻고자 경쟁했다. 그 당시 일본에 등장한 송이버섯 무역상은 동시대의 다른 일본인 무역상처럼 공급사슬을 조직하기 위해 자신의 자본을 사용할 준비가 되어 있었다.

버섯은 비쌌다. 그래서 공급자에게 높은 인센티브가 주어졌다. 북미의 무역상들은 1990년대를 보기 드물게 높은 가격의 시기로, 그리고 위험성이 큰 도박의 시기로 기억한다. 만약 공급자가 일본 시장에 맞춰 적절하게 출하할 수 있다면, 그에 따른 이익은 엄청났다. 그러나 품질이 들쑥날쑥하고 쉽게 상하는 임산품인데다가 수요가 빠르게 바뀌었기 때문에 완패할 가능성도 컸다. 모두들 그 시기에 대해 이야기할 때면 카지노와 관련된 은유적 표현을 사용한다. 한 일본인 무역상은 그 당시의 수입업자들을 제1차 세계대전 이후 국제 항구에서 활동했던 마피아와 비교했다. 이는 그 수입업자들이 도박을 한 것 외에도 그러한 도박이 지속되도록 그것을 촉진시키는 역할 또한 맡았기 때문이다.

일본 수입업자들은 현지의 노하우가 필요했고 수출업자들과 동맹을 맺기 시작했다. 북미 태평양 연안 북서부에 등장한 첫 번째 수출업자는 밴쿠버의 아시아계 캐나다인이었다. 그리고 이러한 선례 때문에 대부분의 미국산 송이버섯은 그들의 회사가 계속 도맡아 수출했다. 이 수출업자들이 송이버섯에만 관심을 가진 것은 아니다. 그들은 해산물이나 체리 또는 통나무집용 목재를 일본에 보냈다. 송이버섯은 이러한 수출 품목에 추가되었다. 어떤 수출업자들은—특히 일본계 이민자들은—오랫동안 수입업자들과 맺어온 관계를 더욱 끈끈하게 만들기 위해 송이버섯을 추가했다고 말했다. 그 관계를 손상시키지 않기 위해 손해를 보더라도 송이버섯을 운송할 의향이 있었다고 그들은 말했다.

수출업자와 수입업자가 맺은 동맹은 태평양을 횡단하는 무역의 기반이 되었다. 그러나 수출업자들은 생선이나 과일, 목재에 대해서는 전문가였지만, 송이버섯을 얻는 방법에 대해서는 아는 바가 없었다. 일본에서는 농협이나 개인 농부가 송이버섯을 시장에 가져온다. 북미의 경우, 송이버섯은 거대한 국유림(미국)이나 코먼웰스commonwealth 산림(캐나다)에 널리 퍼져 있다. 이 지점에서 내가 '대규모 구매업자'라고 부르는 작은 회사들이 끼게 된다. 대규모 구매업자는 수출업자에게 팔기 위해 버섯을 모은다. 채집인이 파는 버섯을 '구매인'이 사면, 대규모 구매업자의 현장 중개인은 그 버섯을 구매인에게서 산다. 구매인과 마찬가지로 현장 중개인도 버섯을 찾을 만한 사람들과 해당 지형을 알아야만 한다.

　미국 태평양 연안 북서부 지역의 송이버섯 무역 초창기에 대부분의 현장 중개인, 구매인, 채집인은 산에서 위안을 얻는 백인 남성이었는데, 베트남전쟁 참전용사, 해직된 벌목꾼, 자유주의적인 도시 사회를 거부하는 시골의 '전통주의자' 등이 있었다. 1989년 이후 점점 더 많은 라오스와 캄보디아 난민이 버섯을 주우러 왔고, 현장 중개인은 동남아시아인과 작업하는 능력을 익혀야 했다. 동남아시아인은 결국 구매인이 되었고, 일부는 현장 중개인이 되었다. 백인과 동남아시아인은 함께 일하면서 '자유'라는 공통의 어휘를 발견했는데, 비록 똑같지는 않았지만 각각의 집단에게는 소중한 가치를 지닌 많은 것을 의미하는 단어였다. 아메리카 원주민은 그것에 공감했지만, 라틴아메리카계 채집인은 자유와 관련된 미사여구를 쓰지 않았다. 이렇듯 다양성이 존재했음에도 스스로 망명자가 된 백인과 동남아시아 난민의 관심사에는 겹치는 부분이 있었고, 이것이 버섯 무역의 심장을 뛰게끔 했다. 자유가 송이버섯을 세상에 내놓은 것이다.

미국 태평양 연안 북서부 지역은 자유에 대한 관심을 공유하면서 세계적으로 거대한 송이버섯 수출 지역 중 하나가 되었다. 그렇지만 이러한 방식의 삶은 상품사슬의 나머지 부분과 분리되었다. 대규모 구매업자와 구매인은 일본으로 송이버섯을 직접 수출하고자 했지만 이루어지지 않았다. 그들 중 어느 누구도 영어가 모국어가 아닌 아시아계 캐나다인이 대부분을 차지하는 수출업자들과 이미 어렵게 진행하고 있는 교환을 넘어서지 못했다. 그들은 불공정한 상업 관행에 대해 불평했지만, 사실상 재고품을 만드는 데 필요한 문화 번역을 해내지 못했다. 왜냐하면 오리건주의 채집인, 구매인, 대규모 구매업자가 일본인 무역업자들과 다른 점은 비단 언어만이 아니었기 때문이다. 그것은 생산 여건이었다. 오리건주의 버섯은 '자유'의 문화적 실천에 오염되어 있었다.

예외적인 사례를 보면 이를 잘 이해할 수 있다. 웨이는 음악을 공부하기 위해 그의 모국인 중국을 떠나 처음으로 일본에 갔다. 생계를 꾸릴 만큼 돈을 벌 수 없다는 사실을 깨닫자 그는 일본의 야채 수입 무역에 뛰어들었다. 일본에서 생활하면서 여전히 어색한 부분도 있었지만, 일본어는 능숙해졌다. 그는 다니던 회사에서 미국에 파견할 사람을 찾자 자원했다. 이렇게 그는 현장 중개인, 대규모 구매업자, 수출업자라는 특이한 조합의 역할을 맡게 되었다. 그는 다른 현장 중개인처럼 송이버섯이 나는 지역에서 이루어지는 구매를 지켜보러 가지만 일본에 직통 라인이 있다. 다른 현장 중개인과는 달리 그는 기회와 가격을 알아내기 위해서 끊임없이 일본인 무역업자들과 통화한다. 그는 또한 일본계 캐나다인 수출업자들과도 이야기하는데, 그들에게 버섯을 팔지는 않는다. 그들과 일본어로 대화할 수 있기 때문에 그 수출업자들은 그에게 계속 현장 상황을 설명해달라고 부탁하는데, 해당 정보에는 그들에게 버섯을 파는 현장 중개인의 행동도 포함된다. 그러는 동안 다른 현장 중개인들은 자신들의 모임에 그를 포함시키기를 거부하며 그에게 버섯을 파는 구매인들의 이익에 반하는 활동을 모의한다. 그는 다른 현장 중개인들의 토론에 초대받지 못하고, 자유를 사랑하는 산사람들로부터 사실상 소외당하고 있다.

다른 현장 중개인들과 달리 웨이는 자신과 거래하는 구매인들에게 수수료 대신에 급료를 지불한다. 그는 직원들에게 충성심과 규율을 요구하고 다른 구매인들이 누리는 자유분방한 독립을 거부한다. 그는 다른 사람들이 하듯이 자유 경쟁에서 기량을 발휘하거나 즐거움을 얻기 위해서라기보다는 특정한 성격을 지닌 물품을 특정한 방식으로 배송하기 위해서 송이버섯을 구매한다. 그는 이미 현장의 구매 텐트에서 재고품을 만들고 있다. 다른 사람들과 그의 차이를 보면 자유의 배치가 패치로서 갖는 특수성을 잘 이해할 수 있다.

21세기로 들어서자 일본에서는 국제 송이버섯 상업계의 조직화가 진행되었다. 많은 국가에 공급사슬이 발달하면서, 외국산 송이버섯의 순위가 정해지면서, 그리고 일본에서 특전이 줄어들어 송이버섯에 대한 요구가 좀 더 특화되면서 일본에서 판매되는 송이버섯의 가격이 안정되었다. 물론 송이버섯은 여전히 야생에서 불규칙적으로 공급되는 상품이지만, 그 사실을 감안하더라도 일본에서 판매되는 오리건주산 송이버섯 가격은 비교적 안정적이라고 볼 수 있다. 하지만 정작 오리건주에서는 1990년대만큼 높은 가격까지는 아니지만 버섯 가격이 롤러코스터처럼 오르내리기를 지속하는 등 그러한 안정성이 반영되지 않았다. 내가 일본인 수입업자들에게 이러한 간극에 대해 이야기하자 그들은 미국인의 '심리' 문제라고 설명했다. 오리건주의 송이버섯을 전문적으로 취급하는 한 수입업자는 자신이 오리건주를 방문했을 때 찍은 사진을 신이 나서 내게 보여주었고, 오리건주에서 체험한 '거친 서부'의 경험을 회상했다. 그의 설명에 따르면, 백인 및 동남아시아인 채집인과 구매인은 그가 '경매'라고 부르는 것이 주는 흥분 없이는 버섯을 생산하지 않으며, 가격이 오르내릴수록 더욱 구매하기 좋다고 여긴다는 것이다. (반면에 오리건주의 멕시코인 채집인은 일정한 가격을 받아들이고 싶어 했지만 무역을 주도하지 못했다고 그는 말했다.) 미국의 기이한 특성에 대응하는 것이 그의 업무였다. 그의 회사에는 그와 아주 유사한 업무를 보는 중국 송이버섯 담당 전문가가 있었는데, 해당 전문가는 중국의 별난 특성에 대응하는 것이 주 업무였다. 그의 회사는 다양한 문화적 경제 행위에 대응하면서 전 세계를 대상으로 하는 버섯 관련 사업을 형성할 수 있었다.

그가 문화 번역이 당연히 필요하다고 생각하는 것을 보고 나는 구제 축적의 문제에 대해 처음으로 경각심을 가지게 되었다. 1970년대에 미국인은 자본의 전 지구화란 미국 비즈니스 표준의 전 세계적 확대를 의미할 것이라고 기대했다. 이와는 대조적으로 일본 무역업자들은 국제적인 공급사슬을 연결하는 전문가가 되었고, 일본의 생산 시설이나 고용 표준을 적용하지 않고도 일본에 상품을 가져오게 하는 번역 장치로서 공급사슬을 이용했다. 그러한 상품들이 파악 가능한 재고품으로 일본에 수입되는 한, 일본 무역업자들은 자본 축적을 위해 그 상품들을 이용할 수 있었다. 20세기 말이 되자 일본의 경제력은 약해졌고, 20세기 일본식 비즈니스 혁신은 신자유주의 개혁에 의해 가려졌다. 그러나 아무도 송이버섯의 공급사슬을 개혁하는 데는 관심이 없었다. 규모가 너무 작았고 너무 '일본'에 특수했다. 그렇다면 세계를 뒤흔들었던 일본의 무역 전략을 살펴볼 장소는 바로 이곳이다. 그 중심에는 다양한 경제를 잇는 번역이 있다. 무역업자는 번역가로서 구제 축적의 명수가 된다.

그러나 번역을 이야기하기 전에 먼저 자유의 배치를 찾아볼 필요가 있다.

자유 …

공동의 의제, 오리건주.
한 미엔인 채집인의 야영지 캠프.
여기에서 미엔인은
시골 마을 생활을 회상하고
캘리포니아주의 도시에
갇혀 있던 삶에서 탈출한다.

5

오리건주의 오픈티켓

인적이 끊긴 어딘지도 모르는 곳에서
— 대망을 품은 핀란드의 한 송이버섯 마을이 내건
  공식 슬로건

1990년대 후반의 추운 10월의 어느 날, 송이버섯을 채집하던 몽계 미국인 세 명이 자신들의 텐트에서 웅크리고 모여 앉았다. 그들은 몸을 떨면서 조금이라도 몸을 덥히고자 요리에 사용하는 가스스토브를 텐트 안으로 가져왔다. 스토브를 켜둔 채 그들은 잠이 들었다. 스토브는 꺼졌고, 그다음 날 세 명은 모두 가스에 질식해 숨졌다. 그들이 사망한 후 그 야영지는 유령이 출몰하는 안전하지 못한 곳이 되었다. 유령은 사람들을 마비시켜 움직이지도 말하지도 못하게 한다. 몽계 채집인들은 떠나갔고 다른 이들 역시 곧 떠났다.

미국 산림청은 그 유령에 대해 알지 못했다. 채집인이 사용하는 캠핑장의 경영을 합리화하고, 경찰과 응급의료 서비스의 접근성을 높이고, 관리인이 야영지에서 규칙과 요금을 단속하기 쉽게 만들고자 했다. 1990년대 초반에는 동남아시아계 채집인이 국유림을 방문하는 다른 사람들처럼 마음에 드는 곳에서 야영했었다. 하지만 백인은 동남아시아인이 쓰레기를 너무 많이 버리고 간다고 불평했다. 산림청은 이러한 불평에 대응해 동남아시아계 채집인을 인적이 드문 진입로 쪽으로 이동시켰다. 앞서 언급한 세 명이 사망했을 당시, 채집인은 모두 길가에서 야영하고 있었다. 그러나 그 일이 있은 직후 산림청은 큰 격자무늬 구획을 지어서 그 안에 숫자가 매겨진 야영 공간과 띄엄띄엄 자리한 이동식 화장실을 세웠고, 사람들의 많은 항의 끝에 (멀리 떨어진) 야영지 입구에 큰 물탱크를 비치했다.

유령을 피해서 생활하는 채집인은 편의시설이 없는 캠핑장을 빠르게 자신들의 공간으로 만들었다. 그들 중 많은 이가 태국의 난민 캠프에서 10년 이상을 지냈기 때문에, 그들은 그 캠프의 구조를 본떠서 종족 집단에 따라 캠핑장 공간을 분리했다. 한쪽에는 미엔인이, 그리고 그 당시 미엔인과 같이 머무를 의사가 있었던 몽인이 사용했다. 반 마일 떨어진 곳에는 라오인과 크메르인이 머물렀다. 멀리 뒤쪽에 외떨어진 텅 빈 공간에는 소수의 백인이 머물렀다. 동남아시아인은 가는 소나무 장대와 방수포로 구조물을 만들어 그 안에 자신들의 텐트를 세웠고 가끔 장작 난로를 추가했다. 동남아시아의 시골에서 하듯이 (텐트) 지붕 끝에 소지품을 걸어두었고, 울타리를 만들어 목욕하는 것을 밖에서 볼 수 없게 가렸다. 캠핑장 중심에 있는 대형 텐트에서는 뜨거운 월남 쌀국수를 팔았다. 나는 음식을 먹고 음악을 들으며 그 물질문화를 관찰하면서 오리건주의 숲이 아니라 동남아시아의 구릉에 와 있는 것 같다고 느꼈다.

산림청의 응급의료 서비스 아이디어는 계획한 대로 작동되지는 않았다. 몇 년 후에 어떤 이가 치명적인 부상을 입은 채집인을 위해 응급의료 서비스를 불렀다. 버섯 캠프에만 적용되는 규정에 따르면, 구급차는 진입하기 전에 경찰의 경호를 기다려야 했다. 구급차는 몇 시간이나 대기했고 마침내 경찰차가 나타났을 때, 남자는 이미 죽어 있었다. 응급 서비스의 이용이 지형이 아닌 차별 때문에 제한된 것이다.

그 남자 역시 [가스에 질식해 숨진 세 명의 몽계 채집인처럼] 위험한 유령이 되어 이 지역에 머물렀는데, 백인인 오스카와 동남아시아인들을 찾아다니던 소수의 그 지역 주민 중 한 명이 담력 테스트를 하며 술에 취해 한 번 잔 것을 제외하고는 아무도 그 남자의 야영지 근처에서는 자지 않았다. 그곳에서 밤을 보내는 데 성공하자 오스카는 그 지역 아메리카 원주민 사이에서 영혼이 머무는 곳으로 신성하게 여겨지는 근처의 산에서까지 버섯을 주우려고 했다. 그러나 내가 아는 동남아시아인은 그 산에 접근하지 않았다. 그들은 유령에 대해 알고 있었다.

21세기의 첫 십 년 동안 오리건주 송이버섯 상업의 중심지는 지도에 표시되지 않은 곳, '인적이 끊긴 어딘지도 모르는 곳'이었다. 버섯 거래에 종사하는 사람이라면 누구든 그곳이 어디인지 알았지만, 그곳은 마을이나 휴양지가 아니었다. 공식적으로는 눈에 보이지 않는 곳이었기 때문이다. 구매인은 고속도로를 따라 한 무리의 텐트를 세웠고 매일 밤마다 채집인, 구매인, 현장 중개인이 그곳에 모여 생생한 서스펜스와 액션의 무대를 연출했다. 그 장소는 사람들의 이목에 띄지 않게끔 일부러 지도에 표시되지 않은 곳이므로, 나는 사람들의 사생활을 보호하기 위해 이름을 하나 만들기로 결정했고, 그 길을 따라 펼쳐지는 송이버섯 상거래 장소가 갖고 있는 특성에서 그 이름을 따오기로 했다. 내가 합성해서 만든 그 현장의 이름은 '오리건주의 오픈티켓Open Ticket, Oregon'이다.

'오픈티켓'은 사실 버섯 구매 행위 중 하나의 명칭이다. 채집인은 숲에서 돌아온 후 저녁에 크기와 성숙도를 기준으로 분류된 '등급'에 따라 각 버섯의 무게(파운드)당 가격을 받고 구매인에게 버섯을 판다. 대부분의 다른 야생 버섯의 가격은 안정적이다. 그러나 송이버섯 가격은 기복이 심하다. 하룻밤 사이에 파운드당 미화 10달러 이상까지 쉽게 움직인다. 한 해의 송이버섯 시즌 동안에 오르내리는 가격 변동의 폭은 그보다 더 크다. 2004년에서 2008년 사이에 거래된 가격을 보면, 최상의 버섯은 2달러에서 60달러 사이를 오갔다. 그리고 그 변동 폭조차 이전 연도들과 비교하면 아무엇도 아니다. '오픈티켓'이란 채집인이 원래 지불받는 가격보다 같은 날 밤에 거래된 최고 가격이 더 높을 경우, 그 차액을 나중에 구매인에게서 보상받을 수 있다는 뜻이다. 구매인은 구매하는 버섯의 무게당 수수료를 받으므로, 채집인이 버섯 가격이 오를 때까지 기다리지 않고 초저녁에 팔도록 유도하기 위해 오픈티켓을 제시한다. 오픈티켓은 구매 조건을 협상할 때 채집인이 무언의 권력을 가진다는 증거다. 또한 그것은 계속해서 버섯 비즈니스에서 서로를 몰아내려고 시도하는 구매인들의 전략을 보여준다. 오픈티켓은 채집인과 구매인 모두의 자유 만들기와 자유 확인하기의 실천이다. 오픈티켓은 자유를 수행하는performance 장소의 이름으로 적절해 보인다.

매일 밤 교환되는 것은 버섯과 돈만이 아니다. 채집인과 구매인, 현장 중개인은 그들 각자가 이해하는 의미대로 극적인 자유를 공연하는 것에 관여하고, 서로를 격려하면서 자신들의 트로피(돈과 버섯)와 함께 자유의 공연을 교환한다. 때때로 정말 중요하게 교환되는 것은 자유이며, 버섯과 돈이라는 트로피는 자유 수행의 연장선에 존재하는 증거처럼 보였다. 결국 그것은 '버섯 열병'에 활기를 불어넣으면서 구매인이 최고의 쇼를 보여주도록 그들의 열정을 북돋우고, 채집인이 그다음 날 새벽에 다시 버섯을 찾으러 일어나도록 격려하는, 자유를 실감하는 느낌이었다.

그러나 채집인이 이야기하는 이 자유란 무엇인가? 자유에 대해 질문할수록 나는 그 용어가 더욱 낯설게 느껴졌다. 여기서 자유란 용어는 개인의 합리적 선택의 규칙성을 논하기 위해 경제학자들이 사용하고 상상하는 그것이 아니다. 정치적 자유주의도 아니다. 버섯 관계자들의 자유는 불규칙적이며, 합리화의 외부에 존재한다. 공연 성격을 띠고, 공동체에 따라 다양하며, 기운이 넘치기 때문이다. 이것은 그 장소의 소란스러운 코즈모폴리터니즘cosmopolitanism과 관련이 있다. 왜냐하면 그 자유가 잠재적인 분쟁과 오해로 가득한 열린 문화적 상호작용으로부터 등장하기 때문이다. 나는 자유가 유령과의 관계에서만 존재한다고 생각한다. 자유는 귀신 들린 풍경에서 유령들이 벌이는 협상이다. 자유가 귀신 들린 곳에서 귀신을 몰아내는 것이 아니라 세련되게 협상하고 살아남는 방식으로 작동하기 때문이다.

오픈티켓은 많은 유령에게 홀린 곳이다. 때 이른 죽음을 맞은 채집인들의 '녹색' 유령뿐만 아니라 미국의 법과 육군에 의해 제거된 아메리카 원주민 공동체, 난폭한 벌목꾼에 의해 잘려 나갔지만 절대 대체될 수 없는 거목의 그루터기, 절대로 사라지지 않을 것 같은 전쟁의 잊을 수 없는 기억, 채집하고 구매하는 매일의 과업에 침입하는 유령 같은 모습으로 유보된 채로 남아 있는 권력 형태가 계속해서 출몰하는 곳이다. 모종의 권력이 그곳에 존재하지만, 동시에 그곳에 존재하지 않는다. 하지만 여러 개의 문화적 의미가 겹쳐 있는 자유의 공연이 점점 늘어나는 현상을 이해하기 위한 출발점은 이처럼 귀신 들린 곳이다. 오픈티켓에는 존재하지 않으면서도 오픈티켓이 지금의 상태가 되는 데 공헌한 이러한 것들을 생각해 보자.

오픈티켓은 권력의 집결과는 거리가 멀다. 그렇기에 이 공간은 도시와는 정반대다. 사회질서는 보이지 않는다. 라오계 채집인 셍이 말하듯이, "부처님은 이곳에 없다." 채집인들은 이기적이고 욕심이 많다고 그는 말한다. 그는 만사가 제대로 돌아가는 절로 돌아가고 싶어서 초조해했다. 한편 크메르계 십 대인 다라는 오픈티켓이 갱단의 폭력을 피해 자신이 성장할 수 있는 유일한 장소라고 설명했다. 반면에 송은 (왕년에?) 라오계 갱 조직원이다. 나는 그가 체포 영장을 피해 도망쳐 왔다고 생각한다. 오픈티켓은 도시에서 도망쳐 온 사람들이 뒤죽박죽 섞인 곳이다. 백인 베트남전쟁 참전용사들은 전쟁을 생생하게 떠올리게 해 제어할 수 없는 공황 발작을 야기하는 군중으로부터 벗어나고 싶었다고 했다. 몽인과 미엔인은 자유를 약속해놓고 조그만 도시 아파트에 자신들을 몰아넣은 미국에 실망했다고 말했다. 오히려 그들이 기억하는 동남아시아에서의 자유를 찾을 수 있는 것은 산에 있을 때뿐이었다. 특히 미엔인은 기억 속에 있는 마을 생활을 송이버섯 숲에서 재건하고 싶어했다. 송이버섯 채집은 뿔뿔이 흩어진 친구들을 볼 수 있고 조밀하게 붙어 사는 가족들의 제약에서 벗어날 수 있는 시간이었다. 미엔인 할머니 나이 통은 딸이 집으로 돌아와 손주들 좀 돌봐달라고 매일 전화로 부탁한다고 말했다. 그러나 적어도 채집 허가증 발급을 위해 지불한 금액만큼은 벌어야 한다고 침착하게 거듭 이야기했다. 그는 아직 돌아갈 수 없었다. 여기서 중요한 것은 이와 같은 주장에서 언급되지 않은 채 남겨진 것이었다. 그는 아파트 생활에서 벗어나 산속의 삶이 주는 자유를 누렸다. 돈은 자유보다 덜 중요했다.

송이버섯 채집은 도시라는 유령에 사로잡혀 있지만, 도시는 아니다. 채집 또한 노동이 아니다. '일'조차도 아니다. 라오계 채집인 사이는 '일'이란 자신의 상사가 시키는 작업을 하면서 그에게 복종하는 것을 뜻한다고 설명했다. 반면에 송이버섯 채집은 '찾는 행위'다. 자신의 업무를 하는 것이 아니라 거금의 재산을 찾는 행위다. 채집인들이 새벽부터 일어나 해가 질 때까지 눈을 헤쳐가며 산에 남아서 열심히 일하기 때문에 좀 더 많은 돈을 벌어야 한다고 채집인에게 호의적인 태도를 보이는 백인 캠핑장 소유주가 내게 말했을 때, 이러한 그의 시각에서 마음에 걸리는 부분이 있었다. 나는 어떤 채집인도 그런 식으로 말하는 것을 들어본 적이 없었다. 내가 만난 채집인 중 어느 누구도 송이버섯으로 얻는 돈을 자신의 노동에 대한 대가로 생각하지 않았다. 나이 통이 가끔 맡는 손주 돌보기조차도 버섯 채집보다 일에 더 가까운 행위였다.

채집인으로 여러 해를 보낸 백인 현장 중개인 톰은 특히나 분명한 태도로 노동을 거부했다. 그는 전에 큰 벌목 회사에서 일했는데, 어느 날 자신의 개인 사물함에 장비를 그대로 두고 문밖으로 걸어 나가서는 다시는 돌아가지 않았다. 가족과 함께 숲으로 이사 온 후, 그는 땅이 자신에게 제공하는 것에서 돈을 벌었다. 종자 회사에는 솔방울을 모아줬고 모피를 얻기 위해 비버 덫을 놓았다. 온갖 종류의 버섯을 주웠는데, 먹기 위해서가 아니라 팔기 위해서였다. 그리고 거래할 때는 수완을 발휘했다. 톰은 어떻게 자유주의자들이 미국 사회를 망쳤는지 내게 말했다. 즉, 인간이 더는 인간이 되는 방법을 알지 못하게 되었다는 것이다. 이에 대한 최고의

해답은 자유주의자들이 '표준 고용'이라고 생각하는 것을 거부하는 일이다.

톰은 함께 일하는 구매인들이 자신에게 고용된 일꾼이 아니라 독립적인 사업가라는 점을 오랜 시간을 들여 내게 설명했다. 그가 버섯을 사기 위해 매일 많은 현금을 구매인들에게 지불한다고 해도, 그들은 톰을 포함해 현장 중개인 중 누구에게라도 버섯을 팔 수 있다. 그리고 나는 실제로 그들이 그렇게 한다는 것을 알고 있다. 또한 거래는 항상 현금으로만 이루어져서 어느 구매인이 자신의 현금을 가지고 달아나도 아무것도 할 수 없다고 한다. (신기하게도 돈을 가지고 달아나는 구매인은 종종 또 다른 현장 중개인과 거래하기 위해서 돌아온다.) 하지만 그가 버섯의 무게를 재기 위해 구매인에게 빌려주는 저울만은 자신의 소유라는 점을 분명히 했다. 그래서 저울과 관련된 문제에 대해서는 경찰을 부를 수도 있다. 그는 최근 한 구매인이 수천 달러를 가지고 도망친—그러나 저울도 함께 가지고 가는 실수를 저지른—사건에 대해 이야기했다. 톰은 도망친 구매인이 향했다고 생각되는 길 쪽으로 차를 몰았고, 당연하게도 자신의 저울이 그 길가에 버려져 있었다. 물론 현금은 사라졌다. 그러나 이것은 독립적인 사업이라면 감수해야 하는 위험 부담이다.

채집인은 자신들이 노동을 거부하는 것에 많은 종류의 문화유산을 접목시킨다. 매드 짐은 송이버섯을 주우면서 자신의 아메리카 원주민 조상을 기린다. 그는 이전의 수많은 직장을 거쳐 해안가에서 바텐더로 일하고 있었다고 했다. 한 원주민 여성이 백 달러짜리 지폐를 가지고 들어왔다. 그는 놀라며 어디서 그 돈을 얻었는지 물었다. "버섯을 따서"라고 그 여성이 대답했다. 짐은 그다음 날로 그곳을 떠났다. 버섯 채집은 배우기 쉽지 않았다. 그는 덤불 속을 기어 다녔고 동물들을 따라다녔다. 이제 그는 모래 깊이 묻혀 있는 버섯을 따기 위해 모래언덕에 접근하는 방법을 안다. 산에서 뒤엉킨 로도덴드론rhododendron[1] 뿌리 아래의 어느 곳을 찾아봐야 하는지 안다. 그는 단 한 번도 임금을 받는 일터로 돌아가지 않았다.

라오수는 송이버섯을 채집하지 않을 때는 캘리포니아주의 월마트 창고에서 시간당 11.50달러를 받으며 일한다. 그러나 이 정도의 시급을 받기 위해서 의료보험 혜택 없이 일하는 계약 조건에 동의해야만 했다. 일하다가 허리를 다쳐서 상품을 들어 올리지 못하게 됐을 때 그는 몸을 회복시키기 위해 장기 휴직을 받았다. 그는 회사가 다시 자신을 받아주기를 희망하고 있지만, 어쨌든 두 달밖에 되지 않는 송이버섯 시즌에 버섯 채집으로 버는 돈이 월마트에서 버는 돈보다 더 많다고 말한다. 게다가 그와 그의 아내는 해마다 오픈티켓에서 활기가 넘치는 미엔인 공동체에 합류하는 시간을 고대한다. 그들은 이 기간을 휴가로 여긴다. 주말에는 가끔 자녀와 손주들이 함께 와서 다 같이 버섯을 채집한다.

송이버섯 채집은 '노동'이 아니지만 노동이라는 유령에 사로잡혀 있다. 재산에 관해서도 마찬가지다. 송이버섯 채집인은 마치 숲

---

1. 진달래속 식물. —옮긴이

이 대규모 공유지인 것처럼 행동한다. 그 땅은 공식적으로 공유지 commons가 아니다. 주로 국유림이며, 근처에 주 정부로부터 완전히 보호받는 사유지가 있다. 그러나 채집인들은 최선을 다해 재산에 대한 질문을 무시한다. 백인 채집인은 연방 자산에 대해 특히 짜증을 내며 사용 제한을 무산시키려고 최선을 다한다. 동남아시아계 채집인은 일반적으로 정부에 대해서 더 관대한데, 정부가 좀 더 많은 일을 하기 바란다. 허가증 없이 채집하는 것을 자랑스럽게 여기는 많은 백인 채집인과 달리, 대부분의 동남아시아인은 채집 허가를 얻기 위해 산림청에 등록한다. 그렇지만 법 집행 기관은 유독 아시아인만 증거도 없이 법 위반으로 지목하는 경향이 있다. 한 크메르계 구매인이 "아시아인으로서 운전하기"라고 말하듯이, 이러한 정황은 법을 지키려고 노력할 필요가 별로 없는 것처럼 보이게 한다. 많은 일이 그럴 가치가 없다.

내가 직접 경험한 바로는 경계선 없는 광대한 땅에서 허가된 채집 구역 안에만 머무르는 것은 꽤 어려운 일이다. 한번은 내가 버섯을 가지고 돌아오고 있을 때 보안관 한 명이 허가증이 없는 나를 잡기 위해 잠복하고 있었다. 지도 보는 것이 취미인 나조차도 그 지역이 제한 구역인지 아닌지 구별할 수 없었다.[2] 나는 운 좋게

---

2. 채집인이 산림청에서 발급하는 채집 허가증을 사면 채집이 허가된 구역과 금지된 구역이 명시된 지도를 받는다. 그러나 그 구역들은 추상적 공간으로만 표시되어 있다. 지도에는 주요 직통로만 그려져 있고 지형, 철도, 작은 도로, 초목 등은 표시되지 않았다. 그 지도를 읽고야 말겠다고 하늘에 맹세한다고 해도 숲에서 지도를 이해하기란 거의 불가능하다. 뿐만 아니라 채집인 중 상당수가 지도를 읽지 못한다. 한 라오계 채집인은 지도에서 채집이 금지된 장소를 찾아 내게 보여주었는데, 그건 금지 구역이 아닌 호수였다. 몇몇 채집인은 지도를 캠핑장에서 부족한 화장지 대용으로 썼다.

도 딱 그 경계선에 있었다. 그러나 그 경계선은 표시되어 있지 않았다. 또 다른 일도 있었는데, 내가 며칠 동안 어느 라오인 가족에게 버섯 채집에 데려가 달라고 간청하자 그들은 결국 내가 운전한다는 조건으로 수락했다. 그들은 숲을 관통해 표지도 없는 흙길을 몇 시간이나 통통거리는 차로 이동한 후에야 채집하려는 장소에 도착했다고 알려주었다. 내가 차를 세우자 그들은 내게 왜 차를 감추려 하지 않았냐고 물었다. 그 말을 들은 후에야 나는 우리가 사유지에 진입한 것이 틀림없음을 깨달았다.

벌금은 엄청났다. 내가 현장연구를 하던 시기에는 국립공원에서의 채집을 이유로 처음 적발되었을 때 내는 벌금이 2,000달러였다. 그러나 법 집행인[3]의 수는 많지 않고 길과 등산로는 많다. 국유림 내에는 더는 사용되지 않고 버려진 벌목 목재 운반용 도로가 복잡하게 교차한다. 이러한 사실 때문에 채집인은 광활한 산림지를 돌아다닐 수 있다. 젊은 사람들은 또한 금지 구역일 수도 있고 아닐 수도 있는 가장 고립된 버섯 자생 지역을 찾아서 수 마일을 등산할 의향이 있다. 버섯을 구매인에게 선보일 때 아무도 그에 대해 따져 묻지 않는다.[4]

그러나 모순어법이 아니라면, '공공 자산'이란 무엇인가? 확실히 산림청은 이 용어를 곤혹스럽게 여긴다. 공유림은 화재 방지를

---

3.   경찰이나 보안관. —옮긴이
4.   구매인은 송이버섯이 채집된 장소를 기록해야 한다는 규정이 있지만, 나는 그런 정보가 기록되는 것을 본 적이 없다. 다른 송이버섯 구매 구역에서는 그 규정이 시행되는데, 이는 채집인들이 스스로 말하기 때문이다.

위해 사유지 주변의 1제곱마일을 간벌間伐해야 한다는 법률 규정이 있다. 조금의 사유재산을 보호하기 위해 많은 공적 자금을 지출해야 하는 것이다.[5] 목재를 생산하는 사기업이 공유림 간벌을 맡아 하면서 공유림에서 더 많은 이윤을 얻는다. 그리고 천이후기종 보호구역Late Successional Reserves 내에서 벌목은 허가되지만 채집인의 출입은 금지된다. 그 이유는 환경 영향 평가를 받기 위한 자금이 없기 때문이다. 어떤 땅이 제한 구역인지 알아내는 데 어려움을 겪는 사람은 채집인만이 아니다. 두 가지 혼란 사이에 존재하는 차이는 또한 많은 것을 알려준다. 산림청은 **공공**을 무시하게 되더라도 **자산**을 지켜야 한다. 채집인은 자신들이 배제될 가능성이 유령처럼 떠도는 공유지에 계속 들어가야 하기 때문에, 자산을 법적으로 소유자 미정인 상태로 묶어두려고 최선을 다한다.

자유와 유령에 사로잡힘은 동일한 경험의 양면이다. 유령이 깃든 자유는 미래를 과거로 가득 채우는 마법을 부리기에, 그것은 다음 일로 넘어가는 방법인 동시에 이전 일을 기억하는 방법이다. 채집은 자유를 향한 열병을 앓으며 행해지기에, 그것은 산업 생산에서 매우 중요하게 여겨지는 것, 즉 사람과 사물이 분리되는 일에서 벗어나게 된다. 버섯은 아직 소외된 상품이 아니다. 버섯은 채집인이 실천하는 자유의 결과이기 때문이다. 그러나 그것이 가능한 유일한 이유는 그 양면적 경험이 이상한 종류의 상업에서 인정되기 때문이다. 구매인은 '자유 시장 경쟁'이라는 극적인 공연에서 연

---

5. 산업계에서 추진한 2003년의 건강한 산림 복원법(Healthy Forests Restoration Act)에 규정된 산불 예방을 위한 조항이다.

기하며 자유의 트로피를 무역으로 번역한다. 그리하여 집중된 권력, 노동, 자산, 소외를 유보시키는 것이 강력하고 효과적인 것처럼 보이게 만들면서, 시장의 자유는 뒤죽박죽 섞인 자유의 무더기 속으로 들어간다.

이제 오픈티켓에서 행해지는 구매 행위로 돌아갈 시간이다. 늦은 오후, 몇 명의 백인 현장 중개인이 농담을 하며 앉아 있다. 그들은 서로에게 거짓말한다고 몰아가고 서로를 "대머리수리" 또는 "교활한 코요테 씨"라고 부른다. 그들이 맞다. 그들은 첫 번째 버섯을 파운드당 10달러의 가격으로 부르자고 동의하지만 그렇게 하는 사람은 거의 없다. 텐트가 열리자마자 경쟁이 시작된다. 현장 중개인은 자신들의 구매인을 불러서 개장 가격을 제시한다. 그들이 10달러에 합의했다면, 아마도 12달러나 15달러까지도 부를 것이다. 구매 텐트에서 무슨 일이 일어나고 있는지에 대한 보고 여부는 구매인의 마음에 달려 있다. 채집인은 텐트에 와서 가격을 묻는다. 그러나 고정 판매자가 아니거나 자신의 버섯을 보여주지 않는 채집인에게는 가격을 비밀에 부친다. 다른 구매인이 친구를 채집인으로 위장시켜 보내서 가격을 알려고 하므로, 가격은 누구에게나 말해줄 수 있는 것이 아니다. 구매인은 경쟁에서 이기기 위해 가격을 올리고자 할 때 현장 중개인을 부르기로 되어 있다. 그렇게 하지

않으면 구매인은 자신의 수수료로 차액을 메워야 한다. 그렇지만 많은 이가 그 전략을 시도할 마음도 있다. 곧 채집인, 구매인, 현장 중개인 간에 전화가 빗발친다. 가격은 바뀐다. 구매 현장을 서성이며 구매 장면을 관찰하던 현장 중개인이 "위험해!"라고 내게 말하곤 한다. 그는 구매하는 동안에는 나와 이야기할 수 없다. 모든 정신을 구매 현장에 집중해야 하기 때문이다. 휴대폰으로 명령을 내리면서 모두들 다른 사람들보다 앞서려고 노력한다. 그리고 상대방이 실수하게 만들려고 노력한다. 그동안 현장 중개인은 자신이 거래하는 대규모 구매업자 및 수출업자와 통화하면서 얼마나 높은 가격까지 제시할 수 있는지 알아본다. 이 일은 할 수 있는 한 다른 이들을 업계에서 퇴출시키려는 흥미진진하고 까다로운 작업이다.

"휴대폰이 없던 시절을 상상해보세요!" 한 현장 중개인이 과거를 회상하며 말했다. 모든 사람이 두 대의 공중전화 부스에 줄을 서서 가격 변화를 알리려고 노력했다. 지금도 모든 현장 중개인은 구식의 전장에서 장교가 했던 방식으로 구매 현장을 살피고 자신의 휴대폰을 야전용 무전기처럼 끊임없이 귀에 갖다 댄다. 그는 스파이를 파견한다. 그는 재빨리 반응해야만 한다. 만약 그가 적당한 때 가격을 올린다면, 그의 구매인은 최고의 버섯을 얻을 것이다. 경쟁자로 하여금 가격을 너무 높게 올리게 하고 너무 많은 버섯을 구매하도록 하고, 그래서 모든 것이 잘 들어맞아서 며칠간 문을 닫게 할 수 있다면 더 좋다. 온갖 종류의 속임수가 있다. 가격이 급등하면 구매인은 채집인을 다른 구매인에게 보내 자신의 버섯을 팔도록 시킬 수도 있다. 버섯보다 돈이 더 좋기 때문이다. 며칠간 무례한 웃음소리와 그 웃음에 자극받아 다른 이들을 거짓말쟁이라고 다그치는 소리가 들릴 것이다. 그러나 이러한 노력이 펼쳐지는데도 파산하는 사람은 아무도 없다.[6] 이 모든 것은 경쟁이라는 공연에서 행해지는 연기이고, 비즈니스에 꼭 필요한 것은 아니다. **중요한 점**은 이것이 드라마라는 것이다.

이제 어두워졌고 채집인들이 구매 텐트에 버섯을 팔려고 줄을 서 있다고 상상해보자. 그들은 이 구매인을 선택했는데, 이는 그가 제시하는 가격 때문만이 아니라 그가 숙련된 선별가라는 사실 때문이기도 하다. 선별하는 일은 기본 가격만큼이나 중요한데, 그 이유는 구매인이 각각의 버섯에 등급을 매기고 그 등급에 따라 가격이 달라지기 때문이다. 그리고 선별 작업은 하나의 예술이다! 선별하는 일은 눈을 사로잡는, 다리는 움직이지 않은 채 팔을 재빠르게 움직이는 불 쇼와 같다. 백인들은 저글링 하듯이 한다. 반면에 또 다른 뛰어난 구매인인 라오인 여성들의 선별 작업은 궁중 라오 댄스처럼 보인다. 훌륭한 선별자란 버섯을 만지기만 해도 그 버섯에 대해 많은 것을 아는 사람이다. 유충을 품고 있는 송이버섯은 일본에 도착하기도 전에 함께 들어 있는 다른 버섯까지 망칠 것이다. 그래서 구매인은 반드시 그런 버섯을 거부해야 한다. 유충을 찾기 위해 버섯을 자르는 사람은 미숙한 구매인이다. 훌륭한 구매인은 느낌으로 안다. 또한 그들은 버섯의 출처를 냄새로 알아낼 수

---

6. 구매를 지켜본 네 번의 시즌 동안 시즌 중간에 두 명의 구매인이 떠나는 것을 보았는데, 그 이유는 각자의 현장 중개인과의 다툼 때문이었다. 또 한 명은 종적을 감추었다. 경쟁 때문에 비즈니스가 망한 사람은 없었다.

있다. 숙주 나무, 채집한 지역, 로도덴드론과 같이 크기와 모양에 영향을 주는 다른 식물들의 유무 등을 냄새로 맞추는 것이다. 모두가 훌륭한 구매인의 선별 과정을 즐겁게 지켜본다. 그것은 기량을 마음껏 뽐내는 대중 공연이다. 때때로 채집인은 선별하는 장면을 사진으로 남긴다. 때때로 그들은 자신이 찾은 최상의 버섯이나 최고 수입(특히 100달러짜리 지폐일 때)도 사진으로 찍는다. 그 사진들은 버섯 추적을 기념하는 트로피다.

구매인은 충성스러운 채집인을 '단원'으로 모으려고 노력하지만, 채집인은 한 구매인에게 계속해서 팔아야 한다는 의무감을 느끼지 않는다. 그래서 구매인은 채집인의 환심을 사려고 친족이나 언어, 종족 내에서 형성된 유대 관계, 혹은 특별 보너스를 사용한다. 구매인은 음식이나 커피, 또는 가끔 약초와 전갈을 가미한 알코올성 강장제와 같이 더 강력한 음료를 채집인에게 제공한다. 채집인은 구매인의 텐트 바깥에 앉아 먹고 마신다. 그곳에서 채집인이 구매인과 같은 전쟁에서 겪은 경험을 함께 이야기하면서 밤늦게까지 동지애를 나눌 수도 있다. 그러나 그런 집단은 쉽게 사라진다. 높은 가격이나 특별 거래의 소문이 돌면 채집인은 또 다른 텐트, 또 다른 집단으로 옮겨 가기 때문이다. 하지만 가격은 크게 다르지 않다. [자유의] 수행performance이 중요한 영향을 미치는 걸까? 경쟁과 독립은 모두에게 자유를 의미한다.

알려진 바로는, 채집인은 가끔 어느 누구의 가격에도 만족하지 못하고 자신들의 픽업트럭에 버섯을 들고 앉아서 기다린다고 한다. 그렇지만 저녁이 다 가기 전에 버섯을 팔아야 한다. 그들은 버섯을 계속 가지고 있을 수 없기 때문이다. 기다림 또한 자유를 수행하는 것의 일부다. 다시 말해 예의범절, 노동, 재산과 어느 정도 거리를 두면서 마음에 드는 곳이라면 어디든지 찾아갈 수 있는 자유, 채집인은 자신의 버섯을 어느 구매인에게나 가져갈 수 있고 구매인은 그 버섯을 어느 현장 중개인에게나 가져갈 수 있는 자유, 다른 구매인을 폐업하게 만들 수 있는 자유, 갑자기 떼돈을 벌거나 모든 것을 잃을 자유 말이다.

언젠가 한 경제학자에게 이러한 구매 장면에 대해 이야기한 적이 있었는데, 그는 흥분하면서 이것이야말로 강력한 이해관계와 불평등에 오염되지 않고 이루어지는 진정하고도 기본적인 자본주의 형식이라고 말했다. 경쟁의 장이 본래 그래야 하듯이 공평하게 형성된 진짜 자본주의라고 말했다. 하지만 오픈티켓에서의 채집과 구매 행위는 자본주의인가? 문제는 자본이 없다는 것이다. 많은 돈이 오가지만 그 돈은 사라지고 절대로 투자되지 않는다. 유일하게 축적이 일어나는 곳은 수출업자와 수입업자가 송이버섯 무역을 이용해 자신들의 기업을 키우는 밴쿠버, 도쿄, 고베로, 즉 상품사슬의 하류다. 오픈티켓의 버섯은 자본의 흐름에는 동참하지만, 자본주의적 형성물로 보이는 것에 조달되지는 않는다.

그러나 이곳에는 명백하게 '시장의 작동 원리'가 존재한다. 아니, 정말 존재할까? 경제학자들에 의하면, 시장 경쟁의 핵심은 좀 더 효율적인 방식으로 상품을 조달하도록 공급자를 강제해서 가격을 낮추는 것이다. 그러나 오픈티켓에서 일어나는 구매 경쟁에서 노골적으로 추구되는 목표는 가격을 **높이는** 것이다. 채집인, 구매인, 대규모 구매업자 모두가 그렇게 말한다. 가격을 가지고 노는 행위의 목적은 가격이 올라갈 수 있는지, 그래서 오픈티켓의 모든 사람이 혜택을 받을 수 있는지 보려는 것이다. 많은 이가 일본에는 끊임없이 넘쳐흐르는 돈의 우물이 있다고 여기는 듯 보이는데, 경쟁이 벌어지는 이 극장의 목적은 그 물줄기를 강제로 열어서 돈이 오픈티켓으로 흘러들게 하는 것이다. 1993년, 오픈티켓의 송이버섯 가격이 채집인의 손에서 파운드당 600달러까지 갑자기 치솟았던 일을 모든 노장들은 기억한다. 살찐 버섯갓 하나만 찾으면 300달러를 벌었다.[7] 그렇게 높은 가격이 사라진 후에도 1990년대에는 채집인 한 명이 하루에 수천 달러를 벌 수 있었다고 한다. 어떻게 하면 그러한 돈의 흐름에 다시 접근할 수 있을까? 오픈티켓의 구매인과 대규모 구매업자는 가격을 올리고자 경쟁이라는 도박을 한다.

이러한 일련의 믿음과 실천은 틀에 박힌 두 가지 정황 때문에 확대되는 것 같다. 첫째, 미국인 사업가는 미국 정부가 당연히 자신들을 대신해서 힘을 쓸 것이라고 기대했다. 즉, 그들이 '경쟁' 공연을 펼치는 한 정부는 미국 회사가 원하는 가격과 시장 점유율을 확보하도록 외국 사업 파트너의 팔을 비틀 것이라고 기대한 것이다.[8] 오픈티켓의 송이버섯 무역은 정부로부터 그러한 관심을 받

---

7. 제리 귄(Jerry Guin)의 *Matsutake mushroom: "White" goldrush of the 1990s* (Happy Camp, CA: Naturegraph Publishers, 1997)에는 어떤 채집인이 1993년에 쓴 일기가 수록되어 있다.
8. 이에 대한 한 예로 리처드 바넷(Richard Barnet)의 *Gold dreams: Imperial corporations and the new world order* (New York: Touchstone, 1995)에 등장

기에는 너무 작고 눈에 잘 띄지 않는다. 그렇지만 구매인과 대규모 구매업자는 미국 내에 존재하는 그와 같은 기대에 맞춰서 여전히 일본으로부터 최고의 가격을 제공받을 목적으로 경쟁 공연에 가담한다. 이들은 적절하게 '미국적인' 행위를 선보이는 한, 자신들이 성공할 것이라고 기대한다.

둘째, 일본인 무역업자는 그러한 기대의 표출을, 내가 앞서 언급한 한 수입업자가 말한 '미국인의 심리' 징후로 여기고 참고 견딜 의향이 있다. 일본인 무역업자는 이상한 공연을 견디면서 일해야 할 것이라고 예상한다. 만약 그렇게 견뎌서 상품을 가져갈 수만 있다면, 그 공연은 장려되어야 한다. 나중에 수출업자와 수입업자는 미국식 자유의 이국적인 상품을 일본의 재고품으로 번역할 수 있다. 그리고 재고품을 통해서 축적할 수 있다.

그렇다면 그 "미국인의 심리"란 무엇인가? 우리가 보통 '문화'라고 상상하는 개념으로 설명하면서 일관성을 지닌 것으로 바로 해석하기에는 오픈티켓엔 너무 많은 사람과 역사가 있다. 여기서는 존재하는 방식들이 개방적으로 얽혀 있다는 의미에서 배치 개념이 좀 더 유용하다. 하나의 배치에는 다양한 궤적이 서로를 점령하고 있지만, 중요한 것은 불확정성이다. 우리는 배치를 배우기 위해 배치가 품고 있는 매듭을 푼다. 오픈티켓에서 벌어지는 자유의 공연 덕택에 우리는 비록 오리건주에서 멀리 떨어진 곳에서 일어났지만 오픈티켓에서 형성된 얽힘이 어떻게 탄생했는지 보여주는 역사를

하는 말보로(Marlboro)의 역사를 보기 바란다.

추적할 수 있다.[9]

9. 미국 태평양 연안 북서부의 산림에 존재하는 불안정한 노동에 대한 다른 놀라운 이야 기를 알고자 한다면 다음 문헌들을 참고하기 바란다. Rebecca McLain, "Controlling the forest understory: Wild mushroom politics in central Oregon" (PhD diss., University of Washington, 2000); Beverly Brown and Agueda Marin-Hernández, eds., *Voices from the woods: Lives and experiences of non-timber forest workers* (Wolf Creek, OR: Jefferson Center for Education and Research, 2000); Beverly Brown, Diana Leal-Mariño, Kirsten McIlveen, Ananda Lee Tan, *Contract forest laborers in Canada, the U.S., and Mexico* (Portland, OR: Jefferson Center for Education and Research, 2004); Richard Hansis, "A political ecology of picking: Non-timber forest products in the Pacific Northwest," *Human Ecology* 26, no. 1 (1998): 67–86; Rebecca Richards and Susan Alexander, *A social history of wild huckleberry harvesting in the Pacific Northwest* (USDA Forest Service PNW-GTR-657, 2006).

공동의 의제, 오리건주.
라이플총을 들고 찾아다닌다.
대부분의 채집인에게는
전쟁에서 살아남은
끔찍한 경험담이 있다.
버섯 캠프에서는 트라우마와
삶의 터전에서 뿌리 뽑힌
경험의 다양한 역사로부터
자유가 등장한다.

6
전쟁 이야기

프랑스에는 자유와 공산주의자, 두 가지가 있다.
미국에는 하나밖에 없다. 바로 자유다.
— 오픈티켓의 라오계 구매인이 왜 프랑스가 아닌
    미국에 왔는지 설명한 말에서

많은 채집인과 구매인이 말하는 자유는 현지의 지시 대상뿐 아니라 멀리 떨어진 곳의 지시 대상과도 연결된다. 오픈티켓에 있는 대부분의 사람은 자유에 전념하는 마음과 행동을 갖게 된 계기로 미국-인도차이나전쟁[1]과 그 이후에 뒤따른 여러

---

1. 미국에서는 베트남전쟁으로, 베트남에서는 대미항전(Resistance war against the
    United States)으로 불리는 제2차 인도차이나전쟁을 말한다. 공식적으로는 남베트남과
    북베트남 사이 내전 성격의 전쟁이었지만, 동남아시아에서 공산주의 세력의 확산을 막
    으려는 목적을 가진 미국이 개입하면서 다른 국가에 파병을 요청하여 한국군을 포함한
    많은 외국군이 참전한 국제전이 되었다. 미국은 또한 비밀리에 몽족을 이용하여 대리 전

차례의 내전에서 겪은 끔찍하고도 비극적인 경험을 꼽는다. 버섯 채집을 포함해 무엇이 그들이 살아가는 삶의 모습을 빚었는지 말할 때, 대부분의 채집인은 자신들이 살아남은 전쟁에 대해 이야기한다. 그들은 송이버섯 숲에 존재하는 상당한 위험에 용감하게 맞설 의향이 있는데, 그 이유는 그렇게 함으로써 전쟁에서 살아남은 자신들의 삶을 연장할 수 있기 때문이다. 그 전쟁은 그들이 가는 곳이라면 어디든지 따라오는 유령에 사로잡힌 자유의 한 가지 형태다.

그러나 전쟁에 참여하는 일에는 문화적, 민족적, 인종적인 특수성이 존재한다. 채집인이 구축하는 풍경은 그들이 전쟁에 참여하면서 얻은 유산에 따라 다양하다. 어떤 채집인은 전쟁을 경험하지 않았음에도 전쟁 이야기로 자기 자신을 포장한다. 한 라오인 노인이 비꼬는 듯한 표정을 지으면서 젊은 라오계 채집인들까지 위장 군복을 입는 이유를 이렇게 설명했다. "그 사람들은 군인이었던 적이 없어. 그들은 군인인 척할 뿐이야." 내가 백인 사슴 사냥꾼의 눈에 띄게 될 위험이 있지 않느냐고 묻자 몽계 채집인 중 한 명은 다른 의견을 제시했다. "우리가 사냥꾼을 먼저 보게 되면 숨을 수 있으니까 위장 군복을 입는 거야." 만약 사냥꾼이 그를 본다면, 사냥꾼이 그를 사냥할지도 모른다는 점을 암시한 것이다. 채집인은 차이의 미로를 통과하면서 숲에 난 자유의 길을 찾아다닌다. 그들이 묘사한 것처럼, 자유는 공통성의 축이면서도 동시에 공동체 내

쟁을 하고 캄보디아의 내전에 군사적으로 개입하면서 라오스와 캄보디아까지 전장을 확대하였다. —옮긴이

에 존재하는 각 집단의 특수한 의제가 분리되는 지점이기도 하다. 이러한 의제들 사이에 보다 세세한 차이가 있음에도, 송이버섯 사냥이 자유에 의해 활기를 띠는 다양한 방식을 몇 가지로 그려볼 수 있다. 이 장에서는 채집인과 구매인이 들려준 전쟁 이야기를 통해 그들이 자유라고 할 때 뜻하는 것이 무엇인지 더 깊숙이 탐험하겠다.

태평양 연안 북서부의 산과 숲에는 변방 낭만주의frontier romanticism 가 강하게 나타난다. 백인한테서는 아메리카 원주민을 미화하면서 **또한** 그들을 말살시키려 했던 정착민[2]과 자신을 동일시하는 성향이 흔하게 나타난다. 그들은 자급자족, 극렬 개인주의, 백인 남성성의 심미적 힘을 자랑스러워한다. 많은 백인 버섯 채집인은 미국의 해외 점령, 제한된 정부limited government, 백인우월주의를 옹호한다. 그러나 이 북서부의 시골 지역은 히피와 인습타파주의자들iconoclasts도 모이는 곳이다. 미국-인도차이나전쟁에 참전한 백인 참전용사들은 이 거칠고 독립적인 혼합물에 자신들의 전쟁 경험을 가지고 들어오면서 분노와 애국심, 트라우마와 위협의 독특한 혼합물을 첨가한다. 전쟁에 대한 기억은 이같이 적합한 곳을 형성하는 데 방해가 되는 동시에 생산적인 것이다. 전쟁은 피해를 주지만

---

2. 대략 17세기부터 19세기까지 미국으로 이주한 유럽인들을 가리킨다. —옮긴이

동시에 사나이를 만든다고 그들은 말한다. 자유는 반전反戰뿐 아니라 전쟁에서도 발견할 수 있다.

두 명의 백인 참전용사한테서 자유가 표현되는 방식의 범위를 시사하는 이야기를 들었다. 앨런은 어린 시절 입은 부상이 악화되어 인도차이나에서 미국으로 귀환했을 때 운이 좋았다고 느꼈다. 그 후 6개월 동안 그는 미군 기지에서 운전병으로 복무했다. 어느 날 그는 베트남으로 돌아가라는 명령을 받았다. 그는 차고에 지프차를 다시 갖다 놓고, 걸어서 기지를 빠져나왔다. 무단이탈이었다. 그 후 4년간 그는 오리건주의 산속에서 지냈고, 새로운 목표를 갖게 되었다. 그 목표란 숲에 살면서 월세라는 것을 절대 지불하지 않는 것이었다. 이후 송이버섯 열풍이 불었고, 이는 그의 상황에 완벽하게 들어맞았다. 앨런은 자신을 다른 참전용사의 전투적 문화에 대항하는 부드러운 성격의 히피라고 생각한다. 그는 라스베이거스에 한번 간 적이 있는데, 카지노에서 동양인들에게 둘러싸였을 때 끔찍한 경험을 다시금 떠올리게 되었다. 숲에서의 삶은 그가 심리적 위험에서 벗어나는 방식이다.

모든 전쟁 경험이 이렇게 악의 없는 것은 아니다. 제프를 처음 만났을 때, 나는 숲에 대해서 정말 많은 지식을 가진 사람을 발견하게 되어 매우 기뻤다. 워싱턴주 동부에서 보낸 어린 시절의 즐거운 경험을 말할 때 그는 열정 가득한 눈으로 시골을 자세히 묘사했다. 그러나 팀한테서 제프가 베트남에서 수행했다는 길고 어려운 군 복무에 대한 이야기를 듣고 제프와 작업하면서 느꼈던 나의 열의의 감정은 바뀌었다. 한번은 그의 소대가 헬리콥터에서 강하해 기습 공격을 했다고 한다. 많은 사람이 죽었고 제프 자신도 총알에 목을 관통당했으나 기적적으로 살아났다. 집에 돌아온 후 제프는 밤마다 너무 비명을 질러서 집에서 살 수 없었고, 그 때문에 숲으로 들어갔다. 그러나 그의 전쟁은 아직 끝나지 않았다. 팀은 제프가 특별하게 여기는 어떤 버섯 패치에서 자신과 제프가 캄보디아계 채집인 집단을 놀라게 했던 일에 관해 이야기했다. 제프는 총을 쐈고 캄보디아 사람들은 비명을 지르며 덤불 속으로 도망쳤다. 팀은 제프와 오두막을 함께 썼던 적이 있었는데, 제프는 밤에 우울해하면서 칼을 갈았다고 한다. 그는 팀에게 "내가 베트남에서 얼마나 많은 사람을 죽였는지 알아?"라고 물었고, "한 명 더 죽인다고 크게 달라지지 않아"라고 말했다고 한다.

백인 채집인은 자신들을 폭력적인 참전용사일 뿐 아니라 혼자 있기를 좋아하고, 강인하고, 지략이 뛰어난 자급자족적인 산사람이라고 생각한다. 전쟁에서 싸워보지 않은 사람들과 연결되는 지점 중 하나는 사냥이다. 나이가 많아서 베트남전쟁에 참여하진 못했지만 미국이 벌이는 전쟁을 강하게 지지했던 어떤 백인 구매인은 사냥이 전쟁처럼 기질을 형성한다고 설명했다. 우리는 새 사냥을 하다가 친구를 총으로 쐈던, 당시 부통령이었던 체니Richard Bruce "Dick" Cheney에 대해 이야기했다. 사냥은 바로 이와 같은 사고事故의 평범성을 통해 사나이를 만드는 것이라고 그는 말했다. 전투원이 아닌 사람조차도 사냥을 하면서 숲의 풍경을 자유를 만드는 장소로 경험할 수 있다.

캄보디아인 난민은 이미 구축되어 있는 태평양 연안 북서부의 유산에 쉽게 동참할 수 없다. 그래서 그들은 미국에서 자유와 관련된 자신들의 역사를 만들어야만 했다. 이러한 역사는 미국의 폭격과 그 뒤를 이은 크메르루주 정권과 내전의 공포뿐만 아니라, 그들이 미국으로 입국한 시기에도 영향을 받는다. 즉 1980년대가 되자 미국의 복지 제도는 끝이 났던 것이다. 어느 누구도 캄보디아인에게 복지 수당이 포함된 안정적인 직업을 제공하지 않았다. 다른 동남아시아 난민과 마찬가지로, 캄보디아인은 전쟁 경험을 포함해 자신들에게 있는 것을 활용해 뭔가를 만들어내야만 했다. 송이버섯이 호황을 보이자 이들은 숲에서 채집을 하게 되었는데, 그것은 순수한 대담함을 활용해 생계를 꾸릴 기회를 얻을 수 있는 매력적인 방법이었다.

그렇다면 자유란 무엇인가? 전쟁의 즐거움을 예찬하는 한 백인 현장 중개인은 아시아인도 미국의 제국적인 전쟁을 사랑한다는 점을 내게 보여줄 것이라며 캄보디아인 벤과 이야기해보라고 제안했다. 벤을 그렇게 소개받았기에, 군대의 원정은 미국식 자유를 전파하기 위한 것이라는 주장을 그가 지지하는 것이 놀랍지는 않았다. 그러나 우리 대화는 그 현장 중개인이 예상치 못한 방향으로 흘러갔는데, 그럼에도 숲에 있는 다른 캄보디아 사람들의 생각을 반영했다. 첫 번째는, 캄보디아에서 일어난 내전에서 누가 어느 편에서 싸우는지 결코 명확하지 않다는 점이 혼란을 야기했다. 백인 참전용사가 자유는 인종적으로 완전히 분리된 풍경 속에 있다고 상상했다면, 캄보디아인은 전쟁이 어떤 사람을 자신도 인식하지 못하는 사이에 이편에서 저편으로 만들어버리는 것에 대해 이야기했다. 두 번째로, 백인 참전용사가 전쟁으로부터 얻은, 트라우마를 일으키는 자유를 실행하기 위해 가끔 산으로 들어왔다면, 캄보디아인은 미국식 자유의 숲에 회복이라는 좀 더 낙관적인 전망을 제시하고 있었다.

벤은 열세 살의 나이에 무장투쟁에 합류하고자 마을을 떠났다. 그의 목표는 베트남인 침입자들을 격퇴하는 것이었다. 그는 자신이 소속된 집단의 국적을 몰랐다고 말했다. 나중에야 크메르루주 소속이라는 것을 알게 된 것이다. 그가 어렸기 때문에 상관은 그의 친구가 되어주었고, 그는 지도자들 곁에서 안전하게 지낼 수 있었다. 그러나 이후에 그는 상관의 총애를 잃게 되었고, 정치적 억류자가 되었다. 억류자들로 구성된 그의 집단은 그들끼리 자활自活하라고 정글로 보내졌다. 우연히도 그곳은 벤이 전투에 참가하던 시절에 알게 된 곳이었다. 다른 사람들은 텅 빈 정글이라고 생각했지만, 그는 그 숲에 숨겨진 길과 자원을 알고 있었다. 이야기가 이즈음에 이르자 나는 그가 탈출했다고 말할 것이라 예상했다. 이는 특히 그가 얼마나 정글을 잘 알고 있는지를 자랑스러워하며 환하게 웃었기 때문이다. 하지만 그렇지 않았다. 그는 집단원들에게 숨겨진 우물을 보여줬는데, 그렇게 하지 않았다면 그들은 마실 물을 구하지 못했을 것이다. 아마도 그 숲에 감금당한 것에는, 비록 강압에 의한 것이었을지라도, 힘을 실어주는 무언가가 있었다. 숲으로의 귀환은 마음속에 그러한 불꽃을 다시 튀게 한다. 그러나 미국의 제국적 자유가 제공하는 안전함을 통해서만 그렇다고 그는 설명했다.

다른 캄보디아인들은 버섯을 찾아다니면서 전쟁으로부터 치유된다고 말했다. 어떤 여성은 처음 미국에 왔을 때 얼마나 몸이 허약했는지 설명했다. 다리가 너무 약해서 거의 걸을 수 없었는데, 버섯 채집을 하면서 건강을 되찾았다. 그에게 자유란 움직일 수 있는 자유다.

헹은 캄보디아 의용군에서 겪은 경험을 이야기했다. 그는 서른 명을 이끄는 리더였다. 그러나 어느 날 순찰을 돌다가 지뢰를 밟았고 한쪽 다리를 잃게 되었다. 캄보디아에서 다리 하나로 살아간다는 것은 그가 생각하는 인간적인 삶과는 거리가 멀었기에, 그는 동지들에게 제발 자신을 쏴달라고 간청했다. 그러나 운이 좋았는지 그는 유엔 기구에 발견되어 태국으로 이송되었다. 그는 미국에서 의족을 사용해 별 탈 없이 잘 지낸다. 하지만 그의 친척들은 그가 숲에서 버섯을 채집하겠다고 말했을 때 여전히 비웃었다. 그가 절대로 속도를 맞춰 따라오지 못할 것이라며 그와 함께 가기를 거절했다. 결국 이모 한 명이 그를 산 아래에 내려줬고 스스로 길을 찾으라고 말했다. 그는 버섯을 발견했다! 그 이후부터 버섯 채집은 그의 이동 능력을 증명하는 방법이 되었다. 그의 친구 중 한 명은 다른 쪽 다리를 잃었는데, 그들은 산에서 채집을 함께하면서 자신들이 "온전해진다"고 농담한다.

오리건주의 산들은 오래된 습관과 꿈을 치료하는 방법이자 연결 고리다. 헹에게 사슴 사냥꾼에 대해 물어본 날, 이 사실을 알게 되고 깜짝 놀랐다. 그날 오후 나는 혼자서 버섯을 채집하고 있었는데 근처에서 갑자기 총소리가 들렸다. 너무 무서웠다. 어느 방향으로 달려야 할지 알 수 없었다. 나중에 헹에게 물어보았다. "달리지 마!" 그는 말했다. "달려간다는 건 두려워한다는 걸 보여주는 거지. 나라면 절대 달리지 않을 거야. 그게 내가 지도자인 이유야." 숲은 여전히 전쟁으로 가득 차 있고, 사냥은 이 사실을 상기시켜 준다. 거의 모든 사냥꾼이 백인이며 그들이 동양인을 경멸하는 경향이 있다는 사실 때문에, 숲과 전쟁이 평행선을 이룬다는 점은 더욱 명확해진다. 이러한 주제는 몽계 채집인에게는 더욱 중요했는데, 대부분의 캄보디아인과 달리 그들은 스스로를 사냥꾼임과 동시에 사냥감이라고 여겼기 때문이다.

미국-인도차이나전쟁 기간 동안 몽 사회는 라오스를 정복하고자 하는 미국의 최전방이 되었다. 방 파오 장군이 동원한 마을들 전체가 농업을 포기하고 CIA가 공중에서 투하한 식량 배급으로 연명했다. 그들이 미국의 폭격기를 유도하고 최전방에서 위험을 무릅쓰고 싸운 덕분에 미국인들은 공중에서 그 나라를 파괴할 수 있었다.[3] 이러한 전략으로 인해 몽인과 폭격의 목표물이 된 라오인 사

---

3.   방 파오의 지지자들에 대한 매우 상세한 기록을 보려면 다음 문헌을 참고하기 바란다. Hamilton-Merritt, *Tragic mountains* (2장 각주 15번에 인용).

이의 갈등 관계가 악화된 것은 당연한 결과다. 몽계 난민들은 미국에서 비교적 잘 지내고 있지만, 전쟁에 대한 기억이 강하게 남아 있다. 전쟁 기간에 보고 겪은 라오스의 풍경이 몽계 난민들의 마음속에 생생히 살아서 자유에 대한 정치적 견해와 매일 실행하는 자유의 행위, 둘 모두의 형상을 빚는다.

몽계 사냥꾼이자 미 육군 명사수인 차이 소우아 방Chai Soua Vang의 사례를 생각해보자. 2004년 11월, 위스콘신주의 숲속에서 백인 토지 소유주들이 소유지를 둘러보고 있을 때, 마침 방은 사슴 사냥을 위한 은신용 구조물 위에 올라가 있었다. 토지 소유주들은 그에게 나가라고 말하면서 맞섰다. 그들은 인종차별적인 욕설을 내질렀고, 그중 한 명이 그에게 총을 쏜 것으로 보인다. 방은 이에 대응해 자신의 반자동 라이플로 그들 중 여덟 명을 쐈고 여섯 명을 사망케 했다.

이 사건은 뉴스로 보도되었는데, 주로 얼마나 잔학무도한 일이 벌어졌는지 알리는 것이 목적이었다. CBS 뉴스는 방이 "(토지 소유주들을) 쫓아가서 죽였다. 그는 그들을 사냥했다"라고 말한 그 지역의 검사 팀 자이글Tim Zeigle의 발언을 인용했다.[4] 몽인 공동체는 즉시 방과 거리를 두었고 몽인의 평판을 보호하는 데 초점을 맞추었다. 비록 젊은 몽인들은 방이 체포된 후 나타난 인종차별주의에 반대하는 발언을 재판에서 했지만, 왜 방이 명사수로 돌아가 그의 적을 없애야 한다고 생각하게 되었는지 공개적으로 발언한

---

4. CBS News, "Deer hunter charged with murder," 2004년 11월 29일, http://www.cbsnews.com/stories/2004/11/30/national/main658296.shtml.

몽인은 아무도 없었다.

　오리건주에서 나와 대화를 나눈 몽인들은 모두 그 사건을 알고 있었고 감정이입하는 것 같았다. 방의 행동은 꽤나 익숙한 행위인 것 같았다. 그는 어느 누구의 형제나 아버지였을 수도 있다. 방은 미국-인도차이나전쟁에 참전했다고 보기에는 너무 젊었지만, 그의 행동은 그가 전쟁의 풍경에 얼마나 잘 사회화되었는지를 보여주었다. 동지가 아니면 적이었고, 전쟁은 죽거나 죽이는 것을 뜻했다. 현재 생존해 있는 몽인 공동체의 노년층은 여전히 그런 전투세계에서 살고 있다. 몽인 모임에서 남자들의 대화 주제는 지형, 타이밍, 기습과 같은 특정 전투의 실행 계획이다. 내가 몽인 노인 한 명한테 그의 인생에 대해 물어보자, 그는 이 기회를 이용해 날아온 수류탄을 되돌려 던지는 방법과 총에 맞았을 때 어떻게 대처하는지를 내게 말해주었다. 전쟁 시기의 생존을 위한 실행 계획이 그에게는 인생의 본질**이었다.**

　미국에서 살아가는 몽인들은 사냥을 통해 라오스에서 익숙하게 경험한 것들을 회상하게 된다. 몽인 노인들은 라오스에서 성인이 된 과정을 설명했다. 소년일 때 사냥하는 법을 배웠고, 그 사냥 기술을 밀림전에서 활용했다. 이제 그는 미국에서 아들들에게 사냥하는 방법을 가르친다. 사냥은 몽인 남성을 추적, 생존, 남자다움의 세상으로 불러들인다.

　몽계 버섯 채집인은 사냥을 경험할 수 있는 덕분에 숲이 편하다. 그들은 숲에서 거의 길을 잃지 않는다. 그들이 사냥하면서 터득한, 숲에서 길을 찾는 기술을 사용하기 때문이다. 장년층은 숲의 풍경에서 라오스를 떠올린다. 똑같지 않은 것들도 많지만 야생의 구릉도 있고 침착하게 대응할 태세를 갖춰야 할 필요도 있다. 이러한 익숙한 분위기 때문에 나이 든 세대는 해마다 버섯을 주우러 다시 돌아오게 된다. 버섯 채집 역시 사냥과 마찬가지로 숲의 풍경을 기억할 수 있는 기회를 제공하기 때문이다. 숲의 소리를 듣지 못하고 냄새를 맡지 못하면 사람은 살아갈 수 없다고 어떤 노인이 내게 말했다. 버섯 채집을 통해 라오스와 오리건주, 전쟁과 사냥이 함께 겹겹이 층을 이루며 쌓인다. 전쟁으로 폐허가 된 라오스의 풍경이 현재의 경험에 스며든다. 논리적 맥락에서 벗어난 것처럼 보였던 것들이 그런 층위를 알려주는 이야기임을 알게 되면서 나는 충격에 빠졌다. 내가 버섯에 대해 질문하면 몽계 채집인들은 라오스를, 사냥을, 전쟁을 말하면서 그 질문에 답했다.

토우와 그의 아들 게르는 친절하게도 나와 나의 연구보조원 루에를 수차례 송이버섯 사냥에 데려가 주었다. 게르는 열의 넘치는 선생님이었지만, 토우는 조용한 노인이었다. 결과적으로 나는 토우가 말하는 것들에 더욱 큰 비중을 두었다. 어느 날 오후, 길고 재미있는 채집을 끝낸 후에 토우는 차의 앞좌석에 쓰러지듯 앉아서 한숨을 쉬었다. 루에가 토우가 말한 몽어를 번역해주었다. 자신의 집에 대해 우리에게 이야기하면서 "라오스와 똑같아"라고 토우는 말했다. 그런데 그가 이어서 한 말은 전혀 이해가 되지 않았다. "하지만 보험을 들어두는 게 중요해." 이 말을 이해하는 데 30분이 걸렸다. 그는 이야기를 하나 해주었다. 그의 친척 중 한 명이 방문차 라오스로 돌아갔는데, 그곳의 산들이 그를 끌어당겼고 그는 영혼을 그곳에 두고 미국으로 돌아왔다. 그 결과, 그는 곧 죽고 말았다. 향수병은 죽음을 가져올 수 있는데, 이때 생명보험이 있는 게 중요하다. 그 이유는 가족이 제대로 된 장례를 치르기 위해 소를 살 수 있기 때문이다.[5] 토우는 등산과 채집을 하면서 낯익은 풍경이 주는 향수를 경험하고 있었다. 그것은 또한 사냥의—그리고 전쟁의—풍경이다.

라오인은 불교 신자로서 사냥에 반대하는 편이다. 대신에 그들은 버섯 캠프의 경영인이다. 동남아시아계 버섯 구매인 대부분이 라오계다. 야영지에서 라오인은 국수 텐트, 도박장, 노래방, 바비큐 가게를 연다. 내가 만난 라오계 채집인 중 많은 사람이 라오스의 도시 출신이거나 도시로 쫓겨난 사람들이었다. 그들은 숲에서 종종 길을 잃는다. 그러나 버섯 채집의 위험을 즐기고 그것을 기업가적인 스포츠라고 설명한다.

　　나는 라오계 채집인들과 시간을 보내면서 전쟁의 문화적 개입에 대해 처음으로 생각하기 시작했다. 라오인 남성들 사이에서는 위장 무늬camouflage가 인기 있다. 대부분의 남성이 위장 무늬에 더하여 보호 문신으로 몸을 뒤덮었다. 어떤 이들은 군대에서, 어떤 이들은 범죄 조직에서, 어떤 이들은 무술단에서 몸에 문신을 그려

---

5. 몽인의 전통 장례식에서는 죽은 이를 위해 돼지나 소를 희생물로 바친다. —옮긴이

넣었다. 라오인의 거친 성향은 야영장에서의 총기 발포를 금지한 산림청의 조치에 정당성을 부여했다. 내가 만난 라오계 사람들은 다른 채집인 집단과 비교할 때, 실제로 전쟁에서 받은 상처가 적은 것 같았지만 숲에서 일어나는 전쟁 시뮬레이션에는 더욱 깊이 관여되어 있었다. 하지만 상처란 무엇인가? 미국이 라오스에 가한 폭격으로 시골 인구의 25퍼센트가 난민이 되어 도시로, 그리고 가능한 경우 외국으로 피난을 가야만 했다.[6] 미국에 정착한 라오계 난민이 캠프 신봉자에게서 볼 수 있는 특정한 성향을 가지고 있다면, 이것 또한 상처가 아닐까?

일부 라오계 채집인은 군인 가정에서 자랐다. 샘의 아버지는 라오스의 왕실 육군에서 복무했다. 그도 아버지의 뒤를 이어 미국 육군에 지원하도록 되어 있었다. 신병 모집에 들어가기 전 가을에 그는 친구들과 버섯을 따며 마지막 휴가를 보냈다. 그때 돈을 너무 많이 벌어서 군대에 입대하기로 한 계획을 취소했다. 그는 부모님을 버섯 채집에 데려가기까지 했다. 또한 그는 국립공원 소유지에 무단 침입해 하루에 3,000달러를 벌게 되면서 불법 채집의 즐거움을 알게 됐다.

백인 채집인처럼 내가 아는 라오인들도 출입이 금지된 곳에 숨겨진 송이버섯 패치를 찾아다녔다. (반면에 캄보디아계, 몽계, 미엔계 채집인은 잘 알려진 공유지를 주의 깊게 관찰하는 방식을 더 자주 사용했다.) 라오계 채집인이 백인과 공유하는 또 한 가지 특성

---

6. "The Refugee Population," *A country study: Laos*, library of Congress, Country Studies, http://lcweb2.loc.gov/frd/cs/latoc.html#la0065.

은 법망을 벗어나 행하는 약탈과 그에 따른 위험에서 벗어나는 능력을 즐겨 자랑한다는 점이다. (다른 채집인들은 좀 더 조용하게 법을 어겼다.) 라오인은 기업가로서, 중재에 뒤따르는 온갖 위험을 감수하고 즐거움을 누리는 중재자였다. 경험이 미숙한 내게는 전투 준비를 사업과 연결해 이해하는 그들의 방식이 경제 행위와 전쟁을 혼란스럽게 병치하는 것으로 보였다. 그럼에도 나는 그것이 왠지 모르지만 높은 위험 요인을 감수하는 사업을 옹호하는 데 효과적인 방식이라는 것을 알 수 있었다.

삼십 대 중반의 강인하고 잘생긴 남성인 송은 모순덩어리처럼 보였다. 그는 전사이자 훌륭한 댄서이면서 사색적인 사상가이고 비판에 능한 비평가였다. 그는 강인한 육체 덕분에 높고 접근하기 어려운 장소에서 채집한다. 그가 이야기하길, 어느 날 밤 경찰관이 속도 위반을 이유로 버섯 캠프로부터 40여 마일 떨어진 곳에서 그의 차를 정차시킨 일이 있었다. 그는 경찰관에게 어서 차를 압수하라고 말했다. 그렇게 되면 그는 영하의 날씨에 밤을 새서 걸어 돌아와야 했을 것이다. 경찰관은 포기하고 그를 보내줬다. 버섯 채집인들이 체포 영장을 피하려고 숲에 들어왔다고 송이 말했을 때, 나는 그가 자신의 이야기를 하는지도 모른다고 생각했다. 또한 최근까지 그는 기혼자였다. 이혼하는 과정에서 그는 버섯을 채집하기 위해 꽤 보수가 좋은 직장을 그만두었다. 나는 그가 적어도 자녀 양육의 의무를 피하고자 했다고 생각한다. 모순은 늘어난다. 그는 숲에서 살기 위해 자녀를 버리는 채집인에 대해 과할 정도로 경멸을 표현하려고 한다. 그는 자신의 자녀와는 연락하지 않는다.

메타는 불교에 대한 생각을 많이 한다. 메타는 2년을 절에서 보낸 후 속세로 돌아왔고, 물질 소유를 포기하려고 노력하고 있다. 버섯 채집은 그러한 금욕을 실행하는 한 가지 방법이다. 대부분의 소유물은 그의 차에 실려 있다. 돈을 쉽게 버는 만큼 또 그렇게 쉽게 없어진다. 그는 자기 자신을 소유의 진창에 빠뜨리지 않는다. 그렇다고 그가 서구적인 의미에서 금욕주의적이라는 뜻은 아니다. 술에 취하면 그는 노래방에서 부드러운 테너의 목소리로 노래를 부른다.

내가 만난 버섯 채집인의 자녀는 모두 라오계였는데, 그들도 성인이 되면 버섯 채집인이 되었다. 폴라는 처음으로 채집에 나섰을 때, 나중에 알래스카주로 이사 간 그의 부모와 함께했다. 그러나 그는 오리건주 숲에 존재하는, 그의 부모가 맺어놓은 사회적 연결망을 물려받았기에, 경험이 훨씬 더 많은 채집인들이 가지고 있는 기술을 많이 얻을 수 있었다. 폴라는 담이 크다. 폴라 부부는 미국 산림청이 채집 시즌을 개시하기 열흘 전에 채집할 준비를 마치고 이미 도착했다. 경찰이 그들의 트럭에서 버섯을 찾았을 때, 폴라가 그 경찰관들을 몰아세우는 동안 그의 남편은 영어를 못하는 척했다. 폴라는 귀엽고 어린아이처럼 생겨서 다른 사람보다 더 건방지게 굴어도 처벌받지 않고 상황을 모면하곤 했다. 이번에도 그의 대담함에 나는 놀랐다. 그는 경찰에게 할 수 있으면 어디 그의 채집 행위를 방해해보라고 말했다고 한다. 경찰관들은 그에게 어디서 버섯을 찾았냐고 물었다. "녹색 나무 아래에서요." 그 녹색 나무가 어디에 있느냐고 묻자, 그는 "모든 나무가 녹색 나무죠"라고 대꾸했다. 그러고 나서 휴대폰을 꺼내 도와줄 사람들에게 전화하기 시작했다.

자유란 무엇인가? 미국의 이민 정책은 '정치적 난민'과 '경제적 난민'을 구분하고 오직 정치적 난민에게만 망명을 허가한다. 이민자들에게 미국에 입국하는 조건으로 '자유'를 지지할 것을 요구하는 것이다. 동남아시아계 미국인은 미국으로의 이민을 준비하면서 여러 해를 보낸 태국의 난민 캠프에서 자유를 지지하는 것이 무슨 의미인지 배울 기회를 얻었다. 이 장의 첫 부분에 인용된 구절은 한 라오계 구매인이 프랑스가 아닌 미국을 택한 이유를 다음과 같이 농담하듯이 말한 것이다. "프랑스에는 자유와 공산주의자, 두 가지가 있다. 미국에는 하나밖에 없다. 바로 자유다." 그는 자유때문에 좋은 수입이 보장된 안정적인 직업(그는 용접공이었다)보다 버섯 채집을 선호한다고 계속해서 말했다.

라오인이 자유를 실천하기 위해 사용하는 전략은 그들 못지않게 '법에 의해 가장 많이 괴롭힘을 당한' 사람들로 알려진 라틴아메리카계 채집인의 전략과 뚜렷하게 대조된다. 대부분의 라틴아메리카계 채집인은 일 년 내내 야외에서 일하는 노동 스케줄에 버섯 채집을 포함시킨 미등록 이주민들이다. 버섯 시즌 동안 많은 라틴아메리카계 이주민은 등록증과 채집 허가증을 검사할 수도 있는 합법적인 산업 캠프나 모텔에서 지내지 않고 숲에서 숨어 지낸다. 내가 만난 사람들은 여러 개의 이름과 주소, 문서를 가지고 있었다. 버섯 때문에 체포된다면 벌금을 물어야 할 뿐 아니라 (가짜 문서를 이유로) 차를 빼앗기거나 국외로 추방될 수도 있었다.

라틴아메리카계 채집인은 법에 맞서기보다는 눈에 띄지 않으려고 노력했고, 붙잡히면 합법성을 증명해줄 서류 및 자원과 사람들의 지원을 최대한 효율적으로 이용했다. 반면 대부분의 라오계 채집인은 난민 신분이었기 때문에 미국 시민권자였으며, 자유의 개념을 포용함으로써 자신들이 미국 사회에서 더욱 잘 받아들여질 수 있도록 매진했다.

이 두 집단의 이러한 차이점을 알게 되자 나는 전쟁이 어떤 방식으로 문화적 영역에 개입해 백인 참전용사와 캄보디아계, 몽계, 라오계 난민들이 실천하는 자유의 모양새를 빚어내고 있는지 더욱 연구하고 싶어졌다. 참전용사와 난민은 자유를 지지하고 실천하면서 미국 시민권을 둘러싸고 협상한다. 군사주의는 자유의 실천을 통해 내재화되고, 풍경 속으로 스며들며, 채집 전략과 기업가 정신에 영감을 불어넣는다.

오리건주의 상업적 송이버섯 채집인들에게 자유란 '경계물 boundary objects',[7] 즉 의미하는 바가 많고 다양한 방향으로 연결되면서도 동시에 모두가 공유하는 관심사다.[8] 채집인들은 매해 일본의 후원을 받는 공급사슬에 납품할 송이버섯을 찾아 나선다. 그들이 서로 겹치면서도 다른 방향으로 뻗어나가는, 숲이 간직하고 있

---

7. 사회학적 용어로서, 각각의 사회집단 구성원은 세계에 대한 서로 다른 관심이나 인식으로 인해 사회 현실을 서로 다른 의미로 해석하는데, 그 집단들 사이의 의사소통은 그들의 세계관에 공통으로 속한 물질인 경계물을 통해 서로 연결됨으로써 가능해진다. ─옮긴이

8. Susan Star and James Griesemer, "Institutional ecology, 'translations' and boundary objects," *Social Studies of Science* 19, no. 3 (1989): 387–420.

는 자유에 헌신적으로 매달리기 때문이다. 채집인들이 겪은 전쟁의 경험은 그들이 생존을 연장하기 위해 해마다 숲으로 돌아오는 이유가 된다. 백인 참전용사는 트라우마를 상연한다. 크메르인은 전쟁의 상처를 치유한다. 몽인은 전장의 풍경을 기억한다. 라오인은 한계를 넘어선다. 이러한 각각의 역사적 흐름은 자유의 실천으로서 버섯 채집이라는 실천을 동원한다. 그리하여 기업의 신규 인력 모집, 훈련, 또는 규율 없이도 수많은 버섯이 모이고 일본으로 운송된다.

공동의 의제, 오리건주.
일본계 미국인 신도의
대다수를 차지하는
불교 사찰에서 저녁 식사로
스키야키를 준비하면서
송이버섯을 손질한다.
일본계 미국인에게 송이버섯
채집은 문화적 유산이자
세대를 아우르며 공동체적
유대를 건설하는 도구다.

7

국가에 무슨 일이 일어났나?
두 종류의 아시아계 미국인

가벼운 옷차림의 시긴詩吟 친구들이 산에 올랐는데,
소나무로 우거진 그늘진 황무지였다.
우리는 차를 세우고 버섯을 찾아 산으로 올라갔다.
갑자기 휘파람 소리가 숲의 적막을 깼다.
모두 그곳으로 달려갔고, 우리는 기쁨의 탄성을 질렀다.
가을의 빛을 느끼며 우리는 함께 있었고,
다시 어린 시절로 돌아간 것 같았다.
— 우리우다 야마자쿠라瓜生田山桜,「레이니어산에서의
　　송이버섯 사냥」[1]

1. '시긴'은 일본에서 행해지는 고전 시 낭송을 의미한다. 곳칸 노무라(Kokkan Nomura)
가 2005년 9월 18일에 오리건주의 니케이 레거시 센터(the Oregon Nikkei Legacy
Center)에서 이루어진 송이버섯 유산 기념 행사에서 일본어로 쓰이고 영문 번역이 첨
가된 위의 시를 나눠주었다. 이노우에 미야코의 도움으로 이 시는 새롭게 영어로 번역

오픈티켓과 관련된 모든 것이 놀라웠지만, 오리 건주의 숲 한가운데서 동남아시아의 촌락 생활을 느낄 수 있다는 점은 특히 놀라웠다. 내가 정확히 어느 곳에 있는지 알 수 없을 것 같은 기분은 또 다른 송이버섯 채집인 집단인 일본계 미국인을 만나게 됐을 때 더욱 커졌다. 일본계 미국인은 중국계 미국인인 나와 많은 면에서 달랐지만, 그럼에도 그들이 가족처럼 친숙하게 느껴졌다. 그러나 그와 같은 편안함이 차가운 물세례를 맞은 것처럼 날카롭게 느껴지기도 했다. 나는 미국 시민권과 관련해 엄청나고 복잡한 어떤 일이 20세기 전반全般에 걸쳐 이루어진 이민을 통해 일어났다는 것을 깨달았다. 길들여지지 않은 새로운 코즈모폴리터니즘이 미국인이라는 단어가 의미하는 바를 변화시켜왔다. 그것은 세계 곳곳의 문화적 이슈와 정치적 명분이 동화되지 않은 조각 상태로 혼잡하게 얽혀 있는 상태를 뜻한다. 그렇다면 내가 느낀 놀라움은 문화 차이를 접할 때 흔하게 느끼는 충격이 아니었다. 미국의 불안정성—폐허에서 살아가는 것—은 이와 같이 조직화되지 않은 다수가 함께 존재하는 현실에 있고, 서로 엉겨 붙어 하나의 집단이 되지 못했기에 나타나는 혼란에 있다. 더는 하나의 용광로 속에 녹아든 상태로 존재하지 않는 우리는 서로 누구인지 알아볼 수 없는 사람들과 살아간다. 그리고 이것이 아시아계 미국인의 세계에 국한된 이야기라고만은 볼 수 없다. 이 불협화음은 백인 및 유색인 미국인 모두의 불안정한 삶에서 감지되고 있고, 전 세계적

되어 이 책에 실리게 되었다.

으로 파급되어 있다. 그러나 이것은 동화와 같은 대안과 연결되어 논의될 때 가장 명확하게 드러난다.

오리건주에서 '송이버섯에 미친' 첫 번째 사람들은 일본인 이주민이었는데, 이들은 중국인 추방이 이루어진 1882년부터 일본인 이민을 금지시킨 '신사협정Gentlemen's Agreement'[2]이 제정된 1907년 사이의 짧은 기간에 그 지역으로 이주했다. 초기 일본인 이주민 중 일부는 벌목 일을 하다가 숲에서 송이버섯을 찾아냈다. 그들은 농사 일에 자리 잡은 후 매 시즌마다 숲으로 돌아왔다. 봄에는 고사리를, 여름에는 머위 순을, 가을에는 송이버섯을 찾기 위해서였다. 20세기 초가 되자 이 장의 첫 부분에 수록된 시에서 기념하고 있듯이, 송이버섯 소풍(송이버섯을 주우며 피크닉 점심을 먹는 것)이 여가 활동으로 인기를 끌었다.

우리우다의 시는 즐거움과 딜레마 둘 다를 보여주는 유용한 표지다. 송이버섯 사냥꾼들은 산으로 차를 몬다. 일본인의 감수성을 보유하고 있을지라도, 그들은 열정적인 미국인이다. 메이지 시대 일본을 떠나 모험을 한 다른 이들처럼 이 이민자들은 다른 문화를 배우는 진지한 번역가였다. 흥분에 도취되어 그들은 미국식과 일본식 둘 다의 방식으로 호기심 많은 아이들이 되었다. 그리고 그 후 상황이 변했다. 제2차 세계대전이 일어난 것이다.

---

2. 이 신사협정을 계기로 일본 정부는 이민 가능성이 있는 사람들에게 어쩔 수 없이 새 여권 발급을 중단해야 했다. 그러나 이 협정이 이미 미국에 거주하는 남성의 아내와 가족까지 금지하지는 않았다. 이러한 예외 조항은 1920년 '숙녀협정(Ladies' Agreement)'으로 중단된 '사진 신부(picture brides)' 관행을 장려하는 결과를 가져왔다.

미국에 도착한 직후부터 일본인은 계속해서 시민권과 토지 소유권에서 배제되었기 때문에 어려운 삶을 살았다. 그럼에도 그들은 농업에서는 성공했다. 특히 노동집약적인 과일과 채소 생산에서 성공을 이루었다. 예를 들면, 그들은 빛을 막아줘야만 하는 컬리플라워와 손으로 따야만 하는 딸기류 농산물 경작에 능했다. 제2차 세계대전이 일어나자 그들은 농장에서 쫓겨났고, 이러한 성공의 길은 막혀버렸다. 오리건주의 일본계 미국인들은 '전시 이전 격리 수용소War Relocation Camps'에 갇혔다. 그들의 시민권에 얽힌 딜레마가 밖으로 불거졌다.

2006년, 나는 일본계 미국인들이 송이버섯을 자신들의 문화유산으로 기념하기 위해 마련한 모임에서 우리우다의 시가 고전 가곡 양식으로 낭송되는 것을 처음으로 들었다. 노래를 부른 노인은 전시 이전 격리 수용소에서 처음으로 고전 가곡 부르는 법을 배웠다. 사실 많은 '일본식' 취미 생활이 그곳에서 활발히 이루어졌다. 그러나 일본식 취미 생활을 추구하는 것이 가능했을지라도, 수용소 생활은 미국에서 일본인으로 사는 것이 의미하는 바를 바꿔놓았다. 전쟁이 끝나고 그들이 돌아왔을 때, 대부분의 사람은 소유물과 농장을 잃었다. (줄리아나 후 페구에스Juliana Hu Pegues에 따르면, 일본계 미국인이 수용소로 보내진 바로 그해에 미국은 멕시코의 농장 노동자를 데려오는 브라세로Bracero 프로그램을 시작했다.)[3] 그들은 의심의 눈초리를 받았다. 이에 대한 대응으로 그들은

---

3. 페구에스는 다음과 같이 썼다(2014년 개인적인 대화). "1942년 2월 19일에 채택된 행정명령 No. 9066으로 인해 그해 3월부터 6월까지 대부분의 이동 후 재배치(relocation)

모범적인 미국인이 되기 위해 최선을 다했다.

한 남자는 이렇게 기억했다. "우리는 일본식 같은 것들은 모두 멀리했어요. 만약 (일본식) 다다미 슬리퍼草履를 가지고 있다면 집을 나설 때 문안에다 벗어두고 나갔죠." 이처럼 그들은 일본식 습관이 공공장소에서 드러나지 않도록 했다. 젊은 사람들은 일본어 배우기를 그만두었다. 두 문화를 모두 배우는 문화적 폭 넓히기를 지양하고 미국 문화에 완전히 몰입할 것이 기대되었고, 아이들이 이러한 방식을 이끌었다. 일본계 미국인은 "200퍼센트 미국인"이 되었다.[4] 이와 동시에 일본식 예술은 수용소에서 번창했다. 전쟁 전에는 잊혀가던 전통 시와 음악이 되살아났다. 수용소에서의 활동은 전후에 생겨난 사적인 여가 활동을 위한 클럽들의 기반이 되었다. 송이버섯 채집을 포함한 일본 문화가 크게 인기를 얻게 되었으나, 미국인으로 살아가는 수행performance에 첨가된 고명일 뿐이었다. '일본인다움'은 미국 스타일의 취미로서만 번창했다.

아마도 독자들은 내가 당황하는 기색을 감지했을 수 있겠다. 일본계 미국인 송이버섯 채집인은 동남아시아 난민과 상당히 다르다. 그리고 나는 그들이 보이는 차이를 이주민들 간의 차이에 대한 일반적인 사회학적 설명, 즉 '문화'나 미국에서 지낸 '시간'의 차이

와 억류 또는 감금이 시행됐다. 8월에 서부방위사령관은 일본계 미국인의 축출과 억류가 완료됐다고 발표했다. 이와 관련해 나타난 다른 현상으로는 멕시코가 6월 1일에 추축국(樞軸國, 연합군의 적으로서 독일, 이탈리아, 일본 등이 포함되었다—옮긴이)과의 전쟁을 선포했고, 미국은 1942년 7월에 브라세로 프로그램을 행정명령으로 제정했다."

4. 이 용어는 로렌 케슬러(Lauren Kessler)의 책 *Stubborn twig: Three generations in the life of a Japanese American family* (Corvallis: Oregon state University Press, 2008)의 13장에서 사용된 것이다.

로 간단히 설명할 수 없다. 시민권 수행과 관련해서 동남아시아계 미국인 2세는 니세이二世 일본계 미국인[5]과 같은 점이 전혀 없다. 그들 간의 차이는 각각의 이민자 집단과 그 집단의 시민권 요청이 받아들여진 방식이 등장한(정확히 규정할 수 없는 마주침이라고 할 수 있는) 역사적 사건들과 관련 있다. 일본계 미국인은 강압적인 동화 대상이었다. 그들은 전시 이전 격리 수용소에서의 생활을 통해 미국인이 되려면 머리끝부터 발끝까지 자신을 변형시키는 철저한 작업을 거쳐야만 한다는 사실을 체득했다. 일본계 미국인이 겪은 강압적 동화를 살펴보니 그것과 대조되는 사례도 보였다. 동남아시아 난민의 경우인데, 그들은 신자유주의적 다문화주의 시대에 미국 시민이 되었다. 자유를 향한 사랑만으로도 미국인이라는 집단에 합류할 자격이 충분했을 것이다.

이 두 집단을 대조하면서 나는 감정이입이 되는 것을 느꼈다. 내 어머니는 미국과 중국이 연합국이었던 제2차 세계대전 직후에 중국에서 미국으로 유학 왔다. 중국이 공산주의 혁명에 성공하자 미국 정부는 어머니를 고향에 가지 못하게 했다. 1950년대부터 1960년대 초반까지 다른 중국계 미국인들처럼 우리 가족은 적 국적의 거류 외국인으로서 FBI의 감시를 받았다. 따라서 어머니 또한 강압적 동화를 배웠다. 햄버거, 미트로프, 피자를 요리하는 법을 배웠고, 아이를 낳은 후 당신께서는 여전히 영어 사용에 어려움을 겪고 있으셨음에도 우리에게 중국어를 배우지 못하게 했다. 어

5. 일본계 미국인 2세. ―옮긴이

머니는 우리가 중국어를 배우면 영어로 말할 때 외국인 말투가 섞일 수 있고, 우리가 완벽한 미국인이 아님이 드러날 것이라고 믿었다. 잘못된 행동을 하거나 나쁜 음식을 먹는 것이 그렇듯, 이중 언어 사용자가 되는 것은 안전하지 못한 일이었다.

내가 어렸을 때 우리 가족에게 '미국인'이라는 용어는 백인을 의미했다. 우리는 모방심과 경계심 둘 다의 감정으로 미국인을 조심스럽게 관찰했다. 1970년대에 나는 중국계, 일본계, 필리핀계 미국인으로 구성된 아시아계 미국인 학생 모임에 참여했다. 우리 모임에서 나온 주장 중 가장 급진적인 정치적 태도에서조차 각 집단이 경험한 강제적 동화는 당연시됐다. 따라서 이러한 성장 배경으로 인해 나는 오리건주에서 만난 일본계 미국인 송이버섯 채집인들에게 쉽게 공감할 수 있었다. 아시아계 미국인으로 지내는 그들의 방식에서 나는 편안함을 느낀 것이다. 노인들은 일본어를 거의 한마디도 하지 않고, 전통 일본 음식을 요리하면서도 외식할 때는 값싼 중국 음식을 자주 사먹는 이민자 2세였다. 송이버섯에 대한 헌신이 증명하듯이, 그들은 자신들이 일본계라는 것을 자랑스러워했다. 그러나 그러한 자부심은 남의 이목을 의식하며 미국적인 방식으로 표현되었다. 우리가 함께 만든 송이버섯 요리조차도 일본 요리의 기본 원칙을 모두 위반하는 코즈모폴리턴적인 혼종 방식이었다.

반면에 나는 오픈티켓의 송이버섯 캠프에서 아시아계 미국인의 문화를 발견하리라고는 전혀 예상하지 못했다. 미엔인의 캠프에서 느낀 충격이 특히 각별했는데, 그 이유는 그들이 내가 알고 있던 아시아계 미국인의 문화가 아니라 다른 무언가, 즉 내 어머니가 기억하던 중국 문화와 내가 현장연구를 수행했던 보르네오섬 마을의 문화가 혼합된 무언가를 상기시켰기 때문이다. 미엔인은 시골 마을의 삶을 회복하려는 분명한 목적을 가지고 친족과 이웃으로 구성된 다세대 집단 형태로 캐스케이드산맥으로 온다. 그들은 라오스에서 중요한 의미를 가졌던 차이들을 여전히 중요하게 여긴다. 예를 들면, 라오인이 바닥에 앉기 때문에, 미엔인은 내 어머니가 중국을 떠오르게 한다며 아직까지도 가지고 싶어 하는 낮은 스툴 의자에 앉는다. 그들은 라오인이 먹는 생야채를 거부하고 중국인이 하듯이 국과 볶음 요리를 젓가락으로 조리한다. 미엔인의 버섯 캠프에서는 미트로프나 햄버거를 만들지 않는다. 많은 동남아시아인이 함께 모여 살기 때문에 캘리포니아주에 있는 가족 단위 채소 농장에서 아시아 채소가 항상 배달된다. 매일 저녁 요리한 음식을 이웃과 주고받고, 방문객들은 밤까지 물파이프로 담배를 피우며 담소를 나눈다. 나를 초대한 미엔인들이 사롱을 입고 쪼그려 앉아 줄콩을 다듬거나 마체테[6]를 갈고 있는 것을 보면, 내가 동남아시아에 대해 처음 배웠던 인도네시아의 고산지대 마을에 있는 듯한 기분이 들었다. 내가 아는 미국이 아니었다.

　　오픈티켓에 있는 다른 동남아시아인 집단들은 마을 생활을 되살리는 데 덜 헌신적이다. 그들 중 상당수가 시골이 아니라 도시 출신이기 때문이다. 그러나 여전히 그들이 미엔인과 공유하는 것이

6.　열대우림에서 벌초할 때 쓰는 넓고 긴 칼. —옮긴이

한 가지 있다. 그것은 내가 자라면서 경험한 미국식 동화에 관심이 없고 심지어는 잘 모르기까지 한다는 점이다. 어떻게 그들은 미국식 동화를 경험하지 않을 수 있었는지 궁금했다. 처음에는 경외심이 들었고, 아마도 조금 질투심이 생긴 것도 같다. 나중에 나는 그들 또한 동화될 것을 요구받았지만 그 방식이 달랐다는 점을 알게 되었다. 이 지점에서 그들의 이야기는 자유와 불안정성으로 이어진다. 미국 시민권에 대한 극도로 다양한 표현이 자유라는 개념으로 조정되고, 자유가 불안정한 삶에 유일하고도 공식적인 방향타方向舵로서 제공된다. 그러나 이는 일본계 미국인의 이민 시기와 라오스 및 캄보디아계 미국인의 이민 시기 사이에 국가와 국민의 관계에 중요한 변화가 있었다는 것을 뜻한다.

일본계 미국인의 동화에 배어 있는 속성은 뉴딜 정책 초기부터 20세기 후반까지의 기간에 자리 잡은 미국 복지 제도 중 문화 정책에 따라 형성되었다. 국가는 강압뿐 아니라 유인 정책을 통해 국민의 삶에 관여할 권력을 가지게 되었다. 이민자는 완전한 미국인이 되기 위해 자신들의 과거를 지워버리고 '용광로' 속으로 들어올 것이 권장되었다. 공립학교는 미국인을 육성하는 장소였다. 소수민족 학생들은 1960년대와 1970년대의 '차별 철폐Affirmative Action' 정책을 통해 공립학교에서 교육받을 수 있었을 뿐 아니라 인종적 배경 때문에 영향력 있는 관계망에서 배제되어 있었음에도 전문직에 취업도 할 수 있게 되었다. 일본계 미국인은 미국인으로 분류되도록 유혹받고 재촉받았다.

오픈티켓의 동남아시아계 미국인이 미국 시민권과 관련해 일본계 미국인과는 매우 다른 경험을 하게 된 이유는 간단히 말해서 국립 복지 기관의 기능이 이처럼 약화되었기 때문이다. 그들이 난민 자격으로 미국에 입국한 1980년대 중반 이래로 온갖 종류의 정부 프로그램이 취소되었다. '차별 철폐' 제도는 불법화되었고, 공립학교를 위한 기금은 삭제되었으며, 노조는 쫓겨났고, 표준 고용은 특히나 신입 사원들에게는 사라져가는 이상理想이 되었다. 그들이 백인 미국인과 똑같아진다 해도 그에 따른 보상은 거의 없었을 것이다. 게다가 당장 생계를 유지하는 일이 그들에게 도전으로 다가왔다.

1980년대에 난민들은 가진 자원이 거의 없어서 공적 지원이 필요했다. 그런데도 복지는 엄밀한 의미에서 급격하게 축소되어갔다. 오픈티켓에 오는 많은 동남아시아인이 정착해 살고 있는 캘리포니아주는 정부 지원을 받을 수 있는 기간을 18개월로 제한했다. 오픈티켓의 라오계 및 캄보디아계 미국인 중 다수가 언어 교육과 직업 교육을 받았지만, 이는 취업에 실질적인 도움이 되는 교육이 아니었다. 미국 사회에서 그들은 스스로 방법을 찾으라며 방치됐다.[7] 서구식 교육을 받았거나 영어를 할 줄 알거나 돈이 있는 일부 사람은 선택지가 있었다. 나머지 사람은 전쟁에서 익힌 생존 기술 같은, 자신들이 지닌 자원과 기술을 사용할 곳을 찾기 어려운 처지에 있었다. 그들이 미국에 입국하기 위해 지지해왔던 자유의 개념은 생계 전략으로 번역되어야 했다.

7. 오픈티켓의 동남아시아계 채집인 중 많은 사람이 정부로부터 장애인 연금이나 보조금, 자녀 양육비를 받지만 모든 비용을 감당하기에는 부족하다.

과거의 생존을 위한 경험이 생계를 꾸리는 기술로 이용될 수 있었다. 이 책은 그러한 기술을 사용해온 그들의 풍부한 지략에 찬사를 보낸다. 그러나 그로 인해 난민들 사이에 차이가 생기게 되었다. 이러한 차이 중 일부를 생각해보자. 라오스의 수도 비엔티안에서 온 사업가 집안 출신의 라오계 구매인은 공산주의가 이윤 추구에 나쁜 체제이기 때문에 떠나기로 결심했다고 말했다. 메콩강변에 태국을 마주 보고 위치한 비엔티안을 떠난다는 것은 그 강을 수영해서 건너갈 밤을 정했다는 의미다. 그는 어린 딸을 데리고 강을 건넜는데, 총에 맞을 수도 있었다. 그러한 위험에도 불구하고 기회는 반드시 잡아야 한다는 것을 그는 경험을 통해 알고 있었다. 그를 미국 쪽으로 떠민 자유는 시장의 자유였다.

반면에 몽계 채집인은 자유란 반공주의와 종족적 자치권의 결합이라고 굳게 믿었다. 오픈티켓의 몽인 중 노년층은 라오스에서 방 파오 장군의 CIA 군대 소속으로 전투에 참여했다. 중년층은 공산당이 승리한 이후 수년간을 태국의 난민 캠프와 라오스의 반군 캠프를 오가며 지냈다. 이 두 가지 삶의 여정을 통해 정글에서의 생존 기술과 종족 정치학적 충성이 결합되었다. 이러한 삶의 기술은 미국에서 몽계 미국인의 관습으로 잘 알려진 친족 기반의 투자에 활용될 수 있었다. 때때로 그러한 삶의 기술에 대한 전념을 부활시킬 필요가 있었다. 야생에서 살아가면서 말이다.

나와 이야기한 사람들 모두가 의식적으로 자신들의 종족적이고 정치적인 입장과 연결된 생계 전략을 꿈꿨다. 오픈티켓의 어느 누구도 미국 이민이 과거를 지우고 미국인이 되는 것을 뜻한다고 생각하지 않았다. 캄보디아 동북부 출신의 한 라오인은 캄보디아와 라오스를 오가며 트럭 모는 일을 하고 싶어 했다. 베트남 출신의 한 크메르인은 캄보디아를 방어하기 위해 국경을 넘었던 자신의 가족이 심어준 애국심 덕분에 직업 군인이 되기에 충분한 자질을 갖추게 되었다고 생각했다. 그들 중 많은 이들이 꿈을 이루지 못하겠지만, 그들이 내게 말해준 그 꿈은 우리가 여전히 '아메리칸 드림'이라고 부르는 새로운 시작에 관한 것이 아니었다.

미국인이 되려면 새로 시작**해야만** 한다는 주장은 생각할수록 이상하다. 그렇다면 이 아메리칸 드림이라는 것은 무엇이었나? 확실히 그것은 경제 정책의 효과 그 이상의 것이었다. 죄인이 신에게 마음을 열고 이전의 죄 많은 삶을 버리는 것으로 해결되는 일종의 미국식 기독교 개종을 뜻하는 것이었나? 아메리칸 드림은 예전의 자신을 포기하라고 요구하는데, 이것은 아마도 개종의 한 형식일 것이다.

개신교의 부흥운동은 미국독립혁명 이래로 미국 정치 조직에서 '우리'를 구성하는 데 열쇠가 되어왔다.[8] 더욱이 개신교 교회는 무표적unmarked 자유주의 형식을 장려하면서 자유주의적이지

8. 18세기에 일어난 1차 기독교 대각성운동은 미국독립혁명의 효시였다. 19세기 초의 2차 대각성운동의 경우, 이를 통해서 남북전쟁뿐 아니라 미국 서부 개척지의 정치 문화가 형성되었다고 인정받고 있다. 19세기 말에 벌어진 3차 대각성운동은 미국 민족주의와 결합된 사회적 복음의 불꽃을 당겼고 전 세계에서 선교 활동을 벌이도록 했다. 20세기 말에 등장한 거듭나기 운동(the Born-Again Movement)을 4차 대각성운동으로 부르는 사람들도 있다. 이와 같은 기독교 부흥이 미국에서 일어나는 시민사회 동원의 유일한 종류는 아니지만, 대중문화의 모양을 빚는 동원이 성공적으로 발생할 수 있는 **유형**을 형성했다고 본다면 중요한 현상으로 볼 수 있다.

않은 기독교 교리를 거부하도록 디자인된 20세기 미국의 세속화 프로젝트를 이끌었다. 수전 하딩은 20세기 중반에 미국의 공교육이 어떻게 세속화 프로젝트에 의해 형성되었는지를 연구했는데, 특정한 형태의 기독교가 '관용'의 예로서 장려되는 반면, 다른 형태의 기독교는 그 이전 시대의 이국적인 잔존물로서 지방화되었다는 parochialized 점을 증명했다.[9] 그렇다면 그 특정한 세속적 형식에서는 앞서 말한 우주론적 정치학cosmological politics이 기독교를 초월한다. 즉 미국인이 되기 위해서는 기독교가 아니라 미국 민주주의로 개종되어야 한다.

20세기 중반에 이르러 동화는 미국 개신교의 세속주의 프로젝트에 속했다. 이민자는 백인 미국인의 행동과 담화 습관을 온전하게 따름으로써 '개종'될 것이라고 기대되었다. 담화는 특히 중요했다. 그것은 '우리'를 말하는 것이었다. 나의 어머니가 내게 중국어를 배우지 못하게 한 이유가 바로 이것이었다. 중국어 능력은 소위나의 미국식 아비투스habitus[10]를 엿보는 악마의 표시였을 것이다. 그러한 상황에서 제2차 세계대전 이후 일본계 미국인들도 개종의 물결을 받아들였다.

그것이 반드시 기독교인이 되는 것을 뜻하지는 않았다. 내가

---

9. Susan Harding, "Regulating religion in mid-20th century America: The 'Man: A Course of Study' curriculum," "Religion and Politics in Anxious States" 학회 발표, University of Kentucky, 2014.
10. 프랑스 사회학자 피에르 부르디외(Pierre Bourdieu)가 처음 이론화한 용어로서, 특정한 계급적 환경에서 사회화·문화화를 거쳐 형성된 성향, 취향, 행동 체계, 인지 방식 등을 포괄한다. —옮긴이

연구한 일본계 미국인은 주로 불교 신자다. 사실 (일부 신도들이 부르듯이) 불교 '교회churches'는 공동체를 결속시킨다. 내가 방문했던 곳은 특이한 혼종이었다. 매주 예배가 행해지는 회관의 앞부분에는 형형색색의 불단이 있다. 그러나 회관의 나머지 공간은 미국 개신교 교회와 똑같이 꾸며져 있다. 회관 내부에는 찬송가집과 공지사항을 놓기 위해 의자 뒷부분에 받침대까지 있는 나무 신도석이 여러 줄 놓여 있다. 지하에는 주일학교 수업과 기금 모금을 위해 열리는 저녁 식사 및 음식 바자회를 위한 공간이 있다. 핵심 신도는 일본계 미국인임에도, 그들은 백인 목회자pastor가 있는 것을 자랑스러워한다. 그 목회자의 불교 신앙은 자신들의 미국인 정체성을 증폭시킨다. 신도들이 '미국인'으로 개종함에 따라 종교적 가독성legibility이 확보된다.

오픈티켓의 동남아시아 난민과 비교해보자. 우주론적 정치학과 연결시켜 생각해봤을 때, 그들 또한 미국식 민주주의로 '개종'되었다. 그들은 태국의 난민 캠프에서 개종 의례를 행했는데, 미국 입국 허가를 결정하는 인터뷰가 그 의례였다. 그들은 이 인터뷰에서 '자유'를 지지하고 자신의 반공주의를 증명해야만 했다. 그렇게 하지 않으면 적국인으로 간주되어 고려 대상에서 제외될 것이었다. 미국에 들어오는 필수 조건은 자유를 강력하게 주장하는 것이었다. 난민들은 영어를 잘 모르더라도 자유라는 단어 하나는 알아야 했다.

게다가 오픈티켓의 몽계 및 미엔계 미국인 중 일부는 기독교로 개종했다. 그러나 토머스 피어슨Thomas Pearson이 노스캐롤라이나주의 베트남계 몽테냐-드가Montagnard-Dega 난민[11] 연구에서 보인 것처럼, 미국 개신교의 관점에서 봤을 때 그들은 이상한 종류의 기독교적 관습을 수행했다.[12] 미국 개신교에서 개종이 의미를 가지려면 "나는 한때 길을 잃었지만 지금은 하나님을 받아들였습니다"라고 말할 수 있어야 한다. 그러나 난민들은 그러는 대신에 "공산군이 나를 겨냥했지만 하나님께서 나를 그들의 눈에 보이지 않게 해주셨습니다", "전쟁은 정글에 내 가족을 흩어놓았지만 하나님께서 우리를 다시 만나게 해주셨습니다"라고 말한다. 하나님은 위험을 물리치는 토착 정령처럼 작동한다. 내가 만났던 기독교로 개종한 사람들은 내면의 변화 때문이 아니라 **자유**를 지지했기 때문에 보호받았다.

또 다른 비교를 해보자. 개종의 (안으로 회전하는) 구심성 논리는 나의 가족과 일본계 미국인 친구들을 동화를 통한 미국화를 지향하는 포용적이면서 확장적인 미국으로 끌어 들였다. 개종의 (밖으로 회전하는) 원심성 논리는 단 한가지의 경계물인 자유로 사람들을 하나로 묶었고, 오픈티켓의 동남아시아 난민을 형성했다. 이 두 종류의 개종은 공존할 수 있다. 그러나 이 둘은 시민권 정치에서 서로 다른 두 개의 역사적 물결에 휩쓸렸다.

11. 몽테냐인은 고대부터 베트남에서 살아온 원주민으로, 여러 소수민족으로 이루어져 있고 주로 고원지대에 살고 있다. 몽테냐는 프랑스어로 '산사람들'이라는 뜻인데, 프랑스 식민지 시대에 이들에게 붙여진 이름이다. 드가는 몽테냐에 속하는 여러 사회 중 하나인 라다(Rhada) 사회의 언어에서 기인하는데, 미국의 몽테냐 이주민 협회에서 자신들을 지칭하는 이름으로 선택했다. ―옮긴이

12. Thomas Pearson, *Missions and conversions: Creating the Montagnard-Dega refugee community* (New York: Palgrave Macmillan, 2009)

그렇다면 위의 두 부류의 송이버섯 채집인 집단이 서로 섞이지 않는 것은 당연한 것 같다. 일본계 미국인은 일본에서 한창 수입을 많이 하던 시기 초반에 상업적 목적으로 버섯을 땄다. 그러나 1980년대 후반이 되자 백인과 동남아시아계 채집인에게 밀려났다. 지금 그들은 팔기 위해서라기보다는 친구들과 가족에게 주려고 버섯을 딴다. 송이버섯은 귀한 선물이며 일본의 문화적 뿌리를 확인시켜주는 음식이다. 그리고 송이버섯 채집은 재미있는 일이다. 노인들이 지식을 뽐내고, 아이들이 숲에서 뛰어놀며, 모두가 맛있는 점심 도시락을 나누는 기회다.

내가 연구한 일본계 미국인들이 이러한 방식의 여가를 즐길 수 있는 까닭은 도시에서의 취업을 통해 계급적 기회를 잡았기 때문이다. 앞서 설명했듯이, 제2차 세계대전 후 전시 이전 격리 수용소에서 풀려나 고향으로 돌아갔을 때 그들의 농장은 이미 그들 소유가 아니었다. 그래도 많은 이들이 될 수 있는 한 자신들이 잘 알고 있는 지역 근방에 다시 정착했다. 어떤 사람은 공장 노동자가 되었고 새롭게 통합된 노조에 가입할 수 있었다. 어떤 사람은 작은 식당을 열거나 호텔에서 일했다. 그 시기는 미국 경제의 성장기였다. 자녀들은 공립학교에 다녔고, 치과의사, 약사, 상점 경영자가 되었다. 어떤 사람은 백인 미국인과 결혼했다. 그렇지만 사람들은 서로 연락을 유지했고 공동체 안에서 가깝게 지냈다. 누구도 생활비를 벌기 위해 송이버섯에 의존하지는 않지만, 공동체를 유지하는 데 송이버섯은 큰 역할을 하고 있다.

일본계 미국인 공동체가 가장 사랑하는 송이버섯 숲 중 하나는 소나무가 많고 이끼로 덮여 있는 계곡으로, 일본 사찰 내부의 땅처럼 매끄럽고 깨끗하다. 그들은 사람과 식물 모두를 위해 매우 조심스럽게 그러한 지역을 자신들이 유지하고 있다며 자랑스러워한다. 죽은 이들이 채집하던 장소도 기억하고 존중한다. 1990년대 중반에 오픈티켓에서 거래하는 대규모 구매업자인 대담한 백인 한 명이 그러한 장소에 많은 상업 채집인을 데려왔다. 상업 채집인들은 조심스럽게 수확하는 것에 익숙하지 않았다. 하루 할당량을 채우기 위해서는 넓은 지역을 훑어야 했다. 그들은 이끼를 뜯어냈고 그 지역을 엉망으로 만든 후 떠났다. 대립이 뒤따랐다. 일본계 미국인들은 산림청에 신고했고, 산림청은 그 구매 회사에 국유림 내부에서의 상업 행위가 금지됐다고 권고했다. 그 구매 회사 직원은 산림청이 인종차별을 한다고 몰아붙였다. "왜 일본인들이 특별한 권리를 가져야 하지?"라면서 아직도 화가 난 표정으로 내게 그 당시를 회상하며 물었다. 마침내 산림청은 그 지역을 상업 채집에서 제외시켰다. 그 구매인은 오픈티켓으로 돌아갔다. 그러나 경찰이 없는 사이 상업 채집인들은 여전히 그러한 장소에 몰래 들어가고 있고, 일본계 미국인과 동남아시아계 미국인 사이 적대감의 불씨도 여전히 사그라들지 않았다. 그들이 서로 다른 종류의 아시아계 미국인이라는 점은 확실하다. 일본계 미국인 채집인 한 명이 타인의 이목을 의식하지 않고 빈정거렸다. "이 숲은 아시아인이 오기 전에는 참 좋았어." 누구를 말하는 걸까?

　동남아시아 채집인의 자유로 돌아가보자. 확실히 그들이 말하는 자유에는 잡힐 염려가 없을 때 금지된 구역에 몰래 들어가는 것이 포함된다. 그러나 자유는 개인적으로 위험을 무릅쓰는 것 이상이다. 그것은 새롭게 창발하는 정치적 형성체에 개입하는 것이기 때문이다. 인종 통합 정책의 결과로 탄생한 나와 같은 미국인 중에서 그 인종 통합 정책을 향해 분출되는 21세기의 분노, 특히 버려지고 뒷전으로 밀려난 기분을 느끼는 시골의 백인들이 표출하는 분노가 매우 강렬하다는 사실에 놀라는 사람이 나 혼자가 아님은 확실하다. 일부 백인 채집인과 구매인은 자신들의 입장을 '전통주의'라고 부른다. 그들은 인종 통합에 반대하고, 다른 집단에 의해 오염되지 않은 자신들만의 가치를 즐기고 싶어 한다. 그들은 그렇게 하는 것을 '자유'라고 부른다. 그것은 다문화 방침이 아니다. 그러나 아이러니하게도 그들의 인종 통합에 반대하는 정서가 미국 역사상 가장 코즈모폴리턴적인 문화 형성에 일조했다. 새로운 전통주의자들은 인종적 융합과 강압적인 동화 정책을 통해 인종 융합을 가능하게 했던 복지국가의 강력한 유산을 거부한다. 그들이 동화를 해체하자 새로운 형성체가 창발한다. 중앙에서 세운 방침이 없기 때문에 이민자와 난민은 자신들이 가진 것 중에서 생계를 유지하는 데 가장 도움이 되는 가능성을 움켜쥔다. 그들의 전쟁 경험, 언어, 문화가 그러한 가능성이다. 그들은 '자유'라는 단어 하나로 미국식 민주주의에 합류한다. 그들에게는 초국적 정치와 무역의 자유가 있다. 그들은 외국 정권을 전복시킬 계획을 짤 수도 있고, 그들의 부를 국제적으로 사용할 수도 있다. 그들은 이전 시대의 이민자와는 대조적으로 뼛속까지 미국인이 되려고 공부할 필요가 없다. 복지국가의 뒤를 이어 동시에 발생한 자유에 관한 이슈가 제멋대로 다양하게 존재함에도 현시대의 중심을 차지했다.

이보다 더 글로벌 공급사슬에 적합한 참여자가 있을까! 자본이 있든 없든 간에 자발적이고 준비된 기업가들, 거의 모든 종류의 경제적 기회를 잡기 위해 자신들의 종족적이고 종교적인 동료를 동원할 수 있는 기업가들과의 접점이 바로 여기다. 임금과 혜택은 필요하지 않다. 공동체 전체가 동원될 수 있고, 그것은 공동체 구성원이 공유하는 공동의 이유 때문이다. 복지의 보편적인 기준은 거의 유의미하지 않은 듯 보인다. 그들의 활동은 자유의 프로젝트다. 구제 축적을 찾는 자본가들이여, 여기에 주목하라.

··· 번역 중

가치를 번역한다. 도쿄.
송이버섯, 계산기,
전화기: 중간 도매상의
점포를 그린 정물화

8

달러화와 엔화 사이에서

나는 지금까지 상업적인 버섯 채집은 일반적인 조건이 된 불안정성의, 특히 '정규직'으로 일하지 않는 생계 방식의 전형적인 예라고 주장했다. 그런데 어떻게 세계에서 가장 부유한 나라조차 임금과 혜택을 제공하는 직업이 이렇게 적은 상황에 놓이게 된 걸까? 설상가상으로 우리는 어떻게 이러한 직업에 대한 기대와 기호嗜好를 잃어버리게 되었을까? 이런 상황은 최근의 현상이다. 많은 백인 채집인은 예전에 임금과 혜택을 제공했던 직업을 알고 있거나, 최소한 자신들이 젊었을 때는 그런 직업을 기대했다. 그러나 변화가 생겼다. 이 장에서 나는 그동안 도외시되어온 모종의 상품사슬을 살펴보는 작업을 통해 이렇게 놀라울 정도로 갑작스럽고 전 지구적인 변화를 설명할 수 있다는 과감한 주장을 펼치고자 한다.

그렇지만 송이버섯은 경제적으로 무시해도 될 정도로 사소하지 않은가? 우물 안 개구리와 같이 좁은 시야만을 제공할 수밖에 없지 않은가? 오히려 그 반대다. 오리건주에서 출발해 일본까지 연결되는 송이버섯 상품사슬이 달성한 그다지 대단치 않은 성공은 빙산의 일각으로, 물 밑에 숨겨진 빙산의 두께는 여전히 지구를 꽉 붙잡고 있는 잊힌 이야기들을 떠올리게 한다. 작아 보이는 것들이 실제로는 거대하다는 사실이 밝혀진다. 그러한 송이버섯 상품사슬이 보이는 무시해도 될 정도의 중요성 때문에 송이버섯은 21세기 개혁가들의 눈에 띄지 못했고, 덕분에 세계를 뒤흔든 20세기 후반의 역사를 보존할 수 있었다. 그것은 바로 글로벌 경제의 형태를 빚은 일본과 미국 간 조우의 역사다. 미국 자본과 일본 자본의 관계가 변하면서 많은 글로벌 공급사슬이 생겨났고, 이로 인해 집단적인 전진을 목표로 하는 진보에 대한 기대가 종말을 맞게 되었다고 나는 주장한다.

글로벌 공급사슬은 진보에 대한 기대를 없애버렸다. 선두 기업이 글로벌 공급사슬을 이용하게 되면서 노동력 통제에 전념하는 전략에서 벗어날 수 있었기 때문이다. 노동을 표준화하기 위해서는 교육과 정규직 일자리가 필수적이었고, 따라서 이윤과 진보는 연결되어 있었다. 이와 반대로 선두 기업은 이제 공급사슬을 통해 많은 배열 장치를 거쳐 조립된 상품을 생산함으로써 이윤 창출이 가능하다. 일자리, 교육, 복리福利를 약속하고 실천하는 것이 더는 겉치레로서도 필요하지 않다. 공급사슬은 특정한 종류의 구제 축적을 요구하는데, 이 구제 축적은 패치들을 가로지르며 일어나는 번역을 수반한다. 근대 미일 관계의 역사는 전 세계적으로 이러한 방식의 경제적 실천을 퍼트렸는데, 그것은 마치 콜 앤 리스폰스call-and-response 방식으로 이루어진 대위법과 같다.

근대 초반과 후반에 일어난 두 가지 큰 사건이 근대 미일 관계의 뼈대가 되었다. 19세기 중반, 미국 국적의 선박이 에도만[1]에 위협을 가했다. 일본 경제를 '개항'시켜 미국인 사업가들이 진출할 수 있게 하기 위해서였다. 이 사건은 국가의 정치경제를 전복시키고 일본을 국제무역으로 밀어 넣은 혁명[2]을 야기했다. 일본인은 이렇게 일본을 간접적으로 뒤흔든 사건을 지칭하기 위해 미국의 위협을 몰고 온 '흑선'을 상징으로 사용한다. 150년 후 20세기 후반에 역으로 벌어진 사건들, 즉 일본 경제력의 위협이 간접적으로 미국 경제를 뒤흔들었던 현상을 분석할 때, 흑선이 갖는 상징성을 다시 사용할 수 있다. 일본의 투자 성공에 겁먹은 미국 기업주들은 사회 제도로서의 기업을 해체하고 미국 경제를 일본식 공급사슬의 세계로 몰아갔다. 이를 '역흑선Reverse Black Ships'이라고 부를 수 있을 것이다. 1990년대에 미국의 기업가들이 합병과 인수의 거대한 물결을 겪으면서 기업 개편을 경험하게 되자, 기업가들이 고용을 제공해야 한다는 기대는 사라졌다. 그 대신에 노동은 어느 곳에서든지 하청을 통해 얻을 수 있는 것이라고 여겨졌고, 노동환경은 더욱더 불안정하게 변해갔다. 오리건주와 일본을 잇는 송이버섯 상품사슬은 1960년대부터 1980년대까지 이루어진 일본 자본의 성공에 고

1. 오늘날의 도쿄만. ―옮긴이
2. 메이지 유신을 가리킨다. ―옮긴이

무되어 형성된 많은 글로벌 하청 방식 중 하나일 뿐이다.

이러한 역사는 빠르게 은폐됐다. 1990년대에 일본 경제가 급격하게 하락하는 동안 미국 경영인들은 세계 경제에서 우위를 탈환했다. 21세기로 들어서자 일본의 경제력은 사람들의 뇌리에서 잊혔고, 글로벌 하청으로의 전환이라는 현상을 설명하기 위해 미국의 독창성이 이룩한 진보라는 개념이 사용됐다. 이 지점에서 우리는 대수롭지 않아 보이는 상품사슬을 통해 글로벌 경제를 명확하게 이해할 수 있다. 어떤 경제 모델이 글로벌 하청의 조직적 형태들이 창발하게끔 했는가? 이 질문에 답하려면 20세기 일본이 이룩한 여러 가지 경제 혁신을 살펴보아야 한다. 그 혁신은 고립된 상태에서 창조된 것이 아니며, 태평양을 가로지르는 긴장과 대화를 통해 형성되었다. 송이버섯 상품사슬을 살펴보며 우리는 미국-일본의 경제적 상호작용을 꼼꼼히 들여다보게 되고, 잊힌 역사의 한 부분을 깨닫는다. 이제 나는 그 이야기를 송이버섯에서 꽤 멀리 떨어진 곳에서부터 펼쳐 보일 것이다. 그러나 각 단계에서 그 상품사슬을 암시하는 요소들이 현재의 은폐된 상태에서 벗어나도록 할 필요가 있다. 그렇다면 내가 하고자 하는 것은 단순히 이야기가 아니라 하나의 연구 방법이 된다. 거시사를 서술하는 가장 좋은 방법은 꾸준하게 등장하는, 대수롭지 않아 보일 수 있는 구체적인 사실을 이야기하는 것이다.

돈 이야기부터 시작할 수 있겠다. 미국의 화폐 달러와 일본의 화폐 엔은 둘 다 16세기부터 남미의 은을 착취하면서 주조된 스페인의 화폐 페소가 세계를 지배할 당시 탄생했다. 미국도 일본도 초기에는 세계 경제의 참여자가 아니었다. 미국은 18세기에 건국되었고, 일본은 17세기부터 19세기까지 해외무역을 엄격하게 규제했던 내부 지향적인 군주들이 통치하고 있었다. 달러화와 엔화가 탄생할 당시에는 이 두 화폐가 미래에 장차 강력한 지위를 차지할 것이라는 사실이 명백하지 않았다. 그러나 19세기 중반에 이르자 달러화는 그 이름에 걸맞는 제국의 포함砲艦과 같은 영향력을 얻게 되었다.

　미국의 사업가들은 해외무역을 철저히 통제하는 도쿠가와 막부의 정책에 분개했다.[3] 1853년, 미 해군의 매슈 페리Matthew Perry 제독은 에도만에 무장 함대를 이끌고 가서 개항의 구실을 만들었다. 그러한 무력시위에 겁먹은 막부는 1854년 가나가와조약[4]을 맺고 미국과의 무역을 위해 항구들을 개방했다.[5] 일본의 엘리트 계층은 아편으로 '자유무역'을 하려고 한 영국에 대항한 결과, 중국이 어떻게 대영 제국에 예속되었는지 알고 있었다. 일본은 전쟁을 피하기 위해 권리를 포기하는 조약을 맺었다. 그러나 국내 위기가 뒤따르면서 결국 막부는 실각하게 되었다. 메이지 유신으로 알려진 짧은 내전과 함께 새로운 시대가 열렸다. 내전의 승자들은 영감을 얻기 위해 서구의 근대성을 살폈다. 1871년, 메이지 정부는 유럽 및

3. 미국은 고래잡이에서 벌어들인 이윤 때문에, 미국 포경선에 대한 원조를 요구한 이 계획을 강행했다(앨런 크리스티와의 개인적인 대화에서, 2014년). 『모비 딕』이 내 머릿속에서 유령처럼 떠돈다.
4. 미일화친조약으로도 불린다. ―옮긴이
5. 일본은 1858년의 해리스조약(Harris Treaty)으로 더 많은 항구를 개항하게 되었고, 외국인은 일본 법에 따라 처벌받지 않게 되었으며, 외국인이 수입과 수출 업무를 담당하게 되었다. 그 후 유럽 강국들과도 비슷한 조약을 체결했다.

미국과의 교역에 사용할 목적으로 일본의 국가 통화로서 엔화를 주조했다. 따라서 달러화는 간접적으로 엔화의 탄생을 도왔다고 할 수 있다.

그러나 메이지 시대 엘리트 계층은 외국인이 무역을 통제하도록 내버려두는 것에 만족하지 않았다. 그들은 재빠르게 서구의 관례를 배워나갔고, 외국 회사에 상응하는 일본 회사를 설립했다. 정부는 외국의 전문가를 초청했고, 일본의 젊은이들을 외국으로 보내 서구의 언어, 법, 무역 관행 등을 배워오게 했다. 젊은이들은 귀국해 일본의 '근대'를 향한 분투를 융성하게 한 전문직, 산업, 은행, 무역 회사 등을 설립했다. 새로운 계약법, 정치 형태, 가치에 대한 논쟁에 새로운 화폐가 통용됐다.

메이지 시대의 일본은 기업가적인 에너지로 가득 차 있었고, 경제에서 국제무역은 중요한 분야로 빠르게 부상했다.[6] 일본은 산업화에 사용할 천연자원이 부재했기 때문에 원료 수입이 국가 건설을 위한 필수적인 서비스로 여겨졌다. 무역은 메이지 시대의 가장 성공적인 사업 중 하나였는데, 면사와 직물 생산처럼 새롭게 도약하는 산업과 결부되었다. 메이지 시대의 무역업자는 자신들의 업무가 일본과 외국의 경제를 중재하는 것이라고 생각했다. 무역업자는 외국에서 경험을 쌓으며 훈련받았기 때문에 근본적인 차이

---

6. Kunio Yoshihara, *Japanese economic development* (Oxford: Oxford University Press, 1994); Tessa Morris-Suzuki, *A history of Japanese economic thought* (London: Routledge, 1989); [국역본] 테사 모리스-스즈키, 『일본의 경제사상』, 박우희 옮김(솔, 2001).

를 뛰어넘어 협상할 수 있는 이중의 문화적 명민함cultural agility을 갖추었다. 그들이 수행한 작업은 사쓰카가 주장한 개념인 '번역'의 전형적인 예인데, 여기서 번역이란 차이를 메우고 또한 유지하면서 타문화를 배우는 것이다.[7] 새로 등장한 무역업자는 상품이 다른 지역에서 어떻게 거래되는지 배웠고, 그와 같은 지식을 일본에 유리한 계약을 맺기 위해 활용했다. 경제학자가 사용하는 용어로 말하자면, 그들은 '불완전한 시장', 즉 모든 구매인과 판매자가 정보를 자유롭게 이용할 수 없는 시장의 전문가였다. 메이지 시대 무역업자는 국경을 넘어서 시장을 조율했다. 그들은 또한 너무도 달라 서로 비교할 수 없는 가치 체계를 뛰어넘어서 일했다. 일본인이 '서구'라고 불리는 어떤 것과 역동적인 차이를 보이며 존재하는 어떤 '일본'을 지속적으로 상상해왔듯이, 국제무역을 번역으로 이해하는 그러한 풍조는 현재의 사업 관행에도 영향을 미치면서 지속되고 있다. 무역은 번역 작업을 통해 자본주의적 가치를 **창출한다.**

메이지 시대 무역업자는 산업체와 결부되어 있었다. 산업은 무역을 통해 얻은 원료를 필요로 했기 때문에 무역과 산업은 함께 번창했다. 20세기 초, 제1차 세계대전 여파로 발생한 호황 경제 덕택에 은행, 채굴, 산업, 해외무역을 망라하는 거대한 대기업이 형성되었다.[8] 자이바쓰財閥라 불리는 이 재벌 기업들은, 20세기 미국의 거대 기업들과 달리, 생산이 아닌 금융자본에 의해 조직되었다. 따

---

7. Satsuka, *Nature in translation* (4장 각주 2번에 인용).
8. Hidemasa Morikawa, *Zaibatsu: The rise and fall of family enterprise groups in Japan* (Tokyo: University of Tokyo Press, 1992).

라서 은행 업무와 무역이 그들의 임무에서 중심을 차지했다. 이러한 기업들은 처음부터 정부 사업에 관여했다. (예를 들어 미쓰이三井는 막부를 전복할 자금을 제공했다.)[9] 제2차 세계대전 직전까지 일본 민족주의자들의 압력을 받은 자이바쓰는 제국주의적 확장에 점점 더 얽혀 들어갔다. 일본이 전쟁에서 패했을 때, 자이바쓰는 일본을 점령한 미군정의 첫 번째 목표였다.[10] 엔화는 가치를 잃었고 일본 경제는 큰 혼란 상태에 빠졌다.

미군정의 점령 후 첫 며칠 동안은 미국이 일본의 소기업뿐 아니라 노동계의 성장마저도 선호하는 것처럼 보였다. 그러나 이내 미군정은 한때 실각된 민족주의자들의 복귀를 주선했고, 공산주의에 대항하는 방어벽으로서 일본 경제를 재건했다. 이러한 분위기 덕분에 은행, 산업체, 무역 전문가들의 제휴가 조금 덜 공식적이지만 게이레쓰系列라고 불리는 '계열사 그룹'으로 재형성될 수 있었다.[11] 계열사 그룹 대부분의 중심에는 은행과 파트너를 이룬 일반

9. E. Herbert Norman, *Japan's emergence as a modern state* (1940; Vancouver: UBC Press, 2000), 49.

10. 300여 개의 자이바쓰가 해체 대상 목록에 들어갔지만, 미군정이 해체 계획을 바꾸기 전까지 10개만 해체되었다. 그러나 제2차 세계대전 이전에 존재한 수직적 통합을 유지하기 어렵게 만드는 규제들이 마련되었다(앨런 크리스티와의 개인적인 대화에서, 2014년).

11. Kenichi Miyashita and David Russell, *Keiretsu: Inside the hidden Japanese conglomerates* (New York: McGraw-Hill, 1994); Michael Gerlach, *Alliance capitalism: The social organization of Japanese business* (Berkeley: University of California Press, 1992). *The fable of the keiretsu* (Chicago: University of Chicago Press, 2006)에서 미와 요시로(三輪芳朗)와 존 마크 램지어(J. Mark Ramseyer)는 신고전파 정설을 다시 주장하면서 게이레쓰를 일본 마르크스주의자와 서구 오리엔탈리즘 신봉자들의 상상물이라고 칭했다.

무역 회사가 있었다.[12] 은행이 무역 회사로 자금을 이전하면 무역 회사는 관련 계열사들에게 좀 더 적은 액수의 금액을 대출해주었다. 은행은 무역 회사가 공급사슬 형성을 용이하게 하는 데 사용한 작은 규모의 그러한 대출을 모니터링할 필요가 없었다. 이 모델은 국경을 넘어서 잘 뻗어나가도록 만들어졌다. 무역 회사는 해외 공급사슬 파트너에게 대출이나 장비, 기술적 조언이나 특별한 마케팅 협약을 제공했다. 무역 회사의 업무는 다양한 문화적, 경제적 배열 장치를 통해 입수한 상품을 재고품으로 번역하는 것이었다. 이러한 문화적, 경제적 배열 장치를 살펴보면, 구제 축적을 통해 형성된 글로벌 공급사슬이 오늘날에 이르러 장악한 헤게모니의 근간임을 쉽게 알 수 있다.[13]

나는 인도네시아에서 행해지는 벌목을 공부하면서 처음으로 공급사슬을 알게 되었다. 인도네시아는 일본의 공급사슬 모델이 어떻게 작동하는지를 잘 볼 수 있는 장소다.[14] 1970년대와 1980년

12. Alexander Young, *The sogo shosha: Japan's multinational trading companies* (Boulder, CO: Westview, 1979); Michael Yoshiro and Thomas Lifson, *The invisible link: Japan's sogo shosha and the organization of trade* (Cambridge, MA: MIT Press, 1986); Yoshihara, *Japanese economic development*, 49–50, 154–155.

13. 1980년대에 미국 사회학자들이 글로벌 상품사슬을 처음으로 주목하게 되었을 때 (Gary Gerrefi and Miguel Korzeniewicz, eds., *Commodity chains and global capitalism* [Westport, CT: Greenwood Publishing Group, 1994]), 이들은 새롭게 등장한 '구매자 주도의' 사슬(의류, 신발)을 인상적으로 보았고, 이를 이전 시기의 '생산자 주도의' 사슬(컴퓨터, 자동차)과 비교했다. 일본의 경제사를 살펴보면, '무역업자 주도의' 사슬에도 동등한 관심을 기울이게 된다.

14. Anna Tsing, *Friction* (Princeton, NJ: Princeton University Press, 2005); Peter Dauvergne, *Shadows in the forest: Japan and the politics of timber in Southeast*

대에 걸친 일본의 건설 호황기 동안 일본인들은 베니어판 시공틀을 만들기 위해 인도네시아산 목재를 수입했다. 그러나 정작 인도네시아의 나무를 벌목하는 일본인은 없었다. 일반적인 일본 무역회사는 일본에서 제시한 구체적인 지침대로 목재를 자르는 타국 회사에 대출, 기술 지원, 무역 협약을 제공했다. 이러한 방식은 일본의 무역업자들에게 이로운 점이 많았다. 첫째, 정치적 위험을 피할 수 있었다. 일본 사업가들은 중국계 인도네시아인이 겪는 정치적 어려움을 알고 있었다. 그들은 부자일 뿐 아니라 인도네시아 정부의 더욱 무자비한 정책에 기꺼이 협조하고자 했기 때문에 국민들의 반감을 사서, 주기적으로 일어나는 폭동의 목표물이 되었던 것이다. 일본 무역업자들은 중국계 인도네시아인에게 선금을 주는 방법으로 그러한 난관을 피할 수 있었다. 그들 대신에 중국계 인도네시아인들은 인도네시아 장군들과 흥정하며 위험을 감수했다. 둘째, 이러한 방식으로 그들은 초국적 이동을 활성화할 수 있었다. 일본인 무역업자들은 이미 필리핀과 말레이시아령 보르네오 산림의 상당 부분을 파괴한 후 인도네시아에 도착했다. 그들은 새로운 나라에 적응하기보다는 각 지역에서 그들과 일할 의향이 있는 대리인들을 그저 데려오는 정도의 역량밖에 없었다. 사실 일본 무역업자들에게서 자금을 조달받는 필리핀과 말레이시아 벌목꾼들은 인도네시아의 나무를 벨 수 있었고, 그럴 준비가 되어 있

Asia (Cambridge, MA: MIT Press, 1997); Michael Ross, *Timber booms and institutional breakdown in Southeast Asia* (Cambridge: Cambridge University Press, 2001).

었다. 셋째, 공급사슬 배열 장치를 이용하면 환경에 미치는 영향을 무시하면서 일본의 무역 기준을 적용할 수 있었다. 목표물을 찾아다니는 환경주의자들은 여러 별 볼 일 없는 회사들만 찾아낼 수 있었는데, 그중 다수가 인도네시아 회사였고 일본 회사는 그 숲에 없었다. 넷째, 공급사슬 배열 장치들은 불법 벌목을 여러 하청 중 하나로 수용했는데, 이는 환경 규제에 의해 보호되는 나무를 벌목하는 것이었다. 불법 벌목꾼은 목재를 더 큰 계약 회사에 팔았고, 그 계약 회사는 다시 일본에 팔았다. 어느 누구도 책임질 필요가 없다. 그리고 심지어 인도네시아가 일본의 무역을 모델로 한 공급사슬의 위계 구조를 구축해 국내 베니어판 사업을 시작한 후에도 나무는 너무 쌌다! 벌목꾼, 나무, 또는 산림 지역 거주민의 목숨이나 생계를 고려하지 않고도 목재 생산 비용을 산정할 수 있었다.

동남아시아에서의 벌목은 일본 무역 회사들 덕택에 가능해졌다. 그들은 다른 상품과 세계의 다른 지역에서도 마찬가지로 바빴다.[15] 어떻게 이러한 제도가 발전했는지 살펴보기 위해서 위의 공급사슬 방식이 등장한 제2차 세계대전 직후로 돌아가보자. 일본에서 출발한 첫 번째 전후 공급사슬의 일부는 일본의 과거 식민지인 한국과의 연결을 활용했다. 그 당시 미국은 세계에서 가장 부유한 나라였고, 모든 국가가 자국의 제품을 수출하고 싶어 하는 최고의

---

15. 칠레의 연어 사례에 관해서는 다음을 참조하기 바란다. Heather Swanson, "Caught in comparisons: Japanese salmon in an uneven world" (PhD diss., University of California, Santa Cruz, 2013).

목적지였다. 그러한 미국은 일본산 수입 상품에 엄격한 할당량 제도를 적용했다. 역사학자 로버트 캐스틀리Robert Castley는 일본이 미국의 수입 할당량 제한을 피하기 위해 어떻게 한국의 경제 건설을 도왔는지 설명한다.[16] 일본의 무역업자들은 경공업을 한국으로 이전함으로써 미국에 좀 더 많은 상품을 자유롭게 수출할 수 있었다. 그러나 한국인은 일본의 직접 투자에 반감을 드러냈다. 그래서 일본은 캐스틀리가 '내놓기putting-out' 방식이라고 부른 것을 도입했다. "그 방식은 상인(또는 기업)이 하청업체가 상품을 생산하거나 마무리할 수 있도록 그들에게 대출, 신용, 기계류 또는 장비를 조달하고, 그렇게 생산된 상품을 상인(또는 기업)이 멀리 떨어진 시장에 판매하는 방식을 지칭한다."[17] 캐스틀리는 이 전략에서 무역업자와 은행가가 갖는 권력에 대해 언급한다. "일본인 상인, 기업은 해외 공급자와 장기 계약을 체결하고 자원 개발에 자주 자금을 대출해주었다."[18] 그는 이러한 확장 방식을 통해 일본은 경제적 안정뿐 아니라 정치적 안정을 추구했다고 주장한다.

내놓기 시스템은 수익성이 더 적은 제조업과 낡은 산업 기술을 한국으로 이전하면서 일본의 비즈니스를 업그레이드할 수 있는 길을 열었다. 나중에 일본인 지지자들에 의해 '하늘을 나는 기러기'의 이미지로 우아하게 포장된 이 모델[19]에 따르면, 한국의 비

---

16. Robert Castley, *Korea's economic miracle: The crucial role of Japan* (New York: Palgrave Macmillan, 1997).
17. 같은 책, 326.
18. 같은 책, 69.
19. 안행형태론(雁行形態論)을 의미하는 것으로 보인다. ―옮긴이

즈니스는 혁신에 관한 한 항상 일본의 한 단계 밑에 위치할 것이었다.[20] 그러나 부분적으로는 한국인이 자신들의 구식 제조업 분야를 동남아시아의 더 가난한 국가들로 이전할 수 있기 때문에, 그리하여 한국이 일본이 이룬 혁신을 두 번째로 상속받을 수 있기 때문에, 두 나라 모두 전진하며 날아갈 것이었다. 한국의 엘리트 계층은 일본 자본(그중 일부는 전후 배상금으로 한국에 전달되었다)의 혜택을 받는 것에 기뻐했다. 그 결과로 얻은 사업 네트워크는, 일본이 통제하는 아시아개발은행Asian Development Bank, ADB이 담당하는 사업을 포함해, 일본에서 자본의 초국적 확장을 위한 모델을 형성했다.

1970년대가 되자 많은 종류의 공급사슬이 일본을 들락날락하며 꿈틀꿈틀 움직였다. 일반 무역 회사들은 대륙을 잇는 원료 공급사슬을 조직했고, 그중 일부는 세계에서 가장 부유한 기업이 되었다. 은행들은 아시아에 산재한 기업체들을 후원하며 일본과 연결시켰다. 생산을 담당하는 회사들은 자신들의 공급사슬을 조직했는데, 이는 때때로 영어권 문헌에서 '수직적 게이레쓰vertical keiretsu'라 불리는 것이었다. 예를 들어, 자동차 회사는 경비를 절감하기 위해 부품 개발과 생산을 하청했다. 가족 경영 공급자들Mom-and-Pop은 집에서 산업 부품을 만들었다. 구제 축적과 공급사슬 하청은 함께 성장했다.

이러한 조합의 결과가 매우 성공적이었기 때문에 미국 사업체

---

20. Kaname Akamatsu, "A historical pattern of economic growth in developing countries," *Journal of Developing Economies* 1, no. 1 (1962): 3–25.

및 정부의 비즈니스 지원 기관들은 압박감을 느꼈다. 미국 경제를 미국 자동차 산업과 관련지어 생각하는 데 익숙해진 미국인 전문가들에게 일본 자동차 업계의 성공은 특히나 괴로운 주제였다. 일본 자동차가 미국에 진출하면서 디트로이트의 자동차 회사들이 쇠퇴하자 미국의 일반 대중은 일본의 떠오르는 경제적 부를 인식하게 되었다. 일부 비즈니스 리더는 '품질 관리' 및 '기업 문화'에 관심을 보이면서 일본의 성공에서 배우고자 했다.[21] 다른 비즈니스 리더들은 미국이 일본에 보복할 방법을 강구했다. 대중은 공포를 느끼기 시작했다. 이를 단적으로 보여주는 사건이 중국계 미국인 빈센트 친Vincent Chin의 사례로, 그는 1982년에 디트로이트의 해고된 백인 자동차 회사 직원들에 의해 일본인으로 오해받고 살해되었다.[22]

일본의 위협은 미국에 혁명을 촉발시켰다. 역흑선은 미국적 체계를 전복시켰으나 그것은 미국의 자체적인 노력에 따른 결과였다. 대중은 미국이 쇠락할 가능성에 공포심을 느꼈고, 그런 상황이 아니었다면 결코 발언 기회를 얻지 못했을 소수의 주주행동주의 투

---

21. '품질 관리'는 이러한 초국적 대화의 일부분이었다. 즉, 제2차 세계대전 후 미국이 일본의 산업을 합리화하던 시기에 일본에서 유행하던 미국의 아이디어였다. 이 개념은 1970년대와 1980년대에 미국으로 역수입되었다. William M. Tsutsui, "W. Edwards Deming and the origins of quality control in Japan," *Journal of Japanese Studies* 22, no. 2 (1996): 295–325.
22. 그 시기 미국의 반일본 경제 저널리즘에 대한 예시로는 다음의 문헌을 참고하기 바란다. Robert Kearns, *Zaibatsu America: How Japanese firms are colonizing vital U.S. industries* (New York: Free Press, 1992).

자자_{activist shareholders}[23]와 경영대 교수들이 미국의 기업들을 해체할 수 있게 되었다.[24] 1980년대 '주주들의 혁명'을 일으킨 사회운동가들은 미국이 유지한 힘이 쇠퇴한 것이라고 자신들이 해석한 것에 반응했다. 그들은 힘을 회복하기 위해 기업을 전문 경영인의 손에 맡기지 않고 기업의 주인인 주주들이 되찾겠다는 목표를 내세웠다. 그들은 기업을 사서 자산을 뺀 후 되팔기 시작했다. 1990년대에 이르자 그들의 작전은 성공했다. 그리하여 '기업 담보 차입 매수'의 급진적인 성향이 '기업 인수 합병'의 주요 투자 전략이 되었다. 기업이 가장 이윤이 남는 분야만 제외하고 나머지를 모두 팔아버렸기에 그 기업에 한때 속했던 대부분의 사업은 멀리 떨어진 공급자들과의 계약을 통해 이루어졌다. 공급사슬과 구제 축적의 특정한 형식에 몰두하는 방식이 미국에서 자본주의의 우세한 유형으로서 인기를 얻었다. 이 전략은 투자자에게 매우 유리했기 때문에, 20세기가 끝날 무렵 미국의 비즈니스 리더들은 이 전략으로 전환하게 된 계기가 비즈니스 세계에서 우위를 점유하기 위한 몸부림의 일부였다는 것을 잊어버렸고, 진화 과정을 통해 도달한 첨단 기술인 것으로 이야기를 재구성했다. 그들은 전 세계를 이러한 과정으로 밀어 넣기에 바빴다. 그리고 실제로 그러한 미국식 전략을 일본에 강요하는 데 진척을 보였다.[25]

---

23. 기업이 자신이 원하는 방향으로 경영하도록 자신의 주식 지분을 이용해 기업에 압박을 가하는 주주를 일컫는다. —옮긴이
24. 내 분석은 Karen Ho, *Liquidated* (Durham, NC: Duke University Press, 2009)에서 영감을받았다: [국역본] 캐런 호, 『호모 인베스투스』, 유강은 옮김(이매진, 2013).
25. 일본 경제학자가 홍보했던 미국식 개혁의 사례를 보려면 다음 문헌을 참고하기 바란

일본의 위협적인 힘이 어떻게 서서히 사라졌는지 이해하려면 조금 과거로 돌아가야 한다. 그리하여 돈이 이 이야기의 주인공으로 등장한다. 1980년대와 1990년대에 미국 달러화와 일본 엔화의 대결 때문에 많은 것이 바뀌었다.

1949년에 엔화는 브레턴우즈협정Bretton Woods agreements의 일부로서 미국 달러화에 종속되어 있었다. 부분적으로는 미국에 비호혜적 수출을 했기 때문에 일본의 경제 성장이 가능했지만, 이 때문에 일본에 대한 미국의 국제 수지는 타격을 받았다.[26] 미국의 입장에서 엔화 가치는 '평가절하'되어 있었고, 따라서 미국에 있는 일본 상품은 저렴해졌으며 일본에 수출한 미국 상품의 값은 너무 비싸게 책정되어 있었다. 1971년, 미국은 금본위제를 폐기하는 상황을 맞게 되는데, 미국이 엔화에 대해 갖게 된 불안감이 어느 정도 일조했다. 1973년에 엔화에 변동환율제가 도입되었다. 그 후 1979년에는 미국이 이율을 높였고, 이는 달러화가 투자에 좀 더 경쟁력을 갖도록 했기에 달러화의 가치가 높게 유지되도록 했다. 일본은 계속 미국에 수출했기 때문에 일본 정부는 엔화의 가격을 낮게 유지하기 위해 미국 달러화를 사고팔았다. 1980년대 전반에는 일본에서 자본이 빠져나갔고 달러화에 비해 엔화의 가치가 더

다. Hiroshi Yoshikawa, *Japan's lost decade*, trans. Charles Stewart, Long-Term Credit Bank of Japan Intl. Trust Library Selection 11 (Tokyo: International House of Japan, 2002). 이 책에서는 중소기업이 경제를 망친다고 주장한다.

26. Robert Brenner, *The boom and the bubble: The U.S. in the world economy* (London: Verso, 2003); [국역본] 로버트 브레너, 『붐 앤 버블』, 정성진 옮김(아침이슬, 2002).

낮게 유지되었다. 1985년이 되자 미국의 비즈니스 리더들은 이 상황으로 인해 패닉 상태에 빠졌다. 그에 대한 대응으로 미국은 '플라자합의Plaza Accord'라는 국제 협약을 고안해냈다. 달러화의 가치는 낮춰졌고 엔화의 가치는 올라갔다. 1988년이 되자 엔화의 가치는 달러화보다 거의 두 배 가깝게 높아졌다. 일본 소비자는 송이버섯을 포함해 거의 모든 외국 제품을 살 수 있었다. 민족적 자부심이 높아졌다. 이는 **아니라고 말할 수 있는 일본**의 순간이었다.[27] 하지만 동시에 일본 제품의 가격이 너무 높아졌기 때문에 일본 회사가 상품을 수출하기 어려운 상황에 처했다.

일본 회사들은 더 많은 생산 공정을 해외로 옮기면서 그러한 상황에 대응했다. 한국, 대만, 동남아시아에 있는 그들의 공급자들 또한 통화 가치의 변화에 타격을 받았고 똑같이 반응했다. 공급사슬은 모든 곳을 돌아다녔다. 두 명의 미국인 사회학자는 그 상황을 다음과 같이 서술했다.

아시아 사업체들은 입력 계수factor inputs의 달러 가치가 갑작스럽게 상승한 상황에 직면했기 때문에, 그리고 생산한 제품의 가격을 낮게 유지해 미국 소매업자와의 계약을 유지하고자 했기에 재빨리 다각화하기 시작했다. 대만 경공업의 대부분은 … 중국 본토로 … 그리고 동남아시아로 … 이주했다. … 일본의 수출 지향

---

27. Shintaro Ishihara, *The Japan that can say no*, trans. Frank Baldwin (1989, with Akio Morita; New York: Touchstone Books, 1992): [국역본] 이시하라 신타로, 『선전포고, NO라고 말할 수 있는 일본 경제』, 이용덕 옮김(제이앤씨, 2004).

적인 산업의 대부분이 동남아시아로 이주했다. 게다가 토요타, 혼다, 소니와 같은 기업들은 미국에 사업체를 설립했다. 한국의 사업체 또한 노동집약적 공정을 라틴아메리카와 중앙 유럽의 개발도상국뿐 아니라 동남아시아로 옮겼다. 새로운 사업체가 설립된 각 지역에서 낮은 가격의 공급자 네트워크가 형성되기 시작했다.[28]

일본의 국가 경제는 쇼크 상태에 빠졌다. 먼저 1980년대 후반에는 부풀려진 부동산과 주식 가격의 '거품 경제'가 터졌고, 1990년대에는 '잃어버린 10년'의 불황이 찾아왔으며, 그 이후 1997년의 금융 위기로 이어졌다.[29] 그러나 공급사슬은 전례 없이 유행했다. 일본이 재정적으로 지원하는 공급사슬뿐만 아니라 이제는 그들 자신의 공급사슬을 갖춘, 일본에 공급하는 모든 공급자와의 공급사슬이 급격히 증가했다. 공급사슬 자본주의는 세계 곳곳에 존재하게 되었다. 그러나 일본은 더는 공급사슬을 좌지우지하지 못하게 되었다.

글로벌 공급사슬에서 일본과 미국의 리더십 변화가 날카롭게 드러나는 한 기업의 역사를 살펴보자. 그 기업은 바로 운동화의 유행을 선도하는 브랜드 나이키다. 나이키는 운동화의 일본 유

---

28. Petrovic and Hamilton, "Making global markets" (4장 각주 8번에 인용), 121.
29. 로버트 브레너(Robert Brenner)(『붐 앤 버블』)에 의하면, 세계 강국들이 엔화의 가치 상승을 멈추게 했던 1995년의 역플라자합의(Reverse Plaza Accord)로 인해 미국 제조업이 몰락하고 아시아가 금융 위기를 맞으면서 세계 경제에 변화가 촉발되었다.

통사슬에서 미국 전초기지로서 출발했다. (유통은 일본 공급사슬이 갖춘 많은 요소 중 하나다.) 일본 무역 체제의 규율하에 놓이게 된 나이키는 공급사슬 모델을 배웠다. 그러나 나이키는 천천히 그것을 미국 스타일로 변형시키기 시작했다. 무역을 통해 번역하면서 가치를 만들기보다는 광고와 브랜드 만들기에서 미국이 가진 이점을 활용했다. 일본의 공급사슬로부터 독립하자 나이키의 창립자들은 나이키의 '역동적인swoosh' 이미지와 흑인 미국인 스포츠 스타들을 광고 모델로 등장시키는 방식을 적극 활용해 스타일로 덧입혔다. 그러나 나이키는 일본을 통해 비즈니스를 배웠음에도 신발을 생산하려고 시도한 적이 없었다. "우리는 제조에 대해 하나도 모릅니다. 우리는 마케팅 전문가이고 디자이너입니다"라고 나이키의 부사장은 설명했다.[30] 대신에 그들은 내가 앞서 언급한 1985년 '저가 공급자 네트워크'가 폭발적으로 증가한 시기 이후의 상황을 잘 이용했다. 즉 아시아 전체에서 나타나며 빠르게 확산되고 있던 공급 네트워크와 계약을 맺었던 것이다. 21세기 초가 되자, 나이키는 900개가 넘는 공장과 계약을 맺은 상태였고, 공급사슬 자본주의에 대한 흥분과 공포의 상징이 되었다. 나이키를 이야기하는 것은 한편으로는 영세 제조업체들의 두려움을, 다른 한편으로는 디자이너 브랜드의 즐거움을 환기시킨다. 나이키는 이러한 모순을 특별히 미국적인 것으로 보이게 만드는 데 성공했다. 그러나 일본의 공급

---

30. Miguel Korzeniewicz, "Commodity chains and marketing strategies: Nike and the global athletic footwear industry," in *Commodity chains*, eds. Gerrefi and Korzeniewicz, 247–266의 252에 인용됨.

사슬로부터 나이키가 성장한 역사는 일본의 유산이 곳곳에 스며들어 있는 현실을 떠오르게 한다.

이러한 유산은 미국의 대규모 비즈니스가 개입하기에는 너무 규모가 작고 너무 특성화되어 있는 송이버섯 공급사슬에서 명백하게 드러난다. 그럼에도 이 공급사슬은 미국으로 뻗쳐 들어왔는데, 미국인은 이 공급사슬의 관리자가 아니라 공급자로서 연결되어 있다. 나이키는 그 선두에 있다! 어떻게 미국인에게 이런 하찮은 역할을 담당하라고 설득할 수 있었을까? 내가 설명했듯이, 오리건주의 어느 누구도 자신을 일본의 비즈니스에 고용된 직원으로 여기지 않는다. 채집인, 구매인, 현장 중개인은 자유를 위해 그곳에 있다. 그렇지만 가난한 사람들은 고용에 대한 기대 없이 미국식 생계방식을 꾸리게 되었을 때만 자유라는 단어에 동원되었으며, 그것은 미국 자본과 일본 자본 사이에 이루어진 태평양을 횡단하는 대화의 결과다.

그렇다면 송이버섯 상품사슬에서 내가 지금까지 서술한 역사를 발견할 수 있다. 즉 [수출입하려는] 지역의 토박이 파트너를 찾는 일본인 무역가, 정규직에 대한 희망에서 벗어난 미국인 노동자, 그리고 미국식 자유의 이름으로 일본 회사의 재고품을 한곳으로 모이게 하는 과정에서 다양한 열망을 가로질러 이루어지는 번역 작업을 볼 수 있다. 나는 상품사슬이 조직되는 양상을 분석할 때야 비로소 미국의 글로벌 리더십에 대한 과장 광고를 통해 감춰졌을 이와 같은 역사가 드러나게 된다고 주장한다. 별 것 아닌 상품들로 거시사를 설명하게 될 때, 세계 경제는 역사적 국면에서 창발하는 형태, 즉 마주침의 불확정한 양태로 그 모습을 드러낸다.

만약 국면conjunctures이 역사를 만든다면 모든 것은 조율되는 순간에 달려 있다. 채집인이 번역을 통해 일본의 부를 이용하게 되는 것과 마찬가지로, 미국인이 채집한 것에서 일본인 투자자가 번역을 통해 이윤을 얻게 되는 조율의 순간들 말이다. 어떻게 자유의 이름으로 채집되는 버섯이 재고품으로 변형되는가? 오픈티켓으로, 그리고 그곳의 상품사슬로 돌아가보자.

가치를 번역한다. 오리건주.
몽인 남편은 그날 채집한
버섯으로 번 현금을
아내의 손에 쥐어 준 채로
영상에 담는다. 버섯과
그 버섯이 끌어온 현금은
구매 텐트에서 볼 수 있는
자유의 트로피다. 오직 나중에
행해지는 분류 작업만이
버섯을 얽힘에서 풀어버리고
자본주의 상품으로 만든다.

9
선물에서 상품으로,
그리고 그 반대로

소외 문제로 돌아갈 시간이다. 상품화에 대한 자본주의적 논리에 따르면 사물은 교환 대상이 되기 위해 그것들이 속했던 삶의 세계와 분리된다. 이 과정을 나는 '소외'라 부르는데, 인간뿐 아니라 비인간의 잠재적 속성을 설명하는 용어로 사용한다. 채집인과 버섯의 관계에 소외가 개입되지 않는다는 점은 오리건주의 송이버섯 채집에서 관찰할 수 있는 놀라운 사실이다. 채집인은 버섯을 균질체fungal bodies에서 떼어낸다(버섯은 열매이기에 몸체에서 떨어져 나가는 것이 존재의 목적이다). 그러나 채집된 버섯은 팔릴 때조차 돈을 자본으로 전환시킬 준비를 마친 소외된 상품이 되지 않고 사냥의 트로피가 된다. 채집인은 자부심에 가득 차서 자신이 딴 버섯을 자랑한다. 버섯 찾기의 기쁨과 위험에 대해

쉴 새 없이 이야기한다. 마치 채집인이 버섯을 먹은 듯이 버섯은 채집인의 일부가 된다. 이는 어떻게든 그 트로피가 상품으로 전환되어야만 한다는 것을 뜻한다. 만약 버섯이 자유의 트로피로서 채집되고 그 과정에서 채집인의 일부가 된다면, 이것은 어떻게 자본주의 상품이 되는가?

이 질문에 답하기 위해 나는 사회적 교환의 유형으로서 선물의 특별한 속성에 주목한 인류학적 유산의 도움을 받고자 한다. 브로니슬라브 말리노프스키Bronislaw Malinowski는 쿨라환kula ring, 즉 뉴기니의 멜라네시아 동부 지역에서 만들어진 목걸이와 조개 팔찌의 교환을 연구하면서 선물의 특별한 속성에 주목했다.[1] 쿨라 교환은 여러 세대의 사회 분석가들에게 다양한 방식으로 가치가 창조되는 현상을 생각할 수 있도록 영감을 주었다. 놀라운 사실은 그 장신구들이 일반적인 교환의 매개체도 아니고 자체적으로 흥미로운 특성을 지닌 것도 아니기에 특별히 유용한 물건은 아니라는 점이다. 그 장신구들은 **오로지** 쿨라에서 가지는 역할 때문에 가치가 있다. 그것들은 선물로서 관계와 명성을 만든다. 이것이 그것들의 가치다. 그러한 종류의 가치는 경제적 상식을 뒤엎는다. 따라서 그 장신구들은 생각해보기에 좋은 사례.

사실 쿨라를 통해 생각하면 자본주의의 미스터리하고 기이한 특징인 소외를 알 수 있다. 쿨라는 자본주의 체제 내에서 사람뿐

---

1. Bronislaw Malinowski, *Argonauts of the Western Pacific* (London: Routledge, 1922): [국역본] 브로니스라브 말리노브스키, 『서태평양의 항해자들』, 최협 옮김(전남대학교출판부, 2013).

만 아니라 사물도 소외된다는 것을 보여준다. 생산자가 누군지 모르는 상태에서 상품이 팔리면서 공장 노동자가 자신이 만드는 사물로부터 소외되는 것과 마찬가지로, 사물도 그것을 만들고 교환하는 사람에게서 소외된다. 사물은 홀로 존재하는 물건이 되어 이용되고 교환된다. 그 사물은 그것을 생산하고 배치한 사람들의 관계망과 어떤 관련도 맺지 못하게 되기 때문이다.[2] 그리고 이러한 상황은 자본주의 세계 안에서 살아가는 우리들에게는 일상적인 것으로 보일지 몰라도, 쿨라를 공부하고 나면 이상하게 보이게 된다. 쿨라에서 사물과 사람은 함께 형성되는데, 선물을 통해 사물은 사람의 연장extension이 되고 사람은 사물의 연장이 되기 때문이다. 쿨라환의 귀중품들은 그것들이 형성하는 개인 간의 관계를 통해 알려진다. 유명인들 또한 자신들이 주고받은 쿨라 선물을 통해 알려진다. 그리하여 사물은 사용되거나 상품으로 교환될 때만 가치를 가지는 것이 아니다. 사물은 그것들이 일부를 담당하는 사회관계와 명성을 통해 가치를 지닐 수 있기 때문이다.[3]

　　많은 분석가는 가치를 생산하는 양상에서 쿨라와 자본주의

2.　소외된 물체와 소외되지 않은 물체에 대해 내가 생각할 수 있었던 것은 다음의 문헌들에서 영향을 받았기 때문이다. Marilyn Strathern, *The gender of the gift* (Berkeley: University of California Press, 1990); Amiria Henare, Martin Holbraad, and Sari Wastell, eds., *Thinking through things* (London: Routledge, 2006); David Graeber, *Toward an anthropological theory of value* (London: Palgrave Macmillan, 2001): [국역본] 데이비드 그레이버, 『가치이론에 대한 인류학적 접근』, 서정은 옮김(그린비, 2009).

3.　쿨라용 사물과 달리 자본주의 상품은 얽힘의 역사와 의무의 무게를 짊어질 수 없다. 자본주의 상품을 정의하는 것에는 단순히 **교환**뿐 아니라 소외가 필수적이다.

사이의 차이가 너무 커 보였기에, 가치를 만드는 서로 다른 논리의 '선물 경제'와 '상품 경제'로 세계를 나눌 수 있다고 주장했다.[4] 대부분의 이분법이 그렇듯이, 선물과 상품의 대조는 현실 세계에서 제대로 이루어지기 힘들다. 대부분의 상황에서 선물과 상품의 이상적인 유형은 병치되어 있거나 뚜렷하게 구분되지 않거나 그 성격과 정의에서 벗어난 방식으로 존재하기 때문이다. 그럼에도 지나치게 단순화한 설명이라도 선물과 상품을 대조하면 그 둘의 차이점을 살펴볼 수 있기 때문에 꽤 유용한 방법이다. 우리는 경제 상식에 안주하기보다 가치 체계를 가로질러 관통하는 대조적인 현상에 대해 경계를 게을리하지 않는다. 차이를 알아차리는 방법은, 자본주의가 어떻게 비자본주의적 가치 체계에서 생성되는지, 그리고 어떻게 그러한 가치 체계가 자본주의 내에서 잘 작동하는지 분석하기 위해서 시도해볼 만한 가치가 있다. 사물을 자본주의 자산으로 변환시키는 데 필수적인 요소인 소외의 존재 여부로 선물과 상품을 구분할 수 있다.

송이버섯의 상품사슬 연구에서 고려해볼 만한 위의 방법은 송이버섯의 최종 목적지를 살펴볼 때도 유용하다. 일본에서 송이버섯은 거의 항상 선물용으로 쓰인다. 가장 낮은 등급의 송이버섯은 슈퍼마켓에서 팔리고 식품 제조업에서 재료로 사용된다. 그러나

---

4. 메릴린 스트래선은 크리스토퍼 그레고리(Christopher Gregory)의 주장을 다음과 같이 설명했다. "만약 상품 경제에서 물건과 사람이 물건의 사회적 형태를 가정한다면, 선물 경제에서는 그것들이 사람의 사회적 형태를 가정한다."(Strathern, *Gender*, 134, 다음 문헌 인용. Christopher Gregory, *Gifts and commodities* [Waltham, MA: Academic Press, 1982], 41).

더 높은 등급의 송이버섯은 알려진 대로 전형적인 선물이다. 송이버섯을 그냥 먹으려고 사는 사람은 거의 없다. 송이버섯은 관계를 형성하며, 이 버섯은 선물로서 그러한 관계와 분리될 수 없다. 송이버섯은 선물 경제에서 가치를 정의 내리는 특성, 즉 사람이 연장된 것이다.

아마도 이 선물이 채집인에게서 소비자에게로 직접 전달된 시대와 장소가 존재했을 것이다. 예를 들어, 중세 일본에서 농민이 자신들의 영주에게 송이버섯을 진상했을 때, 그 버섯은 선물이 갖는 관계 만들기의 영향력을 표현하기 위한 목적으로만 채집되고 존재했다. 그러나 오늘날 대부분의 경우, 선물은 자본주의 상품사슬에서 구제된다. 버섯을 선물하는 사람은 고급 식료품점에서 그것을 사거나, 대접하고 싶은 손님을 비싼 음식점에 초대해 송이버섯을 즐기게 한다. 식료품점과 음식점은 수출업자 또는 국내 농협에서 버섯을 받는 도매업자의 상품사슬을 통해 버섯을 구입한다. 어떻게 상품에서 선물이 만들어지는가? 그리고 그 상품은 상품사슬의 더 이른 시점에서는 선물이었던 것이 상품으로 만들어진 것일 수도 있는가? 이 장의 나머지 부분에서는 이러한 퍼즐을 살펴볼 것이다. 이 퍼즐이 자본주의와 그것의 다른 구성 요소들을 함께 끌어들이는 데 필수적인 번역 행위의 핵심으로 우리를 이끌 것이기 때문이다.

송이버섯이 해외로부터 도착하는 일본에서 시작해보자. 분명히 그 버섯들은 매우 조심스럽게 냉각되고, 포장되고, 분류된 자본주의 상품이다. 우리가 그렇게 될 수도 있을 만큼이나 소외된 독립적인 사물이다. 다시 말해서, 수출국만이 라벨을 붙이기 때문에 아무도 그 버섯들이 어떤 상태에서 채집되고 팔리는지 알 수 없을 것이다.[5] 그 버섯들은 일본에 도착하기 전에 버섯을 예찬하고 교환했던 사람들과는 아무런 연결 고리가 없다. 수입업자들이 자신들의 회사를 꾸리는 자산인 재고품일 뿐이다. 그러나 일본에 도착하자마자 바로 그 버섯들은 상품에서 선물로 변형되기 시작한다. 이것은 번역의 마법이고, 송이버섯 상품사슬의 종착지인 일본에 존재하는 모든 중개인은 이러한 번역의 전문가다. 그 중개인들을 추적해볼 가치가 있다.

수출업자는 도착한 송이버섯 적하물을 곧장 정부의 인가를 받은 도매업자에게 보내고, 그 도매업자는 판매를 관리하면서 수수료를 받는다. 도매업자는 수입된 송이버섯을 두 개의 길 중 하나로 안내한다. 다시 말해서 송이버섯을 중간 도매업자에게 협상과 경매 중 한 가지 방식으로 판매한다. 놀랍게도 두 경우 모두에서 도매업자는 자신의 일을 단지 상품사슬에서 상품을 효율적으로 이전시키는 것이라고 보지 않는다. 그들은 적극적인 중재자다. 그들은 자신들이 하는 일을 최고의 구매인과 송이버섯을 맺어주는 것이라고 생각하기 때문이다. 도매상에서 송이버섯을 다루는 한 남자는 "송이버섯 시즌에는 잠도 자지 않아요"라고 말했다. 적하물

5. 미국 태평양 연안 북서부에서 채집되는 많은 송이버섯은 일본으로 보내는 수출업자가 캐나다의 브리티시컬럼비아주에서 발송하기 때문에 라벨에 캐나다산이라고 적혀 있다. 수출업자들은 수출품이 출발하는 공항이 위치한 지역을 상품 표지에 기록한다. 외국산 식품에 생산지 라벨을 붙이는 것은 일본 법으로 금지되어 있다. 그것은 일본 상품만이 갖는 특권이다. 국내산만 허가한다.

이 도착할 때마다 그것을 평가해야 한다. 그는 들어온 버섯의 품질과 특징을 평가한 후, 알맞은 구매인, 즉 그러한 종류의 송이버섯을 이용할 수 있는 사람들에게 전화한다. 그에게는 이미 버섯이 갖는 관계 만들기의 힘, 즉 품질의 힘이 부여된다.

나의 공동 연구자 사쓰카 시호는 나와 함께 이러한 경험들에 대해 들으며 여러 인터뷰를 진행한 후, 도매업자의 역할을 '중매인 matchmakers'이라고 설명했다. 그들의 일은 상품을 적절한 구매인과 연결시키는 중매를 통해 최고의 가격을 받는 것이다. 어떤 채소 도매업자는 작물이 자라는 환경을 보기 위해 농가를 직접 방문한다고 말했다. 그 작물에 만족할 구매인이 누구일지 알고 싶기 때문이다. 상품에서 선물로의 번역은 이미 이런 중매를 통해 이루어지고 있다. 도매업자는 먼저 자신이 취급하는 상품에 담긴 관계의 속성을 찾고 나서 특정 구매인과 상품의 자연스러운 중매가 이루어지도록 한다. 그렇다면 송이버섯 판매는 처음부터 개인적인 관계를 만들고 유지하는 것으로 이루어진다. 버섯은 관계의 속성을 떠맡는다. 개인적인 유대 관계를 만드는 힘이 버섯에 주어져 있기 때문이다.

경매를 통해 송이버섯을 구입하는 중간 도매업자는 이 중매에 더욱더 많이 투자한다. 중간 도매업자는 판매할 때 수수료를 받는 도매업자와 달리, 알맞게 중매를 하지 못하면 돈을 벌지 못한다. 그들은 버섯을 구매할 때 이미 특정한 고객을 염두에 두고 있는 경우가 흔하다. 품질에 따라 관계가 형성되므로 그들이 지닌 기술 또한 품질 평가다. 여기서 슈퍼마켓에서 일하는 중개인은 예외인데,

그들은 품질보다는 수량과 신뢰도를 더 중요하게 여긴다. 슈퍼마켓은 더 낮은 가치의 송이버섯을 판매한다. 그러나 좋은 송이버섯은 중간 도매업자와 거래하는 작은 소매업의 전유물이며, 그들의 관계는 그 거래 전체의 풍미를 결정한다. 버섯을 올바르게 평가하는 능력은 이러한 풍미의 필수 요소다. 이 때문에 판매자는 구매인에게 일반 상품만 제공하는 것이 아니라 개인적인 조언도 할 수 있다. 그 조언은 사용가치와 교환가치를 벗어나서 뻗어나가는, 버섯과 함께 오는 선물이다.

특산물 식료품점과 비싼 음식점은 자신의 고객을 잘 파악하고 있다는 사실에 자부심을 가지고 있는데, 최고의 송이버섯은 이런 곳에서 팔린다. 어떤 식료품점 주인은 자신이 거래하는 최고의 고객들을 잘 안다고 설명했다. 다시 말해서 그는 결혼식과 같이 송이버섯을 사용할 수 있는 의례가 언제 열릴지 알고 있다. 그 식료품점 주인에게 버섯을 판매하는 중간 도매업자 또한 이미 특정 고객을 생각하고 있다. 그가 그 고객들에게 연락을 하는 것은 단지 상품을 판매하려는 것이 아니라 관계를 유지하기 위한 것이다. 송이버섯은 상품 영역을 떠나기도 전에 선물이 된다.

송이버섯을 구입하는 개인들은 거의 항상 관계 형성에 대해 생각하고 있다.[6] 한 동료는 연회에 참석하러 가는 한 무리의 긴장

---

6.   이러한 방식에 사용되는 멋진 음식으로 송이버섯이 유일하지는 않다. 특산품 멜론과 연어도 상품 중에서 그러한 선물 경제에 포함되며, 송이버섯처럼 한 계절의 특성을 표현하는 음식이다. 이러한 선물들이 가지는 공통점은 '일본식' 삶의 방식을 확인시키는 예로서 여겨진다는 점이다. 선물이라는 지위가 그 상품들의 순위와 가격에 영향을 미친다.

한 사람들과 함께 차를 탄 적이 있다고 내게 말했다. 그 연회는 한 확대가족의 오래된 갈등을 치유하기 위해 열린 것이었다. "그 사람들이 송이버섯을 내놓을까?"라고 그의 친구들이 계속 물었다. 만약 그 갈등이 해소될 것이라면 송이버섯이 있을 것이다. (그리고 있었다.) 그래서 송이버섯은 장기적인 관계를 가질 필요가 있는 사람에게 주는 이상적인 선물이다. 공급업자는 송이버섯을 자신들에게 일거리를 맡기는 회사에 준다. 한 식료품업자는 어떤 종교로 새롭게 개종한 사람들이 자신들의 정신적 지도자에게 바치기 위해 송이버섯을 사기 시작했다고 말했다. 송이버섯은 진지한 헌신의 표시다.

그 식료품점 주인 또한 그것이야말로 '일본'식 삶의 핵심이라고 생각한다고 내게 말했다. 그는 "당신이 트러플을 몰라도 프랑스를 이해할 수 있지만, 송이버섯을 모르고서는 일본을 이해할 수 없어요"라고 말했다. 그는 버섯이 갖는 관계의 속성을 언급하고 있었다. 그것은 단지 냄새나 맛이 아니라 개인적인 유대 관계를 매우 강력하게 만드는 버섯의 능력이었다. 이 부분에서도 그의 중매인으로서의 역할이 드러난다. 그는 송이버섯이 음식으로 소비될 준비가 끝나기 훨씬 전부터 송이버섯을 관계에 관한 것으로 만들어야 한다.

그 반대 상황을 떠올리게 하는 것 또한 버섯이 가진 관계의 힘이다. 그 반대 상황이란 포식을 넘어서 송이버섯으로 배를 채우는 엄청난 환상을 말한다. 많은 사람이 불가능하다는 것을 알면서도 그러한 환상을 개구쟁이처럼 내게 말했다. 그것은 송이버섯 가격만의 문제가 아니라 송이버섯의 기본적인 역할, 즉 관계 형성하기를 깨기 때문에 전율을 일으킨다는 것이다. 끝없이 쌓인 송이버섯으로 배를 채우는 것은 너무 완벽하게 그리고 매우 맛있게 나쁜 것이 될 것이다.

그렇다면 송이버섯의 가치는 그것을 이용하고 상업적으로 교환하는 데에서만 기인하지 않고 주는 행위에서 만들어지는 것이다. 그리고 그것은 중재인이 이미 그 상품사슬의 각 단계마다 자신들의 고객에게 송이버섯의 품질을 개인적인 선물로 주고 있기 때문에 가능하다. 그와 같이 개인의 필요에 맞추는 일은 이와는 다른 장소에 존재했던 다른 귀족적 상품들을 연상시킨다. 신사는 기성복이 아니라 그에게 꼭 맞게 만들어진 맞춤 정장을 원한다. 그러나 중재인의 개인적인 맞춤 작업과 귀족적인 상품을 그렇게 병렬시키자 선물과 상품 사이에서 일어나는 전환 현상이 더욱 두드러지게 드러난다. 많은 분야와 문화에서 중재인은 자본주의적 상품을 다른 가치 형태로 전환할 만반의 태세를 갖추고 있다. 이러한 자본주의 체제는 사람과 사물이 생산되는 비자본주의적 방식과 공존하는데, 이렇게 공존하는 과정에서 일어나는 가치 번역의 행위에 이러한 중재인이 관여한다.

그러나 일본에서 송이버섯 선물에 절대로 포함되지 않는 일련의 관계가 있다. 다른 나라에서 송이버섯을 채집하고 구매할 때 생성되는 관계가 그것이다. 중간상인과 소비자 모두 자신의 송이버섯이 입수될 때 형성되는 관계에는 관심을 가지지 않는다. 외국산 송이버섯은 버섯이 자라고 채집되고 시장에서 판매되는 조건과 아무런 관련이 없는 일련의 일본식 선호도에 따라 등급이 매겨진다. 그 버섯들이 수입 창고에 도착하면 채집인 및 구매인과의 연결이 사라지고, 생태적 생활세계와의 관계는 더더욱 사라진다. 잠시 동안 송이버섯은 온전히 자본주의 상품이 된다. 그러나 어떻게 그렇게 되었는가? 여기에 가치 번역의 또 다른 이야기가 있다.

가치 창출에서 발생하는 소외의 수수께끼와 그것의 대안에 대해 생각하기 위해 다시 한 번 마지막으로 오픈티켓의 구매 현장으로 가보자. 나는 지금까지 참여자들이 다양한 역사와 의도를 갖고 있음에도, 그들은 자신들이 자유라고 부르는 정신으로 함께 묶인다고 주장했다. 다양한 형태의 자유가 서로의 자유를 증대시키면서 구매 행위에서 교환된다. 채집인은 자신의 정치적 자유와 숲에서 누리는 자유의 트로피를 시장 자유를 옹호하는 사람들과 교환하기 위해 가져온다. 그는 그 교환을 통해 숲으로 다시 돌아갈 더 많은 자유를 얻는다. 버섯이나 돈과 마찬가지로, 자유도 교환을 통해서 가치를 만드는 것일까? 앞에서 언급한 멜라네시아의 쿨라환에서 참석자들은 쿨라 귀중품과 함께 돼지와 얌[7] 같은 일상적인 물건도 가져온다. 이러한 부수적인 무역의 가치는 명성을 얻기 위해 목걸이와 팔찌를 교환하는 행위와 연관되면서 발생한다. 그와 비슷하게 오픈티켓에서도 버섯과 돈은 자유를 교환하는 행위의 징표이자 트로피인 것만큼이나 귀중품이기도 하다. 버섯과 돈은 자유와 연결되면서 가치를 얻는다. 그 둘은 고립된 소유물이 아니라

---

7. 고구마와 맛이 비슷한 열대 덩이줄기 중 하나. —옮긴이

사람을 형성하는person-making 속성이다. 이런 관점에서 볼 때, 여기에 분명한 '선물'이 존재하지 않는다는 것이 사실임에도, 만약 그러한 경제 체계를 선물 대 상품의 대조로 판단해야만 한다면, 나는 그것을 선물 경제로 분류할 것이다. 개인적 가치와 물건의 가치는 자유를 교환하면서 함께 생겨난다. 자유는 개인적 가치로서 돈과 버섯 찾기를 통해 창출되는데, 이는 돈과 버섯의 가치가 구매인 및 버섯 찾는 사람이 획득한 자유에 따라 참가자들에 의해 평가되는 것과 똑같다. 돈과 버섯은 사용가치 또는 자본주의적 교환가치 그 이상이다. 이 둘은 채집인, 구매인, 현장 중개인이 소중하게 여기는 자유의 일부분이다.

그러나 밤이 깊어지면 그들을 둘러싼 버섯과 돈은 완전히 다른 어떤 것이 된다. 버섯이 얼음팩과 함께 상자에 포장되어 일본으로 수송되기 위해 주기장駐機場에서 대기하는 시간이 되면, 그 버섯에서 그것을 트로피로 만들었던 독특한 자유의 경제와 관련된 흔적을 찾기는 힘들어진다. 무슨 일이 일어난 걸까? 오픈티켓에서는 밤 11시가 되면 상자에 담긴 버섯을 트럭에 실어 오리건주와 워싱턴주 그리고 브리티시컬럼비아주의 밴쿠버에 있는 대규모 구매업자의 창고로 보낸다. 거기서 이상한 일이 일어난다. 버섯이 다시 분류되는 것이다. 이것은 굉장히 이상한 일인데, 그 이유는 오픈티켓의 구매인은 버섯 분류의 달인이기 때문이다. 분류하기를 통해 구매인은 기량을 키우며, 이것은 그들이 버섯과 갖는 깊은 관계에 대한 표현이다. 그러나 더더욱 이상한 것은 새로운 분류자들이 버섯에 전혀 관심 없는 일반 노동자라는 점이다. 그들은 사회보장 혜택을 받지 못하는 시간제 호출 근로자다. 그들은 별도의 수입을 약간 원하는, 상근하는 직업이 없는 사람들이다. 나는 고향을 떠났다가 돌아온 히피들이 꼭두새벽에 네온 불빛 아래에서 분류 작업을 하는 것을 보았다. 밴쿠버시에서는 홍콩계 이민자 주부들이었다. 그들은 상품에 관심이 없는 소외된 노동력으로서 고전적 의미의 노동자에 속한다. 하지만 그들은 북미 스타일의 번역가다. 그들은 버섯이 어떻게 그곳에 있게 되었는지에 대한 아무런 지식이나 관심이 없기 때문에 그 버섯을 재고품의 일부로 정화할 수 있다. 그 창고에 버섯을 데려온 자유는 그러한 새로운 평가 작업에서 지워진다. 이제 버섯은 성숙도와 크기에 따라 분류되는 상품일 뿐이다.

왜 다시 분류하는가? 대규모 구매업자가 창고 분류를 조직한다. 그들은 일본의 경제적 관례를 따르는 수출업자와, 전쟁과 자유의 선물-트로피를 믿는 미국의 지방 경제에 헌신적인 구매인 사이에서 자신들의 위치를 차지하고자 하는 소규모의 사업가다. 그들은 구매인 사이에서 한판 싸움을 하는 현장 중개인을 통해 일한다. 그렇다면 그들은 현장 중개인에게서 수출업자에게 옮겨가는 사이에 버섯을 기준에 부합하는 수출 상품으로 변형시켜야만 한다. 그들은 자신들이 수송하는 상품을 알아볼 필요가 있고, 그것을 수출업자에게 변호할 필요가 있다. 그들은 다시 분류하는 작업을 통해 버섯을 **파악**한다.

한 이야기를 예로 들어보자. '아가들'로 알려진 아주 작은 송이버섯을 채집하거나 구입하거나 수출하는 것은 오리건주에서 불법이다. 비록 미국 정부는 환경 보전을 위해 그러한 규정을 만들었다고 주장하지만,[8] 진짜 이유는 일본 시장이 그렇게 작은 버섯에 관심이 없기 때문이다. 송이버섯 채집인은 어쨌든 그것을 채집한다. 그리고 구매인은 채집인이 작은 버섯을 사게 **했다고** 주장한다.[9] 아가들은 창고에서 추가 분류 작업을 할 때 제거된다. 그 버섯들은 매우 작기 때문에 무게에서 크게 차이가 나지는 않을 것이다. 미국 당국은 아가들이 담긴 수출 상자는 확인하지 않는다. 그러나 폐기된 아가들은 버섯이 상품 표준에 맞춰지도록 한다. 채집인과 구매인 사이에 이루어지는 자유의 교환에 더는 얽히지 않은 상태가 된 버섯은 특정한 크기와 등급의 상품이 된다.[10] 버섯은 사용되거나 상업적으로 교환될 준비를 마친다.

그렇다면 송이버섯은 그것의 삶이 선물로서 시작되고 선물로 끝나는 자본주의 상품이다. 그것이 온전히 소외된 상품으로 존재하는 것은 오직 몇 시간일 뿐이다. 주기장에서 수송 상자에 담겨 재고품의 일부로 기다리는 시간과 비행기에 실려 이동하는 시간이 그것이다. 그러나 그 시간은 중요하다. 공급사슬을 지배하고 구조화하는 수출업자와 수입업자 간의 관계는 그 시간의 가능성 안에서 접합되어 있다. 재고품으로서의 송이버섯은 수출업자와 수입업자에게 이윤을 낳게 하는 산출算出이 가능하도록 하기에, 그들의

8. 만약 모든 버섯 포자가 성장하기 전에 채집된다면, (그 곰팡이의 번식 성공도에서) 아가들이 특별 대우를 받을 이유는 없을 것이다.
9. 버섯 사냥꾼들이 가끔 아가들 중 몇 개를 좀 더 비싼 '1등급' 상자에 담도록 개입하지만, 아가들은 관례상 (5개의 등급 중에서) 3등급으로 분류된다.
10. 캐스케이드산맥 중부의 구매인들은 성숙도에 따라 버섯을 5개의 가격 등급으로 분류한다. 대규모 구매업자들은 크기에 따라 다시 분류한다. 수출된 버섯은 크기와 성숙도에 따라 포장된다.

입장에서는 송이버섯의 상품사슬을 조직하는 작업이 가치 있는 일이다. 이것은 비자본주의적 가치 체제로부터 자본주의적 가치를 창출하는 구제 축적이다.

가치를 번역하다, 오리건주.
크메르계 구매인들이
가격을 결정하기 위해서
어떤 채집인의 송이버섯을 분류한다.
경제적 다양성은
자본주의를 가능케 하지만
그것의 헤게모니를
약화시키기도 한다.

10

구제 리듬:
교란되고 있는 비즈니스

보르네오섬에서 사람들과 숲을 연구하는 동료 한 명이 내게 다음과 같은 이야기를 해주었다. 그가 연구하는 공동체는 거대한 숲속과 그 주변에서 살았다. 한 벌목 회사가 와서 숲을 베었다. 나무들이 모두 사라지자 해체된 기계들을 산처럼 쌓아두고서 그 회사도 떠났다. 주민들은 더는 숲을 통해서도, 회사를 통해서도 생계를 유지할 수 없게 되었다. 그들은 기계를 분해해 금속을 조각내 팔았다.[1]

나는 이 이야기에 구제의 양면 가치가 압축되어 있다고 생각한다. 한편으로 숲이 파괴되었음에도 그 사람들이 살아남는 방식

---

1. 나이토 다이스케(內藤大輔)와의 개인적인 대화에서, 2010년.

을 찾아냈다는 데 마음 가득히 존경심이 든다. 다른 한편으로는 그 금속 조각들을 다 팔고 나면 어떻게 할지, 그 폐허에 지속적인 생존을 가능하게 할 다른 것들이 충분히 있을지 걱정하지 않을 수 없다. 그리고 우리 모두가 폐허에서 그들처럼 삶을 형성하면서 살아가지는 않을지라도, 대부분의 경우 인간이 훼손한 환경에서 생존을 위해 협상하면서 혼란스럽고 괴로운 삶을 살아야 한다. 우리는 시장에 금속 조각을 내다 파는 구제 리듬과 송이버섯을 채집하는 일에 얽힌 역사의 구제 리듬 중 어느 한쪽을 따라간다. 내가 '리듬rhythms'이라고 부르는 것은 시간적 조율 형식을 의미한다. 앞으로 전진하고 오직 한 가지 종류로만 존재하는 진보의 맥박이 부재한 상태에서 우리가 가진 것이란 규칙 없이 조율된 구제다.

20세기 대부분의 시간 동안 많은 사람은, 아마도 특히 미국인은, 비즈니스가 진보의 맥박을 뛰게끔 추동한다고 생각했다. 비즈니스는 항상 더 커졌다. 세계의 부를 증가시키고 있는 것 같았다. 비즈니스는 그 목적과 필요에 따라 세계를 효율적으로 개조하고 있었고, 그래서 사람들은 돈과 물건을 사용하고 상업적으로 교환함으로써 힘을 부여받을 수 있었다. 자신의 리듬을 비즈니스의 미래를 향한 맥박에 맞춰 연결시키기만 하면 투자 자본이 없는 보통 사람조차도 앞으로 나아가게 될 것처럼 여겨졌다. 그것은 확장성을 통해 작동했다. 이것을 통해 사람과 자연은 확장 알고리즘의 단위가 됨으로써 진보에 참여할 수 있었다. 끝없이 확장하는 진전은 사람 및 자연과 제휴해 나란히 나아갈 것이었다.

지금은 이런 모든 것이 점점 더 이상하게 느껴진다. 그럼에도 비즈니스 세계의 전문가들은 그러한 지식 생산 장치 없이는 그 무엇도 하지 못하는 것 같다. 이 경제 시스템은 참가자에 관한 일련의 추상적 관념으로서 우리에게 제시되는데, 그 추상적 관념은 확장성과 팽창을 진보로 여기는 20세기 사고에 기반해 참가자(투자자, 노동자, 원료)에 대해 가정할 것을 요구한다. 이러한 추상적 관념의 우아함에 미혹된 탓에, 이러한 경제 구조가 조직하는 것으로 추정되는 세계를 더 자세히 들여다보는 일이 중요하다고 생각하는 사람은 거의 없다. 민족지 연구가와 언론인은 이곳저곳의 생존, 번영, 곤경에 대해 보고한다. 그러나 전문가들이 한편으로는 경제성장을 이야기하는 것과, 다른 한편으로는 삶과 생계를 이야기하는 것 사이에는 균열이 있다. 이런 방식의 보고서는 도움이 안 된다. 알아차림의 기술을 통해 경제에 대한 우리의 이해를 다시 고취시킬 시간이다.

구제 리듬을 통해 생각하면 우리의 시야가 바뀐다. 산업은 더는 미래에 대한 계획을 세우지 않는다. 생계 방식은 다양하며, 대충 꿰맞춰져 있고, 종종 일시적이다. 사람들은 여러 가지 이유로 그렇게 생활하게 되며, 20세기의 꿈이라 할 수 있는 안정적인 임금과 혜택으로 이루어진 패키지를 제공받는 경우는 아주 드문 일이다. 나는 생계의 패치들이 배치로서 생성되는 과정을 지켜보자고 제안해왔다. 참가자는 세계-만들기 프로젝트를 안내하는 과정에서 작은 역할을 하는 다양한 안건을 가지고 참여한다. 오픈티켓의 버섯 사냥꾼이 가져온 안건 중 하나는 전쟁 트라우마에서 벗어나 살아남고 미국 시민권과 계속해서 협상하는 것이다. 채집인이 '버섯 열병'을 좇아서 숲으로 들어오도록 하는 이러한 프로젝트를 통해 상업적인 채집이 가동된다. 프로젝트들 간에 차이가 내재함에도, 경계물 특히 채집인이 자유라고 부르는 것에 전념하는 일이 생겨난다. 이러한 상상의 공통 기반을 통해 상업 채집은 하나의 현장으로서 일관성을 갖게 된다. 그리고 채집은 하나의 사건happening이 된다. 채집의 창발하는 속성들을 통해 다각적인 역사가 가능해진다. 상의하달식top-down 규율이나 동기화synchronization 없이, 그리고 진보에 대한 기대 없이, 생계 방식의 패치들은 글로벌 정치경제를 구성하는 데 기여한다.

자본주의 그 자체는 상품과 사람을 전 세계적으로 모집하면서 배치의 성격을 띤다. 그러나 자본주의는 **또한** 부분들의 합으로 제한하는 기묘한 장치인 기계의 특성이 있는 것 같다. 이 기계는 우리가 그 내부에서 삶을 살아가는 총체적 기관total institution[2]이 아니다. 대신에 이 기계는 세계를 자산으로 바꾸기 위해 생활환경을 번역한다. 그러나 모든 번역이 자본주의에서 받아들여질 수 있는 것은 아니다. 자본주의가 후원하는 모임은 개방형이 아니다. 한 무리의 기술자와 경영인이 불쾌한 부분을 제거하기 위해 대기하고 있다. 그리고 그들에게는 법정과 총부리에서 나오는 힘이 있다. 이는 기계가 고정된 형태로 있다는 뜻이 아니다. 일본-미국 무역 관계의 역사를 돌아보면서 내가 주장했듯이, 자본주의적 번역의 새

---

2. 사회학자 어빙 고프먼(Erving Goffman)이 말한 개념으로, 요양원, 특정 병상, 수도원, 감옥, 원양어선 등과 같이 구성원들이 사회에서 격리되어 살아가야 하는 닫힌 체제의 사회적 기관을 지칭한다. ―옮긴이

로운 유형은 항상 생겨난다. 쉽게 가늠할 수 없는 마주침은 자본주의의 형태를 빚는 과정에서 중요하다. 그러나 이것이 야생의 풍성함은 아니다. 모종의 헌신이 힘force을 통해 지속된다.

　　이 책에 담긴 나의 생각 중 두 가지가 특히 중요하다. 첫째, 소외는 자본주의적 자산이 형성될 수 있는, 얽힘이 풀린disentanglement 형태다. 자본주의 상품은 다음 단계의 투자를 가능하게 하는 발판으로 사용되기 위해 생활-세계에서 제거된다. 그 결과 중 하나는 무한한 필요다. 다시 말해서 투자자가 원하는 자산의 크기에는 한계가 없다. 따라서 소외는 축적, 즉 투자 자본의 축적을 가능하게 한다. 이것이 나의 두 번째 관심사다. 축적이 중요한 이유는 그것이 소유를 권력으로 바꾸기 때문이다. 자본이 있는 사람들은 공동체와 생태계를 전복시킬 수 있다. 자본주의는 통약성commensuration이 있는 시스템이기 때문에 자본주의 가치 형태들은 차이의 거대한 순환 회로를 가로지르면서도 번창한다. 돈은 투자 자본이 되고, 이는 더 많은 돈을 낳을 수 있다. 자본주의는 인간 및 비인간의 방식을 모두 포함하는, 모든 종류의 생계 방식으로부터 자본을 생산하기 위해 작동하는 번역 기계다.[3]

3.　자본 축적은 주변자본주의적 장소들이 자본주의적 공급 라인으로 끌어들여지면서 이루어지는 번역에 의존한다. 여기서 다시 한 번 나의 주요 주장을 살펴보겠다. (1) 구제 축적은 비자본주의적 가치 유형으로 창출된 가치가 축적 가능한 자본주의적 자산으로 번역되는 과정이다. (2) 주변자본주의적 공간들은 자본주의적 가치 유형과 비자본주의적 가치 유형 모두 동시에 번창할 수 있는, 따라서 번역을 허용하는 공간이다. (3) 공급사슬은 선두 기업들의 재고품 만들기와 자본주의적이고 비자본주의적인 경제 행위 중 모든 종류의 행위가 번창하는 주변자본주의적 장소들을 연결시키는 번역을 통해 조직된다. (4) 경제 다양성은 자본주의를 가능하게 한다. 그리고 경제 다양성은 자

내가 패치와 번역을 생각할 수 있었던 것은 이와 같은 주제들에 대한 철저한 학술적 연구, 특히 페미니즘 인류학에서 등장한 연구 덕분이다. 페미니스트 학자들은 계급 형성이 또한 문화 형성임을 밝혀냈다. 그리고 이것이 내가 분석하는 패치의 기원이다.[4] 그들은 또한 이질적인 풍경들 사이에서 벌어지는 거래에 대한 연구를 개척했다. 내가 언급하는 번역이 바로 이것이다.[5] 만약 내가 그러한 대화에 더한 것이 있다면, 자본주의의 내부인 동시에 외부이기도 한 생계 방식에 주의를 기울인 것이다. 나는 훈련받은 노동자나 요

본주의적 통치의 불안정성과 거부가 일어나는 장소를 제공한다.

4. 일례로 말레이시아의 전자제품 공장 직원에 관한 영향력 있는 책을 쓴 아이와 옹(Aihwa Ong, *Spirits of resistance and capitalist discipline* [Albany: State University of New York Press, 1987])은 식민주의적이고 후기식민주의적인 우연한 궤도 때문에 공장에서 고용하고 싶어 하는 시골 말레이 여성 유형이 생산됐다고 보았다. 실비아 야나기사코(Sylvia Yanagisako, *Producing culture and capital* [Princeton, NJ: Princeton University Press, 2002])는 공장주와 매니저들이 문화적으로 이상적인 요소에 기반해 결정을 내린다는 점을 드러내보였다. 그는 자본주의적 비즈니스는 효율성을 위한 중립적인 제도보다는 문화적 역사에서 발전한다고 주장한다. 노동자뿐 아니라 소유주도 문화적 어젠다를 통해서 계급적 이익을 발전시킨다.

5. 서아프리카의 경제적 거래에 관한 연구에서 제인 가이어(Jane Guyer)는 어떻게 금융 거래가 이미 확립된 등가의 신호일 필요는 없는지 보여준다. 즉, 돈은 문화적 경제를 재편성하고 하나의 패치에서 다른 패치로 그러한 경제 논리를 번역하는 데 사용될 수 있다(*Marginal gains* [Chicago: University of Chicago Press, 2004]). 거래는 돈이 교환될 때조차도 비시장 논리를 포함할 수 있다. 가이어의 연구는 어떻게 경제 제도들이 차이를 통합하는지 보인다. 초국적 상품사슬은 그러한 양상을 살펴보기 좋은 장소다. 리사 로펠(Lisa Rofel)과 실비아 야나기사코는 어떻게 이탈리아의 실크 회사들이 중국인 생산자들과 이해와 실천의 차이를 극복하면서 가치 만들기를 협상하는지 연구한다("Managing the new silk road: Italian-Chinese collaborations," Lewis Henry Morgan Lecture, University of Rochester, 2010년 10월 20일). 다음의 문헌들도 참고하기 바란다. Aihwa Ong, *Neoliberalism as Exception* (Durham, NC: Duke University Press, 2006); Neferti Tadiar, *Things fall away* (Durham, NC: Duke University Press, 2009); Laura Bear, *Navigating austerity* (Stanford, CA: Stanford University Press, 2015).

령 있는 경영인과 같은 자본주의적 상상에만 주의를 집중하기보다는, 자본주의적 통치를 이용하기도 하고 거부하기도 하는 현장에서 불안정하게 살아가는 모습을 보여주려고 노력해왔다. 이와 같은 배치는 자본주의가 초래한 훼손에도 불구하고 남아 있는 것이 무엇인지 우리에게 말해준다.

대부분의 상품은 소비자에게 도착하기 전에 자본주의적 형성 과정 안팎을 넘나들며 여행한다. 휴대폰을 생각해보자. 전기회로망 깊숙한 곳에는 콜탄Coltan[6]이 있는데, 이는 임금이나 복지 혜택을 따지지 않고 어두운 구멍으로 앞다투어 들어가는, 어린 아이들이 포함된 아프리카 광부들이 캐낸 것이다. 어떤 회사도 그들을 그곳으로 보내지 않는다. 그들은 내전, 삶의 터전에서 쫓겨난 이주, 환경 악화로 인해 다른 생계 수단을 잃어버렸기 때문에 그토록 위험한 일을 하고 있다. 그들의 작업은 전문가가 자본주의적 노동이라고 상상할 만한 것과는 거리가 멀다. 그럼에도 그들의 생산물은 자본주의 상품으로서 우리들이 사용하는 휴대폰에 포함된다.[7] 구제 축적은 번역 장치를 써서 그들이 캐낸 광물을 자본주의적 상업에서 알아볼 수 있는 자산으로 전환시킨다. 그리고 내 컴퓨터는 또 어떠한가? 짧고 유용한 삶이 끝나면 (좀 더 최신 모델로 바꿔야

6. 휴대폰, 컴퓨터, 카메라 제조 등에 사용되는 광석으로, 콩고민주공화국에 주로 매장되어 있다. ―옮긴이
7. Jeffrey Mantz, "Improvisational economies: Coltan production in the eastern Congo," *Social Anthropology* 16, no. 1 (2008): 34–50; James Smith, "Tantalus in the digital age: Coltan ore, temporal dispossession, and 'movement' in the eastern Democratic Republic of the Congo," *American Ethnologist* 38, no. 1 (2011): 17–35.

만 하기 때문에) 아마도 나는 자선 단체에 내 컴퓨터를 기부할 것이다. 기부된 컴퓨터는 어떻게 되는가? 그것들은 부품으로 쓸 만한 것들을 얻기 위해 불에 태워지고, 실제로 구제 리듬을 따라다니는 아이들이 구리와 다른 금속을 분리하는 일을 하게 된다.[8] 상품은 종종 구제 축적을 거쳐서 자본주의에 이용되기 위해 다시 벌충된 후 다른 상품을 만드는 구제 작업에서 생을 마감한다. 만약 우리가 어떤 식으로든 생계 활동과 관련된 '경제 체제'에 관한 이론을 원한다면 이러한 구제 리듬에 주목하는 것이 좋을 것이다.

이것은 거대한 도전이다. 구제 축적은 차이의 세계를 드러낸다. 차이의 세계에서 서로 대립하는 정치는 연대를 위해 설계된 유토피아적 계획을 쉽게 받아들이지 않는다. 각각의 생계 패치는 그 자체의 역사와 역동성을 가진다. 그리고 다양한 패치에서 창발하는 관점을 가로지르면서 축적과 권력을 향한 분노에 대해 **함께** 토론하고자 하는 욕구는 자동적으로 생성되지 않는다. 어떤 패치도 '대표적'이지 않으므로 홀로 진행되는 각 집단의 투쟁은 어떤 것도 자본주의를 전복하지 못할 것이다. 그럼에도 이것이 정치의 끝은 아니다. 배치는 우리에게 내가 나중에 '잠복해 있는 공유지latent commons'라고 부르는 것, 즉 공동의 목적에 동원될 수 있는 얽힘을 다양한 모습으로 보여준다. 항상 협업이 우리와 함께 하기 때문에 우리는 협업의 가능성을 통해 전략적으로 움직일 수 있다. 우리는

8. Peter Hugo, "A global graveyard for dead computers in Ghana," *New York Times Magazine*, August 4, 2010. http://www.nytimes.com/slideshow/2010/08/04/magazine/20100815-dump.html?_r=1&.

다양하고 이동하는 연합체의 힘을 가진 정치가 필요할 것이고, 이것은 단지 인간만을 위해서가 아니다.

진보의 비즈니스는 소외와 확장성을 통해 무한정 풍요로운 자연을 정복하는 것에 의존했다. 만약 자연이 제한적이고 훼손되기 쉬운 것이라는 점이 밝혀진다면, 환경보전론자들이 필사적으로 어떻게든 남은 것이라도 구하려고 하는 동안에 기업가들은 그 좋은 것들이 사라지기 전에 취할 수 있는 만큼 가지려고 부리나케 몰려들 것이라는 점은 놀랄 일도 아니다. 이 책의 다음 부분에서는 인간 너머의 얽힘에서 펼쳐지는 대안 정치에 대해 다루겠다.

찾기 힘든 삶, 오리건주.
채집인들은 사슴과 엘크의
자취를 따라
송이버섯 패치로 이끌린다.
그곳에는 깊은 곳에
자리 잡은 버섯이
땅을 뚫고 올라오고 있음을
알리는 틈새가 있다.
추적하기란 세상의 얽힘을
따라가는 것을 뜻한다.

인터루드
추적하기

버섯이 자라는 자리는 찾기 힘들고 수수께끼 같다. 버섯을 추적하는 것은 모든 경계를 침입하는 거친 여정이다. 상업 이야기에서 벗어나 다윈Charles Robert Darwin이 주장한 여러 가지 생물 형태의 '뒤엉킨 강둑entangled bank' 가설로 들어서면 더 기이해진다.[1] 여기서 우리가 알고 있다고 생각했던 생물학은 전도顚倒된다. 얽힘은 범주를 부수고 정체성을 뒤집는다.

버섯은 곰팡이의 자실체다. 곰팡이는 다양하고 대개 유동적이며, 해류부터 발톱에 이르는 다양한 장소에서 산다. 그러나 많은

---

1.   찰스 다윈은 『종의 기원(On the origin of species)』 ([London: John Murray, 1st ed., 1859], 490)을 뒤엉킨 강둑의 이미지로 끝맺는다. "매우 단순한 것에서부터 시작해 가장 아름답고 가장 대단한 형태로 끝없이 진화했고 지금도 진화하고 있다.": [국역본] 찰스 로버트 다윈, 『종의 기원』, 장대익 옮김(사이언스북스, 2019) 외.

곰팡이가 토양에서 살며, 균사菌絲라고 불리는 실 같은 필라멘트가 흙을 통해 부채꼴로 퍼지고 얽히면서 줄기를 만든다. 만약 우리가 흙을 투명한 액체로 바꾸고 땅속으로 걸어 들어갈 수 있다면, 곰팡이 균사의 망에 둘러싸인 것을 볼 수 있을 것이다. 이 지하 도시 속으로 곰팡이를 따라가면, 이종 간의 삶interspecies life의 이상하고도 다양한 즐거움을 보게 될 것이다.[2]

많은 사람이 곰팡이가 식물이라고 생각하지만, 사실은 동물에 더 가깝다. 곰팡이는 식물처럼 햇빛을 통해 영양분을 만들지 않는다. 동물과 같이 곰팡이는 먹을 것을 찾아야만 한다. 그러나 곰팡이의 섭식은 종종 너그러워서 다른 이들을 위한 세계를 만든다. 이것은 곰팡이가 세포외 소화를 하기 때문이다. 곰팡이는 소화를 돕는 산酸을 체외로 배출해 먹이를 영양분으로 분해한다. 마치 위를 밖으로 뒤집어서 몸 안이 아니라 몸 밖에서 음식을 소화하는 것과 같다. 영양분은 그 후 세포에 흡수되어 곰팡이의 몸뿐 아니라 다른 생물종의 몸도 자라게 한다. 물에서만이 아니라 마른 땅에서도 식물이 자라는 이유는 지구의 역사가 펼쳐지는 동안 곰팡이가 바위를 소화하면서 식물이 섭취할 영양분을 만들었기 때문이다. 박테리아와 함께 곰팡이는 식물이 자라는 흙을 만들었다.

2. 그것을 소개하는 문헌 중 몇 개만 이 자리에서 밝힌다. Nicholas Money, *Mr. Bloomfield's orchard* (Oxford: Oxford University Press, 2004) [개설서]; G. C. Ainsworth, *Introduction to the history of mycology* (Cambridge: Cambridge University Press, 2009) [역사]; J. André Fortin, Christian Plenchette, and Yves Poché, *Mycorrhizas: The new green revolution* (Quebec: Editions Multimondes, 2009) [농경학]; Jens Pedersen, *The kingdom of fungi* (Princeton, NJ: Princeton University Press, 2013) [사진].

또한 곰팡이는 나무를 소화한다. 그렇지 않다면 죽은 나무들은 숲에 영원히 쌓여 있을 것이다. 곰팡이는 나무를 분해해 새로운 생명으로 재활용될 수 있는 영양분을 만든다. 그렇기 때문에 곰팡이는 그들 자신과 다른 생명체를 위한 환경을 가꾸는 세계의 건설자다.

어떤 곰팡이들은 식물과 친밀한 유대를 맺으며 사는 법을 배웠는데, 한 장소에서 이종 간 관계에 적응할 수 있는 충분한 시간이 주어지면 대부분의 식물은 곰팡이와의 관계를 개시한다. '식내서$_{endophytic}$' 곰팡이와 '내성균근$_{endomycorrhizal}$' 곰팡이는 식물 내부에서 산다. 많은 곰팡이가 자실체를 가지지 않는데, 600만 년 전에 이를 포기했다. 우리는 현미경으로 식물 내부를 면밀히 살피지 않는 한 곰팡이를 볼 수 없지만, 대부분의 식물에는 곰팡이가 두껍게 쌓여 있다. '내성균근' 곰팡이는 세포 사이를 뚫고 들어갈 뿐 아니라 뿌리 바깥을 둘러싸며 겹쳐서 자란다. 세계적으로 사람들이 좋아하는 버섯 중 많은 종, 즉 포르치니버섯, 살구버섯, 송로버섯, 송이버섯은 내성균근 식물 연합의 자실체다. 이 버섯들은 매우 맛있지만 숙주 나무와 함께 번성하기 때문에 인간이 다루기가 매우 까다롭다. 이 버섯들은 이종 간 관계를 통해서만 생성된다.

'균근$_{mycorrhiza}$'이라는 용어는 '곰팡이'와 '뿌리'를 뜻하는 그리스어 단어들의 합성어다. 곰팡이와 식물 뿌리는 균근 관계를 맺으며 친밀하게 얽힌다. 곰팡이도 식물도 상대방의 활동 없이는 번창할 수 없다. 곰팡이 입장에서는 좋은 양분을 얻는 것이 목표다. 곰팡이는 식물의 탄수화물 중 일부를 빨아들이기 위해 특화된 인터페이스 구조를 통해 숙주의 뿌리에 몸체를 연장한다. 곰팡이는 이

양분에 의존하지만 완전히 이기적이지만은 않다. 첫째, 곰팡이는 식물에 더 많은 물을 제공하면서, 둘째, 세포외 소화를 하기 때문에 식물이 섭취할 수 있는 영양분을 만들면서 식물 성장을 촉진한다. 식물은 균근을 통해 칼슘, 질소, 칼륨, 인, 기타 무기질을 얻는다. 연구자 리사 커런Lisa Curran에 의하면, 숲은 오로지 외생균근균 ectomycorrhizal fungi 덕분에 생겨날 수 있었다.[3] 나무는 곰팡이라는 동반자에 기대어 강해지고 수를 늘리면서 숲을 만들어간다.

상호 간에 유익한 관계라고 해서 완벽한 조화를 이루는 것은 아니다. 때때로 곰팡이는 생애 주기의 한 단계에서만 뿌리에 기생한다. 또는 만약 식물에 영양분이 충분히 많으면 곰팡이를 거부할수도 있다. 식물 협력자가 없는 균근균은 죽을 것이다. 그러나 많은 외균근은 하나의 협력 관계에 제한되어 존재하지 않는다. 곰팡이는 식물들을 잇는 네트워크를 형성한다. 숲에서 곰팡이는 같은 생물종의 나무만 연결하는 것이 아니라 종종 많은 생물종을 연결한다. 만약 숲에 있는 나무 한 그루가 그늘에 가려서 잎이 빛을, 즉 잎에서 양분을 받지 못하게 된다면, 그 나무의 균근 동료들이 네트워크에 있는 다른 나무의 당질(탄수화물)을 가져와서 그 나무에게 공급할 수 있다.[4] 어떤 해설가들은 균근 네트워크를 인터넷에 비유

---

3. Lisa Curran, "The ecology and evolution of mast-fruiting in Bornean Dipterocarpaceae: A general ectomycorrhizal theory" (PhD diss., Princeton University, 1994).

4. Paul Stamets, *Mycelium running* (Berkeley: Ten Speed Press, 2005). 이 책에서 이와 함께 다른 곰팡이 이야기도 읽을 수 있다.

하며 '우드와이드 웹woodwide web'이라고 부른다.[5] 균근은 숲을 가로질러 정보를 나르면서 생물종 간 상호 연결의 인프라를 형성한다. 그들은 또한 고속도로 시스템의 특성 중 일부도 지닌다. 같은 장소에 머물렀을 토양 미생물은 균근의 상호 연결의 채널과 연결을 통해 여행할 수 있다. 이러한 미생물들 중 일부는 환경 복원에서 중요하다.[6] 균근 네트워크는 숲이 위협에 반응하도록 한다.

곰팡이가 수행하는 세계-건설하기world-building 작업이 거의 인정받지 못하는 이유는 무엇인가? 그 이유 중 하나는 사람들이 지하를 모험할 수 없어서 지하 도시가 얼마나 대단한 건축물로 이루어졌는지 보지 못하기 때문이다. 하지만 또 다른 이유는 최근까지 많은 사람이—아마도 특히 과학자들이—삶이란 개별적인 생물종 하나하나의 재생산이라고 생각했기 때문이다. 이러한 세계관에서 생물종들 사이에서 일어나는 상호작용 중 가장 중요한 것은 상호작용 자체가 서로의 소멸을 의미하는 포식자-먹이 관계였다. 상리공생 관계는 이례적인 현상으로 흥미를 불러일으켰지만, 삶을 이해하는 데 진정으로 필요하지는 않다고 여겨졌다. 삶은 단독으로 경험하는 진화적이고 환경적인 도전에 맞서는 행위, 즉 개별적인 생물종의 자기 증식을 통해 발생하는 것이었다. 어떤 생물종도 자신의 생존을 지속하는 데 다른 생물종을 필요로 하지 않았다. 즉, 각

---

5. 월드 와이드 웹(World Wide Web)에 빗댄 표현이다. —옮긴이
6. S. Kohlmeier, T.H.M. Smits, R. M. Ford, C. Keel, H. Harms, and L. Y. Wick, "Taking the fungal highway: Mobilization of pollutant-degrading bacteria by fungi," *Environmental Science and Technology* 39 (2005): 4640–4646.

생물종은 자신을 스스로 조직했다. 이 자기 창조의 행군 악대가 연주하는 떠들썩한 소리에 지하 도시의 이야기들은 묻히게 되었다. 우리는 그러한 지하의 이야기들을 되살리기 위해 생물종 하나하나를 따로 보는 세계관과 이 세계관을 이미 변형하기 시작한 새로운 증거들을 재고해야만 할 것이다.

찰스 다윈이 19세기에 자연선택을 통한 진화 이론을 제시했을 때, 그는 유전력heritability에 대해 설명할 수 없었다. 1900년, 그레고어 멘델Gregor Mendel의 유전학 연구가 복원되면서 자연선택에 의한 결과를 설명할 수 있는 원리가 제시되었다. 20세기에는 생물학자들이 유전학과 진화를 결합해 생물종이 유전적 분화를 통해 형성된 과정에 대한 강력한 담론인 '현대 종합설'을 창조했다. 20세기 초의 염색체(유전적 정보를 담은 세포 내의 구조) 발견은 이 이야기를 명백하게 했다. 유전자는 유전 단위로서 염색체에 자리하고 있었다. 유성번식을 하는 척추동물의 경우, 어떤 특별한 '생식세포' 계열이 다음 세대가 생기게 하는 염색체를 보전한다는 사실이 발견되었다. (인간의 경우, 정자와 난자가 생식세포다.) 유전적 변화를 포함해 몸의 나머지 부분에서 일어나는 변화는, 그것들이 생식세포의 염색체에 영향을 주지 않는 경우 후세로 전달되지 않아야 했다. 그렇게 생물종의 자기복제는 생태적 만남과 역사의 우여곡절로부터 보호될 것이었다. 생식세포가 영향을 받지 않는 한, 유기체는 생물종의 지속성을 확장하면서 자신을 재생산한다.

이 주장이 생물종의 자기 창조 담론의 핵심이다. 즉, 생물종의 번식은 자립적이고 자기 구성적이며 역사와 크게 관련이 없다.

이 주장을 '현대 종합설'이라고 부르는 것은 확장성이라는 관점에서 내가 논의했던 근대성에 대한 질문과 연관시켜 볼 때 상당히 적절한 일이다. 자기복제를 하는 존재는 기술적 기량으로 통제되는 자연 유형의 본보기다. 즉, 그러한 존재는 근대적인 존재다. 이 존재들은 서로 호환될 수 있는데, 그 이유는 그것들의 자기 창조에는 가변성이 포함되어 있기 때문이다. 따라서 그것들은 확장성 또한 가지고 있다. 유전되는 특성은 여러 규모로 표현된다. 세포, 장기, 유기체, 이종 교배 개체군의 개별자들, 그리고 물론 생물종 자체까지. 이 각각의 규모는 자율적으로 밀폐되는 유전적 형질의 또 다른 표현이며, 따라서 그것들은 깔끔하게 자리 잡으며 확장될 수 있다. 그것들이 모두 똑같은 형질의 표현인 이상, 이 규모를 마찰 없이 넘나들고 이동하면서 연구할 수 있다. 그런데 이 패러다임을 과다하게 적용하면서 문제의 징후가 나타나기 시작했다. 연구자들이 확장성을 문자 그대로 받아들이면서 유전자가 모든 것을 담당한다는 괴상하고 새로운 이야기가 만들어졌다. 범죄 유전자 및 창조성 유전자가 염색체부터 사회적 세계까지의 규모를 자유롭게 가로질러 종횡무진 누비면서 제시되었다. 진화를 담당한 '이기적 유전자'는 협력자를 필요로 하지 않았다. 이러한 주장들에서 확장 가능한 삶이 사실상 막스 베버Max Weber가 언급한 철의 감옥iron cage, 즉 자율적으로 밀폐되고 자기복제를 하는 근대성 속에서 유전적 형질을 포획해냈다.

DNA의 안정성과 자기복제 성질에 대한 1950년대의 발견은 현대 종합설이라는 왕관에서 가장 빛나는 보석이었지만, 또한 이것을 무효로 만드는 출발점이기도 했다. 연관된 단백질을 포함하고 있는 DNA는 염색체의 구성 물질이다. DNA의 이중 나선 구조 가닥의 화학적 구조는 안정적이면서도 놀랍게도 새롭게 만들어진 가닥에 정확하게 복제될 수 있다. 얼마나 자급자족적인 복제 모델인가! DNA 복제는 완전히 넋을 잃을 만큼 놀랍다. 그래서 그것은 결과를 복제해야만 하는, 그리고 그에 따라 안정적이면서도 실험의 반복을 통해 교환 가능한 연구 대상을 필요로 하는, 즉 역사가 없는, 근대 과학 그 자체의 아이콘이 되었다. DNA 복제의 결과는 모든 생물학적 규모(단백질, 세포, 장기, 유기체, 개체군, 생물종)에서 추적이 가능하다. 생물학적 확장성에는 철저히 근대적인 삶―유전자 발현에 의해 통치되고 역사에서 배제된 삶―의 이야기를 강화하는 메커니즘이 부여되었다.

그러나 DNA 연구는 예상치 못한 방향으로 우리를 이끌었다. 진화발생생물학evolutionary developmental biology의 궤적을 생각해보자. 이 분야는 DNA 혁명을 통해 출현한 많은 분야 중 하나였는데, 유기체의 발달에서 유전적 돌연변이와 발현을 연구하고 종의 분화에서 그것이 암시하는 바를 탐구한다. 그러나 연구자들은 유기체의 발달을 연구하면서 유기체와 그것의 환경 사이의 마주침의 역사를 외면할 수 없게 되었다. 그들은 생태학자들과 대화하게 되었고, 갑자기 현대 종합설에서 예상하지 못했던 부류의 진화에 대한 증거를 자신들이 가지고 있다는 점을 깨달았다. 근대의 통설과 다르게 그들은 많은 종류의 환경적 결과가 후손에게 전해질 수 있으며, 다양한 메커니즘을 통해 어떤 것은 유전자 발현에, 그리고 다른 어

떤 것은 돌연변이 빈도나 변종을 구성하는 형식의 우세에 영향을 미친다는 점을 발견했다.[7]

   그들이 발견한 것들 중 가장 놀라운 것 하나는 많은 유기체가 다른 생물종과의 상호작용을 통해서만 발달한다는 것이었다. 아주 작은 생물인 하와이밥테일오징어Euprymna scolopes는 그 과정을 생각하는 데 있어 모델이 되었다.[8] '밥테일오징어bob-tailed squid'는 빛이 나는 기관light organ을 가지고 있는 것으로 유명한데, 이를 통해 달빛과 비슷한 빛을 내서서 포식자에게 들키지 않게 모습을 감춘다. 그러나 아직 어린 개체는 발광성 박테리아Vibrio fischeri라는 특정 박테리아와 접촉하지 않고서는 그 기관을 발달시키지 못한다. 이 오징어는 해당 박테리아를 몸에 지니고 태어나지 않으며, 바닷물에서 박테리아와 만나야만 한다. 빛이 나는 기관은 박테리아가 없는 환경에서는 절대 발달하지 않는다. 그러나 아마도 이 빛이 나는 기관이 불필요하다고 생각하는 사람들이 있을지도 모르겠다. 기생 말벌 중 하나인 아소바라 타비다Asobara tabida를 생각해보자. 암컷은 볼바키아Wolbachia속屬의 박테리아가 없으면 난자를 생산할 수 없다.[9] 그리고 큰점박이푸른부전나비Maculinea arion의 유충은 개미

7. Scott Gilbert and David Epel, *Ecological developmental biology* (Sunderland, MA: Sinauer, 2008), 10장에서 가장 중요한 메커니즘에 대해 자세히 설명한다.
8. Margaret McFall-Ngai, "The development of cooperative associations between animals and bacteria: Establishing détente among domains," *American Zoologist* 38, no. 4 (1998): 593–608.
9. Gilbert and Epel, *Ecological developmental biology*, 18. 볼바키아 감염은 또한 번식에 영향을 주면서 많은 곤충에게 문제의 원인을 제공한다. John Thompson, *Relentless evolution* (Chicago: University of Chicago Press, 2013), 104–106, 192.

군락에 받아들여지지 않으면 생존할 수 없다.[10] 자랑스러울 정도로 독립적인 우리 인간들조차도 태어날 때 산도産道를 빠져나오면서 처음으로 얻는 이로운 박테리아 없이는 음식을 소화할 수 없다. 인간 신체의 세포를 이루는 90퍼센트는 박테리아다. 박테리아 없이 우리는 어떤 것도 할 수 없다.[11]

생물학자 스콧 길버트Scott Gilbert와 그의 동료들은 다음과 같이 적는다. "거의 모든 발달은 공동 발달이다. 우리가 말하는 공동 발달이란 한 생물종의 세포가 다른 생물종 신체의 정상적인 구성을 지원하는 능력을 의미한다."[12] 이와 같은 통찰이 진화의 구성단위를 바꾼다. 일부 생물학자는 '진화의 홀로게놈hologenome 이론'을 이야기하기 시작했는데, 이는 복합 유기체와 그들의 공생자symbionts를 하나의 진화 단위, 즉 '홀로비온트holobiont'[13]로 명시하는 것을 말한다. 예를 들어, 이 생물학자들은 특정 박테리아와 초파리가 갖는 유대 관계가 초파리의 짝짓기 선택에 영향을 주며, 따라서 새로

10. J. A. Thomas, D. J. Simcox, and R. T. Clarke, "Successful conservation of a threatened Maculinea butterfly," *Science* 203 (2009): 458–461. 관련된 얽힘에 대해서는 다음을 참고하기 바란다. Thompson, *Relentless evolution*, 182–183; Gilbert and Epel, *Ecological developmental biology*, chap. 3.

11. Gilbert and Epel, *Ecological developmental biology*, 20–27.

12. Scott F. Gilbert, Emily McDonald, Nicole Boyle, Nicholas Buttino, Lin Gyi, Mark Mai, Neelakantan Prakash, and James Robinson, "Symbiosis as a source of selectable epigenetic variation: Taking the heat for the big guy," *Philosophical Transactions of the Royal Society B* 365 (2010): 671–678, on 673.

13. Ilana Zilber-Rosenberg and Eugene Rosenberg, "Role of microorganisms in the evolution of animals and plants: The hologenome theory of evolution," *FEMS Microbiology Reviews* 32 (2008): 723–735.

운 생물종의 발달이 일어나는 과정을 형성한다는 것을 발견한다.[14] 길버트와 그의 동료들은 발달의 중요성에 더해 '심바이오포이에시스symbiopoiesis'라는 용어를 사용하는데, 이는 홀로비온트의 공동 발달을 말한다. 이 용어는 오토포이에시스autopoiesis를 통해 스스로 형성되며, 내부적으로 스스로 조직하는 시스템으로서의 생명에 초점을 둔 이전의 관점과는 대조되는 것이다. 그들은 "연구할수록 공생symbiosis은 예외가 아니라 '규칙'인 것 같다. … 자연은 개체나 게놈보다는 '관계'를 선택하는 것 같다"라고 썼다.[15]

이종 간의 관계는 진화를 다시 역사로 끌어들이는데, 그 이유는 이 관계가 마주침의 우연성에 의존하기 때문이다. 이 관계는 내부적으로 자기복제 시스템을 형성하지 않는다. 대신에 이종 간 만남은 항상 역사의 단위이고 '생겨난 일들'인 사건이다. 사건들이 비교적 안정적인 상황을 이끌 수도 있지만, 자기복제 단위가 할 수 있는 방식처럼 될 것이라고는 기대할 수 없다. 이 관계는 항상 우연성과 시간의 틀에 맞춰진다. 역사는 확장성에 혼란을 일으킨다. 확장성을 창조하는 유일한 방식은 변화와 마주침을 억제하는 것이다. 만약 변화와 마주침이 억제될 수 없다면 규모를 가로지르는 관계 전체가 재고되어야만 한다. 앞서 언급했듯이, 현대 종합설에 따르면 개체군은 유전자에 의해 형성된 개체들로 이루어진다고 알려

14. Gil Sharon, Daniel Segal, John Ringo, Abraham Hefetz, Ilana Zilber-Rosenberg, and Eugene Rosenberg, "Commensal bacteria play a role in mating preferences of *Drosophila melanogaster*," *Proceedings of the National Academy of Science* (November 1, 2010): http://www.pnas.org/cgi/doi/10.1073/pnas.1009906107.

15. Gilbert et al., "Symbiosis," 672, 673.

저 있음에도, 영국 환경보전론자들은 큰점박이푸른부전나비를 구하려고 노력할 당시, 해당 생물종의 교미 개체군이 스스로의 힘만으로 재생산할 수 있을 것이라고는 상정할 수 없었다. 개미와 공존하지 않고서는 나비 유충의 생존이 불가능했기에, 그들은 개미를 빼놓을 수 없었다.[16] 따라서 큰점박이푸른부전나비 개체군은 이 나비의 DNA에 내재한 확장성의 결과가 아니다. 그것들은 이종 간 마주침이 일어나는 확장성 없는 장소다. 이러한 사실은 현대 종합설에서 문제가 되는데, 그 이유는 20세기 초부터 집단유전학 population genetics이 역사 없는 진화의 핵심을 차지했기 때문이다. 개체군을 연구하는 과학은 새롭게 등장하는 다종의 역사적 생태학에 자리를 내어줄 필요가 있는 것일까? 내가 논의하는 알아차림의 기술이 그 핵심에 있는 것일까?[17]

진화론적 사고에 역사를 재도입하는 것은 이미 다른 생물학적 범주들에서 시작되었다. 한때 복제 가능한 단위의 상징이었던 세포는 독립적으로 살아가는 박테리아 사이에서 일어나는 공생의

---

16. Thomas et al., "Successful conservation."
17. 집단유전학자들은 상리공생(mutualisms)에 관해 공부하는데, 그 대상에는 외생균근균 및 나무와 공생하는 생물이 포함된다. 그러나 이 학문은 대부분의 연구에서 각각의 유기체가 역사적인 상호작용을 통해 창발한다고 보기보다는 자립적인 존재로 보기를 강력하게 권고하도록 구조화되어 있다. 최근의 한 연구는 "상리공생은 어쨌거나 상대방의 신체적 적합성을 증가시키는 상호 간의 착취다"라고 설명한다(Teresa Pawlowska, "Population genetics of fungal mutualists of plants," in *Microbial population genetics*, ed. Jianping Xu, 125–138 [Norfolk, UK: Horizon Scientific Press, 2010], 125). 그렇다면 상리공생을 연구하는 목적은 '속임수를 쓰는' 양상에 특히 관심을 기울이면서 각각의 자립적인 생물종에게 발생하는 비용과 이득을 측정하는 것이다. 연구자들은 어떻게 한 생물종에서 상리공생적 변이들이 이득을 착취하기 위해 나타나는지 질문할 수 있지만, 그 변이들이 변형의 시너지 효과를 가져오는 점은 보지 못한다.

역사적 산물인 것으로 판명되었다.[18] DNA조차도 그것의 아미노산 배열에서 한때 생각된 것보다 더 많은 역사를 지닌 것으로 판명되었다. 인간의 DNA는 부분적으로 바이러스다. 바이러스의 마주침은 우리를 인간으로 만드는 역사적 순간들을 표시한다.[19] 게놈 연구는 DNA 형성에서 마주침을 확인하는 도전을 계속해왔다. 개체군 과학은 더는 역사를 회피할 수 없다.[20]

곰팡이는 이상적인 길잡이다. 곰팡이가 자기복제라는 철의 감옥에 순종한 적은 없었다. 박테리아처럼 어떤 곰팡이는 비생식적인 방식의 마주침을 통해 유전자를 교환해왔다('수평 유전자 전달 horizontal gene transfer'). 또한 많은 곰팡이가 '개체군'은 말할 것도 없고, '개체'와 '생물종'으로 구분되는 자신들의 유전적 물질을 유지하기 싫어하는 것 같다. 값비싼 티베트산 '애벌레 곰팡이'라는 하나의 생물종으로 여겨진 자실체를 연구한 학자들은 그것이 수많은 생물종이 함께 얽혀 있는 것이라는 사실을 발견했다.[21] 과수뿌리썩음병Armillaria root rot 병원균의 잔섬유filament를 들여다봤을 때는, 하

---

18. Margulis and Sagan, *What is life?* (2장 각주 1번에 인용).

19. Masayuki Horie, Tomoyuki Honda, Yoshiyuki Suzuki, Yuki Kobayashi, Takuji Daito, Tatsuo Oshida, Kazuyoshi Ikuta, Patric Jern, Takashi Gojobori, John M. Coffin, and Keizo Tomonaga, "Endogenous non-retroviral RNA virus elements in mammalian genomes," *Nature* 463 (2010): 84–87.

20. 집단유전학이 갖는 한 가지 촉망되는 장점은 하나의 단일한 개체군 내에서 변형체 대립유전자들을 구별하는 DNA염기서열분석법을 사용한다는 것이다. 대립유전자의 차이를 연구하기 위해서는 생물종 연구에서 사용된 것과는 다른 세트의 DNA 표지자(markers)가 필요하다. 규모의 특수성이 중요하다. 비확장성 이론(nonscalability theory)은 대립유전자의 차이에 대해 말할 수 있는 이야기들을 환영하고, 그것들이 연구 방법론과 결과에서 쉽게 다른 규모로 번역되지 않는다는 점에 주목한다.

21. 대니얼 윙클러(Daniel Winkler)와의 인터뷰, 2017년.

나의 개체로 식별하기에는 혼란스러운 유전자 모자이크를 발견했다.[22] 곰팡이는 다른 생물에 붙어서 그것과 공생하는 것으로 유명하다. 지의류는 곰팡이가 조류藻類 및 남세균cyanobacteria과 함께 생활하는 공생 생물체다. 곰팡이와 식물의 협업에 대해서는 내가 앞서 논의한 바 있는데, 곰팡이는 동물과 생활하기도 한다. 예를 들어 마크로테르메스 흰개미Macrotermes termites는 곰팡이의 도움이 있어야만 먹이를 소화한다. 이 흰개미는 나무를 씹은 후 소화하지 못한다. 대신에 씹어놓은 나무를 테르미토뮈케스 곰팡이Termitomyces fungi가 소화해 섭취할 수 있는 영양분으로 바꿔놓도록 '곰팡이 밭'을 만든다. 연구자인 스콧 터너Scott Turner는 흰개미가 곰팡이를 사육한다고 생각할 수 있지만, 동시에 곰팡이가 흰개미를 사육한다고 생각할 수도 있다고 주장한다. 테르미토뮈케스는 다른 곰팡이와의 경쟁에서 이기기 위해 흰개미가 쌓아놓은 언덕의 환경을 이용한다. 곰팡이는 흰개미가 언덕을 쌓을 때 균락菌落을 지키는 방식의 교란을 일으키면서 그 언덕에 해마다 버섯을 맺어 그 공간을 개방된 상태로 유지하고 통제한다.[23]

우리들이 사용하는 은유적 언어(여기서는 흰개미의 "사육")는 때때로 방해가 되기도 하고, 때때로 예상하지 못한 통찰을 가져오

22. R. Peabody, D. C. Peabody, M. Tyrell, E. Edenburn-MacQueen, R. Howdy, and K. Semelrath, "Haploid vegetative mycelia of *Amillaria gallica* show among-cell-line variation for growth and phenotypic plasticity," *Mycologia* 97, no. 4 (2005): 777–787.
23. Scott Turner, "Termite mounds as organs of extended physiology," State University of New York College of Environmental Science and Forestry, http://www.esf.edu/efb/turner/termite/termhome.htm.

기도 한다. 공생 이야기에서 가장 흔한 은유 중 하나는 아웃소싱 (위탁)이다. 흰개미는 소화를 위한 작업을 곰팡이에게 위탁했다고 말하거나, 곰팡이는 식량을 모으고 살기 편한 장소를 마련하는 것을 흰개미에게 위탁해 해결한다고 말할 수 있을지 모른다. 생물학적 과정을 현대 비즈니스 방식에 비유하는 것에는 사실상 너무 많은 오류가 존재한다. 그럼에도 이것에 한 가지 통찰이 존재할지도 모르겠다. 자본주의적 공급사슬에서 이러한 방식의 사슬은 확장될 수 없다. 자본주의적 공급사슬의 구성 요소는 회사든 생물종이든 간에 자기복제를 하는 교환 가능한 사물로 축소될 수 없다. 대신에 그 사슬을 유지하는 마주침의 역사에 관심을 가질 필요가 있다. 경제에서와 마찬가지로, 수학적 모델링보다는 자연사의 서술이 첫 번째 필수 단계다. 급진적인 호기심이 손짓한다. 아마도 관찰과 서술에 가치를 두는, 몇 개 남지 않은 과학적 학문 중 한 분야에서 훈련받은 인류학자가 한 역할을 맡을 수 있을 것 같다.

동적인 풍경, 원난성.
동적인 풍경은
리가 알았던 상태의 자연을
히 뒤집어놓는 퍼즐이다.
의 소나무, 참나무,
들, 인간들: 송이버섯은
이 모든 것들이
가는 중심에서
하는가?

3부
교란에서 시작되다:
의도치 않은 디자인

나는 가토 씨가 현에서 주관하는 산림 관련 연구
직에서 숲을 재생시키기 위해 하는 일을 소개받고 충격을 받았다.
나는 야생에 대한 감수성을 배워 습득한 미국인으로서, 숲이란 스
스로 재생될 때 가장 좋은 상태가 된다고 생각해왔다. 가토 씨는
동의하지 않았다. 그는 일본에 송이버섯이 존재하려면 반드시 소
나무가 있어야 하고, 소나무가 서식하려면 반드시 인간의 교란이
필요하다고 설명했다. 그는 산비탈에서 활엽수를 제거하는 작업을
감독했고 내가 그 과정을 참관할 수 있게 해주었다. 그 작업 결과
로 겉흙조차 사라지고 급경사가 드러난 땅은 미국인인 나의 눈에
는 파헤쳐지고 헐벗은 것처럼 보였다. 나는 "침식에는 어떻게 대처
하나요?"라고 물었다. "침식은 좋은 거예요"라고 그는 대답했다. 이
말에 나는 정말 깜짝 놀랐다. 흙이 유실되는 침식은 항상 나쁜 현
상이지 않은가? 나는 이에 대한 대답을 듣고 싶었고, 대답은 이러
했다. 소나무는 무기질 토양에서 잘 자라는데, 침식을 통해 무기질
토양이 밖으로 드러난다는 것이다.

일본의 산림 경영인과 작업하면서 숲을 교란하는 것의 역할을 달리 생각하게 되었다. 숲을 회생하기 위해 실행되는, 고의로 행해지는 교란에 나는 놀랐다. 가토 씨가 숲을 정원 가꾸듯이 했다는 뜻은 아니다. 그는 스스로 자랄 수 있는 숲으로 만들고자 했다. 그러나 그는 소나무의 생장에 유리한 특정한 종류의 엉망 상태를 제공해 소나무 생장에 도움이 되고자 했다.

가토 씨의 작업은 사토야마_{里山} 산림지를 재생하는 것으로, 대중적이고 과학적인 명분과 관련이 있다. 사토야마는 소농민이 경작하는 전통적인 농업지대로서 벼농사 및 물관리가 산림지와 혼합된 풍경이다. 사토야마라는 개념의 핵심이 되는 그 산림지는 한때 인간이 교란한 곳으로, 그 덕택에 장작과 숯 생산, 그리고 목재를 제외한 임산물을 생산하는 곳으로 유지되어왔다. 현재 사토야마 산림지에서 생산되는 것 중 가장 귀중한 상품은 송이버섯이다. 송이버섯을 얻기 위해 산림지를 재생시키자 일련의 다른 생명체도 살아났다. 즉 소나무와 참나무, 하층 식생의 약초, 벌레, 새 등이 그것이다. 숲을 재생하려면 다양성을 살리면서 건강하게 기능하는 생태계로 개선하는 방식의 교란이 필요하다. 교란을 옹호하는 자들의 주장에 따르면, 특정 종류의 생태계는 인간의 활동과 함께 번창한다.

세계적으로 많은 생태 재생 프로그램이 자연 풍경을 재배치하기 위해 인간의 활동을 이용한다. 내 생각에 사토야마의 회생 프로그램이 다른 프로그램과 차별점을 갖는 부분은 인간 활동이 비인간 활동과 같은 방식으로 숲의 일부분이 되어야 한다는 생각이다. 이들 프로젝트에서는 인간, 소나무, 송이버섯, 다른 생물종이 그 생태지대를 모두 함께 만들어야 한다고 본다. 한 일본인 과학자는 송이버섯이 "의도치 않은 경작"의 결과라고 설명했는데, 그 이유는 인간의 기술만으로 송이버섯을 경작하지는 못한다는 것이 사실임에도, 인간의 교란이 있어야 송이버섯이 생길 가능성이 더 높기 때문이다. 사실상 소나무, 송이버섯, 인간은 모두 의도치 않은 방식으로 서로를 경작한다고 말할 수 있다. 이들은 상대방의 세계-만들기 프로젝트가 가능하게 한다. 이 관용구를 통해 나는 어떻게 풍경이 훨씬 더 일반적인 방식으로 **의도치 않은 디자인**, 즉 많은 인간 및 비인간 주체의 세계-만들기 활동이 겹쳐져 만들어진 산물인지 생각하게 되었다. 이러한 디자인은 풍경 생태계에 명확히 존재한다. 그러나 그 주체 중 누구도 그러한 효과를 계획하지 않았다. 인간은 의도치 않은 디자인의 풍경 만들기에 다른 존재와 함께 참여한다.

풍경은 인간 너머의 드라마가 이루어지는 장소로, 인간의 자만심을 해체하는 급진적인 도구다. 풍경은 역사적 행위의 배경이 아니다. 그것은 그 자체로 활동적이다. 풍경이 형성되는 것을 지켜보면 세계 형성에서 인간이 살아 있는 다른 존재에 합류한다는 사실을 보게 된다. 송이버섯과 소나무는 숲에서 그저 성장하는 것이 아니다. 이 둘은 숲을 만든다. 송이버섯 숲은 풍경을 만들고 변형하는 모임gatherings이다. 이 책의 3부는 교란에서 시작한다. 그리고 나는 교란을 시작점, 즉 행동을 위한 첫 단추로 삼는다. 교란은 변형적인 마주침을 위한 가능성을 재배치한다. 풍경의 패치들은 교란에서 등장한다. 그리하여 불안정성precarity은 인간을 넘어서는 사회성에서 일어난다.

활동적인 풍경, 교도부.
12월의 사토야마 숲.
때로 숲의 삶은 장애물을
뚫고 터져 나오면서
가장 분명해진다.
농부는 베어낸다.
겨울은 쌀쌀하다.
삶은 여전히 뚫고
나아간다.

11
숲의 삶

숲에서 조심스럽게 걷다 보면 훼손된 숲에서조차도 오래된 것과 새로운 것, 발밑의 존재와 빛을 향해 뻗어나가는 지상의 존재를 포함하는 생명의 풍부함을 느끼게 된다. 그런데 숲의 삶을 어떻게 이야기할 수 있을까? 인간의 활동을 넘어서는 드라마와 모험을 찾아 나서야 할지도 모르겠다. 그런데 우리는 인간 영웅이 등장하지 않는 이야기를 읽어본 적이 없다. 이 장에서 다룰 것은 바로 그러한 퍼즐이다. 나는 인간이 한 부류의 참여자일 뿐인 모험에서 풍경을 그 주인공으로 보여줄 수 있을까?

최근 몇 십 년 동안 많은 분야의 학자들은 우리 이야기에서 인간만이 주인공으로 등장하는 이유가 인류의 평범한 선입견 때문이 아니라, 근대화를 거치면서 진보라는 꿈과 연결된 문화적 의제 때문이라는 점을 증명했다.[1] 세상을 만드는 다른 방법이 존재한다. 예를 들면 인류학자는 생계형 수렵인이 살아 있는 다른 존재를 '사람persons'으로, 즉 이야기의 주인공으로 인식하는 방식에 관심을 가져왔다.[2] 사실 다른 어떤 방식이 있을 수 있을까? 그러나 진보에 대한 기대가 이와 같은 통찰을 가로막는다. 말하는 동물 같은 것은 아이들이나 원시 부족민이 믿는 것이다. 비인간의 목소리는 침묵에 묻히고, 우리는 그들이 존재하지 않는 복리를 상상한다. 우리의 진보를 위해 우리는 그 존재들을 짓밟는다. 협력을 통해 이루어지는 생존에는 서로 다른 생물종이 이루는 조율이 필요함을 우리는 잊고 있다. 우리는 가능한 것을 확장하기 위해 풍경의 모험과 같은 다른 종류의 이야기가 필요하다.[3]

1. 이 문제에 대한 고찰은 다음과 같은 여러 분야에서 등장했다. 과학 연구의 예: Bruno Latour, "Where are the missing masses?" in *Technology and society*, ed. Deborah Johnson and Jameson Wetmore, 151–180 (Cambridge, MA: MIT Press, 2008); 토착민 연구의 예: Marisol de la Cadena, "Indigenous cosmopolitics in the Andes: Conceptual reflections beyond 'politics'" *Cultural Anthropology* 25, no. 2 (2010): 334–370; 후기식민주의 이론의 예: Dipesh Chakrabarty, *Provincializing Europe* (Princeton, NJ: Princeton University Press, 2000); [국역본] 디페시 차크라바르티, 『유럽을 지방화하기』, 김택현·안준범 옮김(그린비, 2014); 신유물론의 예: Jane Bennett, *Vibrant matter* (Durham, NC: Duke University Press, 2010); [국역본] 제인 베넷, 『생동하는 물질』, 문성재 옮김(현실문화연구, 2020); 민속학과 소설의 예: Ursula Le Guin, *Buffalo gals and other animal presences* (Santa Barbara, CA: Capra Press, 1987).

2. Richard Nelson, *Make prayers to the raven: A Koyukon view of the northern forest* (Chicago: University of Chicago Press, 1983); Rane Willerslev, *Soul hunters: Hunting, animism, and personhood among the Siberian Yukaghirs* (Berkeley: University of California Press, 2007); Viveiros de Castro, "Cosmological deixis" (1장 각주 7번에 인용).

3. 일부 인문학자들은 '풍경'이라는 용어가 지닌 정치성에 대해 우려하는데, 그 이유는

선충으로, 그리고 생존율의 명제로 이야기를 시작해보자.

"저를 소나무재선충Bursaphelenchus xylophilus이라고 불러주세요. 저는 벌레 같은 작은 생물인 선충線蟲입니다. 저는 소나무 내부를 오도독 씹으면서 대부분의 시간을 보내요. 하지만 제 사촌들은 포경선이 다니는 칠대양七大洋 바다를 여행해요. 저랑 함께하겠다면 기이한 여행을 알려줄게요."

그런데 잠깐만. 벌레한테서 세상 이야기를 듣고 싶은 사람이 있을까? 실제로 이 질문은 1934년에 야콥 폰 윅스퀼Jakob von Uexküll이 진드기가 경험하는 세계를 서술하면서 던진 질문이다.[4] 윅스퀼은 포유류의 체온을 감지해 피를 빨 곳을 찾는 능력과 같은 진드기의 감각 능력을 연구하면서 진드기가 세계를 인식하고 만들어나가는 과정을 보여주었다. 그는 이 같은 접근 방식을 사용해 풍경을 감각적인 활동 장면이 가득한 살아 있는 곳으로 만들었다. 생물이 비활

이 용어의 계보 중 하나가 장면(scene)과 관람자(viewer) 사이에 거리를 두는 풍경화와 연결되기 때문이다. 그러나 케네스 올위그(Kenneth Olwig)가 우리에게 상기시키는바, 또 다른 계보가 자유 모임(moots)을 소집할 수 있었던 그 정치 단위와 연결된다 ("Recovering the substantive nature of landscape," *Annals of the Association of American Geographers* 86, no. 4 (1996): 630–653). 내가 사용하는 풍경은 패치의 배치를 위한, 즉 인간 참여자와 비인간 참여자를 모두 포함하는 모임을 위한 장소다.

4. Jakob von Uexküll, *A foray into the world of animals and humans*, trans. Joseph D. O'Neil (1934; Minneapolis: University of Minnesota Press, 2010): [국역본] 야콥 폰 윅스퀼, 『동물들의 세계와 인간의 세계』, 정지은 옮김(도서출판b, 2012).

성 물체가 아니라 인식하는 주체로서 취급되어야 한다는 것이다.

그러나 여전히 윅스퀼이 제시한 행동유도성affordance이라는 발상은 진드기가 느끼는 몇 가지 감각으로 이루어진 거품 방울 같은 세계 속에 진드기를 한정시켰다. 시공간의 좁은 틀 안에 갇힌 진드기는 풍경의 더 넓은 리듬과 역사의 참여자가 아니었다.[5] 이런 발상만으로는 충분하지 않다는 것을 소나무재선충의 여행이 입증한다. 가장 화려한 존재 중 하나를 생각해보자.

소나무재선충은 솔수염하늘소pine sawyer beetle의 도움 없이는 한 나무에서 다른 나무로 이동하지 못한다. 솔수염하늘소가 자신에게는 아무런 이득이 돌아오지 않는데도 소나무재선충을 데리고 다닌다. 선충은 생애의 특정 시기에 무임 승객처럼 솔수염하늘소의 여행에 편승한다. 그러나 이것은 우연한 과정이 아니다. 솔수염하늘소의 특정한 생활 주기, 즉 솔수염하늘소가 한 소나무의 구멍에서 나와 새로운 나무로 옮겨가려는 바로 그 시점에 선충은 솔수염하늘소에게 접근해야만 한다. 선충은 솔수염하늘소의 기관氣管에 붙어 이동한다. 솔수염하늘소가 새로운 나무에 알을 낳을 때, 선충은 나무에 난 상처로 미끄러져 들어간다. 이 과정은 선충이 솔수염하늘소의 생애 리듬과 박자를 맞추는 비범한 조율의 솜씨다.[6]

5. 비인간 동물의 "세계는 빈약하다"라는 마르틴 하이데거(Martin Heidegger)의 생각은 윅스퀼이 말한 거품 방울 세계에서 영감을 받았다. Martin Heidegger, *The fundamental concepts of metaphysics: World, finitude, solitude*, trans. W. McNeill and N. Walker (1938; Indianapolis: Indiana University Press, 2001): [국역본] 마르틴 하이데거, 『형이상학의 근본개념들』, 이기상·강태성 옮김(까치, 2001).

6. Lilin Zhao, Shuai Zhang, Wei Wei, Haijun Hao, Bin Zhang, Rebecca A. Butcher, Jianghua Sun, "Chemical signals synchronize the life cycles of a plant

윅스퀼의 거품 방울 안의 세계로는 이런 조율의 연결망에 완전히 빠져드는 과정을 충분히 설명할 수 없다.

내가 선충에 관심이 있긴 하지만, 송이버섯을 버린 것은 아니다. 현재 일본에서 송이버섯이 귀해진 주요 원인은 소나무를 죽게 하는 소나무재선충의 습성 때문이다. 포경선이 고래를 잡는 것처럼 소나무재선충은 [소나무 물관 안에서 번식하면서 물관을 틀어막아] 소나무와 곰팡이 반려자를 죽인다. 그러나 선충이 항상 그런 방식으로 살아온 것은 아니었다. 포경선과 고래의 관계처럼 선충도 우연한 상황과 역사를 거치면서 소나무를 죽이게 되었을 뿐이다. 일본 역사를 거쳐 간 선충의 여행기는 그들이 짜는 조율의 그물망만큼이나 비범한 것이다.

소나무재선충은 미국 소나무와 함께 진화했기 때문에 미국 소나무에게는 심각하지 않은 해충일 뿐이다. 그러나 이 선충에 대항할 준비가 되어 있지 않은 취약한 소나무들이 있는 아시아로 건너오면서 나무를 죽이는 존재가 되었다. 놀랍게도 생태학자들은 그 과정을 정확히 추적해냈다. 첫 번째 선충은 20세기 초 미국에서 미국 소나무에 실려 일본 나가사키 항구에 상륙했다.[7] 목재는 당시 산업화가 진행 중이던 일본에서 엘리트 계층이 세계 각지에서 구하고자 혈안이 된 자원이었다. 이 자원과 함께 소나무재선충을 포

parasitic nematode and its vector beetle," *Current biology* (October 10, 2013): http://dx.doi.org/10.1016/j.cub.2013.08.041.

7. 스즈키 가즈오(鈴木和夫), 2005년의 인터뷰; Kazuo Suzuki, "Pine Wilt and the Pine Wood Nematode," in *Encyclopedia of forest sciences*, ed. Julian Evans and John Youngquist, 773–777 (Waltham, MA: Elsevier Academic Press, 2004).

함한 초대받지 않은 많은 손님도 도착했다. 도착 직후 일본의 토종 수염하늘소딱정벌레와 함께 퍼져 나갔는데, 그 이동 경로를 추적해 보니 나가사키로부터 동심원을 그리며 밖으로 뻗어나갔다. 일본의 딱정벌레와 외래 선충이 함께 일본 숲의 풍경을 바꾼 것이다.

그러나 선충에 감염된 소나무라도 상태가 좋으면 죽지 않을 수 있다. 선충이 위협하는 성격이 이렇게 모호하기 때문에 부차적으로 피해를 입는 송이버섯의 상태는 예측하기 힘들다. 과밀한 숲, 햇빛 부족, 과도한 토양 영양소의 농축으로 스트레스를 받는 소나무는 선충의 먹이가 되기 쉽다. 상록 활엽수는 땅을 비좁게 하고 일본 소나무에 그늘을 드리운다. 청색균 곰팡이blue-stain fungus는 때때로 소나무 상처에 자라면서 선충의 먹이가 된다.[8] 선충은 인간 활동의 영향을 받은 기후변화로 인해 기온이 상승하면서 더 잘 퍼져나가게 되었다.[9] 많은 역사가 이 지점에서 합쳐진다. 그 역사들은 우리를 거품 방울 속 세계들에서 벗어나 협력과 복합성이 일어나며 변화하는 폭포로 이끈다. 기회가 생기고 오래된 재능이 새로운 힘을 얻게 됨에 따라 선충의 생계 방식, 선충이 공격하는 소나무의 생계 방식, 소나무를 살리려는 곰팡이의 생계 방식이 불안정한 배치들unstable assemblages 속에서 연마된다. 일본 송이버섯은 이 모든

8. Yu Wang, Toshihiro Yamada, Daisuke Sakaue, and Kazuo Suzuki, "Influence of fungi on multiplication and distribution of the pinewood nematode," in *Pine wilt disease: A worldwide threat to forest ecosystems*, ed. Manuel Mota and Paolo Viera, 115–128 (Berlin: Springer, 2008).

9. T. A. Rutherford and J. M. Webster, "Distribution of pine wilt disease with respect to temperature in North America, Japan, and Europe," *Canadian Journal of Forest Research* 17, no. 9 (1987): 1050–1059.

역사와 한판 싸움을 벌인다. 버섯의 운명은 소나무재선충의 윅스퀼식 명민함이 강화되느냐 약화되느냐에 따라 달라진다.

선충의 여행을 따라 송이버섯을 추적하다 보면, 풍경의 모험 이야기에서 내가 제시한 질문으로 돌아가게 된다. 이번에는 하나의 논제와 함께 내 질문으로 돌아가겠다. 첫째, 무엇이 장소를 살 수 있는 곳으로 만드는지 알고자 한다면, 분석 대상을 (인간을 포함해) 한 번에 하나의 생명체로 또는 하나의 관계로 한정하기보다는 살아가는 방식들이 모여 있는 다운율의 배치를 연구해야 한다. 배치는 거주 적합성livability의 공연이다. 송이버섯 이야기는 소나무 이야기와 선충 이야기로, 그들이 생존 가능한 상황 또는 죽이는 상황을 만들면서 서로를 조율하는 순간으로 우리를 이끈다.

둘째, 생물종의 특정한 명민함은 배치의 조율을 통해 연마된다. 윅스퀼은 변변찮은 생명체조차 세계 만들기에 어떻게 참여하는지 알려주면서 우리를 올바른 방향으로 이끈다. 우리는 그의 통찰을 확장하기 위해 각각의 유기체가 자기 역량을 발휘하는 다종적 조율을 따라가야 한다. 송이버섯은 송이버섯 숲의 리듬 없이는 아무것도 아니다.

셋째, 조율은 역사적 변화의 우연성에 따라 이루어지기도 하고 사라지기도 한다. 일본에서 송이버섯과 소나무가 계속 협력할 수 있을지는 소나무재선충이 도착하면서 시작된 다른 협력 방식에 크게 의존한다.

1장에서 짧게 언급한 다성음악을 다시 떠올리는 것이 이 모든 것을 함께 고려하는 데 도움이 될 것이다. 록, 팝 또는 고전음악의 통일된 화음 및 리듬과는 반대로, 다운율을 이해하려면 각각의 선율을 따로 듣고 그 선율들이 예상하지 못한 순간에 화음이나 불협화음으로 합쳐지는 것 또한 모두 들어야 한다. 바로 이러한 방식처럼, 우리는 배치를 이해하기 위해 배치가 존재하는 개별 방식을 주시함과 동시에 산발적이지만 그 결과로 발생하는 조율을 통해 그 선율들이 어떻게 합쳐지는지 주의를 기울여야 한다. 더 나아가 끊임없이 반복될 수 있어 예상 가능한 악보로 적힌 음악과 달리, 다운율의 배치는 상황이 변화함에 따라 바뀐다. 이제 이러한 방식으로 듣는 법을 연습하고자 한다.

나는 풍경에 기반한 배치를 연구 대상으로 취하는 까닭에 많은 유기체의 활동에서 일어나는 상호작용에 주의를 기울일 수 있다. 대부분의 동물 연구에서처럼 인간이 가장 호의를 갖고 대하는 그들의 동맹과 인간이 맺는 관계를 추적하는 것으로 내 연구를 한정하지는 않을 것이다. 유기체는 그들이 인간과 동등한 자질(의식하는 주체로서, 의도를 지닌 의사소통자로서, 또는 윤리적 주체로서)이 있음을 보일 필요가 없다. 우리가 생존 가능성, 비영구성, 창발에 관심이 있다면 풍경의 배치 활동에 주목해야 한다. 배치는 연합하고 변화하고 해체된다. 이 책은 **바로** 그러한 이야기다.

풍경 이야기는 말하기 쉬우면서도 어렵다. 새로운 것은 하나도 배우지 못했다는 생각에 때로는 독자를 졸리게도 한다. 이것은 우리가 개념과 이야기 사이에 세운 불행한 장벽의 결과다. 예를 들어 우리는 환경사와 과학 연구 사이의 간극을 통해 이를 엿볼 수 있다. 과학 연구자는 이야기를 통해 개념을 읽는 연습이 되어 있지 않으므로 환경사를 고려하지 않는다. 한 예로 풍경이 형성될 때 불이 하는 역할을 밝힌 스티븐 파인Stephen Pyne의 훌륭한 연구를 살펴보자. 파인이 활용한 개념들이 그가 소개한 역사에 내재되어 있기 때문에 과학 연구자들은 그의 지구화학적 주체성에 대한 급진적 제안에 거의 영향을 받지 않았다.[10] 영국의 인클로저 제도의 논리가 어떻게 보츠와나의 목야牧野 관리에 영향을 미쳤는지에 대한 폴린 피터스Pauline Peters의 정곡을 찌르는 분석이나 [남아프리카] 레소토에서의 토양침식을 방지하는 방법에 대한 케이트 샤워Kate Shower의 놀라운 발견은 평범한 과학에서 우리가 지닌 관념을 혁명적으로 바꿀 수 있었으나 그런 일은 일어나지 않았다.[11] 그런 식으로 거부하기 때문에 과학 연구는 빈곤해지며, 개념 적용을 사물화된reified 공간으로 한정하게 된다. 일반 원리를 정립하면 다른 이들이 특수한 사례를 채워 넣을 것이라고 이론가들은 기대하지만, '채워 넣기'는 절대로 그렇게 간단하지 않다. 그것은 개념과 이야기 사이 장벽을 강화하는, 그래서 사실상 과학 연구자들이 개선하려고 노력하는 민감성의 가치를 없애버리는 지적 장치다. 그렇다면 독자

---

10. Stephen Pyne, *Vestal fire* (Seattle: University of Washington Press, 2000).
11. Pauline Peters, *Dividing the commons* (Charlottesville: University of Virginia Press, 1994); Kate Showers, *Imperial gullies* (Athens: Ohio University Press, 2005).

들은 지금부터 내가 보여주는 풍경의 역사에서 개념과 방법을 알아차리는 일에 도전해보기를 바란다.

풍경 이야기를 하려면 그 풍경에서 살아가는 인간 및 비인간 거주자를 알아야 한다. 쉽지 않은 일이기 때문에, 마음 챙김, 신화와 전설, 생계를 위한 실천, 기록된 문서, 과학 보고서, 실험을 포함해 내가 생각할 수 있는 학습법을 모두 활용하는 것이 타당할 것이다. 그러나 이런 잡동사니는 의심을 낳는데, 특히 대안적인 세계 만들기를 하고 있는 인류학자 동지들에게 의심을 받을 수 있다. 많은 문화인류학자가 과학이란 토착민의 행위와 같은 대안을 발견하는 데 반대하는 허수아비라고 생각한다.[12] 과학적 형태의 증거와 토착적 형태의 증거를 혼합하면 과학에 굽히고 들어갔다는 혐의를 받는다. 그러나 이는 모든 행위를 단일한 의제로 소화하는 획일적 과학을 가정하기 때문에 생기는 일이다. 대신에 나는 알기와 존재하기가 층층이 겹치면서도 별개로 구분되는 실천을 통해 건설된 이야기들을 제안한다. 만약 구성 요소들이 서로 충돌한다면, 이는 그

12. 브뤼노 라투르는 과학이 진실을 밝힌다는 주장을 한편에 두고, 다른 한편에 과학적인 행위를 두어 그 둘을 분리하려고 노력해왔지만, 구조적 논리들을 대조하기 위해 프랑스 구조주의 전통을 따름으로써 과학과 토착 사상이 뚜렷한 이분법으로 나뉘게 했다. 다음 문헌을 참고하기 바란다. Bruno Latour, *We have never been modern* (Cambridge, MA: Harvard University Press, 1993): [국역본] 브뤼노 라투르, 『우리는 결코 근대인이었던 적이 없다』, 홍철기 옮김(갈무리, 2009).

러한 이야기들이 할 수 있는 역할을 확장할 뿐이다.

　내가 옹호하는 실천의 중심에는 민족지와 자연사라는 인문학이 있다. 내가 제안하는 새로운 동맹은 관찰과 현장연구, 그리고 내가 알아차리기noticing라고 부르는 것에 전념할 것을 전제로 한다.[13] 인간에 의해 교란된 풍경은 인문학자와 동식물 연구가가 알아차리기를 실행할 수 있는 이상적인 공간이다. 우리는 인간이 그 공간에서 만들어낸 역사, **그리고** 비인간 참여자의 역사를 알 필요가 있다. 사토야마 숲 복원을 지지하는 사람들은 그 점에서 뛰어난 스승이었다. 그들은 내가 '교란'을 조율과 역사 둘 다로서 이해하는 방식에 새로운 활기를 불어넣었다. 그들은 내게 어떻게 교란을 통해 숲의 삶에 대한 이야기를 시작할 수 있는지 보여주었다.[14]

13. 여기에서 나는 일리야 프리고진(Ilya Prigogine)과 이자벨 스탕제르스(Isabelle Stengers)가 안타깝게도 영어로는 *Order out of chaos* (New York: Bantam Books, 1984)로 번역된 책 *La nouvelle alliance* [『새로운 동맹』(국역본으로는, 일리야 프리고진·이사벨 스텐저스, 『혼돈으로부터의 질서』, 신국조 옮김[자유아카데미, 2011])에서 주장한 "새로운 동맹"을 떠올린다. 프리고진과 스탕제르스는 불확정성과 되돌릴 수 없는 시간을 이해한다면 자연과학과 인문과학이 새로운 동맹을 맺을 수 있을지 모른다고 주장한다. 나의 연구는 그들이 제시한 도전에서 영감을 받았다.

14. 사토야마에 관한 영문 참고문헌 중 가장 유용한 책은 다음과 같다. K. Takeuchi, R. D. Brown, I. Washitani, A. Tsunekawa, and M. Yokohari, *Satoyama: The traditional rural landscape of Japan* (Tokyo: Springer, 2008). 방대한 문헌 중 일부를 소개하자면 다음과 같다. 有岡利幸, 『里山』(上下卷)(東京: 法政大学出版局 2004); T. Nakashizuka and Y. Matsumoto, eds., *Diversity and interaction in a temperate forest community: Ogawa Forest Reserve of Japan* (Tokyo: Springer, 2002); Katsue Fukamachi and Yukihiro Morimoto, "Satoyama management in the twenty-first century: The challenge of sustainable use and continued biocultural diversity in rural cultural landscapes," *Landscape and Ecological Engineering* 7, no. 2 (2011): 161–162; Asako Miyamoto, Makoto Sano, Hiroshi Tanaka, and Kaoru Niiyama, "Changes in forest resource utilization and forest

교란은 생태계에 명백한 변화를 야기하는 환경 조건의 변화다. 홍수와 산불은 교란의 형태다. 인간 및 다른 생물 또한 교란을 야기할 수 있다. 교란은 생태를 파괴할 수도, 재생시킬 수도 있다. 교란이 얼마나 끔찍한 것인지는 규모와 같은 여러 요소에 달려 있다. 어떤 교란은 사소하다. 숲의 나무가 쓰러지면 작은 공백이 만들어진다. 어떤 교란은 거대하다. 이를테면 쓰나미는 핵발전소를 무너뜨린다. 시간의 규모 또한 중요하다. 단기간의 손상이 무성한 재성장으로 이어질 수도 있다. 교란은 새로운 풍경의 배치를 가능케 하면서 변형을 가능케 하는 마주침이 발생하도록 그 풍경을 개방시킨다.[15]

교란을 생각하는 데 익숙하지 않은 인문학자는 교란을 손상과 관련짓는다. 그러나 교란은 생태학자가 사용하는 개념으로, 항상 나쁜 것만도 아니고 항상 인간에 의한 것도 아니다. 인간이 일으키는 교란은 생태 관계를 유발하는 독특한 능력이 아니다. 게다가 교란은 하나의 시작으로, 항상 도중에 일어난다. 즉, 교란이라

landscapes in the southern Abukuma Mountains, Japan during the twentieth century," *Journal of Forestry Research* 16 (2011): 87–97; Björn E. Berglund, "Satoyama, traditional farming landscape in Japan, compared to Scandinavia," *Japan Review* 20 (2008): 53–68; Katsue Fukamachi, Hirokazu Oku, and Tohru Nakashizuka, "The change of a satoyama landscape and its causality in Kamiseya, Kyoto Prefecture, Japan between 1970 and 1995," *Landscape Ecology* 16 (2001): 703–717.

15. 교란을 소개한 참고문헌으로 Seth Reice, *The silver lining: The benefits of natural disasters* (Princeton, NJ: Princeton University Press, 2001)가 있다. 교란의 역사들을 사회 이론에 접목시키려는 시도를 한 문헌(여기서는 정신분석)으로는 Laura Cameron, "Histories of disturbance," *Radical History Review* 74 (1999): 4–24를 참고하라.

는 용어에는 교란 이전에는 조화로운 상태였다는 전제가 없다. 교란은 다른 교란을 뒤따른다. 따라서 모든 풍경은 교란되어 있고, 교란은 일상적으로 이루어진다. 그러나 이러한 사실이 이 용어의 범위를 제한하지는 않는다. 우리는 교란에 대해 질문하면서 풍경의 역학을 탐구하고 논의를 계속할 수 있다. 교란이 심각한지 아닌지는 뒤따라 일어나는 배치들의 재구성을 통해 해결될 문제다.

인문학자와 사회과학자가 불안정성과 변화를 걱정하기 시작한 바로 그 시기에 교란은 생태학의 주요 개념으로 등장했다.[16] 제2차 세계대전 이후에 진보의 중심에 존재하는 안정성stability의 한 가지 형태인 자가규제 시스템self-regulating systems에 미국인들이 열광하는 것을 본 후, 인문학자와 동식물 연구자 진영 모두 불안정성instability에 관심을 가지게 되었다. 1950년대와 1960년대에는 생태계 평형에 대한 주장이 기대를 받았다. 생태적 형성이 자연 천이遷移를 통해 비교적 안정적인 균형점에 도달한다고 여겨졌다. 그러나 1970년대에는 풍경의 이질성을 초래하는 붕괴와 변화로 관심이 바뀌었다. 그리고 1970년대에 인문학자와 사회과학자는 역사와 불평등 및 갈등으로 인해 변형을 일으키는 마주침에 대해 우려하기 시작했다. 돌이켜 생각해보면, 학술적 방식으로 나타난, 그렇게 조율된 변

---

16. 생태 사상의 역사에는 다음 문헌이 포함된다. Frank Golley, *A history of the ecosystem concept in ecology* (New Haven, CT: Yale University Press, 1993); Stephen Bocking, *Ecologists and environmental politics* (New Haven, CT: Yale University Press, 1997); Donald Worster, *Nature's economy: A history of ecological ideas* (Cambridge: Cambridge University Press, 1994): [국역본] 도널드 워스터, 『생태학, 그 열림과 닫힘의 역사』, 문순홍·강헌 옮김(아카넷, 2002).

화들은 우리 모두가 불안정성에 진입하고 있다는 조기 경고였는지도 모른다.

교란을 분석 도구로 활용하려면 사회 이론에서 최고의 분석 도구를 활용할 때처럼 관찰자의 관점에서 인식할 필요가 있다. 무엇이 교란인지 결정하는 것은 언제나 관점의 문제다. 인간의 관점에서 보면 개미집을 무너뜨리는 교란은 인간의 도시를 날려버리는 교란과 크게 다르다. 개미의 입장에서는 꼭 그렇다고 볼 수는 없다. 관점은 생물종 **내에서도** 다양하다. 로절린드 쇼Rosalind Shaw는 어떻게 남성과 여성, 도시인과 시골 주민, 부자와 가난한 사람이 방글라데시의 홍수를 서로 다르게 개념화하는지 보여준다. 이는 그들이 수위 상승에서 받는 영향이 다르기 때문이다. 수위 상승이 견딜 수 있는 정도를 넘어서서 홍수로 변하는 시점은 각 집단마다 다르다.[17] 교란을 산정하는 단일 기준은 불가능하다. 교란은 우리가 살아가는 방식과 관련되는 문제다. 이는 우리가 교란이라고 생각하는 것을 통해 내리는 평가에 주의를 기울일 필요가 있다는 것을 의미한다. 교란은 '예' 또는 '아니오'의 문제가 절대 아니다. 교란은 개방된 범위에 걸친 불안정한 현상을 가리킨다. 어느 선을 넘었을 때 너무 과하다고 평가하는가? 교란과 관련해서 그것은 언제나 삶의 방식에 기반한 관점 문제다.

이미 관점에 주목하게 되었으니, 나는 교란이라는 개념이 다

---

17. Rosalind Shaw, "'Nature,' 'culture,' and disasters: Floods in Bangladesh," in *Bush base: Forest farm*, ed. Elisabeth Croll and David Parkin, 200–217 (London: Routledge, 1992).

양한 장소에서 독특하게 사용되는 방법을 언급하기 위해 이 개념을 당당하게 사용하겠다. 나는 일본인 산림감독관 및 과학자에게서 이렇게 다층적으로 사용하는 방법을 배웠는데, 그들은 유럽 및 미국식 용례를 끊임없이 확장했다. 심지어 그들이 그 개념을 사용하는 그 순간에도 계속 확장했다. 교란은 내가 다루겠다고 한 글로벌과 로컬, 전문 지식과 토착 지식의 층위가 일관되지 않은 방식으로 층을 이루는 지점에서 연구를 시작하기에 좋은 도구다.

교란은 풍경의 핵심 렌즈인 이질성을 우리에게 보여준다. 교란은 다양한 국면에 따라 각각의 모양이 형성된 패치들을 창출한다. 국면은 무생물(예를 들어 홍수와 산불)의 교란 또는 생물체의 교란으로 시작될 수 있다. 유기체는 세대 간의 생활공간을 만들면서 환경을 다시 디자인한다. 생태학자들은 유기체가 그들의 환경에 일으킨 효과를 '생태계 공학기술ecosystems engineering'이라고 부른다.[18] 나무는 물줄기에 쓸려 내려갈 수 있는 바위를 뿌리로 감싸고, 지렁이는 토양을 비옥하게 한다. 이것이 생태계 공학기술의 예다. 생태계 공학기술의 많은 행위를 통해 이루어지는 상호작용을 살펴보면 배치를 조직하면서 나타나는 패턴을 볼 수 있는데, 이는 의도치 않은 디자인이다. 그것은 하나의 패치 내부에 존재하는 생물적 생태계 공학기술과 비생물적 생태계 공학기술의 총합이며, 의도한 것과

18. Clive Jones, John Lawton, and Moshe Shachak, "Organisms as ecosystems engineers," *Oikos* 69, no. 3 (1994): 373–386; Clive Jones, John Lawton, and Moshe Shachak, "Positive and negative effects of organisms as physical ecosystems engineers," *Ecology* 78, no. 7 (1997): 1946–1957.

의도치 않은 것, 이로운 것과 해를 입히는 것과 아무런 영향을 주지 않는 것을 모두 포함한다.

생물종이 숲의 삶을 이야기하기에 항상 바람직한 단위는 아니다. '다종'이라는 용어는 인간 예외주의를 넘어서기 위한 대역일 뿐이다. 때때로 개별 유기체는 극단적으로 개입한다. 그리고 때로는 훨씬 더 큰 단위를 살펴보면 역사적 행위를 더 잘 이해할 수 있다. 송이버섯뿐만 아니라 참나무와 소나무가 이 경우에 해당한다. 이 종 간 교배가 쉽고 종의 경계를 벗어나서도 뛰어난 생식력을 보이는 참나무는 우리가 생물종에 대해 갖고 있는 믿음을 뒤흔든다. 그러나 물론 어떤 단위를 우리가 사용하느냐 하는 문제는 어떤 이야기를 말하고자 하는지에 달려 있다. 대륙 간 이동과 빙결 현상을 따라 형성되고 용해되는 송이버섯 숲에 관한 이야기를 하려면 놀라운 다양성을 보이는 '소나무'를 주인공으로 할 필요가 있다. 소나무속 생물Pinus은 송이버섯의 가장 흔한 숙주다. 참나무까지 이야기한다면, 참나무속Quercus(참나무oak)뿐 아니라 돌참나무속 Lithocarpus[19]과 메밀잣밤나무속Castanopsis[20] 나무를 포함할 만큼 범위를 넓혀야 한다. 가까운 친척 관계에 있는 이 속屬들은 송이버섯의

19. 탠참나무(tanoaks)로, 미국 북태평양 연안 지역에서 자생하는 너도밤나무과 나무다. —옮긴이
20. 친커핀(chinquapin)으로, 북미산 밤나무의 일종이다. —옮긴이

숙주가 되는 가장 흔한 활엽수다. 그러므로 내가 이야기하는 참나무와 소나무와 송이버섯은 그들의 집단 내부에서 다른 개체와 똑같은 존재가 아니다. 그들은 인간과 마찬가지로 이주diaspora를 겪으면서 자신들의 이야기를 퍼뜨리고 변형시킨다.[21] 나는 이를 통해 배치 이야기에서 일어나는 행동을 볼 수 있다. 나는 그들이 만드는 세상을 알아차리면서 그들이 확산시키는 경로를 따라간다. 나의 참나무와 소나무와 송이버섯이 특정한 '유형'이기 때문에 배치를 형성하는 것이 아니다. 그들은 배치를 만들어가면서 그들 자신이 되어간다.[22]

나는 이러한 점을 염두에 두고 여행하면서 다음 네 곳의 장소에서 송이버섯 숲을 조사했다. 바로 일본 중부, 미국 오리건주, 중국 남서부의 윈난성, 핀란드 북부의 라플란드다. 사토야마 복원에 작게나마 몰두했기 때문에 나는 각 지역의 숲이 서로 다른 방식으로 숲을 '이룬다'는 점을 보게 되었다. 사토야마와 달리, 미국과 중국의 경우에는 인간이 송이버섯 관리 작업에서 숲의 배치 속 일부가 **아니었다.** 미국과 중국의 관리자는 인간의 교란이 너무 적은 경우가 아니라 너무 많은 경우에 불안해했다. 또한 다른 지역에서는 사토야마에서 행하는 작업과는 대조적으로 합리적 발전의 기준에

---

21. 상호 교배하는 여러 인류종이 공존하는 세계를 생각해보자. 그러한 세계에서는 서로 다른 생물종 간의 유사성을 더 쉽게 상상할 수 있다. 우리는 우리와 유사한 사촌들 없이 홀로 존재한다는 사실에 영향을 받아 성서 속 장면을 재현할 때 각 생물종이 독립적으로 존재하는 것처럼 서로 거리를 두고 떨어져 있도록 묘사하고 싶어 한다.

22. 이 과정은 도나 해러웨이가 "함께 되어가기(becoming with)"라는 유용한 표현으로 칭한 것이다(*When species meet* [Minneapolis: University of Minnesota Press, 2007]): [국역본] 도나 해러웨이, 『종과 종이 만날 때』, 최유미 옮김(갈무리, 2022).

따라 산림관리를 평가했다. 그 기준이란 해당 숲이 과학적이고 산업적인 생산성의 미래를 만들 수 있는가 하는 것이다. 이와는 대조적으로, 일본의 사토야마에서는 살기에 적합한 지금 여기를 만드는 것을 목표로 한다.[23]

그러나 나는 비교를 넘어서 인간, 송이버섯, 소나무가 숲을 창조하는 역사를 찾고 있다. 나는 구분해 범주화하기 위해서가 아니라 아직 다루어지지 않은 연구 문제를 제기하기 위해 그 국면들을 연구한다. 나는 서로 다른 겉모습을 가진 똑같은 숲을 찾는다. 각각의 숲은 상대방의 그림자를 통해 모습을 보인다. 그렇게 하는 동시에 단일하고도 다면적인 형성을 탐구하면서 앞으로 펼쳐질 네 개의 장에서는 소나무를 살펴볼 것이다. 각각의 장은 교란이 일어나는 상황에서 삶의 방식이 어떻게 조율되며 펼쳐지는지 설명한다. 삶의 방식이 하나로 모이면서 패치에 기반한 배치가 형성된다. 내가 보여주는 배치는 거주 적합성, 즉 인간이 교란한 지구에서 일반적인 삶을 사는 것이 가능한지를 고려하기 위한 장면이다.

불안정한 생활은 항상 모험이다.

---

23. 더 대조해보자면, 내가 미국과 핀란드에서 목격한 송이버섯은 산업비림에서 자랐다. 일본처럼 중국에서는 송이버섯이 소농민 산림지에서 자랐다. 윈난성과 오리건주에서는 숲에서 자라는 송이버섯이 지저분한 실수로 여겨지는데, 라플란드와 일본에서는 송이버섯이 나는 숲을 심미적으로 이상적인 곳으로 여긴다. 2×2 표로 정리할 수 있겠지만, 나는 아직 각 지역을 하나의 유형으로 규정하고 싶지 않다. 나는 어떻게 배치로 모이는지 연구하고 있다.

소나무 사이에서
움트고 있는…

활동적인 풍경, 라플란드.
나를 초대한 사람들은
내가 소나무 사이에 있는
순록의 사진을 찍는 것을 보고
땅이 엉망이라며 사과했다.
이 숲은 최근에 솎아졌고
아직 나무를 전부 주울
시간이 없었다고 설명했다.
그렇게 청소가 된 숲은
플랜테이션 농장을 닮아간다.
그리하여 관리자들은
역사를 멈추게 하기를 꿈꾼다.

12

역사

내가 핀란드 북부의 소나무 숲을 처음 본 것은 9월이었다. 헬싱키에서 밤기차를 타고 산타클로스의 고향 안내 표지판이 있는 북극권 한계선을 지나 점점 키가 작아지는 자작나무 벌판을 질주해 소나무로 둘러싸인 지역에 도착했다. 놀라웠다. 나는 자연적인 숲이란 다양한 연령과 다양한 수종의 크고 작은 나무가 뒤섞여 들어찬 곳이라고 생각해왔다. 하지만 그곳의 모든 나무는 똑같았다. 같은 나이의 단일종 나무가 깔끔하고 고른 간격으로 서 있었다. 땅도 깨끗했고 나무토막이나 쓰러진 나무 하나 없이 깔끔하게 치워져 있었다. 산업적인 나무 플랜테이션 농장과 거의 똑같아 보였다. '아, 경계가 정말로 희미해졌네'라고 나는 생각했다. 이것은 자연적이고도 인위적인 근대식 관리법이었다. 그리고 그 반대로 관리하는 방식도 존재했다. 그곳은 러시아와의 국경과 가까웠는데, 사람들은 국경 건너편 숲은 정리가 안 돼서 엉망인 상태로 있다고 내게 말했다. 엉망인 상태가 어떤 상태인지 묻자 그들은 나무가 고르지 않고 땅이 죽은 나무로 가득 차 있다고 말했다. 아무도 치우지 않은 것이다. 핀란드식 숲은 깨끗했다. 이끼류마저도 순록이 짧게 잘라버렸다. 사람들이 말하기를, 러시아 쪽 숲은 거대한 이끼류 뭉텅이가 무릎에 닿을 만큼 높이 자라 있다고 했다.

경계는 희미해졌다. 핀란드 북부의 자연적인 숲은 산업적인 나무 플랜테이션 농장과 많이 닮았다. 나무는 근대적 자원이 되었고, 자원을 관리하는 방식이란 그것의 자율적인 역사적 활동을 멈추게 하는 것이다. 나무가 역사를 만드는 한, 그것들은 산업적인 통치를 위협한다. 숲을 청소하는 일은 그 역사를 멈추게 하는 작업의 일부다. 그런데 언제부터 나무가 역사를 만들었는가?

'역사'는 인간의 스토리텔링 실천이자 우리가 과거로부터 남겨진 일련의 것을 이야기로 전환한 것이다. 역사학자들은 관례적으로 문서나 일기 등과 같이 인간이 남긴 것만 살펴보지만, 우리가 공유하는 풍경에 공헌해온 비인간의 자취와 흔적으로 관심을 넓히지 않을 까닭이 없다. 그러나 이러한 자취와 흔적은 '역사적' 시간을 구성하는 요소인, 일련의 중요한 사건이 탄생시킨 국면 conjuncture과 우발적인 사건에 의한 우연성의 시기에 생물종의 경계를 넘어서 이루어지는 얽힘을 이야기한다. 이러한 얽힘에 참여하기 위해서는 한 가지 방식으로만 역사를 만들지 않아도 된다.[1] 다른

---

1. 고정관념에 갇히지 않는 한 '신화'와 '역사'의 혼합은 가능하다. 역사는 민족적 목적론만은 아니며 신화도 영겁회귀만은 아니다. 역사에 얽혀 들어가기 위해서 단일한 우주론

유기체가 '이야기를 하든' 하지 않든 간에, 그들은 우리가 역사로 인식하는, 서로 겹치는 자취와 흔적을 형성하는 데 기여한다.[2] 그렇다면 역사는 인간과 비인간에 의한 세계 만들기의 수많은 궤적의 기록이다.

그러나 근대 산림관리는 나무를, 특히 소나무를 자립적이고, 등가等價적이며, 변치 않는 물체로 환원시키는 데 그 기반을 두고 있다.[3] 근대 산림관리는 소나무를 잠재적으로 끊이지 않고 변하지 않는 자원으로서, 지속가능한 목재 수확량을 산출해내는 근원으로서 관리한다. 이것의 목표는 소나무를 쉽게 가늠할 수 없는 불확정적인 마주침으로부터 차단해 역사를 만드는 소나무의 능력을 제거하는 것이다. 우리는 근대 산림관리 때문에 나무가 역사의 행위자라는 것을 잊어버린다. 우리가 숲의 삶에 매우 중요한 활력을 다시 느끼고 근대 자원 관리라는 눈가리개를 제거하려면 어떻게

을 공유해야 하는 것은 아니다. 레나토 로살도(Renato Rosaldo, *Ilongot headhunting* [Stanford, CA: Stanford University Press, 1980])와 리처드 프라이스(Richard Price, *Alabi's World* [Baltimore, MD: Johns Hopkins University Press, 1990])는 역사 만들기에 다양한 우주론과 세계 만들기 행위가 섞여서 짜이는 사례를 보여준다. 모르텐 페데르센(Morten Pedersen, *Not quite shamans* [Ithaca, NY: Cornell University Press, 2011])은 우주론이 만들어지는 역사를 보여준다. 그러나 다른 많은 학자들은 신화와 역사 간의 대조를 강조한다. 그들은 이러한 대조를 통해 '역사'의 의미를 제한하기 때문에, 만들어지고 있는 역사는 어떤 것이라도 혼종적이고 다층적이고 오염된 우주론을 지니고 있음을 알아볼 수 있는 능력을 잃는다. 그리고 이는 신화 또한 마찬가지다.

2. 새들은 장소를 집으로 만드는 방식을 통해 이야기를 한다고 톰 반 두런(Thom van Dooren, *Flight ways* [New York: Columbia University Press, 2014])은 주장한다. '이야기'의 뜻을 이렇게 이해한다면, 많은 생물은 이야기를 한다. 그 이야기들은 내가 '역사'로 주시하는 흔적들 사이에 있다.

3. Chris Maser, *The redesigned forest* (San Pedro, CA: R. & E. Miles, 1988).

해야 할까?

지금부터 나는 두 가지 전략을 제시할 것이다. 첫째, 수많은 시대와 장소를 가로지르면서 다른 존재의 궤적을 변형시키고 자신의 존재로 그 현장을 바꾼 소나무의 능력, 즉 역사를 만드는 능력을 보일 것이다. 여기서 나의 길잡이는 매우 무겁고 두꺼운 한 권의 책인데, 코너를 도는 자전거에서 미끄러져 떨어지면 통행을 정지시킬 정도로 크게 덜컹거리며 충돌할 수도 있는 그런 책이다. 그 책은 데이비드 리처드슨David Richardson이 편집한 『소나무속 생물의 생태계와 생물지리학Ecology and Biogeography of Pinus』이다.[4] 이 책은 무겁고 점잖은 제목을 달고 있음에도 모험 이야기를 담고 있다. 리처드슨과 함께 작업한 저자들은 소나무속 생물의 다양성과 명민함을 생생하게 묘사하면서 이 생물을 시공을 가로질러 활기 넘치는 주체, 즉 역사적 주체로 그리고 있다. 나는 그러한 도발에 감화되어 특정 종류의 소나무가 아니라 모든 소나무속 생물을 내 연구 주제로 삼게 되었다. 소나무의 도전을 살펴보며 그것들을 뒤따라가는 것은 역사의 한 형태다.

둘째, 나는 핀란드 북부로 돌아가서 소나무가 경험하는 이종 간 마주침을, 그리고 그들이 건설하는 배치를 추적할 것이다. 산업적 산림관리와 그것이 성공적으로 역사를 멈추게 하려는 시도에 제동을 거는, 앞서 언급한 도발을 다룰 것이다. 이러한 이야기를 하기 위해서 송이버섯의 도움을 받으려 하는데, 그 이유는 산림감독

---

4. David Richardson, ed., *Ecology and biogeography of Pinus* (Cambridge: Cambridge University Press, 1998).

관의 노력이 없어도 이 버섯이 소나무의 생존을 돕기 때문이다. 소나무는 버섯과의 마주침을 통해서만 번창한다. 근대 산림관리는 소나무 역사의 한순간을 포착할 수 있지만 마주침에 기반한 시간의 불확정성을 멈추게 할 수는 없다.

식물의 역사적 힘에 감화되기를 원한 적이 한 번이라도 있다면 소나무에서부터 시작하기를 권하고 싶다. 소나무는 지구상에서 가장 활동적인 나무 중 하나다. 불도저로 숲을 관통해 길을 냈다면 소나무가 베인 부분에서는 새싹이 자라날 가능성이 높다. 사람들이 경작지를 버리고 떠났다면 소나무가 첫 번째로 그 땅을 차지할 것이다. 화산이 분출하거나 빙하가 움직일 때 또는 바람과 바다가 모래 퇴적을 일으킬 때, 소나무는 처음으로 그곳에 뿌리를 내릴 곳을 찾는 식물 중 하나일 것이다. 소나무는 사람들이 물건들을 이리저리 옮기기 전까지는 북반구에서만 자랐다. 이들은 소나무를 남반구로 옮겨 왔고 플랜테이션 농장을 만들어 자라게 했다. 그러나 소나무는 플랜테이션 농장의 울타리를 넘고 풍경을 가로질러 뻗어나갔다.[5] 호주에서는 소나무가 화재 위험의 주요 원인이 되었다. 남아프리카에서는 희귀한 풍토병으로 핀보스fynbos[6]를 위협한다. 개방

5. David Richardson and Steven Higgins, "Pines as invaders in the southern hemisphere," in *Ecology*, ed. Richardson, 450–474.
6. 남아프리카 공화국의 웨스턴케이프주와 이스턴케이프주에 위치한 작은 규모의 야생 관

되고 교란된 풍경에서 소나무를 통제하는 것은 어려운 일이다.

소나무는 빛을 필요로 한다. 개방된 공간에서는 공격적인 침략자일 수 있지만 그늘진 곳에서는 쇠퇴한다. 게다가 소나무는 양분이 풍부한 흙, 적당한 수분, 따뜻한 기온이 제공되는, 일반적으로 식물이 자라기에 최상의 장소라고 여겨지는 곳에서는 경쟁을 잘하지 못한다. 그런 곳에서 소나무는 활엽수와의 경쟁에서 지고 만다. 우리가 그 넓은 잎 때문에 활엽수broadleafs라고 명명하는바, 활엽수의 싹은 재빨리 넓은 잎을 성장시켜 소나무에 그늘을 드리우기 때문이다.[7] 그 결과 소나무는 그러한 이상적인 환경과 관계없는 장소에서 생존하는 데 전문가가 되었다. 소나무는 극한의 환경에서 자란다. 예를 들어 추운 고원지대, 거의 사막화된 곳, 모래와 자갈 지대 등이다.

소나무는 또한 불과 함께 성장한다. 불은 소나무가 지닌 다양성을 뽐내게 한다. 소나무는 많고 다양한 방식으로 불에 적응했다. 어떤 소나무는 뿌리가 튼튼하게 자라는 동안 한 무더기의 풀처럼 보이는 상태로 수년간을 보내는 '목초 단계'를 거치고, 그 이후에야 비로소 불어오는 불길 위로 싹이 올라올 수 있을 때까지 미친 듯이 위로 치솟아 오른다. 어떤 소나무는 두꺼운 껍질과 높다란 수관樹冠을 발달시켜 주변의 모든 것이 다 타버려도 상처 이상의 해

목지를 일컫는다. ─옮긴이

7. Peter Becker, "Competition in the regeneration niche between conifers and angiosperms: Bond's slow seedling hypothesis," *Functional Ecology* 14, no. 4 (2000): 401–412.

는 입지 않는다. 다른 소나무가 성냥개비처럼 타버려도 자신의 씨 앗은 불태워진 흙에서 처음으로 싹을 반드시 틔우게 하는 방법을 갖고 있다. 어떤 소나무는 불에 타야만 열리는 솔방울에 수년간 씨 앗을 저장한다. 이 씨앗이 처음으로 접촉하는 것은 잿가루일 것이 다.[8]

소나무는 균근균(균근 곰팡이)의 도움을 받기 때문에 극한의 환경에서도 살 수 있다. 뿌리에서 일어나는 소나무와 곰팡이의 결속을 보여주는 5천만 년 된 화석이 발견되기도 했다. 다시 말해 소나무는 곰팡이와 함께 진화해왔다.[9] 곰팡이는 유기질 토양이 없는 곳에서 돌과 모래에서 영양분을 모아 소나무가 자랄 수 있도록 한다. 균근균은 영양분을 제공하는 것 외에도 해로운 금속이나 뿌리를 갉아먹는 다른 곰팡이로부터 소나무를 보호한다. 소나무는 그보답으로 균근균을 지원한다. 소나무 뿌리의 해부학적 구조는 곰팡이와의 조합을 통해 형성되어왔다. 소나무는 '짧은 뿌리'를 밖으로 내놓는데, 이것이 균근균과의 유대가 형성되는 장소가 된다. 그뿌리들과 만나는 곰팡이가 없다면 짧은 뿌리는 없어진다. (반면에 곰팡이는 최소한 해부학적 구조상으로 다른, 탐사에 특화된 '긴 뿌리'의 끝부분은 둘러싸지 않는다.) 소나무는 교란된 풍경 사이를 이동하면서 역사를 만드는데, 이는 오직 균근균과의 동행을 통해서 이루어진다.

8. James Agee, "Fire and pine ecosystems," in *Ecology*, ed. Richardson, 193–218.
9. David Read, "The mycorrhizal status of *Pinus*," in *Ecology*, ed. Richardson, 324–340, 324.

소나무는 곰팡이와 마찬가지로 동물과도 동맹을 맺어왔다. 어떤 소나무는 씨앗을 퍼뜨리기 위해 새에게 완전히 의존한다. 어떤 새가 식량으로 소나무 씨앗에 전적으로 의존하는 것과 마찬가지다. 북반구에서는 어치, 까마귀, 제비, 딱따구리가 소나무와 친밀하게 연합한다. 때로 그러한 관계는 특정特定한 것이기도 하다. 높은 고도에 있는 스트로브잣나무의 씨앗은 산갈가마귀의 주요 먹이다. 산갈가마귀의 먹이 은닉처에는 아직 먹히지 않은 씨앗이 저장되어 있는데, 결과적으로 이 은닉처는 스트로브잣나무가 씨앗을 퍼뜨리는 유일한 수단이 된다.[10] 다람쥐나 청설모와 같은 작은 포유류의 은닉처는 소나무 씨앗을 퍼뜨리는 데 중요한 역할을 담당하는데, 바람을 타고 씨앗을 확산시키는 데에도 마찬가지로 중요한 역할을 한다.[11] 그러나 인간보다 소나무 씨앗을 더 멀리 퍼뜨린 포유류는 없다.

인간은 두 가지 방법으로 소나무를 퍼뜨린다. 소나무를 심어서, 그리고 그들이 제어하는 종류의 교란을 일으켜 퍼뜨린다. 후자의 방법은 일반적으로 의도하지 않은 상태에서 일어난다. 소나무는 인간이 별다른 노력 없이 만든 엉망인 상태 중 특정한 종류의 상태를 좋아한다. 소나무는 버려진 들판과 침식된 언덕을 차지한다. 인간이 다른 나무를 벌목하면 소나무가 옮아 온다. 때로는 나무 심기와 교란이 함께 진행된다. 사람들은 자신들이 발생시킨 교

---

10. Ronald Lanner, *Made for each other: A symbiosis of birds and pines* (Oxford: Oxford University Press, 1996).

11. Ronald Lanner, "Seed dispersal in pines," in *Ecology*, ed. Richardson, 281–295.

란을 해결하기 위해 소나무를 심는다. 다른 대안으로는 소나무를 이롭게 하기 위해 다른 것들이 급진적으로 교란되는 상태를 유지할 수도 있다. 이 마지막 대안적 방식이 소나무를 심든 스스로 씨앗을 뿌리는 소나무를 최소한으로 관리하든 간에 산업적 재배자의 전략이 되어왔다. 그래서 개벌과 토양파쇄土壤破碎가 소나무를 장려하는 전략으로 정당화된다.

가장 극단적인 일부 환경에서는 소나무가 아무 곰팡이가 아닌 송이버섯 곰팡이만을 파트너로 원한다. 송이버섯은 바위와 모래를 분해하는 강한 산을 분비하고 소나무와 곰팡이의 상호 성장을 돕는 영양분을 발산한다.[12] 송이버섯과 소나무가 함께 성장하는 험한 풍경에서는 다른 곰팡이가 거의 존재하지 않는다. 게다가 송이버섯은 다른 곰팡이들과 많은 토양세균을 제외시키는, 균류의 가는 실 가닥으로 이루어진 두꺼운 매트를 형성한다. 일본 농부와 과학자들은 농부들이 부르는 대로 이 매트를 '성城'이라는 뜻의 시로しろ라고 부른다. 송이버섯 성城에 대해 생각하면 성의 구역과 경비를 상상하게 된다.[13] 성에서 방어는 또한 공격이다. 이 매트는 방수 역할을 하기 때문에, 바위를 분해하는 데 필요한 산을 곰팡이가 농축시킬 수 있도록 한다.[14] 송이버섯과 소나무가 동맹을 맺으면서 함께 돌을 식량으로 바꾸는 까닭에, 그들은 유기질 토양이 희박

12. 찰스 르페브르(Charles Lefevre), 2006년 인터뷰; Charles Lefevre, "Host associations of *Tricholoma magnivelare*, the American matsutake" (PhD diss., Oregon State University, 2002).
13. 小川真, 『マツタケの生物学』(3장 각주 5에 인용).
14. Lefevre, "Host associations."

한 장소에서 자신들의 영토를 확장한다.

　그러나 자연의 과정이 그렇듯이 식물과 동물의 성장과 죽음이 되풀이되면서 시간이 흐르는 동안 유기질 토양은 쌓이게 된다. 죽은 유기체는 썩고 유기질 토양이 되어 새로운 생명을 위한 토대가 된다. 유기질 토양이 없는 곳에서는 그러한 생사의 순환이 어떤 우연한 활동으로 인해 깨진다. 이 활동은 돌이킬 수 없는 시간, 즉 역사를 가리킨다. 송이버섯과 소나무는 교란된 풍경을 차지하면서 함께 역사를 만든다. 그리고 그들은 어떻게 역사 만들기가 인간이 행하는 것을 넘어서 확장되는지 우리에게 보여준다. 동시에 인간은 숲을 엄청나게 교란한다. 송이버섯과 소나무와 인간은 함께 그러한 풍경의 궤적을 만들어낸다.

　세계무역에서 교역되는 대부분의 송이버섯은 인간이 교란시킨 두 종류의 풍경에서 생산된다. 첫 번째로, 목재를 생산하는 숲에는 몇 종류의 다른 침엽수와 함께 산업용 소나무가 존재한다. 둘째로는 농부들이 소나무에 이롭게 하기 위해 활엽수를 잘라내고, 때로는 언덕을 완전히 벌거벗게 만드는 소농민 풍경이 있다. 소나무는 소농민 숲에서 종종 참나무 및 참나무의 사촌들과 함께 자라고, 일부 지역에서는 그 나무들이 송이버섯의 숙주가 된다. 이 장에서는 소나무가 다른 나무 없이 자라는 산업비림을 이야기하겠다. 그곳에서 만들어지고 있는 역사에는 자본주의 목재 생산의 모든 장치, 소유 재산뿐 아니라 목재 산업의 벼락 경기와 불경기의 교체, 노동의 등락, 화재 진압을 포함한 국가 기구의 규제가 포함되어 있다. 다음 장에서는 소농민 숲에서 소나무와 참나무 사이에 일어나는 상호작용을 살펴볼 것이다. 이 장에서 다음 장까지 우리는 인간, 식물, 곰팡이에 의한 역사 만들기를 살펴볼 것이다.

인간과 소나무는 (그들의 균근 동맹과 함께) 핀란드에서 거의 동일하게 오래된 역사를 가진다. 약 9,000년 전에 빙하가 물러가자마자 인간과 소나무가 이주해오기 시작했다.[15] 인간의 관점에서 볼 때 그것은 오래전이기 때문에 기억할 가치가 거의 없다. 그러나 숲의 입장에서 생각하면 빙하기 말은 매우 최근이다. 이러한 관점의 충돌에서 산림관리의 모순이 드러난다. 핀란드 산림감독관은 숲을 안정적이고 주기적이며 재생 가능한 것으로 인식하게 되었으나, 숲은 변화 가능하고 역사적으로 역동적이다.

자작나무는 빙하가 사라진 후 처음 도착한 나무였지만, 소나무가 바로 뒤따라 도착했다. 소나무는 곰팡이와 함께 빙하가 남기고 간 바위와 모래 무더기를 다스리는 방법을 알고 있었다. 구주소나무Scots pine(Pinus sylvestris) 하나만 이주했는데, 짧고 꺼칠꺼칠한 솔잎과 적황색의 껍질을 가지고 있었다. 다른 활엽수들이 자작나무와 소나무 이후에 뒤처지며 뒤따랐지만, 대부분 북쪽 멀리까지 퍼

---

15. 소나무는 9,000년 전에 핀란드에 도착했다(Katherine Willis, Keith Bennett, and John Birks, "The late Quaternary dynamics of pines in Europe," in *Ecology*, ed. Richardson, 107–121의 113). 인간의 존재를 증명하는 첫 번째 유물은 기원전 8,300년에 사용된 카렐리아인의 어망이다(Vaclav Smil, *Making the modern world: Materials and dematerialization* [Hoboken, NJ: John Wiley and Sons, 2013], 13).

지진 못했다. 마침내 노르웨이 전나무가 뒤늦게 도착했다. 온대림이나 열대림에 익숙한 우리들이 볼 때 이곳 나무의 종류는 매우 적다. 라플란드에서 숲을 이루는 나무에는 한 종류의 소나무, 한 종류의 전나무, 두 종류의 자작나무가 있다.[16] 이것이 전부다. 빙하기가 그리 오래전의 시기라고 생각되지 않는 이유는 존재하는 생물종의 숫자가 적기 때문이다. 다른 나무들은 아직 도착하지 않았다. 숲은 산업적인 단일 작물을 위한 공간으로 그 운명이 이미 정해진 것처럼 보일 수 있다. 많은 임분林分[17]은 관리되기 전부터 단지 한 종류뿐이었다.

그러나 핀란드 사람들이 항상 숲의 단일성에 가치를 둔 것은 아니다. 20세기 초반에는 화전(불을 이용한 이동경작)이 흔한 경작 방식이었다. 농부들은 경작하기 위해 화전 방식을 이용해 숲을 재로 변환시켰다.[18] 화전은 목초지 및 나무의 나이가 제각각인 활엽수 잡목림이 생기게 했고, 숲이 이질성을 지니도록 자극했다. 고르지 않은 소농민 숲은 자연을 사랑한 19세기 예술가들이 찬양했던

---

16. Simo Hannelius and Kullervo Kuusela, *Finland: The country of evergreen forest* (Tampere, FI: Forssan Kirkapiano Oy, 1995). 산림관리인과 동행한 답사에서 수집한 정보도 참조했다.

17. 나무의 나이와 종류, 생육 상태, 임상(林床) 등이 비슷해 주위의 다른 산림과 구분되는 한 단지의 산림을 일컫는다. —옮긴이

18. 핀란드의 중세 농민들은 풍경을 활엽수 혼농임업 윤작에 끌어들이기 위해서 소나무와 전나무로 둘러쌌다(Timo Myllyntaus, Mina Hares, and Jan Kunnas, "Sustainability in danger? Slash-and-Burn cultivation in nineteenth-century Finland and twentieth-century Southeast Asia," *Environmental History* 7, no. 2 [2002]: 267–302). 핀란드의 화전에 대한 생생한 묘사를 읽으려면 다음 문헌을 참고하기 바란다. Stephen Pyne, *Vestal fire* (11장 각주 10번에 인용), 228–234.

형태 중 하나였다.[19] 한편, 생산품의 원료를 전 세계에서 취했던 해양자본주의는 타르를 생산하기 위해 엄청난 수의 소나무를 잘라냈다.[20] 핀란드의 미시관리형micromanaged 산림관리에 관한 이야기는 오랜 시간에 걸쳐 형성된 숲의 형태가 아니라 새롭게 밝혀진 수확량에 대한 19세기 전문가들의 염려와 더불어 시작한다. 한 독일인 산림관리인이 1858년에 쓴 보고서에는 노골적인 적개심이 그대로 드러나 있다.

> 핀란드인이 능숙히 행하게 된 산림 파괴는 부주의하고 통제되지 않은 소떼 방목, 화전 경작, 파괴적인 산불 때문에 더 심해졌다. 달리 말하면 이 세 가지 방법은 단 하나의 주목적을 위해 사용되었는데, 바로 숲의 파괴다.[21] … 핀란드인은 숲속에서 살고 숲에서 양식을 얻으며 살아가지만, 무지와 욕심으로 인해 동화 속 노파처럼 황금알을 낳는 거위를 죽인다.[22]

19. Timo Myllyntaus, "Writing about the past with green ink: The emergence of Finnish environmental history," H-Environment, http://www.h-net.org/~environ/historiography/finland.htm.

20. 19세기 중반이 되자 목재 수출이 타르 수출을 앞질렀다. Sven-Erik Åstrom, *From tar to timber: Studies in northeast European forest exploitation and foreign trade, 1660–1860*, Commentationes Humanarum Litterarum, no. 85 (Helsinki: Finnish Society of Sciences and Letters, 1988).

21. Edmund von Berg, *Kertomus Suomenmaan metsisistä* (1859; Helsinki: Metsälehti Kustannus, 1995). 번역 출처는 Pyne, *Vestal fire*, 259.

22. 같은 책. 번역 출처는 Martti Ahtisaari, "Sustainable forest management in Finland: Its development and possibilities," *Unasylva* 200 (2000): 56–59 중 57.

1866년에는 종합적인 산림관리법이 통과되었고 산림관리가 시작되었다.[23]

그러나 핀란드가 근대 산림 재배의 광대한 지형으로 변한 것은 제2차 세계대전이 끝난 이후였다. 두 가지가 발전하면서 모든 관심이 목재로 쏠렸다. 첫째, 전쟁 후 핀란드가 카렐리아를 탈환한 후 40만 명의 카렐리아인이 소련에서 국경을 넘어왔다. 그들은 집과 일용품이 필요했고 정부는 도로를 건설하고 숲을 개방해 그들이 자리 잡게 했다. 도로가 지어지면서 새로운 지역에서 벌목이 가능해졌다. 둘째, 핀란드는 전쟁 배상금으로 소련에 미화 3억 달러를 지불하는 데 동의했다. 목재는 그 돈을 벌기에 알맞은, 그리고 핀란드의 전후 경제의 시동을 걸기에 알맞은 방법으로 여겨졌다.[24] 큰 회사가 산림지를 관리하는 데 관여하게 되었다. 그러나 핀란드의 숲 중 대부분은 소규모 소유자들이 계속해서 소유하고 있고, 목재를 핀란드의 대표 상품으로 여기고 이에 전념하는 서민들이 있었기 때문에 과학적 산림관리는 국가의 대의명분이 되었다. 산림

---

23. 1913년에 핀란드가 수출을 통해 번 가치의 4분의 3은 가공되지 않은 목재와 가공된 목재에서 나왔다. David Kirby, *A concise history of Finland* (Cambridge: Cambridge University Press, 2006). 20세기에 정착한 사람들은 일거리를 찾아 숲으로 흩어졌는데, 이러한 양상은 열대지방 목재와 경쟁하게 되면서 제재소 일감이 줄어들게 되는 1970년대까지 이어졌다. Jarmo Kortelainen, "Mill closure—options for a restart: A case study of local response in a Finnish mill community," in *Local economic development*, ed. Cecily Neil and Markku Tykkläinen, 205–225 (Tokyo: United Nations University Press, 1998).

24. 배상금의 3분의 1은 임산물과 종이 제품으로 직접 지불됐고, 나머지 3분의 2는 농산물과 기계류와 관련된 방식이었다. 그중 마지막으로 남은 것이 핀란드의 전후 산업을 일으켰다. Max Jacobson, *Finland in the new Europe* (Westport, CT: Greenwood Publishing, 1998), 90.

관리 협회들은 국가의 기준에 따라 규제받게 되었다.[25] 그 기준은 숲을 고정적이고 영원히 지속가능한 자원으로 재생 가능한 목재가 일정한 주기로 생산되는 곳으로 보고 소중히 다루도록 했다. 역사 만들기는 인간만을 위한 것이라고 여겨졌다.

그러나 어떻게 숲을 그 상태로 멈추어 있게 할 것인가? 소나무를 생각해보자. 곰팡이가 더 많은 영양분을 동원해 유기물이 쌓이면 북쪽의 흙은 밀집되고 때로는 침수된다. 전나무는 소나무 아래에 뿌리를 두고 있기 마련이고 소나무가 죽으면 그 자리를 물려받는다. 산림관리는 그 과정을 멈추게 하기로 결정했다. 첫 번째로, 산림관리인이 동령同齡 관리라고 부르는 개벌이 있다. 핀란드에서 개벌을 하는 목적은 산불 효과를 흉내 내는 것이다. 인간이 산불 진화鎭火를 시작하기 전에 천 년에 한 번 정도로 산불이 한 번씩 임분 전체를 교체했었다. 소나무는 밝고 개방된 공간과 나지裸地를 이용하는 방법을 알기 때문에 큰 산불 이후에 다시 자란다. 비슷한 이유로 소나무는 개벌된 지역을 차지한다. 여러 번의 간벌間伐이 이번 개벌과 다음 개벌 사이에 행해지는데, 이러한 간벌을 통해 소나무가 빨리 자랄 수 있는 개방된 숲이 확보되고 다른 생물종은 솎아지게 된다. 나무가 썩으면 전나무 묘목한테 도움이 되기 때문에 죽은 나무는 치워 없앤다. 마지막으로 수확을 한 후에는 그루터기를 제거하고 다음 세대의 소나무가 잘 자라도록 땅을 써레질해 흙을 부순다. 산림관리인의 목표는 이러한 기술을 사용해 소나

---

25. Hannelius and Kuusela, *Finland*, 139.

무를 심지 않을 때조차도 소나무만 참여하는 재생의 순환을 창출하는 것이다.

다른 곳과 마찬가지로 핀란드에서도 이러한 기술을 비판한다. 비평가들은 소나무 숲조차도 과거에는 그렇게 동질적이지 않았다는 사실을 알려준다.[26] 산림관리인은 자신들이 옹호하는 생물 다양성의 장점을 내세우면서 방어적으로 반응한다. 핀란드에서 인기 있는 식품(미국에서는 독버섯으로 간주되지만)인 '마귀곰보버섯'으로 불리는 자이로미트라Gyromitra는 생물 다양성의 아이콘으로서 많은 책자에 등장한다. 자이로미트라는 개벌 후에 교란된 토양에서 종종 생겨난다.[27] 송이버섯은 이러한 담화에 무엇을 보탤 수 있을까?

북부 핀란드의 송이버섯에 대한 가장 흥미로운 사실은 버섯이 자라는 데 있어서 벼락 경기와 불경기가 나타나는 습성이 있다는 점이다. 여러 해 동안 땅은 송이버섯으로 뒤덮인다. 그런 후에는 수년간 송이버섯이 전혀 생기지 않는다. 2007년, 북극권 바로 밑에 위치한 도시 로바니에미에서 한 자연공원 안내원은 직접 천 킬로그램에 달하는 송이버섯을 발견했다고 주장했다. 그는 거대한 피라미드로 버섯을 쌓아두기도 하고 땅에 그냥 놓아두기도 했다. 그다음 해에 그는 아무것도 발견하지 못했고 그다음 해에는 한두 송이만 발견했다. 이러한 버섯 맺기 습성은 나무에 생기는 '매스팅

26. Timo Kuuluvainen, "Forest management and biodiversity conservation based on natural ecosystem dynamics in northern Europe: The complexity challenge," *Ambio* 38 (2009): 309-315.
27. 예를 들어, Hannelius and Kuusela, *Finland*, 175.

masting'이라고 부르는 현상을 닮았다. 나무는 이러한 매스팅을 통해 산발적으로만 씨앗을 맺을 자원을 할당한다. 하지만 장기적 순환 주기와 환경이 주는 신호에 자극받아 한 지역에서 대대적으로, 그리고 그 지역의 모든 나무가 한꺼번에 씨앗을 맺는다.[28] 매스팅은 해마다 날씨 변화를 추적하는 것 이상을 뜻한다. 매스팅이 일어나기 위해서는 다년간에 걸친 전략적 계획이 필요하다. 그렇게 했을 때 한 해에 저장된 탄수화물이 이후의 씨앗 맺기에 쓰일 수 있다. 이에 더하여, 매스팅식 씨앗 맺기는 균근과 파트너 관계를 맺은 나무에서 일어난다. 매스팅을 위한 저장과 지출은 나무와 그 나무의 곰팡이 사이에서 조율되는 것 같다. 곰팡이는 나무가 미래에 씨앗을 맺을 수 있도록 탄수화물을 저장한다. 나무도 역시 곰팡이의 불균형적인 버섯 맺기에 도움을 줄까? 나는 곰팡이성 버섯 맺기가 나무의 매스팅과 어떻게 조율하는지에 관한 연구에 대해 아는 바가 없지만, 여기에 매혹적인 미스터리가 있다. 벼락 경기와 불경기를 보이며 버섯을 맺는 송이버섯 곰팡이가 핀란드 북부에 위치한 소나무 숲의 역사성에 관해 우리에게 말해줄 수 있을까?

핀란드 북부의 소나무는 매해 씨앗을 생산하지는 않는다. 산림관리인들은 그것을 숲 재생의 문제로 인정한다. 즉 소나무가 씨앗을 생산할 때는 엄청난 양을 생산함에도, 개벌을 하면 숲이 바로 소나무로 다시 뒤덮일 것이라고 항상 기대할 수는 없다. 연구자들은 스웨덴 북부에서 산불 없이도 소나무 숲이 '파도 같은' 그리

---

28. Curran, *Ecology and evolution* (「인터루드: 추적하기」의 각주 3번에 인용).

고 '가끔 발생하는' 방식으로 재생한다는 점을 발견했다. 씨앗 생산의 역사는 싹이 부족하고 풍부해지는 일을 겪으면서 숲의 역사가 된다.[29] 물론 균근 파트너가 소나무 씨앗 생산 시기에 참여해야 한다. 곰팡이성 버섯 맺기는 소나무와 곰팡이가 단계적이고 주기적인 재생산을 위해 자원을 공유하는 그러한 복합적 리듬의 조율을 보여주는 것일 수 있다.

이 정도가 인간이 이해할 수 있는 시간의 규모다. 확실히 우리는 소나무가 빙하의 후퇴 이후에 새로운 영토를 뒤덮었지만, 그것이 우리에게 어떤 의미를 가지기에는 너무 느리게 진행된 현상이라고 말할 수 있다. 그러나 숲 재생의 역사적 패턴은 또 다른 문제다. 우리는 그러한 종류의 시간을 알고 있다. 그 시간은 산림관리인이 원하는 예상 가능한 주기를 따르지 않는다. 그것은 산림관리인이 원하는 영원하고 순환 주기에 따라 작동하는 숲과 실재하는 역

29. 날씨와 발육부전 상태도 씨앗의 발아 여부와 묘목으로의 성장 여부에서 차이를 만든다. 스웨덴 북부의 구주소나무가 보이는, 산불 없이도 파도 같은 재생을 하는 현상에 대해서는 다음의 문헌들을 참고하기 바란다. Olle Zackrisson, Marie-Charlotte Nilsson, Ingeborg Steijlen, and Greger Hornberg, "Regeneration pulses and climate-vegetation interactions in nonpyrogenic boreal Scots pine stands," *Journal of Ecology* 83, no. 3 (1995): 469–483; Jon Agren and Olle Zackrisson, "Age and size structure of Pinus sylvestris populations on mires in central and northern Sweden," *Journal of Ecology* 78, no. 4 (1990): 1049–1062. 이 저자들은 매스팅을 고려하지 않는다. 다른 연구자들은 다음과 같이 보고한다. "매스팅이 이루어지는 해는 비교적 자주 있지만, 북방 산림 한계 지역에서는 나무가 성장할 수 있는 계절이 짧고, 이는 씨앗 성숙에 방해가 된다. 매스팅이 이루어지는 해는 백 년에 한두 번 정도로 극히 드물다." Csaba Matyas, Lennart Ackzell, and C.J.A. Samuel, *EUFORGEN technical guidelines for genetic conservation and use of Scots pine* (Pinus sylvestris) (Rome: International Genetic Resources Institute, 2004), 1.

사적 숲 사이에 존재하는 긴장의 증거다. 불규칙적인 씨앗·버섯 맺기는 해마다 생기는 환경상의 차이와, 곰팡이와 나무가 수년간 이루어온 조율에 반응하면서 그다지 주기적이지 않은 리듬을 빚어낸다. 우리는 그 리듬을 구체화하기 위해 주기가 아닌 날짜로 말하게 되었다. 예를 들어, 2007년은 핀란드 북부의 송이버섯에게는 좋은 해였다. 곰팡이와 숙주 나무 사이의 조율에 따라 이루어지는 씨앗·버섯 맺음을 연구한다면, 우리는 숲의 역사 만들기, 다시 말해 숲이 순환적이면서도 되돌릴 수 없는 시간을 추적하는 과정을 이해하게 될지도 모른다. 불규칙적인 리듬은 불규칙적인 숲을 생산한다. 패치들은 고르지 않은 숲 풍경을 만들면서 서로 다른 궤적을 발전시킨다. 그리고 불규칙성을 없애는 강압적인 관리로 인해 일부 생물종이 멸종으로 내몰릴 수는 있지만, 그렇다고 그러한 관리를 통해 나무를 역사가 없는 생물로 변형시키는 일은 절대로 성공할 수 없다.

대부분의 핀란드 버섯은 개인 소유의 숲에서 채집된다. 그러나 소유주 말고도 많은 사람이 버섯에 접근할 수 있다. 채집인은 '만인의 권리everyman's rights'라는 뜻의 요카미에헤노이케우스jokamie-henoikeus라고 불리는 고대 관습법에 따라 개인 소유의 숲을 이용하는 것이 허용된다. 거주민을 방해하지 않는 한, 숲은 등산과 채집을 할 수 있도록 개방된다. 마찬가지로 국유림도 채집인에게 개방된다. 이 덕택에 채집인이 버섯이 있는 곳을 알 수 있는 지역이 확대된다.

어느 날 나는 초청자들의 소개로 어떤 보존림에 갔는데, 우리는 그곳에서 300년 전 산불에 덴 자국이 있는 소나무들을 보았다. 그 나무들의 나이는 아마도 500살 정도 되었을 것이다. 새로운 연구에 따르면, 북부 한대 수림의 많은 지역에서 임분의 나무를 교체하는 산불은 보기 드문 현상이었고, 그리하여 고령의 나무가 번창했다고 한다. 우리는 그 나무들 아래에서 버섯을 땄고, 근대적인 목재 관리를 받는 어린 숲에서는 버섯이 잘 자라지 않는 현상에 대해 이야기했다. 그렇지만 송이버섯은 운이 좋다. 일본인 연구가들에 따르면, 송이버섯은 최소한 일본 중부 지역에서는 40년에서 80년 된 소나무에서 버섯을 가장 잘 맺는다.[30] 핀란드령 라플란드에서는 소나무가 100년의 수확 주기로 관리되고 있는데, 이곳의 소나무가 송이버섯으로 두껍게 뒤덮이지 않을 이유가 없다.[31] 수년간 많은 송이버섯이 나타나지 않은 것은 그 자체로 선물이다. 숲이 만드는 역사에서 나타나는 일시적 불규칙성의 시작이기 때문이다. 간헐적이고 돌발적으로 일어나는 버섯 맺음은 조율의 불안정성을, 그리고 협력하며 생존하는 삶의 흥미로운 국면을 우리에게 일깨워

---

30. 藤田博美, 「アカマツ林に発生する高等菌類の遷移」, 『日本菌学会会報』, 30 (2), 1989, 125–147.

31. 북유럽의 송이버섯 생태학에 관한 연구는 아직 초기 단계다. 소개하는 글을 읽고자 한다면 다음을 참조하기 바란다. Niclas Bergius and Eric Darnell, "The Swedish matsutake (*Tricholoma nauseosum* syn. *T. matsutake*): Distribution, abundance, and ecology," *Scandinavian Journal of Forest Research* 15 (2000): 318–325.

준다.

역사를 멈추게 하려는 근대 산림관리의 노력 때문에 여러 딜
레마가 생겨났다. 환경보전론자들은 이러한 딜레마 때문에 숲은
관리에서 벗어난 레퓨지아refugia[32]가 필요하다고 믿게 되었다. 그러
나 그 숲이 살아남으려면 그러한 레퓨지아는 관리되어야 할 것이
다. 무無관리로 관리되는 선禪 예술의 기술을 참고한다면, 아마도
소나무보다는 소나무의 파트너들을 주시하게 될 것이다.

---

32. 빙하기에 기후 변화가 다른 지역보다 비교적 적었기에 지구상의 다른 대부분 지역에서
   멸종한 동식물종이 소규모로 생존하는 지역을 일컫는다. —옮긴이

활동적인 풍경, 원난성.
버섯 채집인들이 장이 서는
그 마을 벽에 참나무와 소나무 숲에서
버섯을 찾던 장면을 그렸다.
이 숲들은 무장 해제시키는 매력이
있는 동화의 배경이 되어왔다.
그러나 초토화된 후에도
재생하는 숲의 묘한 힘은
어디에 있는가?
지속가능성을 기리며
숲의 끈질긴 부활의 힘이
잘 보이는 곳에 감춰져 있다.

13
부활

숲의 가장 신비로운 특성 가운데 하나는 파괴된 후에 이따금씩 재생한다는 것이다. 우리는 이를 회복 탄력성 resilience이나 생태 복원으로 여길 수 있으며, 나는 그러한 개념이 유용하다고 생각한다. 그러나 그보다 더 나아가서 그것을 부활로 생각해보면 어떨까? 부활은 숲이 지닌 생명의 힘이고, 벌채된 장소를 수복하기 위해 씨앗을 퍼뜨리고 뿌리와 줄기를 뻗어가게 하는 숲의 능력이다. 숲은 빙하와 화산과 산불이라는 도전에 부활로 응했다. 인간의 모욕에도 부활로 대응했다. 인간은 지금까지 수천 년간 벌채하고, 숲은 부활하면서 서로에게 응대해왔다. 현대 사회에 살고 있는 우리는 부활을 저지시키는 방법을 안다. 그러나 그것이 부활의 가능성을 알아차리는 일을 그만두어야 하는 충분히 좋은 이유가 되지는 못하는 것 같다.

여러 가지 현실적인 습관이 방해한다. 첫째로, 진보에 대한 기대가 있고, 과거는 아주 먼 시기의 일처럼 느껴진다. 산림지대에서 숲은 인간의 교란으로 성장하는데, 이러한 산림지대가 주목받지 못하고 은폐된다. 그 이유는 많은 글쓴이가 우리에게 알려주듯이, 그곳에서 일하는 소농민이 구시대적인 모습을 하고 있기 때문이다.[1] 그래서 그러한 산림지대을 언급하고 주목하는 것이 창피한 일로 여겨진다. 우리는 생명에 바코드를 찍고 빅데이터를 생성하는 시대로 넘어갔기 때문이다. (그러나 그 어떤 상품 카탈로그가 숲의 힘과 겨룰 수 있을까?) 그래서 둘째, 우리는 근대인이 소농민과 달리 행하는 모든 일을 통제할 수 있다고 상상한다. 자연이 자주적으로 존재하는 유일한 장소는 황무지뿐이다. 인간에 의해 교란된 풍경에서 우리는 근대주의자의 캐리커처인 인간에 의한 결과만 본다. 우리는 숲의 생명이 인간이 느낄 수 있을 정도로 그 자체로 충분히 강인하다는 믿음을 접었다. 이 같은 인식을 되돌리는 가장 좋은 방법은 소농민 산림지를 과거에 속한 것이 아니라 지금 여기를 위한 존재로 되찾는 것이다.

1. 소작농의 소멸에 대한 연구는 근대 형성의 역사와 더불어 시작된다(예를 들면, Eugen Weber, *Peasants into Frenchmen* [Stanford, CA: Stanford University Press, 1976]). 현시대의 삶에 대한 논의에서는 우리가 포스트모던 시대로 진입했다는 것을 제안하기 위해 그와 같은 비유가 사용된다(예: Michael Kearney, *Reconceptualizing the peasantry* [Boulder, CO: Westview Press, 1996]; Michael Hardt and Antonio Negri, *Multitude* [New York: Penguin, 2004]: [국역본] 안토니오 네그리·마이클 하트, 『다중』, 정남영·서창현·조정환 옮김[세종서적, 2008]).

이러한 존재를 되찾기 위해 나는 일본을 방문해야만 했다. 인간의 교란과 관련해서 긍정적인 사례로 평가받고 있는 일본의 사토야마 회생 프로젝트를 관찰하기 위해서였다. 이 프로젝트는 인간의 교란으로 숲이 끊임없이 부활해 영원한 젊음을 유지할 수 있도록 도왔다. 사토야마 프로젝트는 현대 시민에게 활동적인 자연에서 사는 방법을 가르치고자 소농민에 의한 교란을 재구성한다. 이것이 내가 지구상에서 보고자 한 유일한 종류의 숲은 아니지만 그럼에도 중요한 종류의 숲이다. 이 숲은 가족 규모의 인간 생계가 그 안에서 번성하는 숲이다. 사토야마 회생은 이 책의 18장에서 다룰 주제다. 여기서는 인간을 넘어선 사회성으로 이끄는 이 숲을 따라서 일본 내외에 존재하는 숲의 삶을 뒤쫓을 것이다. 이 숲의 오솔길은 소나무와 참나무가 자라는 곳을 지나간다. 소농민이 국가와 제국의 영토에서 일시적인 안정을 얻는 집거지集居地, enclaves를 만든 곳에서 소나무와 참나무(넓은 의미에서)는 종종 그들의 반려자였다.[2] 그곳에서는 폭탄 폭발blasting 후에 부활이 뒤따른다. 즉 소나무와 참나무의 산림지대가 지니는 회복 탄력성은 인간을 넘어선 소농민 풍경을 재건하면서 인간이 야기한 지나친 산림 파괴를 치유한다.

참나무와 소농민은 세계 여러 지역에서 오랜 역사를 공유해왔다. 참나무는 유용하다. 참나무는 견고한 건축 자재일 뿐 아니라 (소나무와 달리) 불에 탈 때 순조롭게 오래 타서 최고의 땔감이자

---

2. 11장에서 논의했듯이, 내가 사용하는 단어 '참나무'에는 참나무속(Quercus), 돌참나무속(Lithocarpus), 메밀잣밤나무속(Castanopsis)이 포함된다.

숯이 된다. 이보다 더 좋은 점으로, 벌채된 참나무는 (소나무와 달리) 잘 죽지 않는다. 뿌리와 그루터기에서 싹이 터서 새로운 나무가 된다. 소농민이 그루터기에서 싹이 다시 자랄 것을 기대하면서 나무를 베어 넘어뜨리는 행위를 '코피싱coppicing'이라 부르는데, 코피싱된 참나무 산림지대는 소농민 숲의 전형적인 예다.[3] 코피싱된 나무는 나이가 많더라도 항상 젊고 빨리 자란다. 그 나무들은 새로운 싹보다 더 잘 자라서 숲의 구성을 안정시킨다. 코피싱된 숲은 개방적이고 밝기 때문에 간혹 소나무가 자랄 공간이 생긴다. 소나무는 (그들의 곰팡이와 함께) 벌거숭이가 된 공간을 차지한다. 소나무는 이렇게 소농민이 연속해서 교란시키는 과정에서 다른 곳을 채우기도 한다. 그러나 인간의 교란이 없으면 소나무는 참나무 및 다른 활엽수와의 경쟁에서 이기지 못한다. 소농민 숲이 온전한 상태를 이루도록 하는 것은 바로 이러한 소나무-참나무-인간의 상호작용이다. 인간이 계속해서 황폐화시킨 언덕에서 빠른 속도로 자라던 소나무가 수명이 긴 코피싱된 참나무 임분으로 대체되면서 숲의 생태계는 재생되고 지속된다.

참나무와 소나무의 연합은 소농민 숲의 다양성을 정의하고 정착시킨다. 코피싱된 참나무는 빈 공간을 재빨리 차지하는 소나무

---

3. Oliver Rackham, *Woodlands* (London: Collins, 2006). 생물학자들 중 일부는 참나무가 한때 글로벌 북반구에서 흔했던 코끼리와 오랫동안 맺어온 관계를 통해 코피싱 할 수 있는 능력을 발달시켰을지 모른다고 추측한다(George Monbiot, *Feral* [London: Penguin, 2013]; [국역본] 조지 몽비오, 『활생』, 김산하 옮김[위고, 2020]). 이러한 제안조차도 「인터루드: 추적하기」에서 논의한, 생물종의 경계를 넘나드는 진화적 사고의 새로운 중요성에 대한 주장이다.

와 함께 인간과 인간이 길들여 사육하고 재배하는 생물종뿐 아니라 토끼, 명금鳴禽, 매, 풀, 산딸기, 개미, 개구리, 식용 균류처럼 농민들에게 친숙한 반려생물을 포함한 많은 생물종이 번창할 수 있는 일시적인 안정성을 조성한다.[4] 한 생명이 산소를 생산해야 다른 생명이 숨을 쉬는 테라리엄에서의 삶처럼 소농민 풍경에 존재하는 다양성은 자급자족적인 것일 수 있다.

그러나 역사는 테라리엄을 발생시키고 또한 약화시키면서 항상 작업 중에 있다. 소농민 풍경의 상상된 안정성에 뒤이어 그 풍경들을 생겨나게 하는 대재앙이—그리고 내가 '폭탄 맞은 풍경 blasted landscapes'이라고 부르는 대대적인 파괴가—올 수도 있는가? 나는 그렇다고 생각한다. 소농민 공동체는 기본적으로 국가와 제국에 종속되어 있다. 그들을 제자리에 묶어두는 것은 권력과 폭력이다. 그들이 형성하는 다종적 배치 역시 제국의 소유 형태, 세금, 전쟁이라는 제국적 권력의 작동에 좌우된다. 그러나 그렇다고 소농민의 삶과 함께 발달된 리듬을 폄하할 필요는 없다. 소농민 숲은 폭탄 맞은 풍경을 다종의 삶의 현장으로, 그리고 소농민이 수입을 얻는 장소로 만들기 위해 길들여진다. 소농민의 생활은 자신이 완벽하게 제어할 수 없는 숲의 부활에 주파수와 박자를 맞춘다. 하지만 그 덕택에 소농민 생활은 손상된 풍경에 삶을 다시 불어넣으며

---

4. 일본의 경우는 다음 문헌을 참고하기 바란다. Hideo Tabata, "The future role of satoyama woodlands in Japanese society," in *Forest and civilisations*, ed. Y. Yasuda, 155–162 (New Delhi: Roli Books, 2001). 사토야마에서 공존하는 수종(樹種)에 대한 정보는 다음 문헌을 참고하기 바란다. Nakashizuka, and Matsumoto, *Diversity* (11장 각주 14번에 인용).

더 큰 규모의 파괴적인 프로젝트로부터 회복한다.

일본에서 이야기를 시작할 곳은 인간이 아니라 사토야마의 연인인 왕새매Butastur indicus와 더불어서다. 이 독수리는 시베리아에서 짝짓기를 하고 봄과 여름에 일본에 와서 새끼를 기른 후 동남아시아로 날아가는 철새다. 숫독수리는 알을 품고 있는 암컷에게 먹이를 가져다준다. 부부는 소나무 꼭대기에 앉아서 주위를 관찰하며 파충류, 양서류, 곤충을 찾는다. 5월에 논에 물이 차면 독수리는 개구리를 찾는다. 벼가 자라서 사냥이 힘들어지면 소농민 산림지에서 곤충을 찾는다. 숫독수리는 앉아서 14분 내에 먹이를 발견하지 못한 나무 위에는 다시 앉으려 하지 않는다는 연구가 있다.[5] 그 새는 소농민 풍경이 개구리와 곤충을 적절하게 배치한 식품 저장소로 펼쳐져 있기에 번성하는 것이 분명하다.

왕새매는 일본의 소농민 풍경에 맞추어 자신들의 이동 패턴을 조정해왔다. 한편, 그들이 식량으로 먹는 생물은 모두 동등하게 이 교란 체제에 의존한다. 관개 조직이 유지되지 않으면 개구리 개체수가 줄어든다.[6] 그리고 많은 곤충이 소농민 나무에서 살도록 진화했다! 최소한 85종의 특화종特化種 나비가 양분을 얻는 졸참나

5. Atsuki Azuma, "Birds of prey living in yatsuda and satoyama," in *Satoyama*, ed. Takeuchi et al., (11장 각주 14번에 인용), 102–109.
6. 같은 책, 103–104.

무Quercus serrata에 의존한다. 화려한 색을 지닌 나비인 왕오색나비 Sasakia charonda에게는 소농민 코피싱을 통해 젊게 유지되는 어린 참나무의 수액이 필요하다. 코피싱이 유지되지 않을 때 참나무는 나이 들고 나비의 개체수는 줄어든다.[7]

소농민 숲의 생태적 관계가 어떻게 이렇게 많은 연구의 주제가 된 걸까? 특히 현재 화석연료가 땔나무를 대체하고 젊은 세대가 도시로 이주하면서 일본의 산림이 대단위로 방치되고 있는데도 말이다. 어떤 연구자들은 미래의 지속가능성을 디자인하려면 노스텔지어의 도움을 받는 것이 가장 좋다고 분명하게 말한다. 적어도 교토의 환경경제학자인 K 교수의 시각은 그러하다.

K 교수는 가난한 사람들을 도울 수 있을 것이라고 생각해서 경제학자가 되었다고 말했다. 그러나 10년간의 성공적인 전문직 활동 후, 자신의 연구가 누구도 돕지 못했다는 것을 깨달았다. 설상가상으로 그는 자신이 가르치는 학생들의 멍하고 지루한 눈을 보았는데, 그들과 이야기한 후 단지 자신의 강의 때문만은 아니라는 것을 알게 되었다고 했다. 그의 학생들 역시 가치가 있는 질문과의

---

7. 그 나비의 유충은 팽나무(Celtis sinensis)를 먹는데, 이 나무는 코피싱된 산림에서 사는 수종 중 하나다. 성충은 농민이 코피싱한 참나무 중 하나인 상수리나무(Quercus acutissima)의 수액을 먹는다(Izumi Washitani, "Species diversity in satoyama landscapes," in *Satoyama*, ed. Takeuchi et al., 89–93 [11장 각주 14번에 인용-], 90). 코피스(coppice)는 식물 및 곤충이 고도의 다양성을 가질 수 있도록 지원한다. 이와 달리, 어떤 지역을 방치하면 몇 개의 공격적인 수종이 그 지역을 지배하게 된다. 다음 문헌을 참고하기 바란다. Wajirou Suzuki, "Forest vegetation in and around Ogawa Forest Reserve in relation to human impact," in *Diversity*, ed. Nakashizuka and Matsumoto, 27–42.

연결이 끊어져 있었다. K 교수는 자신의 인생 궤적을 다시 생각해 보았다. 그는 소년이었을 때 조부모님 마을을 방문했던 경험을 기억했다. 시골을 탐험하면서 얼마나 살아 있음을 느꼈던가! 그 풍경은 사람들의 힘을 약화시키는 것이 아니라 오히려 그들의 삶을 존속하게 했다. 그래서 그는 자신의 연구 방향을 일본의 소농민 풍경을 재생하는 것으로 바꿨다. 그가 소속된 대학이 버려진 밭과 숲의 일부에 출입해 사용할 권리를 획득할 때까지 논쟁하고 밀어붙였고, 단지 바라보기 위해서가 아니라 소농민이 가진 삶의 기술을 공부하게 할 목적으로 학생들을 그곳으로 데려갔다. 그들은 함께 배웠다. 관개수로를 다시 뚫고, 벼를 심고, 숲을 개방하고, 숯을 만들기 위해 가마를 짓고, 소농민의 눈으로 관찰하고 소농민의 귀로 들으며 숲을 돌보는 방식을 발견했다. 그의 강의는 이제 얼마나 열정적으로 변했는가!

그는 내게 자신들이 회수한 대지를 여전히 빽빽하게 둘러싸고 있는, 너무 많이 자라 있고 버려진 숲을 보여주었다. 그곳의 엉킨 잡목림에서 지속가능한 소농민 숲이 창발하려면 해야 할 일이 너무 많았다. 죽순대Moso bamboo가 이곳에서는 야생종으로 변했다고 그가 설명했다. 우수한 죽순을 얻고자 약 300년 전 중국에서 들여온 이 대나무는 항상 조심스럽게 소농민 집 주변에 심어졌고 다듬어졌었다. 그러나 소농민 숲과 밭이 방치되면서 죽순대는 숲을 차지하는 공격적인 침입자가 되었다. 그는 소나무재선충의 공격에 취약해지게 하는 짙은 그늘로 소나무를 에워싸면서 죽순대가 어떻게 남아 있는 소나무를 숨 막히게 하는지 보여주었다. 그러나 그의 학생들은 대나무를 잘라내 그것으로 숯을 만드는 법도 배웠다.

코피싱된 참나무 또한 곤경에 처해 있었다. 우리는 자라고 또 자라 나무가 된 오래된 그루터기들에 감탄했다. 그러나 다른 식물들이 거주하는 그 황무지가 참나무를 감쌌고, 수년간 코피싱되지 않았기 때문에 그 숲의 건축 양식을 형성했던, 항상 젊음을 지속하는 속성을 더는 함유하고 있지 않았다. 자신과 학생들이 코피싱 기술을 다시 배워야 할 것이라고 그는 설명했다. 오직 그렇게 할 때만이 소농민 풍경의 동식물, 즉 일본의 사계절을 매우 생산적이고 고무적으로 만드는 새, 덤불, 꽃을 유혹할 수 있을 것이라고 말했다. 그는 자신들이 이미 마친 작업 덕분에 그러한 생물이 다시 돌아오기 시작했다고 말했다. 그러나 이 모든 것은 계속 진행 중인 사랑의 노동이었다. 자연의 지속가능성은 절대로 그냥 주어지지 않는다고, 그것은 반드시 우리의 인간성humanity 또한 끌어내는 인간의 작업을 통해 끄집어내져야 한다고 그는 말했다. 소농민 풍경은 인간과 자연 간의 지속가능한 관계를 재형성하는 시험장이라고 그는 설명했다.

일본에서 소농민 숲은 최근에야 주목받게 됐다. 30년 전에는 산림 관리인과 산림 역사학자들이 귀족 나무, 즉 일본 삼나무cedar와 편백나무cypress에만 집착했다. 일본의 '숲'에 대해 쓸 때 그들은 대개

이 두 나무를 생각했다.[8] 그렇게 된 데는 타당한 이유가 있다. 그 나무들은 아름답고 쓸모 있다. '삼나무'를 뜻하는 단어인 스기杉, すぎ는 사실 독특한 크립토메리아Cryptomeria를 지칭하는데, 캘리포니아주의 붉은삼나무redwood처럼 반듯하고 키가 크며, 널빤지, 판자, 지지대, 기둥 등을 만드는 눈부시게 아름답고 잘 썩지 않는 목재가 된다. 일본 편백나무인 히노키檜, ひのき, Chamaecyparis obtusa는 훨씬 더 대단하다. 이 나무는 달콤한 향이 나고 아름다운 질감을 내도록 대패로 다듬어질 수 있다. 잘 썩지도 않는다. 사찰을 짓기에 완벽한 목재다. 히노키와 스기는 둘 다 거대하게 자라서 경외심을 불러일으키는 기둥과 판자가 된다. 일본의 초기 지배자들이 궁과 사찰을 짓기 위해 최선을 다해 숲에 있는 스기와 히노키를 모두 잘라낸 것은 놀라운 일이 아니다.

귀족들이 초기에는 스기와 히노키에 집착했기 때문에 소농민에게는 다른 나무, 특히 참나무를 요구할 수 있는 가능성이 열려 있었다.[9] 12세기에는 전쟁으로 인해 귀족들의 통합에 균열이 생겼

---

8. 콘래드 토트만(Conrad Totman)은 선대의 일본인 역사학자들을 좇아 다음 문헌에서 그러한 집중 현상을 다룬다. *The green archipelago: Forestry in preindustrial Japan* (Berkeley: University of California Press, 1989).

9. 이 단락은 다음 문헌들에서 참고했다. Totman, *Green archipelago*; Margaret McKean, "Defining and dividing property rights in the commons: Today's lessons from the Japanese past," International Political Economy Working Paper no. 150, Duke University, 1991; Utako Yamashita, Kulbhushan Balooni, and Makoto Inoue, "Effect of instituting 'authorized neighborhood associations' on communal (iriai) forest ownership in Japan," *Society and Natural Resources* 22 (2009): 464–473; Gaku Mitsumata and Takeshi Murata, "Overview and current status of the *iriai* (commons) system in the three regions of Japan, from the Edo era to the beginning of the 21st century,"

고, 이 덕택에 마을 숲에 대한 소농민의 권리 요청이 받아들여져 제도화될 수 있었다. 이리아이入会, いりあい 권리는 마을 주민들이 함께 사용하는 공유지에 대한 권리로서, 등록된 가구원들이 땔나무를 모으고, 숯을 만들고, 마을의 토지에서 생산된 모든 산물을 사용하는 것이 허가되었다. 다른 많은 사회에서 실행된 공유림에 관한 권리와는 다르게, 일본의 이리아이 권리는 성문화되었고 법정에서 강제할 수 있었다. 그러나 일본의 전근대 시기의 이리아이 숲에서 스기나 히노키를 찾을 가능성은 거의 없었다. 그 나무들은 마을의 토지에서 자란다고 해도 귀족의 것이었다. 그러나 가끔 소농민은 영주의 땅에서 자라는 참나무에 대한 권리를 주장할 수 있었다. 즉 이리아이는 다른 사람의 소유지를 사용할 권리의 하나로서 작동할 수 있다. 다른 이들의 노동으로 생계를 영위하던 영주들에게는 참나무가 필요하지 않았다.[10] 그렇다고 해도 엘리트 계층이 이리아이 권리를 축소하려고 매우 열심히 노력해왔다는 것은 놀랍지 않다. 19세기 메이지 유신 이후 많은 공동 경작지는 사유화되거나 국가에 의해 압류되었다. 놀랍게도 모든 역경에도 불구하고 이리아이 숲 권리의 일부는 현재까지, 즉 20세기 후반부터 농촌 사람이 도시로 몰려들면서 마을 숲은 방치되는 어려움에 직면하게 된 상

Discussion Paper No. 07–04 (Kyoto: Multilevel Environmental Governance for Sustainable Development Project, 2007).

10. 올리버 래컴(Oliver Rackham)이 밝힌 바에 따르면, 유럽의 귀족은 상류층을 위한 건축에 참나무를 사용했고, 그래서 참나무는 영주의 나무였다고 한다. 일본에서 영주는 건축에 스기와 히노키를 사용했다. Rackham, "Trees, woodland, and archaeology," 예일대학의 농학 콜로키움 발표문, 2013년 10월 19일, http://www.yale.edu/agrarianstudies/colloqpapers/07rackham.pdf.

태로 지금까지 유지되어오고 있다.

어떤 나무가 이리아이 마을 숲을 정의했는가? 일본인들은 자신들이 온대와 아열대 기후의 동식물이 교차하는 지역에 자리하고 있는 점을 매우 자랑스럽게 생각한다. 일본에는 사계절이 있다. **그리고** 일 년 내내 푸르름을 유지한다. 일본의 남부 지방은 아열대 식물류 및 곤충류를 대만과 공유한다. 아시아 북부 대륙 지역과는 추운 기후의 동식물상을 공유한다. 참나무는 그 경계선을 가로질러 퍼져 있다. 겨울에 넓적하고 반투명한 잎의 색이 바뀌어 가지에서 떨어져 나가는 낙엽성 참나무는 동북 지역 식물군상의 일부를 이룬다. 낙엽성 참나무 잎보다 더 작고 두꺼운 잎이 일 년 내내 푸른빛을 유지하는 상록 참나무는 남서 지역 출신이다. 이 두 종류의 참나무는 연료와 숯으로 유용한 나무다. 그러나 전통을 수호하는 일본 중부의 일부 중심 지역에서는 낙엽성 참나무를 상록 참나무보다 선호한다. 농민들은 나무 아래에서 자라는 덤불 및 풀과 함께 상록 참나무의 싹을 제거해 낙엽성 참나무를 보호한다. 이러한 선택 때문에 참나무-소나무 관계에, 그리고 숲의 건축 양식에 차이가 형성된다. 항상 그늘을 드리우는 상록 참나무와 달리, 낙엽성 참나무는 겨울과 봄 동안 빛이 잘 들어오는 밝은 공간을 남기므로, 그 장소는 온대 기후의 초본 식물뿐 아니라 소나무도 기회를 얻을 수 있는 곳이 된다. 게다가 농민들은 지속적으로 숲을 개방하고 청소해주면서 참나무 사이에서 소나무와 다른 온대 기후 생물이 살 수 있도록 했다.[11]

11. Tabata, "The future role of satoyama."

전근대 유럽의 소농민과 달리, 전근대 일본의 소농민은 우유나 고기를 얻기 위해 동물을 사육하지 않았기에 유럽인처럼 밭에 동물 배설물로 만든 거름을 주어 비옥하게 할 수 없었다. 식물과 숲 표면의 퇴적물을 모아 식물성 비료를 만드는 것이 농민들의 중요한 일과 중 하나였다. 숲바닥에 있는 모든 것을 취해 이용했기 때문에 소나무가 좋아하는 무기질 토양은 그대로 드러난 상태로 유지됐다. 일부 지역은 풀이 자라도록 개방되었다. 코피싱된 참나무는 이러한 방식으로 교란된 숲의 기둥 역할을 했고, 가장 흔한 종류로는 코나라こなら로 알려진 졸참나무가 있었다. 참나무 목재로 온갖 것을 할 수 있었는데, 땔나무부터 표고버섯 재배에 활용하는 것까지 다양했다. 주기적인 코피싱 덕택에 참나무의 몸통과 가지가 젊음을 유지했고, 그 결과 참나무가 다른 종의 나무보다 더 빨리 성장해 숲을 장악하게 되었다. 산등성이의 개방된 목초지와 벌거벗은 언덕에는 소나무Pinus densiflora가 송이버섯 파트너와 함께 자랐다.

일본의 소나무는 소농민 교란이 만든 생물이다. 이 나무는 그늘을 드리우고 자신들에게만 이로운 풍부하고 깊은 부엽토층을 만드는 활엽수와 경쟁할 수 없다. 화석식물학자paleobotanist들은 수천 년 전 인간이 일본의 풍경에서 처음으로 산림을 없애기 시작했을 때, 그 전에는 거의 존재하지 않던 소나무 꽃가루의 양이 극적으로 증가한 것을 발견했다.[12] 소나무는 벌초와 코피싱 덕분에 밝

12. Matsuo Tsukada, "Japan," in *Vegetation history*, ed., B. Huntley and T. Webb III, 459–518 (Dordrecht, NL: Kluwer Academic Publishers, 1988).

은 햇빛을 받고, 농민이 갈아엎은 나지裸地의 무기질 토양에서 영양을 얻으면서, 농민이 벌이는 교란과 함께 번성한다. 참나무는 농민이 개간한 산비탈에서 소나무를 몰아낼 수 있다. 그러나 코피싱 및 식물성 비료를 모으는 작업을 통해 코나라 참나무와 소나무 모두에게 이로운 공간이 만들어졌다. 송이버섯은 소나무가 산등성이와 침식된 비탈에 발을 딛고 설 수 있도록 도우면서 소나무와 함께 자랐다. 특히 송이버섯은 벌거벗은 지역에서 소나무와 함께 번창하면서 숲에서 가장 흔한 버섯이 되었다.

19세기와 20세기에 급성장한 일본의 도시 중산층은 송이버섯 찾기로 여겨졌던 소풍을 가려고 시골을 방문하기 시작했다. 소풍은 한때 귀족의 특권이었으나 이제 많은 사람이 참여할 수 있게 되었다. 마을 사람들은 '손님을 위한 산'으로 특정 지역의 소나무와 송이버섯을 지정했고, 도시 방문객들에게 아침에 버섯을 따는 특혜와 그 후 상쾌한 야외에서 즐기는 스키야키 점심을 제공하고 돈을 받았다. 그런 관행은 송이버섯 사냥을 통해 농촌의 생물다양성이 주는 온갖 즐거움을 일상의 근심으로부터의 탈출로 포장한 정동情動의 묶음을 짜는 일이었다. 어릴 적 할머니와 할아버지가 사시는 농촌에 방문한 것처럼 송이버섯 소풍은 시골을 노스탤지어의 내음으로 뒤덮었고, 그 내음은 시골 풍경에 대해 현재에도 계속 감사한 마음을 가지도록 했다.

일본 소농민 풍경의 회생을 옹호하는 현대인들은 소농민 숲을 전통 지식에 의해 계획된 결과로 여기며 탐미했다. 전통 지식 덕택에 자연과 인간의 요구가 조화를 이룬다는 것이다. 그러나 많은 학자들은 그러한 조화로운 형태가 산림 벌채와 환경 파괴의 순간에 발전했다고 주장한다. 환경 역사학자 다케우치 가즈히코武內和彦는 19세기 중반 일본의 산업화와 관련된 대규모의 산림 벌채를 강조한다.[13] 역사적 변화가 오늘날의 옹호자들이 상상하는 소농민 숲, 즉 20세기 전반에 존재한 숲의 핵심이었다고 그는 주장한다. 19세기 말 일본의 근대화는 소농민 숲에 압력을 가해 일본 중부 지방에서 대대적인 산림 벌채를 이끌었다. 방문자들은 도로변을 따라 눈에 띄게 서 있는 '벌거벗은 산들'에 주목했다. 19세기에서 20세기로 넘어가면서 흙이 드러난 산비탈에 소나무가 다시 자라게 되었다. 어떤 경우에는 유역 관리 등을 위해 심어졌지만, 소나무 씨앗이 퍼지지 않은 곳이 없었고, 이 소나무는 송이버섯의 도움을 받아 스스로 싹을 틔웠다. 20세기 전반에 송이버섯은 소나무 숲만큼이나 흔하고 풍부했다. 땔나무와 숯의 수요가 증가하면서 참나무 코피싱 또한 활발하게 행해졌다. 소나무-참나무 산림에 대한 현대의 향수 어린 시각이 완성됐다.

균류학자 겸 소나무 숲 옹호자인 요시무라 후미히코吉村文彦는 그 이후에 이루어진 산림 벌채, 즉 제2차 세계대전 이전 및 전쟁

13. 2008년 인터뷰에서. 산림 벌채는 벌목, 이동경작, 집약농경의 확산, 거주자 정착과 관련되었다. 다음 문헌을 참고하기 바란다. 田麻子·原田洋·奥田重俊, 「三浦半島南部における明治期の植生図化と植生の変遷について」,『生態環境研究』4 (1), 1997, 33-40쪽; 小椋純一, 「明治一○年代における関東地方の森林景観」, 『造園雑誌』57(5), 1994, 79-84쪽; Kaoru Ichikawa, Tomoo Okayasu, and Kazuhiko Takeuchi, "Characteristics in the distribution of woodland vegetation in the southern Kanto region since the early 20th century," *Journal of Environmental Information Science* 36, no. 5 (2008): 103-108.

기간에 벌어진 숲의 교란을 중요시한다.[14] 나무는 농민들이 사용하기 위해서뿐 아니라 군비 증강을 위한 연료와 건축 자재로 쓰이기 위해 베였다. 소농민 풍경에서 상당히 많은 나무가 잘려나갔다. 그러한 풍경이 전후에는 다시금 푸르게 바뀌었다. 소나무가 벌거벗은 풍경에서 자라났던 것이다. 요시무라 박사는 1955년을 기준점으로, 즉 재성장의 시점으로 보고 그 시기의 소나무 숲으로 회복시키고 싶어 한다. 1955년 이후로는 숲이 갱신되지 못하고 오히려 쇠퇴했다.

숲을 바꾼 1950년대 이후에 벌어진 변화에 관한 이야기는 이 책의 후반부를 위해 남겨두겠다. 여기서는 어떻게 거대한 역사적 교란이 항상 젊고 개방적인 소농민 숲의 비교적 안정적인 생태계에 가능성을 열 수 있는가라는 질문에 집중하고자 한다. 산림 벌채에 관한 이와 같은 사례가 다수의 현대 일본 사상에서 안정성과 지속가능성의 이미지 그 자체가 된 숲을 탄생시켰다는 것은 역설적이다. 이 역설로 인해 소농민 숲이 덜 유용하거나 원치 않는 곳이 되지는 않지만, 숲의 부활과 함께 삶을 이루는 작업에 대한 우리의 이해를 변화시킨다. 농민들이 매일 행하는 노력은 종종 자신들의 통제를 크게 벗어나는 역사적 변화에 대한 반응이다. 작은 교란은 큰 교란의 흐름 속에서 소용돌이친다. 그 점을 이해하려면 일

---

14. 2008년 인터뷰에서. 스즈키 와지로(鈴木和次郎)는 문서 기록이 많은 간토 숲에 대해 벌목이 증가한 점을 언급한다. "제1차 세계대전 후 국내 산업의 발전과 함께 숯에 대한 수요가 급격하게 증가했고, 제2차 세계대전 동안 숯 제조와 군마에 필요한 장비 제조가 그 지역의 주요 산업이 되었다"(Suzuki, "Forest vegetation," 30).

본인 옹호자들과 봉사자들이 심미적 완벽함을 추구하며 우리를 역사 없이 사고하도록 이끄는, 향수병에 의해 작동하는 복원에서 멀어질 필요가 있는 것 같다.

중국 서남 지방 윈난성 중부의 소농민 숲은 향수를 느끼며 복원하는 장소가 아니라 농민들이 활발하게 이용하는 곳이다. 이러한 유형의 숲은 이상적인 아름다움의 대상으로 여겨지지 않고 청소되어야만 하는 재해로 여겨진다. 재생으로 여겨지지 않는다는 것이다. 최대한 긍정적으로 이야기하면 지저분하게 어질러진 상태이고, 때로는 화가 치밀 정도로 그러하다. 그것은 움직이고 있는 소농민 풍경이지 향수에 의해 재창조된 곳이 아니다. 불쾌할 정도로 어수선함에도 많은 방식에서 항상 젊고 개방적인 그 숲은 일본 중부의 소농민 숲과 놀라울 정도로 닮았다. 생물종은 다를지라도 코피싱된 참나무와 소나무가 숲의 건축 양식을 형성한다.[15] 윈난

---

15. 일본 중부에서처럼 인간의 교란이 없는 윈난성의 숲들은 소나무가 없는 활엽수의 연합으로 되돌아간다. Stanley Richardson, *Forestry in communist China* (Baltimore, MD: Johns Hopkins University Press, 1966), 31. 마을 사용의 역사 또한 유사성을 보여준다. 윈난성을 다루지는 않지만 니컬러스 멘지스(Nicholas Menzies)가 묘사한 청 제국에서의 마을 숲 사용은 사토야마 문헌의 내용을 꽤 연상시킨다. "마을 공동체는 산시성의 공동체 숲을 마을 산(社山[村山], she shan)으로 이해하고 있었다. … 그곳의 산비탈은 농사짓기에 알맞지 않았으나 그곳을 이용하는 사람들에게 중요한 곳이었다. (씨족 구성원의 묘지를 위한 장소와 같은) 의례를 지내야 할 때 사용할 수 있었고 임산물을 얻을 수 있는 곳이었기 때문이다. 마을은 마을 숲에서 구한 목재로 공동체 내에서 공공 작업에 쓰이는 자금과 물자를 구했고, 마을 주민은 개인적으로 사용할 견과류, 과

성의 송이버섯은 일본의 송이버섯과 성향이 다르다. 윈난성의 버섯은 소나무만큼이나 참나무에서도 잘 자란다. 그러나 그것은 농민-참나무-소나무-송이버섯 집합체를 훨씬 더 눈에 띄게 한다. 아마도 여기서도 그러한 숲이 부활할 수 있었던 이유가 소농민의 독창성 때문만이라고는 할 수 없고, 대변동이 있었기 때문이라고 보아야 할 것이다.

나는 일본 중부에서 매력적으로 요약된 소농민 숲의 역사를 학자뿐 아니라 산림관리인과 시골 주민에게서도 들었다. 일단 그 담론을 배우자 내 작업은 쉬워졌다. 나는 보고 듣기만 하면 됐다. 그렇게 훈련받았기에 나는 소농민 숲의 역사에 대한 바로 그러한 생각이 윈난성에서는 혼란과 방어적인 태도를 유발했을 때 깜짝 놀랐다. 모두 소농민이 좋은 산림관리인이 되기를 원했지만, 그렇게 되는 방법은 전통적인 관리인 방식이 아니라 그들이 알고 있을 현대의 기업가적 경영 기술을 통해서였다. 소농민 숲은 오래된 곳이 아니라 지방분권의 결과로 등장한 근대적 사물이었고, 숲 전문가들의 목표는 근대적 합리성을 가능하게 하는 것이었다. 만약 그 숲의 상태가 나빴다면, 그것은 과거에 실수가 있었기 때문이었다. 역사는 그러한 실수의 이야기였다.[16]

일, (고기로 먹을) 야생동물, 버섯, 약초를 얻었다고 런천통(Ren Chentong)은 설명한다" (Menzies, *Forest and land management in imperial China* [London: St. Martin's Press, 1994], 80–81).

16. 사용권을 개별 가구와의 계약을 포함하는 여러 종류의 유형으로 나눈 숲 개혁은 1981년에 시작됐다. 숲 사용권의 변화를 분석한 문헌은 다음과 같다. Liu Dachang, "Tenure and management of non-state forests in China since 1950," *Environmental History* 6, no. 2 (2001): 239–263.

마이클 해서웨이와 나는 산림감독관 및 산림 역사학자와도 이야기했다. 그들은 어떻게 국가가 숲을 집체화했는지, 그리고 개혁 시기에 어떻게 그들이 숲을 가구 계약을 통해 농민들에게 돌려줬는지 설명했다. 그들은 훼손을 멈출 목적으로 시행된 1998년 벌목 금지법을, 그리고 새로운 형식의 산림관리가 시도된 모델 프로젝트를 이야기했다. 내가 숲의 역사로 대화 주제를 돌렸을 때 그들은 다시 정부와 정부가 저지른 실수를 이야기했다. 개별 가구별로 가구 숲household forests[17]을 계약하는 것은 숲을 조직화하는 새로운 방법이었고, 그 숲들은 그 이전의 집체 관리collective management[18]로 손상된 장소에서 자라야 할 것이다. 핵심은 관료가 아니라 기업인이 관리할 수 있게 토지 소유권과 우대 조치를 정리하는 것이라고 그들은 생각했다. 이 새로운 시기에 숲은 시장과 함께 새로이 만들어지게 될 판이었다. 우리는 법, 우대 조치, 모델 프로젝트를 이야기했다. 나는 그 나무들을 아직 만져보지 않았었다. 나는 일본에서 알게 된 그 심미적 사물에 배어 있는 기이함을 이제야 알게 되었음에도 그것들이 그리워졌다.

17. 중국의 숲은 1950년대에 집체화되었다가 1970년대 말부터 이루어진 개혁개방 정책으로 인해 탈집체화되었다. 즉 숲은 개별 가구, 개별 가구가 모여 만든 조합, 마을 공동체, 외부 기관 등이 책임을 지는 방식으로 나누어졌다. 이 중 가구 숲 계약은 중국 정부가 집체 소속이던 숲을 개별 가구에 나누어 배당해 그 가구가 특정 구역의 숲에 대한 사용권을 갖도록 하는 정책이다. 사용, 관리, 운영은 개별 가구가 하지만 소유권은 여전히 중국 정부에 있다. —옮긴이

18. 중국의 산림은 원칙적으로 국유림이나, 국유림 외에도 농촌의 촌락별로 공동 관리되는 집체림도 존재한다. 원래는 경작권만 부여되었으나 소유권을 둘러싼 계속된 갈등과 경제 개혁의 일환으로 최근에는 일정한 조건하에서 집체 소유도 가능하도록 법이 개정되었다. 19장 주2 참조. —옮긴이

내가 추슝이족자치주楚雄彝族自治州의 시골에 도착했을 때 사람들은 일본에서 배워온 나의 질문을 한결같이 싫어했다. 마을 임원들은 행정 범주의 변화에 관한 국가 관련 이야기를 간략히 말해주었지만, 일반 주민은 그러한 범주가 무엇인지 알지 못했다. 마침내 한 남자 노인이 말을 했는데, 그의 말이 내 마음속에서 좀 더 생산적인 비교를 할 수 있게 했다. 그의 말에 따르면, 중국의 대약진운동[19] 기간 동안 풍경은 '녹색 강철'의 필요에 따라 벌채되었다. 일본의 메이지 시대에 행해진 산림 벌채 또한 녹색 강철에 관한 것이 아니었던가?

윈난성 중부의 숲은 대체로 엉성하고 젊다. 마치 교란된 것처럼 **보인다.** 등산로가 침식된 산비탈을 지나간다. 상업적 수목이 금지되었음에도 땅에서 나무 꼭대기까지 모든 것이 사용된다. 상록 참나무가 관목부터 코피싱된 나무 모습으로까지 걸쳐 존재하는 이 풍경을 지배한다. 그럼에도 숲은 개방되어 있어서 소나무가 참나무와 공존한다. 참나무와 같이 소나무는 용도가 많다. 때때로 소나

---

19. 도시에서 공업화와 산업화를 일으켜 경제발전을 이룩하겠다는 목적으로 1958년부터 1960년까지 시행된 정부 주도의 발전 계획이다. 여러 정책과 운동이 진행되었는데, 그 중 철강 증산 운동은 산업 발전을 위해 철강 생산을 늘리겠다는 목표에 따라 도시와 농촌을 포함한 전국 각지에 약 60만 개의 작은 용광로를 설치해 주변에서 찾을 수 있는 모든 철을 제련했다. 용광로 가동에 필요한 연료를 마련하기 위해 대규모의 벌목이 이루어져 민둥산이 생겨났다. —옮긴이

무에 구멍을 뚫어 송진을 얻는다. 화장품 업체에 팔기 위해 송홧가루를 모은다. 그래서 일부 소나무[잣나무]에는 상업적으로 가치 있는 식용 씨앗이 열리기도 한다. 각 가정에서는 키우는 돼지 축사에 깔기 위해 솔잎을 수집한다. 그런 후에 솔잎과 함께 섞인 돼지 배설물은 작물에 뿌려지는 주요 비료가 된다. 초본 식물은 돼지 사료로, 그리고 사람이 먹을 음식 및 약초로 쓰기 위해 채집된다. 돼지 사료는 날마다 집 밖에 있는 아궁이에서 나무로 불을 지펴 끓인다. 그래서 사람이 먹을 음식을 다른 연료로 요리하는 가정에도 큰 무더기의 장작이 쌓여 있다. 양치기들은 작물 재배를 하지 않는 것이 확실한 땅이라면 어느 곳이든 소와 염소를 데려가 풀을 먹인다. 송이버섯을 포함한 많은 야생 버섯이 상업적 목적으로 채집되기 때문에 숲에는 많은 발자국이 남아 있다. 어떤 지역에는, 불법이지만 활발한 불법 목재 거래에 이용되는 나무가 무성하게 자라는 숲이 있긴 하지만, 대부분 지역의 나무들은 가늘고 키가 작다. 마을의 오일 산업을 위해 처음으로 심어진 이국적인 유칼립투스가 길을 따라 퍼져 있다. 용감한 중국 학자들이 시도한 적이 있다 해도, 이 숲은 세월이 흘러도 변함없는 농민의 지혜가 담겨 있다고 홍보하기는 힘든 숲이다.[20]

지저분한 소농민 숲은 외국인 환경보전론자들을 만족시키는

20. 윈난성에서의 이동경작을 연구한 인샤오팅(尹紹亭)은 농민들이 일반적으로 후진적이라고 생각했던 학자들에게 자신의 선구적인 작업을 통해 소농민 풍경의 지속가능성을 소개했다. Yin, *People and forests*, trans. Magnus Fiskesjo (Kunming: Yunnan Education Publishing House, 2001).

데 도움이 되지 않았다. 그들은 위태로운 자연을 구하기 위해 윈난성에 모여든 자들로, 그곳이 황무지일 것이라는 자신들의 상상에서 어긋나 있는 이유를 과도한 공산주의 때문이라고 섣불리 탓했다. 젊은 중국인 학자들과 학생들은 이러한 외국인들의 주장을 곧이곧대로 받아들였다. 문화대혁명 때 홍위병들이 윈난성의 언덕을 남벌했다고 내게 말한 젊은 도시인이 한 명 이상이었는데, 사실은 전혀 그런 것 같지 않다. 문화대혁명은 잘못되어 보이는 모든 것의 원인으로 돌리기 쉬운 희생양이다. 산림 훼손을 문화대혁명의 탓으로 돌리는 현상의 핵심은 모든 사람들이 이 젊고 개방된 숲의 결함을 쉽게 볼 수 있다는 점이다. 이러한 맥락에서 살펴보면 윈난성 중부의 소농민 숲과 일본 혼슈 중부의 소농민 숲이 공유하는 유사성이 주목할 만하다. 일본의 참나무-소나무 숲은 아마도 한창때는 현재의 옹호자들이 상상하는 것보다 심미적으로나 생태적으로 덜 완벽했을 것이다. 윈난성의 참나무-소나무 숲은 아마도 비평가들이 상상하는 것보다 더 나은 상태일 것이다. 그렇게 침식된 산비탈은 참나무, 소나무, 송이버섯이 살기 좋은, 그래서 농민들만이 아니라 많은 종류의 생명체에게도 유익한 활기 넘치는 재생의 장소다.

시간의 지연이 괴상하게도 비슷하다. 윈난성 중부의 숲은 중국이 급속한 산업화를 이루기 위해 국가 자원을 최대한 동원했던 1950년대 후반부터 1960년대 초반까지의 중국 대약진운동 기간 동안 고통받았다. 나이 든 마을 주민이 언급했던 '녹색 강철'의 일부는 농민들이 중국의 발전을 위해 자신들의 냄비를 녹여 금속을 기부했던 뒷마당 용광로의 연료로 사용되었다.[21] 보호된 숲도 있었지만, 그다음 10년간 중앙정부는 외환을 늘리기 위해 수출할 목적으로 이러한 숲에서 목재를 잘라냈다. 40-50년이 지나고 나서 소나무는 헐벗은 공간을 차지했고, 참나무 그루터기에서 싹이 나 나무가 되었다. 소농민 숲은 꽃으로 뒤덮였고 송이버섯은 숲의 성공을 알리는 신호 중 하나였다.

이와 비슷하게 일본 중부의 숲은 1868년 메이지 유신 이후 수십 년간 이어진 일본의 급속한 산업화 기간 동안 고통받았다. 40-50년 후 소농민 참나무-소나무 숲은 오늘날 그들에게 기억되고 있는 모양의 완벽함을 이루었다. 중국에서처럼 초기의 교란 이후 농민들은 다시 자라는 나무를 자신들을 위해 이용하는 방법을 배웠다. 서로 맞물리는 숲의 이용이 함께 잘 들어맞는다. 풍경은 알아볼 수 있게 되었고 점점 더 안정적이며, 따라서 조화로운 것처럼 보였다. 참나무는 건축 자재, 장작, 숯을 공급했고, 소나무는 송이버섯만이 아니라 목재, 테레빈유, 솔잎, 신속하게 불이 붙는 연료를 제공했다. 20세기 초반 일본의 살아 있는 소농민 숲은 오늘날 원난성 중부의 숲과 조금 닮은 것 같다. 역사학자들은 일본의 메이지 유신이 이룩한 근대화와 중국의 대약진운동의 실패를 성급하게 구분하지만, 나무의 입장에서 보면 이 둘은 크게 다르지 않을지도 모른다. 만약 소농민 숲들이 각각의 맥락에서 서로 다른 것처럼 보인다면, 그것은 바라보는 관점이 근경인지 원경인지, 그리고

---

21. 리우(Liu)("Tenure," 244)는 그 기간의 '처참한 산림 벌채'에 대해 썼다.

과거지향적인지 미래지향적인지에 따른 차이일지도 모른다.

사람과 나무는 되돌릴 수 없는 교란의 역사에 갇혀 있다. 그러나 몇몇 종류의 교란이 일어난 후에는 많은 생명을 양육하는 유형의 재성장이 뒤따랐다. 소농민 참나무-소나무 숲은 안정성과 공동 서식의 소용돌이였다. 하지만 그러한 숲은 종종 국가 주도의 산업화와 동행하는 산림 벌채와 같은 대재앙에 의해 작동되었다. 맞물리는 작은 소용돌이는 교란이라는 큰 강의 내부에 존재한다. 그 소용돌이는 복원을 이루어내기 위한 인간의 재능에 대해 생각해 볼 수 있는 확실한 장소다. 그러나 숲의 관점 또한 존재한다. 온갖 모욕에도 부활은 아직 멈춘 적이 없다.

활동적인 풍경, 오리건주.
비판하는 사람들은
캐스케이드산맥 숲의 동부를
"초라한 노견의 등에 난
곪은 상처"로 묘사하고,
이 숲의 산림감독관들조차도
산림관리에서 일련의 실수를
저질렀다고 시인한다.
그러나 채집인들에게
이 숲은 '지상 원점ground zero'이다.
버섯은 때때로 오류의
우연성에서 등장한다.

14
뜻밖의 기쁨

오리건주 캐스케이드산맥 숲 동부가 한때 산업적
인 벌목의 중심부였다고 고참들이 설명했을 때, 나는 그 말을 믿기
힘들었다. 도로 옆 몇몇 표지판에 "산업비림"이라고 쓰여 있었지만,
내 눈에는 건강해 보이지 않는 나무들이 길가에 늘어선 고속도로
밖에 보이지 않았다. 사람들은 한때 마을과 목재 공장이 융성했던
곳을 내게 보여주었지만 이제 그곳에는 덤불만 남아 있었다.[1] 그들
은 이제는 사라진 집, 호텔, 일꾼 막사로 나를 데려갔다. 외지의 일

---

1. 목재 공장과 그곳에서 이루어진 작업을 유용하게 기술한 문헌은 다음과 같다. P. Cog-
swell, Jr., "Deschutes country pine logging," in *High and mighty: Selected
sketches about the Deschutes country*, ed. T. Vaughn, 235–259 (Portland, OR:
Oregon Historical Society, 1981). 더 이상한 목재 공장 마을 중 하나는 힉슨이었는데,
이 마을은 "몇 년에 한 번씩 쉘빈-힉슨(Shelvin-Hixon)의 벌목 작업장으로 가까이 이
동하면서 데슈츠강과 클래머스카운티를 배회했다"(251). 벌목을 위한 도로가 건설되면
서 목재 공장 마을들이 정착했다.

꾼들은 녹슨 깡통 더미를 남기고 떠났고, 마을들은 너무 많은 소나무로 가득 찬 지저분한 소나무 임분으로 변해서 야생도 문명도 아닌 곳이 되었다. 남은 사람들은 이것저것으로 임시변통했다. 고속도로에는 유리창이 깨진 문 닫은 상점들이 있었다. 총과 술을 팔던 상점들이었다. 자동차 진입로에는 불청객에게 사격을 가할 것이라는 경고문이 있었다. 새로운 화물차 휴게소가 개점했을 때는 아무도 직원 채용 오리엔테이션에 참석하지 않았는데, 그 이유는 회사가 약물 검사와 대인 감시를 한다는 소문 때문이라고 했다. 어떤 이는 "여기 나와 사는 사람들은 누구도 간섭받기를 원치 않는다"고 설명했다.[2]

자원 관리가 항상 기대한 결과를 이끌어내지는 않는다. 숲에서 생명을 찾아볼 만한 장소는 그런 계획들이 실패하는 곳이다. 여러 실수를 했다. … 그런데 버섯이 나타났다.

캐스케이드산맥 숲의 동부는 산업용 소나무 생산을 위해 관리되지만 핀란드의 라플란드와는 닮지 않았다. 이 숲은 지저분하다. 죽은 나무가 사방에 눕고 기대어 있다. 나무는 대개 들쭉날쭉 자라 있는데, 듬성듬성하거나 밀집해 꽉 찬 곳도 있다. 난쟁이겨우살이Dwarf mistletoe와 뿌리썩음병 때문에 나무가 활력을 잃는다. 숲의 대부분을 소규모 자작농이 함께 관리하는 핀란드와 달리, 캐스케이드산맥의 송이버섯은 국유림—또는 목재 회사의 사유림—에서 자란다. 산림관리를 조율할 소규모 숲의 소유주는 거의 없다.

---

2. 해당 휴게소가 약물에 관한 정책을 철회하자 비로소 많은 사람들이 지원했다.

그와 같은 일은 산림관리 측면에서도 꿈같은 일인데, 그 이유는 백인 주민과 방문객이 산림 규제라는 발상을 연방 정부의 도를 넘는 간섭의 상징으로 여기며 싫어하는 경향이 있기 때문이다. 그들은 산림청 간판에 총알구멍을 내고 자신들이 과시하는 규칙을 자랑스레 드러낸다. 산림청은 그들에게 호소하지만, 그것은 힘든 싸움이다.

사회과학자들은 종종 미국 산림청의 관료적 독선을 강조한다. 그러나 캐스케이드산맥 숲 동부에서 내가 만난 산림감독관들은 산림관리를 겸손한 태도로 설명했다. 그들의 프로그램은 일런의 실험이고 대부분은 실패했다고 말했다. 예를 들어, 더 빽빽한 덤불이 되어 계속 다시 나타나는 로지폴소나무를 어떻게 다뤄야 할 것인가? 그들은 개별을 시도했지만, 그 같은 빽빽한 덤불이 생겨났다. 그들은 종자 나무와 산목傘木, shelterwood[3]을 구하려고 노력했지만, 홀로 서 있는 나무들은 바람과 눈을 맞고 꺾여 쓰러졌다. 그들은 하나 남은 벌목 공장의 일자리를 지키려고 노력해야 했을까? 그렇게 하는 것이 환경주의자들과의 법정투쟁을 의미하는 것일지라도 말이다.[4] 비록 환경을 위한 목표 때문에 산림청의 수사 여구는 바뀌었지만, 지방청은 여전히 그 지역에서 생산되는 목재 양에 따라 평가받는다. 그들은 각각의 딜레마가 생길 때마다 처리하는 것

---

3. 산벌 작업에서 보호 모수용으로 남겨진 임목을 말한다. —옮긴이
4. 산림청은 벌목, 솎아내기, 산불 후 구제를 명령하는 2003년 건강한 산림 복원법의 제정으로 환경보전론자들과 여러 차례 계속되는 싸움에 휘말리게 되었다(Vaughn and Cortner, *George W. Bush's healthy forests* [5장 각주 5번에 인용]).

외에는 달리 할 수 있는 일이 없다고 말했다. 다른 좋은 대안이 없기 때문에 그들은 그저 계속 시도했다.

그곳의 풍경은 산림관리를 어렵게 했다. 핀란드처럼 미국 태평양 연안 북서부에도 빙하가 있었지만, 소나무가 캐스케이드산맥 숲의 동부를 차지한 이유는 핀란드와 다르다. 약 7,500년 전에 발생한 화산 분화로 인해 용암, 화산재, 부석(분출된 용암이 식으면서 생긴, 공기가 들어간 돌)이 그 지역을 뒤덮었다. 이전에 있던 유기질 토양은 모두 용암에 덮였다. 거의 아무것도 자라지 않는 곳에 여전히 용암과 부석 지대가 넓게 형성되어 있는 것이다. 생명체에 우호적이지 않은 그 땅에 소나무가 자란다는 사실 자체가 기적처럼 보인다. 그리고 송이버섯은 어느 정도 이에 공헌한 바를 인정받을 수 있다.

오리건주에는 송이버섯이 자라는 숙주 나무가 많다. 고원에서 발견되는 이 축축한 혼합 침엽수림의 섀스타붉은전나무Shasta red fir, 산헴록mountain hemlock, 사탕소나무sugar pine에서 송이버섯이 많이 생긴다. 캐스케이드산맥 서부 숲의 산비탈에서는 미송Douglas fir에서 가끔 발견된다. 오리건주 해안에서는 돌참나무에서 자란다. 캐스케이드 숲의 건조한 동부 산비탈에서는 송이버섯이 폰데로사소나무와 함께 산다. 이 각각의 지역에는 다른 곰팡이도 있다. 나무와 곰팡이 사이의 관계가 배타적으로 변하기 시작하는 곳은 로지폴소나무 숲이다. 로지폴소나무 숲에서 채집하면 가끔씩만 다른 종의 버섯을 목격한다. 이 사실이 지하에 다양성이 부족하다는 명백한 신호인 것은 아니다. 많은 곰팡이가 드물게 자실체를 지상에 내보내기 때문이다. 캐스케이드산맥 숲 동부에서 송이버섯과 로지폴소나무 사이에 특별히 친밀한 반려 관계가 형성되었다는 것이 명백한 듯하다.

　　대부분의 친구 관계처럼 송이버섯과 로지폴소나무의 관계는 이후 급격히 중요해지는 우연한 마주침과 작은 시작들에 의존한다. 두 주인공 모두 한때는 방치되었다. 지금 그들이 지역 뉴스를 장악했다는 것은 틀림없이 어떤 이야기가 있다는 뜻이다. 채집인들은 자신들이 만든 폭탄 맞은 풍경blasted-landscapes이라는 은유를 전략적으로 사용하면서, 그 지역을 미국 송이버섯 현장의 "지상 원점ground zero"[5]이라고 부른다. 무엇이 이렇게 극적인 결과가 발생하도록 곰팡이와 나무뿌리를 연합하게 했는가? 19세기에 백인들이 처음 캐스케이드산맥 숲 동부에 왔을 때, 그들은 로지폴소나무를 알아보지 못했다. 대신에 그들은 그 숲에서 우세하게 자라고 있던 거대한 폰데로사소나무에서 경외심을 느꼈다. 역사학자 윌리엄 로빈스William Robbins에 따르면, 이 소나무 숲은 한때 오리건주에 있는 내륙림 중에서 "가장 인상적이고 장관을 이루는" 숲이었다.[6] 거대한 나무들이 검불이 거의 없는 공원같이 개방된 전원지대에 둘러싸여 있었다. 1834년, 미국 육군 대위 존 찰스 프리몬트John Charles Fremont는 이곳에 도착해 이와 같이 말했다. "오늘날 그 전원지대는 모두 소나무 숲이었다. … 나무들은 일정하게 거대했는데, 어떤 소

5.　핵폭탄이 터지는 지점. ―옮긴이

6.　William Robbins, *Landscapes of promise: The Oregon story, 1800–1940* (Seattle: University of Washington Press, 1997), 224.

나무는 둘레가 22피트[약 6.7미터]였고, 6년령 이상인 소나무는 12~13피트[약 3.67~4미터]였다."[7] 20세기로 넘어가는 시기에 미국 지질조사국의 한 측량사는 "숲바닥은 자주 청소한 것처럼 깨끗하고, 차를 운전하기에 어려움이 없을 것이다"라고 덧붙였다.[8] 1910년 의 한 신문 기사는 뻔한 연결을 지었다. "세계에서 벌목하기에 이보다 더 쉬운 목재는 없다."[9]

정부와 산업계 모두 폰데로사 목재에 끌렸다. 1893년, 그로버 클리블랜드Grover Cleveland 대통령은 캐스케이드 숲 보호구역Cascade Forest Reserve을 만들었다. 곧이어 목재를 실어 나를 철도 건설에 경쟁이 붙었고, 20세기 초에 제재업자들이 큰 구역들의 소유권을 획득했다.[10] 1930년대가 되자 오리건산 수목이 미국 목재 산업을 지배했다. 막대한 수요 때문에 캐스케이드산맥 숲 동부의 폰데로사 소나무는 벌목기가 벌목할 수 있는 만큼 빠르게 벌목됐다.[11] 공유

7. 같은 책, 223.
8. 같은 책, 225.
9. 같은 책, 231.
10. 지역사학자들이 이 사실을 잘 기록했다. 그 기록들에서 모두 두 가지 사항이 드러난다. 첫째, 처음부터 개인 소유주들이 공유지여야 할 땅을 잠식했고, 이 때문에 공유림 자산과 사유림 자산이 혼재하게 되었다(예를 들어, Cogswell, "Deschutes" 참조). 둘째, 데슈츠강변 철도 건설 경쟁으로 인해 토지 투기가 장려됐고 숲을 차지하려는 시도에 흥분과 급박함이 더해졌다(예를 들어, W. Carlson, "The great railroad building race up the Deschutes River," in *Little-known tales from Oregon history*, 4:74–77 [Bend, OR: Sun Publishing, 2001] 참조).
11. 1916년에 두 곳의 큰 제재소 복합지구인 쉘빈-힉슨과 브룩스-스캔런(Brooks-Scanlon)이 데슈츠강을 따라 개장했다(Robbins, *Landscapes of promise*, 233). 쉘빈-힉슨은 1950년에 매각되었지만, 확장된 브룩스 스캔런은 남겨졌다(Robbins, *Landscapes of conflict* [3장 각주 6번에 인용], 162). 브룩스-스캔런은 1980년에 다이아몬드 인터내셔널 주식회사(Diamond International Corporation)에 합병됐다(Cogswell,

지와 사유지의 혼재가 벌목 시기를 결정했다. 제2차 세계대전 이전에 목재 회사들은 정부가 국유림을 개방하지 않도록 압박해 자신들의 목재가 높은 가격을 유지하도록 했다. 전쟁이 끝날 무렵 사유지의 나무는 고갈되었고, 똑같은 목재 회사들이 이제는 국유림 개방을 요구했다. 그것만이 목재소를 문 닫지 않게 하는 방법이며 실업과 국가의 목재 부족을 막을 수 있다고 말했다. 그 이후 국유림은 벌목으로 인해 큰 타격을 받게 되었다.[12]

벌목이 끼친 영향은 전후 산업적 산림관리의 실행과 함께 변화했다. 경제 호황과 새로운 기술이 주는 낙관론에 들뜬 산림감독관들은 국유림의 수목을 고갈시키지 않으면서 개방할 수 있는 방법에 대해 아이디어가 있었다. 그들은 '부식'되고 '과숙過熟'한 오래된 숲을 80~100년의 예상 가능한 간격으로 수확할 수 있는 건강하고 빠르게 자라는 어린 나무로 대체하기만 하면 됐다.[13] 우월한 종자를 심어서 새로운 숲을 더 빠르게 성장하게 하고 해충과 질병에 더 강하게 만들 수도 있었다. 새로운 기술의 등장으로 가장 가치 있는 나무들만이 아니라 모든 나무를 제거하는 것이 현실적인

"Deschutes," 259).

12. 윌리엄 로빈스(Robbins, *Landscapes of conflict*, 152)는 1948년에 발행된 『뉴욕타임스(New York Times)』를 인용한다. "목재 회사 경영자들은 자신들의 사업을 채우기 위해 점점 더 공유림과 국유림을 주시하고 있다." 캐스케이드 동부에서 가치 있는 목재가 주로 공유림에 남겨져 있다는 사실로 인해 1950년에 목재 회사들 간의 통합이 촉진되었다. Phil Brogan, *East of the Cascades* (Hillsboro, OR: Binford and Mort, 1964), 256.

13. Hirt, *Conspiracy* (3장 각주 6번에 인용).

방법이 되었다. 따라서 산림감독관들은 개벌로 방향을 돌렸다.[14] 개벌은 숲을 심지어 확장을 위한 단위로 개조했을 때에도 회복으로 이끌 것이다. 이 논리에 따르면, 숲은 더 빨리 베일수록 더 생산적이게 될 것이다. 소수의 지역 산림감독관은 설득당하지 않았지만 국가적 여론의 힘 때문에 그들도 함께 끌려갔다. 1970년대에 벌목 후 다시 심기는 표준 관행이 되었다. '잡초'를 죽이기 위해 공중에서 제초제를 뿌리는 것도 일부 지역에서 시행되었다.[15] 캐스케이드산맥 동부의 한 산림감독관은 그 시기의 전망에 대해 다음과 같이 기억했다. "미래의 숲은 25–40에이커[10만–16만 제곱미터]의 건강하고 집중적으로 관리되는, 동령의 성장기 나무로 이루어진 임분으로 모자이크처럼 배치된 모습이 지배적일 것이다."[16]

전후의 전망에서 무엇이 잘못 진행되었나? 폰데로사소나무는 점점 더 많이 벌목되었고, 최소한 스스로는 다시 자라지 않았다. 불이 없었기 때문이었다. 개방된 공원에 있는 거대한 폰데로사소나무들은 아메리카 원주민의 화전 방식, 즉 덤불을 자주 불태워서 사슴이 풀을 뜯어먹게 하고 가을에 산딸기를 딸 수 있도록 하는

---

14. Robbins, *Landscapes of conflict*, 14.
15. 피스크(John Fiske)와 타페이너(John Tappeiner)는 오리건주와 캘리포니아주 북부 폰데로사에 관해서 다음과 같이 썼다. "제초제 사용은 1950년에 페녹시 제초제(the phenoxy herbicides)의 농업 공중 분사 기술을 적용하면서 시작됐다. 그 이후 훨씬 더 넓은 범위에 제초제를 적절히 사용하는 방식이 확립되었다." John Fiske and John Tappeiner, *An overview of key silvicultural information for Ponderosa pine* (USDA Forest Service General Technical Report PSW-GTR-198, 2005).
16. Znerold, "New integrated forest resource plan for ponderosa pine"(3장 각주 7번에 인용), 3.

방식과 함께 솟아났다. 불은 폰데로사소나무가 잘 자라게 하면서 그것과 경쟁하는 다른 침엽수를 태워버렸다. 그러나 백인은 여러 차례의 전쟁과 강제 이주를 통해 아메리카 원주민을 내쫓았다. 산림청은 아메리카 원주민의 화전 방식뿐 아니라 모든 산불을 금지했다. 산불 없이 은청전나무와 로지폴소나무처럼 불에 잘 타는 종은 폰데로사소나무 아래서 자랐다. 폰데로사소나무가 벌목으로 제거되자 다른 수종이 그 자리를 차지했다. 작은 나무들이 자라면서 그 풍경의 개방성이 사라졌다. 폰데로사소나무만 있는 임분은 보기 드물어졌다. 풍경은 점점 더 20세기 초의 개방된 폰데로사 숲과는 다른 모양이 되었고, 목재 산업에서 점점 더 매력적이지 않은 풍경으로 변했다.

백인 벌목꾼, 군인, 산림감독관은 아메리카 원주민이 매우 매력적인 곳으로 가꾼 땅을 빼앗은 뒤, 그들이 그렇게 간절히 원했던 공원 같은 숲을 파괴했다. 잠시 그러한 사실을 기억하기 위해 이 지점에서 명령에 따라 아메리카 원주민에게 행해진 마지막 대강탈을 이야기하는 것이 좋을 것 같다. 1954년에 클래머스Klamath 사회와 맺은 모든 조약의 의무가 '종료'된 것에 관한 이야기다. 종료의 결과로 폰데로사소나무가 서 있는 땅의 일부가 국유림이 되었고, 사적이익에 따라 벌목될 준비가 갖춰졌다. 몇십 년이 지난 지금은 무엇이 남아 있는가? 클래머스 사회의 웹사이트에서 발췌한 아래의 인

용문이 이야기해준다.[17]

영화롭고 강력한 클래머스 사회, 모도크 사회, 스네이크 파이우
트 사회의 야후스킨 군단(이하 '클래머스 사람들')은 한때 오리건
주 중부의 남쪽과 캘리포니아주 북부에 펼쳐진 2,200만 에이커
[890억 제곱미터]의 땅을 통치했습니다. 그들의 생활 방식과 경제
체제는 14,000년 이상 동안 그들의 필요와 문화적 방식에 풍부
한 자원을 제공했습니다. 그러나 그들의 인구는 유럽의 침략자와
접촉하면서 질병과 전쟁을 겪으며 빠르게 줄어들었고, 부족민이
220만 에이커로 축소된 땅에 대한 권한만을 갖는 조약으로 귀결
되었습니다. 한때 전통적인 경쟁자였던 이 세 부족은 그렇게 극단
적으로 줄어든 보호구역에서 서로 가까운 거리에서 살도록 강요
받았습니다.

확장성은 1950년대에 자원 사용뿐만 아니라 시민권의 문제이기도
했다. 미국은 이주민들이 생산적인 시민으로서 미래를 직면하기 위
해 동질화될 수 있는 용광로였다. 동질화는 진보를 가능하게 했는
데, 그것은 비즈니스와 시민 생활에서 확장성으로 전진하는 것을
뜻했다. 미국이 선별된 원주민 부족들과 맺은 조약상 의무를 일방
적으로 철폐하는 입법안 제정을 통과시킨 것도 그러한 분위기에서
였다. 그 당시의 언어로 표현하자면, 그러한 부족의 구성원은 특별

17. 이 절에서 소개한 인용구는 클래머스 부족의 웹사이트에서 발췌했다. http://www.
klamathtribes.org/background/termination.html.

지위 없이 미국 사회로 동화될 준비가 되었다는 것이다. 그들 간의 차이는 법에 의해 지워질 것이다.[18]

입법자들에게는 클래머스 부족들의 권리가 종료될 시기가 무르익은 것처럼 보였는데, 그 이유는 그 부족이 잘살았기 때문이다. 근처 숲의 철도와 벌목이 보호구역의 가치를 바꿨다. 1950년대에 이르면 클래머스 부족 보호구역Klamath Reservation에는 벌목꾼들이 정말 얻고 싶어 했던 폰데로사소나무의 넓은 구역이 포함되어 있었다. 클래머스 원주민은 목재에서 얻는 수입으로 생활이 윤택했다. 그들은 정부의 짐이 아니었다. 그러나 벌목꾼과 공무원은 원주민이 가진 것을 원했다.

클래머스 부족들은 어떤 면에서도 짐이 아닐 뿐 아니라 지역 경제의 중요한 공헌자였습니다. 그러나 그들의 힘과 재산은 그들의 문화를 근절하고 그들의 가장 가치 있는 자연 자원—100만 에이커의 땅과 폰데로사소나무—을 차지하려는 연방 정부의 단호한 노력을 당해낼 수 없었습니다. 1950년대 초에 클래머스 부족들은 연방 정부와 토착민 간 정책 중 가장 처참한 실험이었던 조약 종료의 대상이 되었고, 그들에게서 땅을 빼앗는 첫 단계가 시작되었습니다.

---

18. 도널드 픽시코(Donald Fixico)는 *The invasion of Indian country in the twentieth century* (Niwot: University Press of Colorado, 1998)에서 종료와 압수의 맥락에서 클래머스 부족들의 이야기를 하고 있다.

조약 종료는 진행되었고 사기업과 공공 기관들이 둘러쌌다. 마침내 연방 정부가 우선권을 얻었고 그 땅을 국유림으로 만들었다.[19] 클래머스 부족 구성원에게는 보상금이 지불되었다.

> 클래머스 사람들의 유산을 팔아 받은 보상금의 상당량은 교활한 상인들과 거래하면서 잃게 되었습니다. 또한 무능력하다고 여겨진 사람들의 신탁계정을 잘못 다루거나, 횡령하거나, 사적 금융 거래에 이용한 부도덕한 변호사들 때문에, 종종 그 계좌에서 자기 자신에게 돈을 빌려준 변호사들이 결정한 신중하지 못한 투자로 인해, 또는 지역 변호사나 은행이 수혜자들과 관련된 업무(수혜자들에게 수표를 건네주는 것보다 더 복잡한 일은 거의 없으며, 대개 가장 가부장적인 방식으로 처리된)에 청구한 과도하게 비싼 수수료를 지불하느라 사라졌습니다.

조약 종료를 옹호한 사람들이 상상했던 진보의 꿈은 클래머스 사람들을 자본과 특권을 가진 '표준 미국인'으로 만들지 않았다. 사회적이고 개인적인 문제들이 뒤따랐다.

---

19. 펄프 제지 회사인 크라운-젤러바흐(Crown-Zellerbach)는 목재를 생산할 9만 에이커의 보호구역 토지를 구매할 수 있었다(http://www.klamathtribes.org/background/termination.html). 1953년에 크라운 젤러바흐는 웨어하우저(Weyerhaeuser) '다음으로, 두 번째로 큰 목재 자산을 소유했다(Harvard Business School, Baker Library, Lehman Brothers Collection, http://www.library.hbs.edu/hc/lehman/industry.html?company=crown_zellerbach_corp).

1966년부터 1980년까지의 자료를 바탕으로 한 통계는 다음과 같은 사실을 보여준다.

- 인구의 28%가 25세 이전에 사망했다.
- 인구의 52%가 40세 이전에 사망했다.
- 총 사망 인구 40%의 사망 원인은 음주와 관련이 있었다.
- 유아 사망률은 전국 평균의 2.5배였다.
- 성인의 70%가 중학교 이하의 교육을 받았다.
- 클래머스카운티는 오리건주에서 가장 가난한 카운티인데, 이 카운티의 원주민은 비원주민 주민보다 3배 정도 더 가난했다.

마침내 1986년에 미국 정부는 클래머스 부족들을 다시 [원주민 신분으로] 인정했다. 그 이후로 부족들은 물의 권리와 그들의 보호구역 땅 중에서 최소한의 일부라도 돌려받기 위해 노력하고 있다. 부족들은 이제는 벌목이 끝난 그 땅에 대해 산림관리 계획을 가지고 있다.[20]

클래머스 부족들이 이러한 (땅과 자원의) 복구를 추구하는 이유는 기본적으로 이 땅과 자원을 치유하고 그것들이 한때 반영했

---

[20]. Edward Wolf, *Klamath heartlands: A guide to the Klamath Reservation forest plan* (Portland, OR: Ecotrust, 2004). 클래머스 부족들은 산림관리 전문가를 고용해 보호구역에서 착수된 프로젝트들을 모니터링하도록 했다. 1997년, 부족들은 공유림 목재 판매 제안서에 대해 성공적으로 항소했고, 이를 통해 산림관리에 관한 1999년 양해 각서를 받아냈다(Vaughn and Cortner, *George W. Bush's healthy forests*, 98–100).

던 풍요로움과 조금이라도 유사한 모습으로 회복시키기 위해서
입니다. 그들은 땅의 영적인 온전함을 회복하고자 합니다. … 그
들은 자신들의 삶의 방식을 되찾기를 원합니다.

지금 이 순간 어떤 사람들은 송이버섯을 따고 있다.

그리고 벌목된 숲은 어떠한가? 한때 폰데로사소나무로 알려진 풍
경에 전나무와 로지폴소나무가 빽빽하게 나타났다. 로지폴소나무
는 소나무의 좋은 특성이 많고, 1960년대에 이르러서는 산림감독
관과 벌목꾼이 그 나무에 최선을 다했다. 제재소에서 폰데로사소
나무와 함께 로지폴소나무도 취급하기 시작했다.[21] 1970년대의 다
시 심기 계획에서 폰데로사보다 로지폴소나무가 종종 이용됐는데,
그 이유는 로지폴소나무가 교란된 땅에서 쉽게 자리 잡기 때문이
었다. 만약 지금 구글어스Google Earth로 위에서 숲을 내려다본다면
오래된 개벌 구역에서 자라는 로지폴소나무를 주로 보게 될 것이
다. 예쁜 광경은 아니다. 21세기로 넘어가는 시점에서 비판하는 이
들은 산림감독관들을 놀라게 하는 말을 했는데, 캐스케이드산맥
숲 동부의 목재 생산 지역을 "초라한 노견의 등에 난 곪은 상처"로

21. 로빈스(*Landscapes of conflict*, 163)는 브룩스-스캔런 목재 회사가 줄고 있던 폰데로
사 목재 공급을 증진시키기 위해서 이미 1950년에 로지폴소나무 일부를 베기 시작했다
고 보고한다.

묘사하고, "지구 밖에서도 눈에 띄는" 모양새라며 불평했다.[22] 로지
폴소나무는 주목받게 되었다. 이제 로지폴소나무를 그 이야기의
주인공으로 만들 시간이다.

　로지폴소나무Pinus contorta는 캐스케이드산맥 숲 동부의 오래된
주민이다. 빙하가 녹은 후 도착한 첫 번째 나무일 것이다.[23] 로지폴
소나무는 마자마산Mt. Mazama의 화산 분화 후 부석층에서 자랄 수
있는 몇 안 되는 나무 중 하나였다. 이 나무는 다른 나무들과 폰
데로사소나무마저 죽인, 여름 성에가 생기는 언덕의 추운 공간에
서도 잘 자랐다. 캐스케이드산맥 숲 서부에서는 유기질 토양이 쓸
려 내려간 오래된 진흙 언덕에 모여 산다. 로지폴소나무는 송이버
섯과 함께 자라기에 튼튼하다.

　선별적인 벌목은 로지폴소나무에 이로웠다. 혼합 침엽수림에
서 벌목꾼은 최고의 재목을 골랐고 나머지는 남겨두었다. 잘리다
남겨진 사탕소나무는 살아 있는 개체가 드물어졌음에도 높은 산
을 지저분하게 만든다. 로지폴소나무는 선택받지 않은 나무 중 하
나였다. 이 나무는 교란을 싫어하지 않았다. 어린 로지폴소나무가
벌목을 위해 냈다가 방치된 도로를 가득 채운다.

　메마른 폰데로사소나무의 산비탈에서 산불을 금지한 것이 로
지폴소나무의 성장에 매우 큰 이득이 되었다. 로지폴소나무와 폰

22. Znerold, "New integrated forest resource plan for ponderosa pine," 4.
23. Jerry Franklin and C. T. Dyrness, *Natural vegetation of Oregon and Washington* (Portland, OR: Pacific Northwest Forest and Range Experiment Station, U.S.D.A. Forest Service, 1988), 185.

데로사소나무는 소나무류의 산불 대처에서 정반대 전략을 취한다. 폰데로사소나무는 나무껍질이 두껍고 키가 크다. 지상에서 일어나는 대부분의 산불에 영향을 받지 않는다. 폰데로사 임분에서 일어난 산불은 솎아내기 효과가 있는데, 작은 나무를 제거해 살아남은 나무가 다른 나무들로 붐비지 않는 산비탈 지역에서 주도권을 가지게 한다. 반면에 로지폴소나무는 쉽게 불에 탄다. 살아 있는 나무와 죽은 나무가 섞여 있는 빽빽한 로지폴 숲은 산불을 키운다. 그러나 대부분의 다른 나무보다 더 많은 씨앗을 생산하며, 종종 불에 탄 지역에 처음으로 다시 씨를 내리는 나무다. 로키산맥에서 로지폴소나무는 불 속에서만 씨앗이 드러나는 폐쇄된 솔방울을 생산한다. 로지폴소나무는 캐스케이드산맥 숲에서 매해 씨앗을 날려 보낸다. 그 수가 너무도 많아서 새로운 땅을 재빨리 점령하고 만다.[24]

캐스케이드산맥 숲의 로지폴소나무 싹은 개벌로 형성된 개방되고 환한 빈터에서 두터운 집단을 이루며 대량 서식하는데, 때때

24. 신참 산림감독관인 손턴 멍거(Thornton Munger)는 개방된 땅을 재빨리 점령하는 [로지폴소나무의] 능력에 깊은 감명을 받았는데, 그는 로지폴소나무가 폰데로사소나무 구역을 잠식하는 현상을 연구하기 위해 1908년에 산림청이 보낸 사람이었다. 멍거는 로지폴을 "현실적으로 가치가 없는 잡목"으로 여겼다. 그는 또한 폰데로사의 문제는 너무 잦은 산불이라고 생각했는데, 산불은 폰데로사를 죽이고 로지폴을 이롭게 한다고 생각했다. 그러한 견해는 현재의 산림감독관들의 주장과 거의 정반대다. 멍거조차도 나중에 그의 생각을 바꿨다. "그 두 수종을 본 적도 없는, 경험이 전무한 산림 공무원을 임명하다니 워싱턴 본부가 얼마나 대담하거나 순진했는지 생각하게 되었다"(멍거의 이 말은 다음 문헌에 인용됐다. Les Joslin, *Ponderosa promise: A history of U.S. Forest Service research in central Oregon* [General Technical Report PNW-GTR-711, Portland, OR: U.S.D.A. Forest Service, Pacific Northwest Research Station, 2007], 7).

로 매우 밀집해 자라서 산림감독관들이 '개털dog-hair 재생'이라고 부른다. 한 고참은 너무 빽빽이 뒤얽혀 있어서 용접된 고체처럼 보이는 패치를 내게 보여주었다. 그는 그곳을 "개구리털 재생"이라고 불러야 할 것이라고 농담했다. 두터운 숲에서는 질병과 해충이 잘 생긴다. 나무가 자라면서 일부는 죽기 시작한다. 죽은 나무와 살아 있는 나무가 섞여 있는데, 죽은 나무는 살아 있은 나무에 기댄다. 무게 압박에 집단 전체가 쓰러지게 된다. 한편, 단 하나의 불꽃이 숲 전체를 불태울 수 있고, 숲과 함께 사유 주택, 마구간, 목재 자산, 산림청 사무소를 포함한 그 풍경의 나머지까지 모두 불탄다. 그러한 방법으로 깨끗이 청소한다는 판타지 같은 생각에 즐거울 수 있지만, 대부분의 산림감독관은 그것이 나쁜 아이디어라고 생각한다.

로지폴소나무의 관점에서 본다면, 불타는 것이 아주 나쁜 일은 아니다. 왜냐하면 불이 꺼진 후 새로운 싹이 자라기 때문이다. 캐스케이드산맥 숲의 긴 역사 동안 로지폴소나무가 그 풍경에서 계속 자리를 지킬 수 있었던 한 가지 방법은 산불을 통해서였다. 그러나 산림청의 산불 금지 방침은 로지폴 숲에 새로운 경험을 선사했다. 그것은 나이 들도록 사는 것이다. 불과 함께 신속한 세대교체가 이루어지는 대신에, 캐스케이드산맥 동부의 로지폴소나무는 점차 성장해간다. 그리고 로지폴소나무가 다 자라게 되면 점차 송이버섯과 더 많이 만나게 된다.

곰팡이는 숲의 천이forest succession에서 까다롭다. 어떤 곰팡이들은 새로운 나무와 재빨리 관계를 수립하지만, 다른 곰팡이들은 장악하기 전에 숲이 성장하도록 놓아둔다. 송이버섯은 중간 천이 계열의 곰팡이인 것 같다. 일본에서 행해진 연구에 따르면, 송이버섯은 40년이 지난 소나무 숲에서 자실체를 맺기 시작한다.[25] 그 후부터 40년 이상 버섯 맺기를 지속한다.[26] 오리건주에서는 어느 누구도 이 주제에 대해 확실한 자료를 모은 적이 없지만, 채집인과 산림감독관은 송이버섯 곰팡이가 어린 나무에서는 버섯을 맺지 않는다는 주장에 동의한다. 21세기의 첫 10년 동안 1970년대와 1980년대에 조성된 소나무 농장에서는 송이버섯이 아직 맺히지 않았다. 자연적으로 재생된 숲에서는 아마도 40~50년령의 나무에서만 송이버섯 형성이 시작되는 것 같다.[27]

그러나 40~50년령의 로지폴소나무는 산림청의 산불 금지 규칙이 없다면 존재할 수 없었을 것이다. 송이버섯 곰팡이가 맺는 버섯의 존재, 즉 로지폴소나무 뿌리에 얽힌 균사체菌絲體는 산림청이 미국 서부 내륙림에서 행한 가장 잘 알려진 실수인 산불 금지로 인해 발생한 의도치 않은 결과다.

한편 오늘날 산림감독관에게 주어진 가장 큰 도전은 밀집해

25. 藤田博美, 「アカマツ林に発生する高等菌類の遷移」(12장 각주 30번에 인용).
26. 요시무라 후미히코(吉村文彦), 2008년의 인터뷰에서. 요시무라 박사는 송이버섯이 맺힌 나무 중 가장 어린 나무로 30년령 나무를 본 적이 있다.
27. 땅속 곰팡이의 몸체는 자실체보다 더 한결같이 존재한다. 북부 아한대 유럽에서 균근균은 불이 난 후 흙 속에 남아 있다가 소나무 묘목을 재감염시킨다(Lena Jonsson, Anders Dahlberg, Marie-Charlotte Nilsson, Olle Zackrisson, and Ola Karen, "Ectomycorrhizal fungal communities in late-successional Swedish boreal forests, and their composition following wildfire," *Molecular Ecology* 8 [1999]: 205–215).

자라는 나이 든 로지폴소나무가 숲 전체를 태우는 것을 어떻게 막느냐는 것이다. 이는 산림청이 몇 십 년 동안 겪은 변화 때문에 복잡해졌다. 첫째, 1980년대부터 환경 목표가 산림청에 영향을 미치기 시작했다. 산림청이 환경주의자들과 대화하게 되면서 다양한 연령의 나무로 숲 관리하기와 같은 많은 새로운 실험이 시도되었다. 둘째, 목재 회사들은 떠나갔고 연방 기금이 거의 지원되지 않았다 (15장 참조). 산림감독관들은 법으로 특별히 강제되거나 비용이 엄청나게 낮지 않은 경우를 제외하고 어떤 계획도 제안할 수 없게 되었다. 모든 산림관리는 그 대가로 벌목꾼들에게 남아 있는 것 중 최상의 나무를 제공하면서 하청해야만 했을 것이다. 노동집약적 관리는 더는 선택 사항이 아니었다. 거대 목재 자본의 군림이 사라지자 산림감독관은 점점 더 자신들이 하는 일을 다양한 이익, 즉 서로 다른 숲 이용자(일례로 야생동물 대 벌목꾼), 서로 다른 산림관리의 접근 방식(예로 지속 산출량 대 지속가능한 생태계 서비스), 서로 다른 패치 생태학(일례로 동령림 관리 대 다령림 관리) 사이에서 균형을 잡는 것으로 여기게 되었다. 그들은 진보를 향한 단일한 방법을 잃었기에 대안들 사이에서 곡예를 벌였다.

산림감독관은 로지폴소나무를 솎아내고 싶어 한다.[28] 그러나

---

28. 로지폴소나무가 상업용 수종으로 간주되기 훨씬 전인 1934년에 이미 캐스케이드 동부의 산림감독관들은 목재 생산을 가속화하기 위해 로지폴을 솎아내는 실험을 했다. 그러나 제2차 세계대전이 끝난 후 로지폴이 기둥, 상자 부품, 목재뿐 아니라 펄프와 종이 생산을 위한 원료가 되어서야 캐스케이드산맥 동부의 산림청은 로지폴의 식림법에 큰 관심을 가지게 되었다. 1957년에 로지폴 펄프 공장이 칠로퀸(Chiloquin) 근방에 세워졌다. Joslin, *Ponderosa promise*, 21, 51, 36.

이 지점에서 자신들이 좋아하는 패치들이 산림청이 개입한 결과로 사라진 것을 보아온 송이버섯 채집인의 감수성과 충돌한다. 산림감독관은 숲에 공간을 형성하는 것이 송이버섯에게 이롭다고 주장하는 일본의 연구를 제시하며 채집인을 설득한다. 그러나 일본의 숲은 다음의 이유로 다르다. 소나무는 활엽수가 드리우는 그늘 때문에 고통받으며, 숲을 솎아내는 일은 거의 항상 사람의 손으로 이루어진다. 캐스케이드산맥 숲 동부에 있는 소나무는 활엽수와 경쟁하지 않으며, 산림감독관은 중장비를 이용하지 않고는 숲을 솎아낼 수 없다. 캐스케이드산맥 숲의 채집인은 장비를 사용하면 흙을 파헤친 후 단단하게 다져버려서 곰팡이를 죽게 만든다고 주장한다. 그들은 한때 생산적인 패치였던 곳에 지금은 중장비의 깊고 사라지지 않는 바퀴 자국만 남아 있는 것을 내게 보여주었다. 흙이 압밀壓密되어 파괴된 곰팡이들은 성장한 나무뿌리가 존재한다 해도 재생하기까지 수년이 걸린다고 채집인은 말한다.

주요 정부 관료 기구가 힘없는 숲 채집인들과 대결하는 양상이라는 점을 고려해볼 때, 산림감독관이 그들의 불평에 귀 기울인다는 사실 자체만으로도 놀랍다. 아마도 산림청이 새삼스럽게 어정쩡해진 신호인지도 모른다. 어쨌거나 2008년 송이버섯 시즌에 보기 드문 일이 일어났다. 산림구 한곳에서 공식적으로 송이버섯을 얻기 위한 로지폴소나무 관리를 실험하기로 결정한 것이다. 산불 금지와 같은 산림청의 다른 법적 명령이 솎아내기를 정당화하는 상황이었으나 최소한 이 실험이 의미하는 바는 솎아내기가 아니었다. 송이버섯은 최소한 잠시 동안 산림청의 상상력 속으로 들어왔고, 그들은 송이버섯과 로지폴소나무와의 결합을 알아차리게 되었다. 이것이 얼마나 이상한 일인지 이해하려면, 목재가 아닌 다른 어떤 임산품도 최소한 미국의 그 지역에서는 산림관리의 목표라는 지위를 달성한 적이 없다는 사실을 떠올리면 된다. 나무만을 인식하는 관료제에서 반려 버섯이 관심을 끌게 되었다.

몇 가지 실수를 했다. … 그리고 버섯이 등장했다.

활동적인 풍경, 교토부.
1950년대와 1960년대에는
스기와 히노키 목재 생산
플랜테이션 농장이
일본 중부의 참나무-소나무 숲을
대체했지만, 오늘날 그러한 플랜테이션
농장은 여기서 이야기하는 곳들처럼
선호되는 지역에서만 수확된다.
다른 곳에서는 밀집 재식栽植된
산업비림에 해충과 잡초가 번졌다.
그러나 그렇게 위축됐기 때문에
사토야마 회생은 가능하다.

15
폐허

일본과 오리건주의 송이버섯 숲은 다음의 한 가지 사실만 제외하고 거의 모든 면에서 다르다. 만약 목재 가격이 더 높았다면 아마도 좀 더 이윤이 높은 산업비림으로 전환되었을 것이라는 점이 바로 그것이다. 이 작은 지점으로 수렴한다는 사실을 생각하면 2부에서 다뤘던 구조들이 떠오른다. 즉 전 세계를 연결하는 상품 조달의 공급사슬과 자본주의에 영향력을 부여하는 국가와 산업체 간의 협약을 기억하게 된다. 숲은 지역의 생계 활동과 국가의 관리 정책뿐 아니라 부의 집중을 꾀하는 초국적 기회에 의해서도 형성된다. 세계화의 역사는 진행되지만, 때로는 예상하지 못한 결과를 초래한다.

이 장에서는 어떻게 폐허가 된 산업비림이 개별적으로 그리고 함께 만들어지는지 묻는다. 어떻게 초국적 국면conjunctures이 숲을 만드는가? 국면은 모든 것을 아우르는 하나의 틀을 보여주는 대신, 국가, 지역, 지방 풍경을 넘나드는 연결 관계를 따라가는 방법을 보여준다. 그 연결 관계는 공통의 역사에서 발생한다. 그리고 예상치 못한 수렴과 묘한 조율의 순간에서도 발생한다. 불안정성은 전 지구적으로 조율된 현상이지만, 단일한 글로벌 권력의 현장을 따르지는 않는다. 진보가 우리에게 남긴 세계를 우리가 알기 위해서는 반드시 이동하는 붕괴의 패치들을 추적해야만 한다.

나는 예상치 못하게 동시 발생한 일들의 놀라운 힘을 맛보기 위해 20세기 후반 동남아시아에서 그 수가 줄고 있던 목재 이야기로 경로를 살짝 벗어나보려 한다. 동남아시아는 1960년대부터 1990년대까지 걸친 일본의 건축 호황기에 열대성 목재를 제공했다. 산림 벌채는 일본 무역 회사가 지원했고 동남아시아의 군대가 실행했다. 이러한 공급사슬 방식 때문에 목재는 굉장히 값싼 물건이었다. 목재의 글로벌 가격은 침체되었고, 특히 일본 소비자가 사용하는 목재는 더욱 그랬다. 동남아시아의 열대림은 완전히 파괴되었다.[1] 여기까지는 독자들이 놀라지 않을 것이라고 생각한다. 그러

---

1. 나는 열대림 벌채가 야기한 일본의 환경을 고찰하는 문제와 관련해 도번(Dauvergne)의 *Shadows*(8장 각주 14번에 인용)를 따른다. (규제하자는 반응과 보전하자는 반응에 대해서는 다음 문헌을 참고하기 바란다. Anny Wong, "Deforestation in the tropics," in *The roots of Japan's international environmental policies*, 145−200 [New York: Garland, 2001].) 이와 대조적으로 일본의 환경문제에 관한 대부분의 연구는 산업 오염에 집중한다(Brett Walker, *Toxic archipelago: A history of industrial disease in Japan* [Seattle: University of Washington Press, 2010]; Shigeto Tsuru, *The political economy of the environment: The case of Japan* [Cambridge: Cambridge University Press, 1999]).

나 그것이 현존하는 두 종류의 숲, 즉 미국 태평양 연안 북서부 내륙의 소나무 숲과 일본 중부의 스기 '삼나무'와 히노키 '편백나무' 숲에 미친 영향을 고려해보자. 두 곳 모두 일본의 발전을 위한 산업용 목재를 제공할 수 있는 잠재적 공급처다. 두 곳 모두 경쟁력을 잃었다. 두 곳 모두 방치되었다. 두 곳 모두 폐허가 된 산업비림의 전형적인 사례다.[2] 각각의 숲은 송이버섯 생산에서 개별적으로 역설적인 관계를 가진다. 이 두 숲의 연결된 차이점은 여러 가지 형식의 글로벌 조율을 탐구하도록 나를 초대한다.

어떻게 해야 우리는 모든 숲이 가는 길에 있는 한낱 정거장일 뿐이며 단지 **하나의** 숲의 역사라고 상정하는 시각을 버리고 붕괴의 역사를 자세히 들여다볼 수 있는가? 내 실험은 미국 오리건주와 일본 중부에 있는 숲의 대조적인 역사에서 매듭을 풀기 시작한다.[3] 두 숲과 산림관리 방식이 뚜렷하게 구별되기 때문에 나는 그 숲들이 서로 다를 것이라고 추정한다. 그렇다면 설명을 요하는 것은 두 숲과 산림관리 방식이 한곳으로 수렴되는 때다. 이 예상치 못한 조율이 일어나는 순간마다 글로벌한 연관성이 작용한다. 그러나 그러한 수렴 현상이 일어남에도 숲의 역학 관계는 동질화되기보다는 뚜렷이 구별되는 숲들이 만들어진다. 수렴 현상의 역사

2. 나는 이시카와 마유미(石川真由美)와 이시카와 노보루의 도움으로 이같은 통찰을 얻게 되었다. 사라왁을 연구했던 그들은 숲이 파괴되는 것을 보았고 일본의 책임이 있는지 궁금해했다. 그들은 일본으로 돌아가서 사라왁 숲의 파괴를 일본 내 산림 산업의 폐허와 연결 지었다. 반면에 초기의 환경 역사학자들은 일본을 '녹색 열도'로만 보았다 (Totman, *Green archipelago* [13장 각주 8번에 인용]).

3. 일본의 산림 정책에 대해서 나는 특히 다음 문헌에 의존한다. Yoshiya Iwai, ed., *Forestry and the forest industry in Japan* (Vancouver: UBC Press, 2002).

에서 볼 수 있는 것은 바로 글로벌 연관성 속에서 패치가 창발하는 이러한 과정에서다. 송이버섯 덕택에 내 이야기는 산업적 폐허의 글로벌 역사 속에 존재하는 삶을 반영할 수 있게 됐다. 나는 이어지는 내용에서 수렴 현상이 일어나는 순간을 짝지어 묶으면서 내 방식으로 설명하겠다.

때로 국면들은 국제적 '바람winds'의 결과인데, 마이클 해서웨이는 이 용어를 순회하는 생각, 용어, 모델, 프로젝트 목표—이것들은 카리스마스적이거나 강제적인 것임이 증명된, 그래서 인간이 환경과 맺는 관계를 재구성할 수 있다—의 힘을 서술하기 위해 사용한다.[4] 내가 핀란드의 숲을 변형시킨 것으로 언급한 19세기 독일 산림관리의 경우가 그러했다. 이 같은 순회하는 전문 지식의 한 가지 두드러진 특징은 산불에 대한 결연한 반대였다. 산불 반대는 많은 국가에서 '근대' 산림관리의 핵심이 되었다.

1929년 일본 중부. 국유림에 산불 내는 것이 국법으로 금지된다.[5]

---

4. Michael Hathaway, *Environmental winds: Making the global in southwest China* (Berkeley: University of California Press, 2013).

5. Miyamato et al., "Changes in forest resource utilization"(11장 각주 14번에 인용), 90. 불태우는 방식은 이동경작에서 하듯이 초원을 유지하고 숲에 개방된 공간을 만들기 위해 관습적으로 행해져 왔다(Mitsuo Fujiwara, "Silviculture in Japan," in *Forestry*, ed. Iwai, 10-23 중 12쪽). 이제 지방 산림 조합 중 일부는 불로 태우는 방식을 금지했다(Koji Matsushita and Kunihiro Hirata, "Forest owners'associations," in

1933년 오리건주. 미국에서 뉴딜정책이 시작될 무렵, 틸라묵 화재 Tillamook fire[6]는 산불 통제를 민관 산림 협력의 중심에 놓는다. 화재가 사유 벌목 작업장에서 시작해 번졌을 때 민간환경보전연합 Civilian Conservation Corps은 화재 진화를 호소한다. 그 이후 정부 소속 산림감독관들은 사립 '구제salvage' 벌목을 촉진하고 '공사公私 협력 활동'을 요청한다. 미국 산림청은 산불 배제라는 야심 찬 프로그램을 시작하고, 이는 오리건주의 숲을 의도치 않게 변화시킨다.[7]

근대 산림관리는 국가를 위한 산림관리가 목표였기 때문에 국가 만들기state making가 지닌 기이한 특징과 관계를 맺으며 확고히 자리 잡았다. 20세기 초반의 일본과 미국은 서로 다른 국가 만들기 방식을 추구했다. 그러나 두 나라의 국가 산림감독관은 서로 다른 이유로 사적 이윤을 추구하는 개인과 일하는 방법에 관심을 가졌다. 미국에서는 이때 기업들이 이미 그 어떤 국가 관료보다 더 영향력이 있었다. 산림감독관은 최소한 일부 목재 회사의 거물들이 동의하는 규칙들만 제안할 수 있었다.[8] 일본에서는 메이지 시대 개

Forestry, ed. Iwai, 41–66 중 42).

6. 1933년부터 1951년 사이에 연이어 발생한 네 차례 산불로, 14만 헥타르를 불태우는 피해를 낳았다. —옮긴이

7. Stephen Pyne, *Fire in America* (Seattle: University of Washington Press, 1997), 328–334. 파인은 틸라묵 화재가 다시 심기를 표준 관행으로 만들면서 미국의 산업림 플랜테이션 농장의 시작을 열었다고 주장한다.

8. Steen, *U.S. Forest Service*; Robbins, *American forestry* (두 문헌 모두 2장 각주 5번에 인용).

혁으로 숲의 절반이 소규모 개인 소유자에게 법적으로 양도되었다. 국가에서 지정한 산림관리의 표준은 산림 조합을 통해 숲 소유자들에게 전달되었고 그들과의 협상을 통해 마련되었다.[9] 양국 간에 이 같은 차이가 있음에도 산불 배제는 숲에 대한 공적 관심과 사적 관심을 연결하는 지점이 되었다. 서로 다른 길로 나뉜 숲의 역사에서 공통점이 등장했다.

몇 년 후 산림 관료제가 두 국가 간에 일어난 전쟁에의 동원을 통해 통치의 견인력을 발전시켰다. 그들이 상호 대립하는 중에 조율이 발생했다.

1939년 일본 중부. 지방자치제 단계의 산림 조합이 전쟁 동원의 다른 형태와 함께 명단에 올랐고, 개정된 산림법에 따라 의무화된다.[10]

1942년 오리건주. 잠수함에서 진수된 일본의 부주형 수상 비행기가 오리건주 남부의 산에 산불을 내려고 시도하다가 실패한다. 이 작은 사건이 일어난 후 군대식 훈련과 열의로 산불 반대 캠페인을 벌이는 미국 산림청의 통치 방식이 강화되기 시작한다. 1944년, 오리건주 숲을 겨냥한 일본의 소이탄에 대한 공포가 확

---

9. Iwai, *Forestry*.
10. 많은 숲 소유자가 5헥타르 이하를 소유했다. 그들은 모두 목재 통제, 재식림 (reforestation), 산불 방지를 포함한 조정된 산림관리에 참여해야 했다. Matsushita and Hirata, "Forest owners' associations," 43.

산되면서 스모키 베어~Smokey Bear~[11]는 국토 안보를 위한 산불 방지의 상징이 된다.[12]

숲이 산업비림의 폐허로 변하려면 먼저 공적 영역과 사적 영역의 꿈들을 강제하는, 그리고 그것을 이루기 위해서 생태적 과정에 해를 끼치며 작동하는 통치 기구가 필요하다. 일본과 미국 두 나라에서는 근대 산림관리의 관료제가 그 역할을 했다.

일본의 항복 후 미국이 일본을 점령하면서 두 국가는 강하게 결합되었는데, 산림 정책도 그중 한 예다. 몇 년간 양국의 숲은 분리해 상상할 수 없었는데, 공통된 인가~authority~ 구조로부터 수렴 현상이 파생한 것이다. 전후의 미국 정치 문화는 미국 스타일의 민주주의에 이르는 경로로서 공적 영역과 사적 영역의 성장에 관한 낙관론을 밀어붙였다. 그것이 미국에서는 국유림을 개인에게 소속된 벌목꾼들에게 개방하는 것을 의미했다. 일본에서는 국유림을 나무 플랜테이션 농장으로 전환하는 것을 의미했다. 두 경우 모두 정책 입안자들은 확장된 비즈니스의 기회가 있는 미래를 고대했다.

1950년 오리건주. 오리건의 목재 생산은 52억 3,900만 보드피트

---

11. 미국 산림청의 캠페인 마스코트로 산불 예방 광고에 등장했다. ―옮긴이

12. 이 사건은 룩아웃 공습(the Lookout air raids)으로 기억된다. 1944년과 1945년에 일본이 제트 기류에 열기구를 발사하려는 시도에 따라 이루어졌다(http://en.wikipedia.org/wiki/Fire_balloon). 프리다 노블록(Feieda Knobloch)의 책 *The culture of wilderness* (Raleigh: University of North Carolina Press, 1996)에는 그에 따른 미국 산림청의 군국화를 서술하고 있다. 또한 다음의 문헌도 있다. Jake Kosek, *Understories* (Durham, NC: Duke University Press, 2006).

board feet [13] 로 국가의 산업을 주도한다. [14] 벌목꾼들은 데슈츠강에 있는 한 목재 공장 복합 지구에서 매일 평균 35만 보드피트의 폰데로사소나무를 벤다. [15]

1951년 일본 중부. 미군정이 뒷받침한 산림법은 비즈니스에서 산림 조합의 역할을 확장한다. 산림 조합이 산림 소유자의 사회경제적 지위 향상에 투자함에 따라 사적 개인들의 재건이 새로운 활동에 포함된다. [16] 이 법에 따라 승격된 새로운 기업가적 개인들은 이제 숲 플랜테이션 농장 만들기에 대비해 훈련받는 것이 가능해진다.

이 시기는 근대 산업을 위해 디자인된 숲이 양국에서 홍보되던 때였다. 미군정 점령 통치로 형성된 새로운 일본은 미국의 조언을 받아들여 성장에 헌신했는데, 국익을 꾀하는 성장에 집중했고, 목재의 자급자족을 달성하려는 계획은 그중 하나였다. 미국과 일본 양국에서 오래된 숲은 베어졌고, 산업적으로 합리화된 자원에 대한 새로운 꿈이 그 자리를 차지했다. [17] 과거는 미래를 지배하지 않을

---

13. 각재(角材)의 측정 단위로, 두께 1인치에 1피트 제곱인 널빤지의 부피를 말한다. —옮긴이
14. Robbins, *Landscapes of conflict* (3장 각주 6번에 인용), 176.
15. 같은 책, 163.
16. Matsushita and Hirata, "Forest owners' associations," 45.
17. 스콧 프루덤(Scott Prudham)은 오리건주의 미송 숲이 1950년대부터 산업화된 과정을 분석한다("Taming trees: Capital, science, and nature in Pacific slope tree improvement," *Annals of the Association of American Geographers* 93, no. 3

것이었다. 새로운 숲은 확장성이 있으므로 산업계에서 합리적으로 관리할 것이다. 즉 새로운 숲에서의 생산은 계산되고, 조정되고, 유지될 수 있을 것이다. 그러나 이런 환상들의 타이밍은 각기 달랐다. 일본 중부에서 나무 심기와 집중 관리는 1950년대에 시작됐다. 오리건주에서는 그 시기에 사유지에서의 집중 관리는 시작됐으나 국유림에서는 벌목에 집중했다. 큰 나무는 목재로 취해지기 위해 여전히 그곳에 있었다.

1953년 일본 중부. 숲을 스기와 히노키 플랜테이션 농장으로 전환하기 위한 대출과 세금 우대가 제공된다. 일본은 자급자족할 수 있게 될 것이고 늘어나는 목재 수요를 맞출 것이다. 마을의 벌목꾼들은 목재를 자르라는 지시를 기억한다. 전시에도 그들은 값비싼 나무를 먼저 가져갔다. 이제 모든 종류의 나무가 함께 잘린다. 나무가 베인 지역에는 가파르게 경사진 공간을 포함해 모든 곳에 플랜테이션 농장이 형성된다.[18] 스기와 히노키 둘 다 헥타르당 3,500에서 4,500 그루의 묘목을 심도록 하는 정부의 권장에 따라 밀집 재식된다.[19] 노동력은 싸다. 나무들은 손으로 잡초가 제거되고 솎아지고 가지치기되고 나중에 수확될 수 있다. 정부는

[2003]: 636~656). 이러한 산업화로의 전환 직전의 역사는 다음 문헌을 참고하기 바란다. Emily Brock, *Money trees: Douglas fir and American forestry, 1900–1940* (Corvallis: Oregon State University Press, 2015).

18. 2009년에 와카야마현에서 이시카와 마유미와 이시카와 노보루가 행한 산림 노동자와의 인터뷰에서.

19. Fujiwara, "Silviculture in Japan," 14.

경비의 절반을 보조하고 수입의 20퍼센트에만 세금을 부과하는 데 동의한다.[20]

1953년 오리건주. 『뉴스위크Newsweek』지는 다음과 같이 썼다. "오리건주의 사람들에게 가장 달콤한 냄새는 톱밥 냄새다. 1달러당 대략 65센트의 수입이 목재와 목공품에서 나온다."[21]

새로운 일을 암시하는 신호가 가끔 숲을 만드는 다른 방식에서 불쑥 나타났다. 또 다른 수렴 현상이 일어났다. 다시 말해, 양국의 엘리트 계층에게 생긴 산림지의 가치는 그 이전의 주민들에게 진 빚이었고 국가 폭력에 의한 빚이었다. 국가와 기업이 그 당시 권리를 주장했던 숲을 **형성한** 것은 그 이전 시기에 존재한 산림관리의 형식이었다.

1954년 오리건주. 미국 연방 정부는 클래머스 부족 보호구역을 강탈해 국유림 제도에 포함시킨다.

---

20. Ken-ichi Akao, "Private forestry," in *Forestry*, ed. Iwai, 24–40 중 35. 아카오는 1957년 이후 정부는 자연적인 숲을 나무 플랜테이션 농장으로 전환하는 데 대한 보조금을 48%로 줄였다고 설명한다.
21. Robbins, *Landscapes of conflict*, 147에 인용됨. 오리건주의 목재 산업은 이후에 합판, 파티클보드, 펄프와 종이로 다각화되었다. 가치가 떨어지는 목재가 이용 가능하게 되면서 개벌이 장려되었다. Gail Wells, "The Oregon coast in modern times: Postwar prosperity," Oregon History Project, 2006, http://www.ohs.org/education/oregonhistory/narratives/subtopic.cfm?subtopic_id=575.

1954년 일본 중부. 새롭게 조직된 일본의 자위대는 후지산 북쪽 비탈에 있는 마을 숲을 훈련장으로 차지한다. 그러나 그 숲은 11개 마을이 공동으로 접근권을 가진 사토야마 산림지대다. 마을 주민들은 군대의 훈련이 생태계에 지장을 주고 나무에 해를 입힌다고 말한다. 아마도 클래머스 부족이 복권되었을 당시인 1980년대 중반에 마을 사람들은 자신들의 공유지에 대한 보상을 받기 위한 소송에서 승소한다.[22]

산업적 산림관리에 대한 낙관론은 오래가지 않았다. 일본에서는 빠르게는 나무 플랜테이션에 대한 열광이 식었을 때인 1960년대에 문제가 시작됐다. 목재 수입이 개시됐다. 전쟁이 끝난 직후부터 1960년까지 일본 정부는 전략적 자원으로 여겨진 석유를 매입하기 위해 외환을 절약하고자 목재 수입을 금지했다. 그러나 1960년에 석유 가격이 하락했고, 건설업계는 정부에 압력을 가해 외국 목재 수입의 문을 열었다. 일본을 덮친 난관 중 첫 번째는 1960년대까지 비슷했던 스기와 히노키의 가격이 달라진 것이었다. 1965년, 일본 시장에 미국 태평양 연안 북서부산 목재가 들어오면서 가격 차이가 생겼다. 북미 솔송나무와 미송나무, 소나무는 무른 나무인

---

22. 일본 제국 육군은 1939년 그러한 숲들을 압수했는데, 그럼에도 전통적인 접근권은 허가했다. 미국 점령군은 일본인에게서 그 지역을 빼앗았다. 일본 자위대는 미국으로부터 그 지역을 되찾았다. Margaret McKean, "Management of traditional common lands in Japan," in *Proceedings of the conference on common property resource management April 21–26, 1985*, ed. Daniel Bromley, 533–592 (Washington, DC: National Academy Press, 1986), 574.

스기와 경쟁했지만 더 정교하게 사용될 수 있는 히노키와는 경쟁하지 않았다.[23] 게다가 산림 노동자의 임금이 오르면서 산림관리의 기세가 꺾였다.[24] 1969년이 되자 일본 목재 생산의 자급자족 지수는 처음으로 50% 이하로 떨어졌다.[25]

반면에 오리건주의 경우, 1960년대는 낙관론의 시간이었다. 이는 어느 정도는 일본에 형성된 오리건주산 목재 시장 덕분이었다. 역사학자 윌리엄 로빈스는 이 시기를 다음과 같이 서술했다. "내가 1960년대 초반에 오리건주에 도착했을 때, 벌목꾼들은 물가에 있는 나무까지 잘랐는데, '트랙터 기사들'이 강바닥까지 불도저를 몰았다. 그리고 가장 큰 목재용 산림지 소유주 중 일부는 벌목된 땅에 다시 나무를 심는 일에 무관심했다. 윌래밋 벨리Willamette Valley의 농부들은 울타리 근처부터 강둑까지 경작했고, 산울타리를 제거했고, 지금보다 더 큰 경작지를 만들기 위해 진창의 물을 뺐는데, 이 모든 것은 규모의 경제를 위한 것이었다."[26] 여전히 팽창이 모든 문제의 해답인 것처럼 여겨졌다.

로빈스의 서술은 그다음 10년의 근심을 예고했다. 1970년대가 되자 환경운동가들은 미국 태평양 연안 북서부의 숲에 대해 문제를 제기했다. 1970년에 국가환경정책법은 환경영향평가를 요구했다. 유산流産의 원인으로 알려진 제초제를 숲에 뿌리는 것에 반대

---

23. Akao, "Private forestry," 32; Yoshiya Iwai and Kiyoshi Yukutake, "Japan's wood trade," in *Forestry*, ed. Iwai, 244–256 중 247과 249.
24. Akao, "Private forestry," 32.
25. 같은 책, 33.
26. Robbins, *Landscapes of conflict*, xviii.

하는 목소리가 등장했다. 비판적인 사람들은 개벌에 반대했다. 공유림 관리자들은 환경 목표에 맞출 것을 요구받았다. 일본도 마찬가지였다. 1973년, 새로운 국가 정책은 국유림에 환경 목표를 요구했다.

그러나 아마도 양국의 숲에서 1970년대에 발생한 가장 중요한 사건들은 다른 곳에서 일어났다. 1960년대에 일본은 필리핀산 목재 수입을 늘렸으나 쉽게 벌목되었던 필리핀산 목재는 이미 바닥났다. 인도네시아는 1967년에 모든 숲을 국가 소유로 바꾸는 새로운 산림법을 통과시켰고, 이후 외국 투자를 유치하기 위해 목재를 사용했다. 1970년대와 1980년대에는 인도네시아에서, 그 이후에는 아시아의 다른 지역에서 통나무가 일본으로 물밀듯이 빠져나갔다.[27] 일본 내 산업용 목재는 다른 곳에서 쉽게 수집된 것들과 경쟁했다. 1980년이 되자 일본의 국내 생산 목재 가격이 너무 낮아져서 거의 어느 누구도 나무를 수확할 수 없게 되었다. 오리건주에서는 집중 관리가 여전히 강력하게 권장되고 있었지만, 끝이 다가오고 있었다. 1990년대가 되자 목재 회사들은 떠났고, 산림청은 파산했고, 집약적 공공 관리의 꿈은 엉망이 되었다.

---

27. 1980년대에 인도네시아는 원목 수출을 규제하고 합판 제조업을 발전시켰다. 일본의 무역 회사들은 사라왁과 파푸아뉴기니에서 더 많은 원목을 사기 시작했다. 손쉽게 얻는 방식은 어느 지역에서나 오래가지 못했고, 무역 회사들은 계속 새로운 공급지를 찾아 이동했다. 1970년대에 외환 거래를 위해 베어졌던, 내가 방문한 중국 윈난성의 송이버섯 숲은 1970년대 일본의 이와 같은 수입 호황기의 일부분이었다. 이와이와 유쿠타케가 만든 수입 목재 표에서 중국을 찾을 수 없기 때문에, 나는 중국산 원목이 완벽한 수입 허가 문서 없이 일본에 유입되었다고 추정한다. Iwai and Yukutake, "Japan's wood trade," 248.

이전 장에서 나는 오리건주의 폐허에 대해 썼다. 일본의 숲은 어떤가? 위에서 언급했듯이 스기와 히노키는 사람이 직접 잡초를 뽑고, 솎아내고, 가지치기하며 손으로 수확할 것에 대한 기대로 가파른 언덕에 밀집해 심어졌다. 모든 나무가 같은 나이라는 사실은 가격에 도움을 주지 않았다. 잡초를 뽑고 솎아내고 가지치기하는 일뿐 아니라 그러한 숲에서 수확하는 것조차 너무 비싸서 할 수 없었다. 빽빽하게 자란 나무에는 해충과 질병이 생겼다. 목재는 점점 더 팔 수 없는 상태가 되었다.

많은 일본인이 숲을 싫어하게 되었다. 스기의 꽃가루가 시골을 벗어나 퍼지면서 알레르기를 일으켰고, 많은 가정이 자녀가 알레르기 영향을 받을 것을 염려해 도시를 떠날 수 없었다. 등산객은 어둡고 단조로운 그러한 장소를 피했다. 어린 묘목은 초본 식물 잡초를 자라게 했는데, 잡초가 많아지자 사슴 개체수가 늘어났다. 나무가 자라면서 그 아래에 있는 나무에 그늘을 드리우게 되자 먹을 것이 없어진 사슴들은 마을로 내려가 골칫거리가 되었다. 외국인들이 한때 일본을 "녹색 열도"라고 불렀던 통제된 풍성함을 추구한 결과 숲은 폐허가 되었다.[28]

후지와라 미쓰오藤原三夫는 이렇게 말했다. "대부분의 숲은 베이지 않은 채로 남을 것이고 중년에서 노년으로 성장할 것이다. 그 이유는 숲 소유자들이 산림관리에 관심을 잃었기 때문이다. … 만약 숲이 경작되지 않고 그저 나이 들도록 남겨진다면 양질의 목재

28. Totman, *Green archipelago* (13장 각주 8번에 인용)를 참고하기 바란다.

를 생산할 수 없을 것이고, 잘 관리된 성장한 숲에서 예상되는 환경적 기능을 수행할 수도 없을 것이다."[29]

○
○
○

산업적 폐허가 생물에 미치는 영향은 우리가 어떤 생물에 관심을 두고 관찰하는지에 따라 달라진다. 어떤 곤충과 기생충한테는 폐허가 된 산업비림이 노다지판임이 틀림없다. 폐허가 되기 전 숲에 행해진 합리화는 다른 생물에게 재앙과 같다는 점이 증명되었다. 이 두 가지 극단 사이 어딘가에 송이버섯의 세계-건설하기 성향이 놓여 있다.

일본에서 송이버섯이 줄어든 것은 1950년대 이래로, 특히 마을 산림지가 스기와 히노키 플랜테이션 농장으로 전환된 탓에 그동안 적극적으로 관리되던 마을 산림지가 상실된 결과다. 1970년대 이후, 그 농장들은 소유주가 관리하기에 비용이 너무 많이 들었다. 새로운 플랜테이션은 더는 건설되지 않았다. 그렇다면 상당한 양의 소나무와 활엽수 숲의 패치들이 아직 남아 있는 것은 가격 변화와 그 결과로 나타난 산림관리 관행 때문이다. 만약 여전히 송이버섯 숲이 존재한다면 그 이유는 모든 숲이 스기와 히노키에

---

29. Fujiwara, "Silviculture in Japan," 20. 존 나이트(John Knight)는 숲으로 뒤덮인 마을들이 자신들의 숲을 계속 유지하기 위해 어떻게 도움을 요청했는지 이야기한다. Knight, "The forest grant movement in Japan," in *Environmental movements in Asia*, ed. Arne Kalland and Gerard Persoon, 110–130 (Oslo: Nordic Institute of Asian Studies, 1998).

게 양보하고 사라지지는 않았기 때문이다. 이 점에서 송이버섯 숲은 동남아시아의 폭력적인 산림 벌채에 빚을 지는데, 최소한 일본이 플랜테이션 농장을 격렬하게 추구했던 점을 누군가가 당연시한다면 말이다. 송이버섯은 폐허가 된 일본의 플랜테이션 농장에서는 자라지 않지만, 플랜테이션 숲이 붕괴한 덕분에 자란다. 플랜테이션 숲이 붕괴하면서 다른 숲이 플랜테이션으로 전환되지 않고 남을 수 있었기 때문이다.

송이버섯이 번창한 오리건주의 숲과 일본의 사례가 이 지점에서 공통점을 보인다. 1960년대와 1970년대에 오리건주에서 전후의 벌목 호황이 한창일 때 지역 목재를 수출할 가장 중요한 시장은 일본이었다. 그러나 새롭게 등장한 동남아시아산 목재 값이 너무 싸서 결국 오리건주는 경쟁에 낄 수 없었다. 이 문제는 우리가 좀 더 잘 알고 있는, 환경 관련 소송 증가가 끼친 영향만큼이나 오리건주 목재 회사의 도산에 크게 기여했다. 가격이 낮아지자 회사들은 더욱더 값싼 목재를 원했고, 처음에는 미국 남부에서 다시 자라고 있는 소나무에서 값싼 목재를 얻고자 했다. 그 이후에는 끊임없이 이동하는 자본과 함께 지역 유지들이 산림 벌채를 값싸게할 수 있는 곳이라면 세계 어디든지 연결하는 목재 공급사슬이 형성되었다. 목재 회사들이 떠나자 산림청은 목표와 자원을 모두 잃었다. 목재를 얻기 위한 집중 관리가 더는 필수적이지도, 가능하지도 않았다. 우세종 이식하기, 체계적으로 솎아내고 선별하기, 벌레와 잡초를 죽이기 위해 독약 살포하기 등 그 어떤 것도 논의할 가치가 없었다. 이러한 프로그램이 실행되었다면 송이버섯은 고통받았을 것이다. 집중 관리되는 플랜테이션 농장은 송이버섯에게 맞지 않는다. 이 사실을 차치하더라도 채집인들은 값비싼 목재 사이에서 환영받지 못했을 것이다. 확실히 아무도 그들에게 알맞은 방식으로 관리 계획을 수정하지는 않았을 것이다. 그러므로 오리건주의 송이버섯 숲은 또한 글로벌 목재의 낮은 가격 덕분에 번성하게 되었다. 오리건주와 일본 중부의 송이버섯 숲은 두 곳 모두 산업비림을 폐허로 만드는 일에 의존한다는 점에서 공통점이 있다.

아마도 내가 이러한 붕괴 현상을 포장하려고 하거나 레몬으로 레모네이드를 만들려 한다[30]고 생각할지도 모른다. 전혀 그렇지 않다. 내가 관심을 가지는 것은 전 세계적으로 일어나는 대규모의, 상호 연결된, 막을 수 없어 보이는 숲의 황폐화이고, 가장 지리적으로, 생물학적으로, 문화적으로 독특한 숲조차도 여전히 파괴의 사슬에 연결되어 있다는 사실이다. 이러한 현실은 동남아시아에서처럼 사라지는 숲에만 영향을 미치는 것이 아니라, 간신히 쓰러지지 않고 서 있는 숲에도 영향을 미친다. 만약 우리의 모든 숲이 그러한 파괴의 바람에 뒤흔들린다면, 자본주의자가 그 숲을 원하거나 내팽개치거나 간에 우리는 흉물스럽고 불가능하게 된 상태의 그 폐허에서 살아가야 하는 도전을 받게 된다.

그러나 이질성은 여전히 중요하다. 각각의 못을 하나의 망치를 사용해 똑같은 힘으로 내리치는 행동을 분석하는 방식으로 그러한 상황을 설명하는 것은 불가능하다. 사라지는 숲, 개체수 과밀과

---

30. 부정적인 사건에서도 긍정적인 의미를 만들어내려 한다는 의미의 속담. —옮긴이

해충으로 홍역을 치르는 숲, 플랜테이션 농장으로의 전환이 경제적이지 않다는 점이 입증될 때 그냥 자라도록 남겨진 숲 간의 차이는 중요하다. 오리건주와 일본의 숲이 교차하는 역사적 과정 때문에 폐허가 되었지만, 숲을 만드는 힘과 반작용이 어느 곳에서나 똑같다고 주장하는 것은 터무니없다. 이종 간 모임이 갖는 특이성은 중요하다. 전 세계를 포괄하는 힘이 존재하고 있음에도 세계가 여전히 생태적 이질성을 띠는 이유가 그것이다. 글로벌 조율의 복잡한 사항들도 중요하다. 모든 연결이 똑같은 결과를 가져오지는 않는다. 우리가 폐허의 역사를 쓰기 위해서는 많은 이야기의 깨진 조각들을 따라가고 많은 패치 속으로 들어가고 나갈 필요가 있다. 글로벌 권력이 작용하는 곳에서 나타나는 쉽게 규정할 수 없는 마주침은 여전히 중요하다.

··· 공백과 패치에서

숲을 읽다, 교토부.
현장의 송이버섯 과학.
도표는 시간의 흐름에 따른
숙주 나무-송이버섯의
관계를 보여주는 지도다.
일본의 송이버섯 과학은
정밀한 현장 설명서와
지속적인 관찰을 통해
마주침의 생태학을 연구한다.
미국인 과학자들은 그러한 연구를
"서술description"이라고 부르며
무시해왔다.

16

번역으로서의 과학

자본주의에서 그러하듯이, 과학을 번역 기계로 생각하면 도움이 된다. 과학은 기계적인데, 그 이유는 교육자, 기술자, 동료 평가자 집단들이 초과된 부분을 잘라내고 남은 부분을 적절한 장소에 박아 넣을 준비가 된 채로 대기하고 있기 때문이다. 과학에는 번역의 특성이 있는데, 이는 과학의 통찰력이 삶의 다양한 방식에서 이끌려 나오기 때문이다. 대부분의 학자는 과학이 지닌 번역적 특성이 과학의 기계적 특성에 도움을 줄 때만 그것들을 공부해왔다.[1] 그들은 번역을 통해 과학적 요소들이 하나의 통일된

---

1. '번역'은 브뤼노 라투르와 존 로(John Law)의 행위자-연결망 이론에서 핵심 개념이다. 행위자-연결망 이론에서 '번역'은 인간과, 인간과 함께 작동하는 비인간(예를 들면 기술이 있다) 간의 절합(articulation)을 지칭한다. 이러한 용례에서 인간과 비인간을 평등하게 포함하는 행위의 연결망은 번역을 통해 창발한다. 이러한 이론적 입장을 알린 초기의 영향력 있는 문헌으로 다음이 있다. Michel Callon, "Some elements of

지식과 실천 시스템으로 결합되는 것을 볼 수 있었다. 그러나 조화롭지 못한 병렬 관계를 만들고 의사소통의 오류가 일어나는 번역의 지저분한 과정에는 주의를 덜 기울였다. 그 이유 중 하나는 과학학science studies이 서구라는 상상의 독립체 밖으로 벗어날 의향이 거의 없었기 때문이다. 과학학은 그렇게 스스로 짠 상자 속의 상식을 넘어 스스로를 확장하기 위해서는 후기식민주의 이론이 필요하다. 후기식민주의 이론에서 번역은 잘 연결되는 것들뿐 아니라 어긋나는 것들 또한 보여준다.[2] 따라서 사쓰카 시호는 **자연**이 이러한

a sociology of translation: Domestication of the scallops and the fishermen of St. Bruic Bay," in *Power, action and belief*, ed. John Law, 196–223 (London: Routledge, 1986).

2. 여기서 제기된 번역에 관한 질문은 '근대성'에 관한 좀 더 큰 학술적 논의의 일부분이다. 과학학에서 너무 자주 당연시하는 유럽의 상식은 보편화된 서구식 사고로 형성된 하나의 근대성을 우리에게 보여준다. 반면에 20세기 후반에 아시아에서 등장한 후기식민주의 이론은 글로벌 북반구와 글로벌 남반구 사이에서 권력으로 가득 찬 교환을 통해 형성된 근대성을 보여준다. 근대성이 하나의 프로젝트로서 창발했다는 것은 우선 서구의 바깥—예를 들어 샴 왕국이나 식민지 인도와 같은 곳—을 보면 가장 잘 이해된다. 이러한 사회에서 우리는 조직적이고 관념적인 복합체가 형성되는 권력과 사건과 아이디어의 활약을 보게 된다(Thongchai Winichatkul, *Siam mapped: A history of the geo-body of a nation* [Honolulu: University of Hawaii Press, 1994]): [국역본] 통차이 위니짜군, 『지도에서 태어난 태국』, 이상국 옮김(진인진, 2019); Dipesh Chakrabarty, *Provincializing Europe* [Princeton, NJ: Princeton University Press, 2000]): [국역본] 디페시 차크라바르티, 『유럽을 지방화하기—포스트식민 사상과 역사적 차이』, 김택현·안준범 옮김(그린비, 2014). 이 말이 근대성은 유럽과 북미에서 독특한 변형을 띠며 시작되지 않았다는 뜻은 아니다. 그러나 서구가 전부라고 생각하는 연막을 뚫기 위해서 우리는 유럽식의 근대성을 파생된 것으로, 그리고 이국적인 것으로 보는 법을 배워야만 한다. 이와 같은 다른(Other) 사회에서 볼 때, 근대성 프로젝트들은 단일한 문화적 논리에 의해 과도하게 결정된 것이기보다는 부분적이고 일시적인 것으로 쉽게 이해할 수 있다. 이러한 통찰력이 과학학에 필요하다(그러나 이 상황을 복잡하게 만들기 위해 라틴아메리카에서 시작된 새로운 후기식민주의 이론은 서구-대-비서구 우주론의 차이를 날카롭게 분석할 것을 요구한다. 예를 들어 다음과 같은 문헌이 있다. Eduardo Viveiros de Castro, "Economic development and cosmopolitical reinvolvement," in *Contested*

종류의 뒤죽박죽이고 해결되지 않은 번역에서만 등장하는 현상을 주시한다. 그는 자연을 해석하려는 초국적 활동에서 공통적인 훈련이 차이의 발생과 밀접한 관련을 가질 수 있다는 점을 드러내 보인다.[3]

그런 의미에서 번역은 과학에서 모순과 양립 불가능의 패치들을 낳는다. 연구와 검토, 읽기가 별도로 이루어지는 한, 이러한 패치들은 훈련과 의사소통의 형식이 교차함에도 지속될 수 있다. 이 패치들은 폐쇄적이지도 않고 고립되어 있지도 않다. 그것들이 새로운 물질을 받아들이며 변화하기 때문이다.[4] 이것들의 독특함은 사전 논리가 아니라 수렴의 결과다. 패치들을 관찰하면 내가 배치라고 부르는 열린 모임으로 되돌아가게 된다. 여기서는 층을 이루고, 일관성이 없으며, 무질서한 존재론이 심지어 기계의 영역 내에서도 형성된다. 송이버섯 과학과 산림관리가 그 생생한 사례다. 이 장에서는 지저분한 번역과 그것을 통해 이루어지는 지식 패치들의 형성을 탐구한다.

첫째, 만약 과학이 국제적인international 학문 체제라면 어떤 이유로 송이버섯에 대한 **국가 단위의**national 과학이 존재하는가? 이 질문에 답하기 위해서는 과학의 공공 기반 시설에 주의를 기울일 필요가 있다. 과학의 공공 기반 시설은 [관련된 연구들을] 심지어

   ecologies, ed. Lesley Green, 28–41 [Cape Town, SA: HSRC Press, 2013].)

3. Satsuka, *Nature in translation* (4장 각주 2번에 인용).

4. 이티 아브라함(Itty Abraham)의 책 *Making of the Indian atomic bomb* (London: Zed Books, 1998)은 전후 인도의 물리학이 '인도'를 창조한 정치적 국면에서 창발했다는 점을 다룬다.

한곳으로 끌어모을 때조차도 분리시키기 때문이다. 송이버섯 과학은 그것이 국가가 후원하는 산림관리 기관과 연결되어 있는 만큼 국립의 성격을 띤다. 산림관리(임학)는 국가의 통치를 받는 과학으로 등장했고 계속해서 국가 정부와 밀접한 관계를 유지하고 있다. 산림관리는 범세계적으로 영향을 미칠 수 있음에도 국가 단위로 실행된다. 이미 우리는 서로 다른 배치들로 향하는 길에 서 있다. 그러나 훨씬 더 기이한 상황이 존재한다. 인정받은 연구라고 하더라도 국경 밖에서는 영향력을 거의 상실하는 이유는 무엇인가? 공통적인 훈련, 국제 학술 회의, 공공 영역에서의 출판[5]이 있는데도 왜 그 간극이 이토록 큰가? 이 같은 질문에 답하려면 일본이 북미와 유럽의 상식에서 배제된 현실에서 출발해야 할 것이다. 송이버섯 과학과 산림관리는 일본에서 확고히 자리 잡았다. 다른 어떤 곳에서 봐도 이 과학은 송이버섯의 상업화와 함께 등장한 새로운 학문이다. 일본의 송이버섯 과학은 다른 곳에서 새로운 과학을 고무시킨 모체가 된 전통이라고 추측할 수도 있지만, 한국을 제외한다면 그것은 사실이 아니다.[6] 송이버섯을 수출하는 국가의 과학자들은 자신들의 고유한 송이버섯 과학을 발명하느라 바쁘다. 이것은

---

5. 저작권에 상관없이 누구나 이용하고 논의할 수 있도록 출판하는 방식. —옮긴이

6. 예를 들어 한국의 연구가 있다. Chang-Duck Koo, Dong-Hee Lee, Young-Woo Park, Young-Nam Lee, Kang-Hyun Ka, Hyun Park, Won-Chull Bak, "Ergosterol and water changes in *Tricholoma matsutake* soil colony during the mushroom fruiting season," *Mycobiology* 37, no. 1 (2009): 10–16 (아래의 링크에서 해당 논문을 열람할 수 있다—옮긴이. https://scienceon.kisti.re.kr/commons/util/originalView.do?cn=JAKO200911237158368&dbt=JAKO&koi=KISTI1.1003%2FJNL.JAKO200911237158368).

우리가 기대하도록 배운 보편적인 과학이 아니다. 송이버섯 과학의 불균형적인 발전을 추적하면 과학이 후기식민주의적 번역이라는 사실을 알게 된다.

'자연'의 비통상적인 수행이 쟁점이 되고 있다. 인간의 교란에 대한 각국의 서로 다른 반응을 살펴보자. 사토야마 연구에서 영향을 받은 일본의 과학자들은 인간의 교란이 거의 없을 때 송이버섯 숲은 위험에 처한다고 주장한다. 버려진 마을 숲은 소나무에 그늘을 드리우고, 송이버섯을 잃게 된다. 반면에 미국의 과학자들은 송이버섯 숲은 인간의 교란이 너무 많이 일어날 때 위험에 처한다고 주장한다. 무모하게 수확하므로 송이버섯 종이 사라진다는 것이다. 이러한 상반된 주장에 대한 토론은 일어나지 않는다. 다시 말해서, 두 과학자 집단은 모두 국제적으로 활동함에도 자신들의 입장에 대해 서로와 소통한 적이 거의 없다는 말이다. 게다가 일본과 미국의 과학자들은 특히 장소 선정과 규모 문제에서 서로 반대되는 연구 전략을 사용하는 경향이 있다. 따라서 각각의 연구 결과를 직접적으로 비교할 수 있는 가능성은 차단된다. 이러한 과정을 통해서 지식과 연구 활동의 분리된 패치들이 형성된다.

분기divergences가 중요하다는 점은 비통상적인 과학들이 같은 장소에 도달할 때 특히 분명해진다. 중국에서 송이버섯 과학과 산림관리는 일본의 궤도와 미국의 궤도 사이에 갇혀 있다. 중국 동북 지방의 송이버섯 숲에서 일본 과학자들은 중국 과학자들과 긴밀히 협력한다.[7] 그러나 윈난성에서는 보전과 발전을 추구하는 많은 미국인 전문가가 송이버섯 과학에 영향력을 발휘하게 되었다. 중국인 학자들은 자신들의 일이란 '국제적인' 것, 즉 영어권 과학을 따라잡는 것이라고 여긴다. 한 젊은 과학자가 설명했듯이, 젊고 야망 있는 사람들은 절대 일본어 자료를 읽지 않는데, 그 이유는 영어를 못하는 나이 든 구식 학자들이나 일본어 자료를 읽을 수 있기 때문이다. 미국식 접근법은 윈난성에서 정책을 수립하는 데 영향을 미쳤다. 즉 윈난성의 송이버섯은 야생 동식물의 국제 거래에 관한 협약CITES에서 정한 멸종위기에 처한 동식물종에 속해 있고, 통제되지 않은 채집인과 채집에 반대하는 규정이 만들어졌다.[8] 그러나 윈난성의 숲은 미국의 송이버섯 숲과 완전히 다르다. 13장에서 내가 주장했듯이, 그 숲들은 일본의 사토야마 숲과 비슷하다. 미국의 전문가들은 그러한 숲 풍경의 역동성을 알지 못한다. 그러나 나는 너무 앞서 나가고 있다. 일본과 미국의 지식 패치들이 어떻게 발전되고 그 이후 퍼져 나갔는가?

근대 송이버섯 과학은 20세기 초에 일본에서 시작됐다. 그래

---

7. 그러한 협력의 예는 다음과 같다. S. Ohga, F. J Yao, N. S. Cho, Y. Kitamoto, and Y. Li, "Effect of RNA-related compounds on fructification of Tricholoma matsutake," *Mycosystema* 23 (2004): 555–562.

8. 다음의 문헌은 법 집행이 각각의 규모에 얼마나 유연하게 적용되는지 보이기 위해서 규정들을 검토한다. Nicholas Menzies and Chun Li, "One eye on the forest, one eye on the market: Multi-tiered regulation of matsutake harvesting, conservation, and trade in north-western Yunnan Province," in *Wild product governance*, ed. Sarah Laird, Rebecca McLain, and Rachel Wynberg, 243–263 (London: Earthscan, 2008).

서 제2차 세계대전 이후 송이버섯 과학의 일인자는 교토대학의 하마다 미노루濱田稔였다.[9] 하마다 박사는 송이버섯이 기초과학과 응용과학 사이의―그리고 토착 지식과 전문 지식 사이의―주요한 교차로에 위치하기 때문에 과학을 확장시킬 수 있다는 점을 보여주었다. 송이버섯은 그 경제적 가치 덕택에 정부와 민간 부문의 지지를 받았다. 그 결과 송이버섯은 또한 거의 연구되지 않았던 이종 간 상호작용을 다루는 생물학적 연구의 궤적을 열었다. 하마다 박사는 이종 간 상호작용을 연구하기 위해 소농민의 경험을 기꺼이 들을 의향이 있었다. 예를 들어, 그는 민속 용어인 시로しろ('성城', '하양' 또는 '모판plant bed')를 송이버섯 곰팡이가 자라는 균개菌蓋를 뜻하는 용어로 사용했다. 실제로 균개는 방어가 잘 되도록 디자인된 흰색의 성장 흙판growth beds을 가리킨다. 그는 소농민의 지식에 의지해 시로에 대해 배웠는데, 그중 한 가지 예가 곰팡이 배양을 위해 그가 실행한 초기의 시도들이다.[10] 그러면서 그는 나무와 시

9. 小原弘之, 「〈講演要旨〉一九九三年度家政学学術講演―マツタケ人工増殖の系譜」, 『同志社家政』 27, 1993, 20–30쪽.

10. 시로는 일본인이 아닌 연구자들이 '개별적인' 곰팡 유기체의 수를 세기 위해 사용하는 '제넷(genet)'의 대안적인 단위다. 밀도가 높은 균개(mycelial mats)인 시로는 형태학상의 관찰을 통해 결정된다. 유전학적 개체인 제넷은 때때로 시로의 동의어로 설명된다(e.g., Jianping Xu, Tao Sha, Yanchun Li, Zhi-wei Zhao, and Zhu Yang, "Recombination and genetic differentiation among natural populations of the ectomycorrhizal mushroom *Tricholoma matsutake* from southwestern China," *Molecular Ecology* 17, no. 5 [2008]: 1238–1247 중 1245). 그러나 이 용어는 일본인 학자들의 연구에서 반박된 유전적 동질성을 암시한다(Hitoshi Murata, Akira Ohta, Akiyoshi Yamada, Maki Narimatsu, and Norihiro Futamura, "Genetic mosaics in the massive persisting rhizosphere colony 'shiro' of the ectomycorrhizal basidiomycete *Tricholoma matsutake*," *Mycorrhiza* 15 [2005]: 505–512). 기술의

로가 보여주는 이종 간 관계가 암시하는 의미를 탐구했는데, 이것은 곧 철학적 질문을 제기했다. 우리가 상리공생mutualism을 사랑의 유형으로 생각해야 할 것인가라고 그는 물었다.[11]

하마다 박사의 제자들과 그들의 제자들은 송이버섯 연구를 전파하고 더 깊이 파고들었다. 오가와 마코토는 일본 전역의 현급 산림청에서 송이버섯을 연구하는 프로그램을 시작했다. 현급의 산림 연구가들은 단순한 장비와 현장에 기반한 방법론으로 연구하면서 응용 질문을 다루었다. 그들은 토착 지식과 전문 지식 간의 대화를 활기 넘치고 생산적인 상태로 이어나갔다.[12] 이 같은 학술적 전통을 따르는 이들은 대학과 기관에 적을 두는 연구자들조차도 전문적인 학술 논문뿐 아니라 대중 서적과 현장 안내 책자를 쓸 때도 농민들을 계속 언급했다.[13] 그들이 제기하는 질문의 핵심에는 1970년대 이후 나타난 송이버섯의 감소 현상과 그러한 현상을 되돌릴 가능성이 자리한다. 한편으로 그들은 송이버섯을 실험실에서 재배하려고 노력해왔다. 다른 한편으로 그들은 송이버섯이 자라는 데 가장 도움이 되는 숲의 상태를 탐구해왔다. 그래서

정교함은 가끔 소농민 지식에 포함된 것보다 덜 생산적이다.
11. 티머시 초이와 사쓰카 시호는 하마다 박사의 연구에서 이같은 전환이 이루어지고 있는 점에 대해 썼다. "Mycorrhizal relations: A manifesto," in "A new form of collaboration in cultural anthropology: Matsutake worlds," ed. Matsutake Worlds Research Group, *American Ethnologist* 36, no. 2 (2009): 380–403.
12. 2005년, 2006년, 2007년의 인터뷰. 小川真, 『マツタケの生物学』(3장 각주 5번에 인용) 참조.
13. 예를 들어 다음 문헌을 참조하기 바란다. 伊藤武·岩瀬剛二 『マツタケ—果樹園感覚で殖やす育てる』(東京: 農山漁村文化協会, 1997).

어떤 연구자들은 일본의 사토야마 숲을 살리는 활동에 참여하게 되었다. 소나무 숲을 복원하지 않고서 송이버섯이 일본에서 번성할 수 있는 방법은 없다.

송이버섯을 사토야마의 쇠락과 연결시켜 생각하게 되면서 이 학파의 연구자들은 송이버섯이 맺는 다른 생물종과의 관계성뿐 아니라 무생물 환경과의 관계성까지 강조하게 되었다.[14] 연구자들은 송이버섯 환경에 존재하는 식물, 비탈, 흙, 빛, 박테리아, 다른 곰팡이를 조사했다. 송이버섯은 절대 자급자족적인 존재가 아니라 언제나 관계 속에 있고, 그래서 특정 장소에 존재한다. 연구자들은 송이버섯이 잘 자라도록 하려면 장소에, 그리고 소나무를 이롭게 하는 인간의 교란 체제에 주의를 기울이라고 조언한다. 방치된 숲에는 **더 많은** 교란이 필요하다. 두 명의 연구자는 이를 '과수원 방법'이라고 불렀다.[15] 송이버섯은 소나무를 이롭게 하면서 환영받는 잡초가 된다.

같은 시기에 민간 회사와 대학에 재직한 연구자들은 실험실에서 송이버섯을 재배하려고 바쁘게 노력했다. 가격이 높게 유지되는 한 정말 좋은 보상이 주어질 것이다! 스즈키 가즈오鈴木和夫는 1990년대 중반부터 10년 동안 도쿄대학에서 송이버섯 재배 환경을 연구하기 위해 실력이 출중한 연구팀을 모았다. 스즈키의 실험

---

14. 예를 들어 다음 문헌을 참조하기 바란다. Hiroyuki Ohara and Minoru Hamada, "Disappearance of bacteria from the zone of active mycorrhizas in *Tricholoma matsutake* (S. Ito et Imai) Singer," *Nature* 213, no. 5075 (1967): 528–529.

15. 伊藤武・岩瀬剛二, 『マツタケ—果樹園感覚で殖やす育てる』.

실은 외국인 박사 후 과정 연구원들을 영입하면서 일본 송이버섯 과학에 국제적인 성향을 더했다. 그의 연구는 생화학과 게놈 연구를 하기 위해 현장 기반의 방법론에서 벗어났다. 버섯을 성공적으로 재배한 결과는 아직까지 나타나지 않았다.[16] 그러나 이 과정에서 많은 통찰을 얻었는데, 특히 곰팡이와 나무의 관계에 관한 것이다. 관계는 그들의 연구에서 중심이 되었다. 한때 스즈키 박사는 다 성장한 소나무를 자신의 실험실로 가져와서 뿌리 공생을 상세히 관찰하고 측정할 수 있는 지하 우리cages를 만들기도 했다.

왜 이러한 연구가 미국에 영향을 미치지 않았는가? 송이버섯 과학에서 미국식 접근법과 일본식 접근법의 단절이 처음부터 뿌리 깊은 것은 아니었다. 송이버섯이 미국 태평양 연안 북서부에서 1980년대에 처음으로 산림관리 연구자들의 관심을 끌게 되었을 때 그들은 일본에서 행해진 연구를 살펴보면서 송이버섯을 알아보기 시작했다.[17] 센트럴워싱턴대학Central Washington University의 데이비드 호스포드David Hosford는 하마다 박사 밑에서 배운 오하라 히로유키小原弘之와 함께 연구하기 위해 일본에 갔다. 호스포드 박사

---

16. 2004년에 그 연구팀은 다 성장한 소나무 뿌리 하나에 균근 하나를 촉진시켰다(Alexis Guerin-Laguette, Norihisa Matsushita, Frédéric Lapeyrie, Katsumi Shindo, and Kazuo Suzuki, "Successful inoculation of mature pine with *Tricholoma matsutake*," *Mycorrhiza* 15 [2005]: 301–305). 직후에 스즈키 박사는 퇴직했고 연구팀은 해산했다. 그는 나중에 임학과 임산물 연구소(Forestry and Forest Products Institute)의 소장이 되었다.

17. 훨씬 이전에 진행된 일본-미국 공동 연구에 대해서는 다음을 참조하기 바란다. S. M. Zeller and K. Togashi, "The American and Japanese Matsu-takes," *Mycologia* 26 (1934): 544–558.

는 일본어 원서를 번역한 많은 과학 논문도 소장하고 있었다. 그의 연구는 미국인 동료들과 함께 쓴 비범한 저작 『상업적으로 수확된 미국 송이버섯의 생태와 관리Ecology and Management of the Commercially Harvested American Matsutake』를 탄생시켰다.[18] 이 책은 미국에서 출판된 그 어떤 책보다 일본 연구와 비슷하다. 첫 장에서 일본 송이버섯의 역사를 요약한 후, 오하라 박사가 감독을 도와 워싱턴주에서 진행된 일본식 연구로 이어진다. 이 책에는 심지어 미국의 여러 송이버섯 지역에 있는 장소 특정적인site-specific 초목 유형들에 대해서도 묘사되어 있다. 그러나 경고 또한 적혀 있다. "미국의 산림관리인들은 … 송이버섯 생산을 향상시키기 위한 일본식 방법을 다른 맥락에서 바라보는 경향이 있다. … 산림관리의 목적이 매우 다르기 때문이다."[19] 그 경고는 운명적인 것으로 판명되었다. 차후에 미국 산림청에서 진행한 어떠한 송이버섯 연구에서도 일본에서 행해진 연구를 고려할 때 호스포드를 인용하는 것 이상은 하지 않았다.

무엇이 가로막았을까? 미국 태평양 연안 북서부의 한 연구자는 일본의 연구들이 '서술적descriptive'이기 때문에 별로 유용하지 않다고 말했다. '서술적'이라는 말이 무슨 뜻인지, 그것이 왜 잘못된 것인지 알려면 미국 산림관리 연구의 문화적이고 역사적인 특정성에 집중해야 한다. 서술적이라는 말은 장소 특정적이다는 의미인데, 즉 정확히 규정될 수 없는 마주침, 그렇기 때문에 확장될 수 없는 방식에 맞춰져 있다는 뜻이다. 미국 산림관리 연구자들은 목

18. Hosford et al., *Ecology and management* (3장 각주 5번에 인용).
19. 같은 책, 50.

재용 나무의 확장 가능한 관리 방식과 양립할 수 있는 분석을 수행하라는 압박을 받고 있다. 이를 위해서는 송이버섯 연구의 범위를 목재까지 포함하는 것으로 확대해야 한다. 일본식 연구에서는 연구 장소를 고를 때 목재 중심의 격자도$_{grids}$가 아닌 곰팡이 성장의 패치를 따른다.

　미국 산림청이 후원하는 송이버섯 연구에서 중심이 된 큰 질문은 바로 이것이다. 송이버섯을 경제적 상품으로서 지속 가능하게 관리할 수 있는가?[20] 이 질문은 산림청이 목재 관리에 쏟은 노력의 역사에서 구체화된다. 그 역사에서 만약 목재가 아닌 임산물이 목재와 양립할 수 없다면 그것들은 더는 볼 수 없게 된다. 따라서 관리될 수 있는 목재용 수목의 단위인 임분이 미국 산림관리인들이 인식할 수 있는 풍경의 기본 단위다.[21] 일본 과학자들이 연구하는 곰팡이의 패치 생태학은 그러한 격자도에 기록되지 않는다.

---

20. 예외는 있다. 그리고 만약 미국 태평양 연안 북서부의 송이버섯 연구가 발전하도록 허용되었더라면 그 전통은 새로운 방향으로 폭발해나갔을지도 모른다. 연구는 1990년대에 시작되어 2006년까지만 번성했다. 그 이후에는 예산 삭감으로 연구비를 받을 기회가 없어졌고 연구자들은 다른 연구 주제로 옮겨 갔다. 목재-확장 가능성 접근법에서 벗어나는 한 가지 예외로는 태평양 연안 북서부의 송이버섯 숙주 관계에 관한 찰스 르페브르(Charles Lefevre)의 박사 논문이 있다(12장 각주 12에 인용). 그 연구는 관계적 분석이었고 일본의 연구법에 어떤 동의도 하지 않았지만, 공통적인 것들에 관심을 가졌다. 르페브르는 송이버섯 균사에 적용할 '냄새 테스트'도 발전시켰다. 일본에서 행해진 연구에서처럼 그의 연구는 비전문가들을 활용했고 그들의 지식에 힘을 실어주었다. 르페브르는 백신이 접종된 송로 나무를 판매하는 것으로 연구 주제를 바꿨다.

21. David Pilz and Randy Molina, "Commercial harvests of edible mushrooms from the forests of the Pacific Northwest United States: Issues, management, and monitoring for sustainability," *Forest Ecology and Management* 5593 (2001): 1–14.

송이버섯에 대한 미국 산림관리 연구의 범위는 이러한 상황에 부응해 조정된다. 어떤 연구들은 목재 임분과 양립할 수 있는 범위에서 송이버섯 샘플을 시도해보기 위해 임의의 트랜섹트transects[22]를 사용한다.[23] 다른 연구에서는 곰팡이 패치들이 확장될 수 있는 방식으로 모델을 만든다.[24] 이러한 연구들은 목재 관리가 합리화되는 규모에 맞춰 송이버섯이 가시화될 수 있도록 하는 모니터링 기술을 창안한다.

미국 송이버섯 연구의 주요 질문 중 하나는 채집인에 관한 것이다. 즉, 채집인은 자신들의 자원을 파괴하고 있는가? 이 질문은 미국 산림관리 역사와 그 역사의 중심에 자리 잡고 있는 다음과 같은 질문에서 파생했다. 벌목꾼이 자신들의 자원을 파괴하고 있는가? 이 같은 산림관리의 역사가 남긴 유산의 영향으로 인해 송이버섯 연구에서는 채집인의 기술을 연구할 것이 제안되었다. 벌목꾼을 평가할 때 했던 것처럼 채집인이 미치는 영향을 평가하려면 수확량을 분석해야 한다고 여겼다. 땅에 갈퀴질을 하면 미래의 버섯 생산이 줄어든다는 연구가 있다. 그래서 버섯만 조심스럽게 제

22. 과학적인 연구에서 정해진 공간 내에 존재하는 동식물 등의 수량을 측정하고 모니터링하기 위해 구분해놓은 선이나 좁은 땅. —옮긴이
23. David Pilz and Randy Molina, eds., *Managing forest ecosystems to conserve fungus diversity and sustain wild mushroom harvests* (USDA Forest Service PNW-GTR-371, 1999).
24. James Weigand, "Forest management for the North American pine mushroom (*Tricholoma magnivelare* (Peck) Redhead) in the southern Cascade range" (PhD diss., Oregon State University, 1998).

거하면 미래의 생산에 해를 끼치지 않는다는 것이다.[25] 채집인들은 반드시 올바르게 수확하도록 훈련받아야만 한다. 버섯 수확에서 다른 방식의 인간에 의한 교란—예를 들어 솎아내기, 산불 억제, 식림법植林法—의 영향은 연구되지 않았다. 과잉 수확을 걱정하는 연구자들의 머릿속에 이러한 영향을 연구할 필요성이 들어설 자리는 없다. 미국식 지속가능성은 이러한 방식이다. 즉 탐욕에 기반한 대중적 파괴를 막는 방어를 뜻한다.

일본과 달리 미국의 산림감독관들은 인간의 위험한 교란을 염려한다. 너무 적은 인간 활동이 아니라 너무 많은 인간 활동이 숲을 파괴한다는 것이다. 우연하게도 '갈퀴질'은 이 두 국가의 과학에서 모두 교란의 상징이 되었는데, 정반대의 수가數價를 가진다. 미국에서는 갈퀴질이 지하에 있는 균류의 몸체를 건드림으로써 송이버섯 숲을 파괴한다. 일본에서는 갈퀴질이 소나무를 위한 무기질 토양을 겉으로 드러냄으로써 송이버섯 숲을 생산적으로 만든다. 두 지역의 숲들은 서로 다른 도전을 하는 서로 다른 숲이다. 미국 태평양 북서부 연안 침엽수림에서 (비록 국유림을 나무 솎아내기를 하는 시민 집단들에게 개방하는 것이 대단히 좋은 일이 될 수 있을지라도) 소나무 보호 운동은 불필요하다. 그러나 이 같은 대조적인 현상은 어떤 접근법이 올바른지에 대한 논의 외의 또 다른 논쟁

25. Daniel Luoma, Joyce Eberhart, Richard Abbott, Andrew Moore, Michael Amaranthus, and David Pilz, "Effects of mushroom harvest technique on subsequent American matsutake production," *Forest Ecology and Management* 236, no. 1 (2006): 65–75.

을 야기한다. 즉 이러한 대조를 통해 기본적인 질문과 가정의 생산성이 드러난다. 범세계적인 과학은 다양한 마주침을 통해 함께 성장하거나 서로를 거부하는 연구가 형성하는 창발하는 패치들에서 만들어진다.

원난성의 이야기로 돌아가서 살펴보자. 미국식 접근법이 어떤 영향을 미쳤는지 이제 더 명확하게 보일 것이다. 중국은 송이버섯, 참나무와 소나무, 사람들 사이의 관계를 질문하는 주요 국가일 것이다. 예를 들어, 사람들은 송이버섯을 얻기 위해 어떻게 참나무-소나무 숲을 유지하는가? 이 같은 질문 대신에 연구자들은 미국 스타일의 자급자족적이고 확장 가능한 상품으로서, 그들의 설명에서는 송이버섯을 다른 생물과의 관계에 주의를 기울일 필요가 없는 존재로 상상한다. 지속가능성에 관련해 뒤따르는 질문은 관계적인 숲relational forests에 관한 것이 아니라 채집인들의 활동에 관한 것이 된다. 예를 들어, 채집인들은 그들 자신의 자원을 파괴하고 있는가? 연구자들이 마을 주민들에게 송이버섯 수확의 감소에 대해 물을 때 숲에 관한 질문은 하지 않는다. 버섯이 마치 풍경에서 홀로 자생했다는 듯이 버섯 감소에 관해 질문한다.[26] 이것은 미국식 질문, 즉 탐욕스러운 벌목꾼들로부터 수목을 구하려는 희망으로

---

26. Anthony Amend, Zhendong Fang, Cui Yi, and Will McClatchey, "Local perceptions of matsutake mushroom management in NW Yunnan, China," *Biological Conservation* 143 (2010): 165–172. 미국과 중국 연구자들 간의 이러한 협업에서는 미국의 시각에 따라 일본식 연구를 비판한다. 위의 참고문헌의 저자들은 일본 연구자들의 장소 특정성을 확장성의 결핍 때문이라고 비판한다. 예를 들어, "시간에 따른 되풀이보다 장소에 의존하는 성향은 … 임분 단위 생산성을 실증적으로 테스트하기 어렵기 [때문이다]"(167).

산림을 합리화했던 경험에서 배운 질문이다. 그러나 버섯 채집인은 벌목꾼이 아니다.[27]

미국식 사고의 틀이 중국 과학계에서 헤게모니를 갖고 있음에도, 윈난성에는 일본 송이버섯 연구를 듣고자 하는 청중이 있다. 송이버섯 수출은 일본과 연결되어 있는데, 그 이유는 버섯이 가는 곳이 일본이기 때문이다. 게다가 일본의 과학은 송이버섯의 산출을 늘리기 위해 사람들이 숲을 어떻게 관리할 수 있는지를 연구한다. 이와 대조적으로 미국인은 수확하는 사람들이 자신들의 자원을 파괴하지 못하도록 버섯 수확을 어떻게 규제해야 하는지를 탐구한다. 일본식 산림관리는 시장에 더 많은 버섯을 약속하지만 미국식 과학은 더 적은 양의 버섯을 약속한다. 윈난성의 송이버섯 사업이 일본식 패러다임을 선호할 이유가 있는 것이다. 어떤 유명한 일본인 과학자가 송이버섯 관리에 관해 쓴 글이 중국어로 번역되었을 때, 그 책의 번역자는 과학자가 아니라 윈난성의 송이버섯 비즈니스 조합이었고, 번역서가 출판된 후에도 과학자들은 그 책을 알지 못했다.[28]

이 같은 양상들을 살펴보면 2011년 9월 쿤밍에서 열린 제1회 국제 송이버섯 연구 학회를 이야기하게 된다. 윈난성 송이버섯 비

---

27. 사회적인 면을 고려하는 중국 과학자들은 어떻게 토지 보유권이 차이를 만들어낼 수 있을지를 질문하며 송이버섯 연구를 다른 방향에서 접근한다. 이러한 논의에서 송이버섯은 여전히 확장 가능한 상품이고 소득의 원천이지만, 그 소득은 다른 방식으로 분배될 수 있다(19장 참조). 일부 미국인들도 비판한다. 예시로는 다음 문헌을 참조하기 바란다. David Arora, "The houses that matsutake built," *Economic Botany* 62, no. 3 (2008): 278–290.

28. 吉村文彦, 杨慧灵 译, 『松茸促繁技术』(昆明: 云南科技出版社, 2008).

즈니스 조합은 일련의 일본 과학자와 협력해 학회를 조직했다. 또한 참석자 중에는 북한 송이버섯 과학자들과 북미 지역에 기반을 둔 마쓰타케 월드 리서치 그룹도 있었다. 의례 행사로서 진행된 첫 번째 세션만 통역가들이 통역해주었기 때문에 학회 내내 의사소통이 어려웠는데, 그 첫 번째 세션조차도 통역가들은 익숙하지 않은 내용에 관한 토론에 압도당했다. 나머지 세션들은 영어로 진행될 예정이었지만 참가자들이 그 기준을 따르기 힘들었다. 그러나 언어가 문제의 전부는 아니었다. 우리는 각자 송이버섯 연구에서 완전히 다른 생각을 가지고 있었다. 대부분의 중국인 참석자들은 중국 송이버섯을 홍보하고자 했기 때문에 문화적 가치, 새로운 가공 기술, 송이버섯을 보호하기 위해 정부가 기울이는 노력을 이야기했다. 반면에 일본인 참석자들은 재배하는 데 더 나은 잠재력을 가질지도 모르는 송이버섯의 다양한 비일본계 품종을 볼 기회에 흥분해 있었다. (그것에 반대하는 중국인들도 있었다. 그들은 자신들이 그러한 자료가 되는 것을 원치 않았다.) 북한인 참가자들은 북한에서는 금지된 국제 과학 논문 복사본을 얻고자 간청했다. 그리고 그러한 자리에서 춤을 추듯 과학과 사회에 관해 해설하는 북미계 인류학자들이 있었다.

우리에게는 서로 다른 의제들이 있었다. 그러나 우리는 논문을 발표하기 전에 이루어진 이틀 동안의 합동 현장연구에서 서로가 숲을 보는 방식을 지켜봤다. 이는 여러 종류의 행동하는 과학이 수행되는 것을 볼 수 있는 대단한 기회였다. 중국인 참여자들은 숲에 서식하는 곰팡이의 삶의 다양성, 농민과 외국인 전문가들 사이에서 새롭게 형성된 다정한 관계를 목격했다. 일본인 연구자들은 외래 곰팡이와 숙주 나무의 관계를 연구할 드문 기회를 맛보았다. 북한인 연구자들은 새로운 기술을 배우기를 간절히 원했다. 어느 누구도 이 학회가 비생산적이라고 생각하지 않았다. 우리는 듣기의 기술을 실천했다. 그것은 공동 작업의 시작으로서 차이를 인식하는 것이었다.

그곳에는 침묵도 있었다. 누가 참석하지 않았는지 생각해보자. 미국 산림청에서 실행하던 연구는 연방 정부의 지원금 삭감으로 여러 해 전부터 축소되었다. 그래서 미국의 산림감독관은 한 명도 참석하지 않았다. 여러 명의 송이버섯 연구자가 있다고 자랑하는, 가까운 거리에 있는 중국의 한 연구 기관도 참석하지 않았다. 이 학회는 중국인 사업가와 일본인 과학자들이 모인, 그 연구 기관과는 성격이 다른 집단이었다. 혼란스러운 번역과 불참자들이 있는 학회에서 간격과 패치들은 유지된다.

가끔 개인들은 패치들을 가로질러 번역하는 과정에서 차이를 만들면서 새로운 발전에 영양분을 제공한다. 위의 쿤밍 학회는 오직 한 사람의 노력 덕분에 이루어졌다. 양후이링杨慧玲은 어렸을 때 자신이 살고 있던 윈난성의 바이족白族 공동체를 연구하러 온 일본인 인류학자를 만났다. 그는 성장해 일본으로 유학 간 후 송이버섯 무역에 관여하게 되었다. 그가 일본인 과학자들과의 교류가 가능하도록 다리를 놓았기에 쿤밍 학회가 열릴 수 있었다. 그는 여러 연구 전통을 한자리에 모으면서 새로운 패치 형성을 시작하는 기회를 가졌다.

범세계적인 과학은 패치들로 이루어진다. 그리고 그것으로 더 풍요로워진다. 그러나 개인과 사건은 가끔 차이를 만든다. 버섯 포자처럼 개인과 사건은 패치 지리학의 모양을 조정하면서 예상하지 못한 장소에 싹을 틔울 수 있다.

숲을 읽다, 원난성.
상록수 참나무를
확인하는 일.
참나무는 이종 교배하는
혼종 무리를 형성하지만
어떻게든 구별은 유지된다.
이름은 수수께끼를
열 뿐이다.

17
날아다니는 포자

이 모든 것은 물론 추측이다.
— 균류학자 쉬젠핑徐建平, 송이버섯의 진화를 논의하면서

풍경과 풍경에 관한 지식은 패치에서 발전한다. 송이버섯 시로(균개)는 패치가 확산하고, 돌연변이를 만들고, 병합하고, 서로를 거부하고, 다시 죽는 과정을 모델로 삼는다. 최근에 생겨난 생태학 분야뿐 아니라 과학의 그러한 노고 및 창의적이고 생산적인 놀이는 패치에서 일어난다. 그러나 가끔 다음과 같은 질문을 할 수도 있다. 패치를 만들면서 패치를 벗어나는 것은 무엇인가? 송이버섯에는 날아다니는 포자도 있다.

숲에서도, 과학에서도 포자는 우리의 상상력이 또 다른 범세계적인 위상 구조topology에 이르게 한다. 포자는 미지의 목적지를

향해 날아가고, 유형을 교차해 교배하며, 최소한 가끔씩 새로운 유기체를 낳는다. 새로운 종류의 시작이다. 포자는 분명하게 정의하기 힘들다. 그것이 포자의 품격이다. 풍경을 생각할 때 포자는 우리를 개체군 내부에 존재하는 이질성으로 안내한다. 우리가 과학에 대해 생각해볼 때, 포자는 열린 의사소통과 과잉의 모델이 되어 사변思辨의 즐거움을 준다.

왜 포자인가?

나는 이와세 고지岩瀬剛二 덕분에 처음으로 포자를 생각하게 되었다. 우리는 사쓰카 시호, 마이클 해서웨이와 함께 교토에서 점심 식사를 하고 있었다. 녹음기는 켜져 있지 않았다. 나는 송이버섯이 이렇게 범세계적으로 존재하는 이유가 궁금했다. 어떻게 북반구에 널리 퍼지게 되었는가? 이와세 박사는 외국인에게 친절했고 그들을 이끌어줄 의향이 있었다. 그래서 그는 성층권이 곰팡이성 포자로 가득 차 있다고 내게 알려주었다. 포자는 높은 고도에서 지구 곳곳으로 날아간다. 얼마나 많은 포자가 멀리 떨어진 장소에서 싹틀 수 있도록 살아남는지는 확실하지 않다고 그는 말했다. 자외선 복사輻射가 포자를 죽이고, 대부분의 포자는 아마 몇 주밖에 안 되는 짧은 기간 동안만 살 수 있다. 그는 송이버섯 포자가 다른 대륙에서 살아남아 발아할 수 있는지 알지 못했다. 그럴 수 있다고 할지라도 해당 송이버섯 포자는 발아하는 또 다른 포자를 찾아야만 할 것이라고 그는 설명했다. 융합되지 못한 포자는 며칠 내에 죽음을 맞이할 것이다. 그럼에도 우리는 수백만 년의 시

간 동안 포자가 생물종을 널리 퍼뜨릴 수 있었을 것이라고 상상할 수 있다.[1]

성층권에는 비현실적인airy 꿈을 고무하는 무언가가 있다. 지구를 돌아다니는 포자를 상상해보자! 나의 생각은 여러 번의 누대eon[2]의 시간 동안 대륙을 가로지르며 나의 주인공의 뒤를 쫓으면서, 표류하는 포자와 함께 날아올랐다. 나는 세계 각국의 균류학자들에게 질문하면서 성층권을 가로질러 그들의 생각을 뒤쫓았다. 나는 시공간을 가로질러 생물종의 기원과 형성을 연구하는 범세계적인 사변 과학science of speculation을 발견했다. 응용 산림관리의 불연속적인 패치들과는 달리, 송이버섯의 종 형성을 연구하는 과학은 패치와 같은 모습이 아니다. 그것은 방법론에서 국제적인 합의를 이루려고 노력한다. 그 덕분에 연구 재료들, 즉 버섯 샘플과 DNA 염기서열은 국경을 넘어 유포된다. 개인, 그리고 가끔 실험실은 가설을 발전시키는데, 전문적인 지식 몇 가지, 심지어 편견이 섞이기도 한다. 그러나 여기에는 학계도 없고 패치도 없다. 이 모든 작업은 근무 외 시간에 이루어진다. 어느 누구도 누대의 시간을 넘는 버섯의 여행을 공부할 수 있도록 연구비를 지원하지 않기 때문이다. 과학자들은 사랑하는 마음 때문에, 그리고 방법론과 연구 재료가 그곳에 있기 때문에 그러한 질문들을 다루는 것이다. 아마도

---

1. 2005년 인터뷰.
2. 지구의 역사에서 지질 시대를 구분하는 가장 큰 단위이다. 46억 년의 지구 역사는 4개의 누대로 분류되는데, 명왕 누대(46억~40억 년 전), 시생 누대(40억~25억 년 전), 원생 누대(25억~5억 4천만년 전), 현생 누대(5억 4천만 년 전~현재)이다. ―옮긴이

어느 날 결과와 사변이 합쳐져서 우리를 포자처럼 그것들의 논리에 맞는 새로운 지식으로 이끌 것이라고 그들은 추론한다. 지금은 그저 사유하는 것으로도 즐거운 일일 뿐이다. 포자로 가득한 마음의 비현실적인 성층권 말이다.

유포되는 연구 재료와 방법론은 어떤 것들인가?

헤닝 크누센Henning Knudsen은 자신이 큐레이터로 있는 코펜하겐대학 식물원의 곰팡이 소장품을 내게 보여주었다.[3] 유형 샘플들이 그곳에 보관되어 있다. 각각의 마른 곰팡이를 보호하는 접힌 봉투들이 수많은 서랍 안에 들어 있다. 새로운 생물종을 명명할 때 그 이름을 붙이는 사람은 식물표본실에 샘플을 보내고, 그 샘플은 그 생물종의 '유형type'이 된다. 전 세계의 연구자들은 그 유형을 보여달라고 요청할 수 있고, 그러면 식물표본실은 오리지널 재료를 그들에게 보낸다. 식물표본실 제도는 식물을 구분하려는 북유럽의 열정과 함께 탄생했고, 그 열정이 라틴어 학명도 낳았다.[4] 이는 유럽식 정복의 한 양상이었다. 이 제도는 또한 샘플을 유포하면서 이루어지는 초국적인 의사소통의 토대를 세웠다. 전 세계의 연구자들은 식물표본첩에 수집된 유형 샘플을 통해 생물종을 알게 된다.

크누센 박사는 송이버섯이 성층권에 포자를 퍼뜨린다고 생각

---

3. 2008년 인터뷰.
4. 오늘날 쓰이는 학명의 기초는 스웨덴인 칼 폰 린네(Carl von Linné)에 의해 만들어진 것이다. —옮긴이

하지 않는다. 포자가 짝을 찾을 수 있을 것 같지 않다는 것이다. 그보다는 포자가 숲을 뒤따르며 유포되었다는 것이다. 즉, 나무와 함께 퍼져나간다는 것이다. 오랜 시간이 걸리는 일이지만, 지구 북반구에서 많은 생물종이 매우 느린 시간 동안 함께 퍼져나갔다는 것이다. 그물버섯Boletus edulis과 같은 생물종은 알래스카에서 시베리아로 북쪽을 가로질러 퍼져 나갔을 것이다. 그러나 한편으로 북반구 생물종이 가지는 동질성이라는 것은 과장된 측면이 있다. 이전에는 북반구를 가로질러서 균등하게 발견된다고 여겨진 많은 생물종이 사실은 서로 다른 생물종이라는 사실이 이제 밝혀지고 있다고 그는 말했다.[5]

단일한 범세계적 생물종의 존재를 거부하는 경향은 식물표본실 샘플을 유포한 데서 시작된 것이 아니라, 새로운 방식으로 '생물종'을 정의할 수 있도록 하는 DNA 염기서열 결정법이라는 혁명적인 신기술로부터 시작됐다. 균류학자들은 생물종 내부에 보존되는 경향이 있으나 생물종을 망라하며 변이를 보이는 특정한 DNA 염기서열, 예를 들어 DNA의 내부 전사 간격ITS[6] 영역을 조사한다. 크누센 박사와 같은 위치에 있는 학자로서 토론토에 있는 왕립온타리오박물관의 장마르크 몽칼보Jean-Marc Moncalvo 박사는 ITS 염기서열에서 5퍼센트 이상의 차이는 새로운 생물종을 뜻한다고 설명

---

5. 헤닝 크누센의 분류학과 얀 베스터홀트(Jan Vesterholt)의 분류학을 다룬 책 *Funga nordica* (Copenhagen: Nordsvamp, 2012)를 참조하기 바란다.
6. Internal Transcribed Spacer; 내부 전사 간격, 리보솜 DNA들 사이에 존재하는 간격으로, 이를 통해 종 간, 종 내 변이를 구별할 수 있다. —옮긴이

했다.[7] DNA 염기서열 결정법은 식물표본실의 연구 재료와 방법론을 거부하지 않는다. 대부분의 생물종 대조에 식물표본실 샘플을 사용한다. 그러나 여기에 새로운 연구 재료가 유포되는데, 그것은 DNA 염기서열 그 자체다. 데이터베이스 덕분에 전 세계의 과학자들이 다른 학자가 DNA 염기서열을 밝힌 DNA를 찾아보고 참고할 수 있다. DNA 염기서열 결정법의 간단한 정밀성은 과학계를 단번에 사로잡았다. 다른 대안은 없다. 이 방법은 너무 강력해서 과학자들은 이 방법을 이용해 답을 찾을 수 있는 질문을 계속 만들어 내고 있다.

물론 여전히 많은 차이가 존재한다. 1980년대까지만 해도 중국인 균류학자들은 유럽인 및 북미인 학자들과 자유롭게 의사소통을 할 수 없었다고 몽칼보 박사는 말한다. 어떤 중국인 균류학자는 그에게 재판된 책 사이에 곰팡이 샘플을 숨겨서 보냈다. 고립되어 있었던 탓에 중국의 분류 체계는 이상하다고 그는 말했다. 국제적으로 속屬을 이름 짓는(첫 번째 이름은 라틴어 이중명二重名으로 붙인다) 규칙은 없기 때문에 중국인 분류학자들은 속명에 '중국'을 덧붙였다. 예를 들면 그물버섯을 볼레투스Boletus라고 하는 대신에 시노볼레투스Sinoboletus라고 하는 식인데, 이는 외국인 동료들을 혼란스럽게 했다. 더욱이 중국 분류학자들은 생물종을 무분별하게 인정한다. 그들은 윈난성에 21종의 느타리버섯이 있다고 주장하지만, 전 세계적으로 오직 14종만이 인정된다. 그들은 작은 형태

7.   2009년 인터뷰.

학상의 차이에 너무 크게 주목한다. 그러나 국제적 훈련을 받은 젊은 과학자들이 학계를 계승하면서 그러한 경향이 바뀌고 있다고 그는 말했다.

그러한 연구 재료와 방법론이 '종류'에 관해 우리에게 말해주는 것은 무엇인가?

생물종은 항상 파악하기 힘든 개념이었고, DNA 염기서열 결정법이 정확성을 지니고 있음에도 이 개념을 다루기 쉽게 만들어주지는 못했다. 고전적으로 생물종의 경계를 긋는 기준은 쌍방의 개체들이 짝짓기했을 때 생식력이 있는 후손을 생산할 수 있는 능력 여부로 결정되었다. 그것은 말과 당나귀를 나누는 것처럼 쉽다. (이 둘은 짝짓기를 하지만 태어난 후손은 생식력이 없다.) 그러나 곰팡이는 어떤가? 몽칼보 박사는 만약 그러한 정의에 따랐을 때 두 개의 서로 다른 곰팡이 계통이 생물종이라는 것을 어떤 방법으로 알아낼 수 있을지 단계별로 내게 설명했다. 배양된 두 곰팡이에서 포자를 하나씩 발아한 다음, 그 포자들이 짝짓기하게 해 어떻게 해서든지 버섯을 생산하게 만들고 나서, 그 버섯의 포자들이 다시 짝짓기해서 버섯을 생산하게 해야 할 것이다. 지금까지 한 번도 실험실에서 성공적으로 배양된 적이 없고, 한 개의 포자만 따로 있을 때 발아하지도 않는 송이버섯과 같은 곰팡이에 이런 실험을 마음속에 품는 것이 거의 의미가 없다는 것이다. 뿐만 아니라, 몽칼보 박사는 가장 다루기 쉬운 버섯이라 할지라도 그 버섯의 생물종 경계 찾기를 연구 목표로 삼는 박사 논문에 헌신적으로 매달리는 불운한 대학원생을 상상해보라고 덧붙였다. 그 학생은 어디에 취직할 수 있을 것인가?

이 모든 것은 송이버섯이 이주해가는 장소에서 어떻게 지내는지 알기 위해서 중요하다. 20년 전에 북반구에는 아주 많은 송이버섯 종이 흩어져서 존재했고, 과학자들이 찾아내는 만큼 계속해서 더 많이 나타났다. 현재는 적은 수의 송이버섯 종만이 존재하고, 그 수는 점점 더 줄어들고 있다. 이는 멸종 때문이 아니다. 과학자들은 ITS 영역의 DNA 염기서열 결정법을 통해 그러한 종류의 송이버섯 대부분이 실제로는 단지 하나의 종류인 트리콜로마 마쓰타케일 뿐이라고 주장할 수 있게 되었다. 트리콜로마 마쓰타케는 이제 유라시아 대륙만이 아니라 북미와 중미를 포함하는 북반구 대부분의 지역에 퍼진 것으로 나타난다. 북미 태평양 연안 북서부의 송이버섯인 트리콜로마 마그니벨라레Tricholoma magnivelare만이 명확하게 구별되는 생물종으로 계속 존재한다. 심지어 이 송이버섯의 DNA상의 서명signature이 트리콜로마 마쓰타케와 매우 가까움에도 말이다.[8]

DNA 염기서열 결정법의 정확성 덕택에 그와 같은 측정과 확인이 가능할 뿐 아니라, 종류kinds를 이해하는 기본 범주라고 생각했던 생물종species에 대한 확신이 약해지고 있다. 당시 '트리콜로

---

8. 트리콜로마 칼리가툼(Tricholoma caligatum 또한 T. caligata)이라는 명칭은 여러 개의 상당히 다른 곰팡이들을 지칭하기 위해 사용되고, 그중 몇 개는 송이버섯으로 구분된다. 「프롤로그: 가을 향기」 각주 13번을 참조하기 바란다.

마 장기Tricholoma zangii[9]로 불리던, 참나무를 사랑하는 중국 송이버섯의 정체에 대한 새로운 결과가 발표되던 때, 나는 현재 일본 삼림총합연구소森林総合研究所의 이사장인 스즈키 가즈오鈴木和夫 박사를 처음 만났다. 일본에서 송이버섯은 소나무와 관계를 맺는다. 오직 잘못된 송이버섯만이 활엽수와 함께 발견된다. 송이버섯과 침엽수 사이의 연합은 이 생물종을 정의 내리는 요소 중 하나인 것처럼 보였다. 연구자들은 참나무를 사랑하는 중국 송이버섯과 배타적으로 소나무만을 사랑하는 일본 송이버섯이 밀접하게 관련된다는 사실을 보여주는 DNA 연구에 매우 놀랐다. 스즈키 박사는 도쿄대학에 있는 그의 후배 동료인 마쓰시타松下 박사를 우리와 만나는 자리에 초대해 그 소식을 직접 내게 말해주도록 했다. 마쓰시타 박사의 ITS 염기서열에 대한 연구 조사에서 참나무를 좋아하는 송이버섯과 소나무를 좋아하는 송이버섯 간에 아무런 생물종 단위의 차이가 없음이 밝혀졌다는 것이다.[10] 그러나 여러 해 동안 송이버섯을 연구한 스즈키 박사는 이러한 발견을 이야기의 전부라고 받아들이지 않았다. "그건 당신이 어떤 질문을 하느냐에 달려 있습니다"라고 그는 설명했다. 그는 생물종들 간의 명확한 경계가 아무런 의미도 가지지 않을 수 있는 생물종들의 복합체인 아밀라리아

---

9. 2005년 인터뷰.
10. 다음 문헌도 참조하기 바란다. Norihisa Matsushita, Kensuke Kikuchi, Yasumasa Sasaki, Alexis Guerin-Laguette, Frédéric Lapeyrie, Lu-Min Vaario, Marcello Intini, and Kazuo Suzuki, "Genetic relationship of *Tricholoma matsutake* and *T. nauseosum* from the northern hemisphere based on analyses of ribosomal DNA spacer regions," *Mycoscience* 46 (2005): 90–96.

썩음병균Armillaria root rot에 대해 이야기했다. 아밀라리아 썩음병균은 '세계에서 가장 큰 유기체'임을 뽐내면서 숲 전체에 퍼진다. '개체들individuals'을 구별하는 것은 어려운 일인데, 그 이유는 그러한 개체들에 곰팡이가 새로운 환경적 상황에 적응하도록 돕는 많은 유전적 서명이 포함되어 있기 때문이다.[11] 개체들조차도 매우 융합되어 있고, 매우 나이가 많고, 생식 격리reproductive isolation[12]의 경계를 두지 않으려는 경향이 강한 상태에 있을 때 생물종들은 개방적이다. "아말라리아 썩음병균은 50개의 생물종이 하나의 생물종에 있습니다"라고 그는 말했다. "그렇기에 무엇으로 생물종을 나누려는지에 따라 달리 생각할 수 있습니다."

나는 그 토론을 생생하게 기억한다. 나는 집중하려고 내 의자의 가장자리에 앉아 있었다. 문화인류학자들이 자신의 연구 단위를 계속 사용하려면 그 연구 단위를 끊임없이 의심해야만 하는 틀로 다루는 것과 똑같은 방식으로 스즈키 박사는 생물종을 다루고 있었다. 우리가 알고 있는 종류들kinds은 지식-만들기와 세계 사이의 끊어지기 쉬운 연결 지점에서 발생한다는 점을 시사한 것이다. 종류들은 우리가 새로운 방식으로 그것들을 연구하기 때문에 항상 과정 중에 있다. 이러한 점 때문에 그것들이 덜 실재하는 것이 되지는 않는다. 비록 그것들이 훨씬 더 유동적이고 더 많은 질문으

---

11. Peabody et al., "Haploid vegetative mycelia"(「인터루드: 추적하기」의 각주 22번에 인용).
12 지리적, 행동학적, 생리학적, 또는 유전적 장벽이나 차이 때문에 유사한 다른 생물종과의 사이에서 성공적으로 번식할 수 있는 능력이 없는 상태. —옮긴이

로 이끄는 것처럼 보일지라도 말이다.

　캘리포니아대학 버클리캠퍼스의 산림 병리학자 이그나시오 차펠라Ignacio Chapela는 '생물종'이라는 아이디어가 종류에 대해 우리가 할 수 있는 이야기를 제한한다는 점을 더욱 단호하게 주장했다. "생물에 이름을 붙이는 이명명법二命名法은 진기한 것이긴 하지만 그것은 완전히 가공된 것입니다"라고 그는 내게 말했다. "생물을 두 개의 단어로 정의 내리면 그것들은 하나의 전형적인 생물종이 됩니다. 곰팡이에서 우리는 생물종이 어떤 것인지 전혀 모릅니다. 하나도 모르죠. … 하나의 생물종은 잠재적으로 유전적 물질을 교환할 수 있는, 성관계를 가질 수 있는 유기체 집단입니다. 이것은 성교를 통해 번식하는 유기체에 적용됩니다. 그래서 생물 복제clone를 통해 시간이 지나면서 변화가 일어나는 식물에서부터 이미 생물종 개념에 문제가 생깁니다. … 척추동물에서 자포동물로, 산호로, 벌레로 이동하면, DNA 교환 방식과 집단 형성 방식이 우리와 매우 달라집니다. … 곰팡이나 박테리아로 가면 시스템 자체가 완전히 다릅니다. 우리의 기준으로 본다면 완전히 이상합니다. 수명이 긴 복제 생물은 갑자기 성적sexual으로 변할 수 있습니다. 큰 덩어리의 염색체 전체에 도입되는 이종 교배가 가능합니다. 완전히 새로운 것이 만들어지는 다배체화多倍體化 또는 염색체 복제도 이루어집니다. 다른 박테리아를 수용하는 것을 뜻하는 공생화symbiotization를 하기도 하는데, 다른 박테리아 전체를 자신의 일부로 만들 수 있거나 다른 박테리아의 DNA 중 일부분을 자신의 게놈으로 변환할 수 있을 때 발생합니다. 하나의 개체가 완전히 다른 어떤 것이

됩니다. 어느 지점에서 생물종을 나눌 것입니까?"[13]

차펠라 박사는 서로 다른 종류의 송이버섯을 비교하기 위해 신선한 샘플과 염기서열된 ITS 영역 DNA뿐 아니라 식물표본실 샘플도 사용했다. 그러나 그는 자신의 결과물을 고정된 생물종으로서 상상하는 것을 거부했다. "연구자는 오직 서로와의 관계 속에서만 이름 지을 수 있는 집단들을 갖기 시작합니다. 이것들을 생물종으로 부를 수는 없습니다. … 옛날 분류법에서는 '이것은 나의 이상적인 것'—완전히 플라토닉한 것—이라고 말할 것이고, 그래서 모든 것은 그 이상적인 것과 대조해 빗나간 근사치로서 비교될 것입니다. 어떤 것도 그것과 똑같지 않지만 그것들이 그 이상적인 것에 얼마나 가까운지 비교합니다. … 만약 그것이 너무 다르다면—어떤 방식으로 측정하든지 간에, 그리고 그 측정 방식이 완전히 임의적인 것이더라도—'아, 이것은 다른 생물종임이 틀림없어'라고 말합니다." 그는 잘못된 '과학적 덮개'를 피하기 위해 일본 무역에서 거래되는 모든 다양한 종류를 '송이버섯'이라고 부른다. 그러나 그의 연구에서 지역에 따라 구별되는 유전적 집단들이 발견됐다. 그는 이것이 유전적 물질들이 그러한 지역들을 가로질러 자유롭게 교환되지 않는다는 것을 의미한다고 말했다. "만약 당신이 좋은 패턴을 본다면, 좋은 분리 현상을 본다면, 그것은 그러한 집단들 사이에 교환이 많이 일어나지 않는다는 것을 알려주는 것입니다." 그러한 자료들은 지역을 가로질러서 일어나는 포자 교환이 정

13. 2009년 인터뷰.

기적으로 일어나지 않을 가능성을 보여준다.

포자들의 장거리 여행에 동의한다. 그러나 다른 가능성에 더욱 설레기 시작했다. 그렇다면 종류들kinds은 어떻게 여행하는가?

차펠라 박사는 자신의 동료 연구자 가르벨로토Matteo Garbelotto 박사와 송이버섯의 여행에 대한 어떤 이야기를 말해주었다.[14] 그는 시신세始新世에 존재했던 송이버섯의 조상이 북미 태평양 북서부 연안에서 발생했다고 주장한다. 그곳에는 활엽수를 사랑했던 조상의 영향을 받은 트리콜로마 마그니벨라레가 활엽수 및 침엽수 모두와 계속해서 관계를 맺으며 서식하고 있다. 나머지 송이버섯 집단은 침엽수에 업혀서 그 이후부터 북반구 전역에서 침엽수림을 따라다녔다. 침엽수가 레퓨지아로 후퇴했을 때 송이버섯은 특히 소나무를 따라 들어갔다. 소나무가 가는 곳마다 송이버섯도 갔다. 베링해협을 건너 이주하면서 송이버섯은 아시아를, 그리고 나서 유럽을 점령했다. 지중해가 유럽 남부와 아프리카 북부 사이의 유전자 교환을 막았다. 그래서 이 두 곳의 송이버섯 개체군은 광대한 유라시아 지역의 이동 경로에서 독립적으로 확산하며 형성된 것이다. 그동안 멕시코의 풍요로운 소나무-참나무 레퓨지아에서 온 송이버섯이 북미 남동부를 점령했다고 차펠라와 가르벨로토는 상상한다.

14. Ignacio Chapela and Matteo Garbelotto, "Phylogeography and evolution in matsutake and close allies as inferred by analysis of ITS sequences and AFLPs," *Mycologia* 96, no. 4 (2004): 730–741.

그들의 이야기는 어떤 부분에서 매우 놀라웠는데, 그 이유는 그들이 발표했을 당시 대부분의 사람들은 송이버섯을 '아시아'의 생물종 복합체로 생각했기 때문이다. 어쨌든지 일본인과 한국인만 송이버섯을 사랑했고 송이버섯을 자신들의 것이라고 생각했다. 어떻게 그것이 북미로부터 나중에 아시아로 이동한 북미의 버섯일 수 있는가? 수백만 년 전에 일어난 일이라고 할지라도 말이다. (차펠라와 가르벨로토는 트리콜로마 마그니벨라레와 다른 송이버섯이 분리된 것은 로키산맥이 등장한 2,800만 년 전에 일어난 일이라고 생각한다.) 사실 모든 사람들이 그들이 말하는 이야기에 동의하는 것은 아니다. 이것은 열린 해석을 인정하는 분야이기 때문이다. 교토균학연구소의 야마나카山中 박사는 송이버섯의 기원이 히말라야라고 주장한다.[15] 차이를 자극하면서 새로운 환경에 오래된 종류들을 강제로 몰아넣은 히말라야산맥의 등장과 함께 많은 새로운 생물종이 발생했다는 것이다. 중국 남서부에 있는 송이버섯들의 숙주 분화에 대한 증거는 차펠라와 가르벨로토의 연구가 진행되던 시기에 적어도 캘리포니아주에서는 이용 가능하지 않았다. 중국 송이버섯이 단지 침엽수뿐 아니라, 히말라야산맥에서 종 다양성이 집중적으로 나타나는 메밀잣밤나무속Castanopsis, 돌참나무속Lithocarpus, 참나무속Quercus 나무와도 관계를 맺는다는 것이 드러났다. (야마나카 박사는 북미의 트리콜로마 마그니벨라레의 주요 활엽수 숙주 나무가 유일한 비아시아계 나무인 돌참나무tanoak임을

---

15. 2006년 인터뷰. 山中勝次,「マツタケコンプレックスの起源と分化」,『日本菌学会西日本支部会報』14, 1-9(2005).

내게 상기시킨다.[16] 이것이 실마리일까?) 야마나카 박사는 침엽수 및 활엽수 모두와 관계를 맺고 있는 중국의 송이버섯 시로를 발견했다. 그는 그 지역에 있는 매우 다양한 종류의 균근의 배열에 일정 부분 기반해 히말라야 기원설을 주장한다. 다양성은 종종 장소에서 나타나는 시간의 징후다.

그러나 더 최근의 연구에서 중국 남서부의 송이버섯이 적어도 연구자들에 의해 가장 공통적으로 염기서열이 결정된 ITS 영역에서는 특별히 유전적으로 다양하지 않다는 것이 드러났다. 이 송이버섯은 진화 과정에서 나중에 등장했다고 모든 이가 동의하는 일본 송이버섯보다 다양성이 훨씬 더 떨어진다. 그러나 그렇다고 중국 남서부의 송이버섯이 더 나중에 생겨난 개체군이라는 뜻은 아니다. 캐나다의 맥매스터대학의 쉬젠핑은 중국 송이버섯이 일본보다 더 넓은 이용 가능한 공간을 뒤덮었을 뿐이라고 말한다.[17] 클론 clones은 이 '포화' 때문에 유전적 경쟁을 덜하면서 더 오래 살 수 있다고 그는 지적한다. 또한 일본에서는 산업적 오염으로 인한 스트레스가 유전적 경쟁을 낳았을 수도 있다. 중국 남서부는 훨씬 덜 산업화되어 있다. 다양성은 장소에서 단지 시간에 관한 것만은 아니다.

16. Manos et al., worried about how an American *Lithocarpus* might exist, have moved tanoak to a new genus, *Notholithocarpus*. Paul S. Manos, Charles H. Cannon, and Sang-Hun Oh, "Phylogenetic relations and taxonomic status of the paleoendemic Fagaceae of western North America: Recognition of a new genus *Notholithocarpus*," *Madrono* 55, no. 3 (2008): 181–190.
17. 2009년 인터뷰.

쉬 박사는 포자에 관한 질문으로 되돌린다. "많은 버섯 생물종이 널리 퍼졌습니다. 그것들은 기회주의적입니다. 먹이가 있는 곳이면 어디든지 생존할 수 있기 때문입니다. 분산은 대부분의 버섯 생물종에게 중요한 장애가 아닙니다." 그는 포자가 우주에서조차 여행하면서 어디에든 존재한다는 '포자' 가설을 언급한다. "우리는 어디에서든 대부분의 균류 생물종을 발견할 수 있습니다. 분산은 장애물이 아닙니다. 그것은 그러한 환경에서 그들이 생존할 수 있는지 여부의 문제입니다." 그는 "현재 어디에나 존재하는 중국인과 같습니다. 사업 기회가 있는 곳에는 어디든지 중국인을 찾을 수 있을 겁니다. 작은 마을일지라도 중국 음식점은 찾을 수 있을 것입니다"라고 농담했다. 우리는 함께 웃었다. 그는 포자가 얼마나 잘 분산되는지 이야기했다. "많은 생물종의 경우 전혀 다른 지리적 장소에 존재하는 개체군들 사이에 제한적인 유전적 차이가 존재합니다." 예를 하나 들면, 우리 입속에는 박테리아가 있는데, 도시에 사는 중산층 중국인의 입안에 있는 박테리아는 중국 농민의 입안의 박테리아와 크게 다르지만, 비슷한 음식을 먹는 북미인의 박테리아와는 같다고 그는 말한다. 중요한 것은 장소가 아니라 환경이다. 많은 곰팡이에게도 "분산은 문제가 아닙니다. 특히 인간이 등장한 이래로 그렇습니다"라며 그는 확신한다.

새로운 생각이 있다. 인간은 어떠한가?

쉬 박사가 인간의 무역과 여행이 곰팡이 포자를 분산시켰다고 생각하는 유일한 사람은 아니다. 포자 구름이 모든 곳에 존재한다는 생각에는 동의하지 않는 몽칼보 박사도 그 생각이 매우 중요하다고 여긴다. ("버섯 개체군들은 제한적이고 잘 정의되어 있습니다. 두 개의 대륙에 존재하는 동일한 형태학은 대개 유전적 거리 때문에 분리됩니다.") 그는 포자에 의한 교환이 있으나 가끔 일어나는 것이고 끊임없이 일어나지는 않는다고 주장한다. 그러나 "현재 더 많은 무역과 여행이 일어나기 때문에 교환은 이제 훨씬 더 흔한 것일지 모릅니다." 예를 들어 광대버섯Amanita muscaria은 1950년대에 뉴질랜드에 전파되었고 현재도 퍼지고 있다. 송이버섯이 인간의 교류 때문에 대서양을 건너 [북미로] 퍼졌다는 것은 의심할 여지가 없다. "이곳에는 많은 구주소나무가 있습니다. (구주소나무는 북유라시아에서 주요한 송이버섯 숙주 나무이지만 신세계에 고유한 나무는 아니다.) 캐나다인은 동전에 여전히 여왕을 새겨 넣지요? 그래서 그들은 여왕의 정원에서 온 소나무 묘목이 토착 소나무보다 우월할 것이 틀림없다고 생각합니다." 그는 어처구니없다는 듯 고개를 저었고, 심각한 일로 여기고 있었다. 아마도 송이버섯은 소나무 묘목의 뿌리에 묻어서 캐나다 동부로 이주했을 것이다. 몽칼보 박사는 인간이 아닌 다른 것에 의한 확산의 가능성을 묵살하지는 않지만, 북미 대륙 동부의 송이버섯은 유라시아의 송이버섯과 매우 유사하기 때문에 그 확산은 최근에 일어났음이 분명하다고 생각한다. 그리고 그는 나를 매우 놀라게 하는 말을 덧붙인다. 그러한 확산이 일어난 경로가 어떤 것인지 누가 알겠는가? "특히 만약 우리가 두 생물종(아메리카 대륙 서부의 트리콜로마 마그니벨라레와 범세계적인 트리콜로마 마쓰타케)이 중미 대륙, 그리고 어쩌면 애팔래치아산맥 남쪽에서 공존할 수도 있는 것을 발견한다면, 그것이 기원일지도 모릅니다. 하나(트리콜로마 마그니벨라레)는 서해안에 남았고, 다른 하나(트리콜로마 마쓰타케)는 이동했습니다. 계통 발생 연구는 이것에 대해 말해줄 수 있어야 합니다."

"이 두 생물종이 어떻게 멕시코에 올 수 있었을까요?" 내가 묻자 그는 다음과 같이 설명했다. "그곳은 빙하기 동안 남부 레퓨지아였습니다. 잘 알려진 현상입니다. 참나무와 소나무의 남쪽 경계선은 중미의 산맥입니다. 남미에는 그 나무들이 없습니다. 그리고 고도가 높은 곳에서 발견됩니다. 기온이 낮아지면 모든 것들이 남쪽으로 이동합니다. 다시 따뜻해지면 고도가 높은 지역으로 올라갑니다. 멕시코에서 해발 3,000미터인 곳이 여기의 해수면과 같습니다. 이것은 또한 뒤섞음shuffling의 일부도 설명할 수 있습니다. 개체군들은 그 지방의 레퓨지아에서 증가할 것이지만, 그것들은 태어난 곳으로 되돌아가는 연어가 아닙니다. 어떤 방식으로도 갈 이유가 없습니다. 움직이는 것은 생태계입니다. 곰팡이가 이동하는 것이 아닙니다."

움직이는 것은 생태계다. 인간이 매우 많은 다른 생물종을 의도하지 않고 이동시킨 것이 놀라운 일은 아니라는 것이다. 우리는 항상 새로운 생태계를 창조하기 때문이다. 그리고 사물을 바꾸는 것은 인간만이 아니다.

어떻게 종류들이 확산하는지를 내가 계속 질문하자, 몽칼보 박사는 "나는 오히려 그것이 어떤 경우에는 사건events일 수 있다고 생각합니다"라고 설명한다. "이 점이 많은 사람이 이해하지 못하는 것입니다. 기간이 엄청나게 깁니다. 남반구와 북반구의 지질 구조상의 분리는 1억 년 전에 일어났습니다. 그래서 우리는 남반구와 북반구에서 서로 다른 생물종을 발견합니다. 호주가 좋은 예입니다. 그래서 사람들은 '아, 생물종들이 1억 년 전에 분리되었다'고 말합니다. 그러나 그건 사실이 아닙니다. 이제 분자생물학적 자료가 있으니 우리는 대부분의 경우에 그렇지 않다는 것을 알게 되었습니다. 생물종은 고립되어 있으나 때때로 이동합니다. 그러나 그런 이동이 항상 일어나지는 않기 때문에 동질성을 가지지 않는 것입니다. 백만 년이나 천만 년에 한 번 이동이 있을 수 있습니다. 그런 이동은 어떤 것이라도 될 수 있습니다. 예를 들어 그것은 필리핀에서 시작해 적도를 지나는 쓰나미 파도일 수도 있습니다. 쓰나미는 대체로 적도를 통과하지 않지만 백만 년에 한 번은 그럴 수도 있습니다. 그리고 그 파도 꼭대기에 약간의 흙과 나무에 동물이 매달려 실려 올 수도 있습니다. 그건 바람일 수도 있습니다. 그건 어떤 것이라도 될 수 있습니다." 한때 균류학자들은 남반구와 북반구의 버섯이 1억 년 동안 고립되었다고 생각했으나 이제 DNA 염기서열은 그것이 사실일 수 없다는 것을 알려준다. 광대버섯속의 독버섯Amanita을 예로 들자면, 남반구와 북반구 중 하나에만 속하는 식으로 존재하지 않고 남반구와 북반구를 잇는 많은 집단이 존재한다. 장소에 기반해 느린 속도로 끊임없이 변이한다는 가정은 규정할 수 없는 마주침으로 볼 수 있는 이색적인 사건들에 주목하게 되면서 자리를 잃고 있다.

그렇다면 지방의 개체군들에서 어떻게 종류들이 창발하는가?

쉬 박사는 다음과 같이 설명한다. 중요한 것은 규모다. 대륙을 가로지르는 다양성과 지역적 다양성을 연구하기 위해 똑같은 도구를 사용할 수 없다. 곰팡이 DNA의 ITS 영역은 지역적 차이를 보이는 커다란 덩어리들을 공부하기에는 좋지만, 특정 지방의 개체군을 연구하기에는 쓸모가 없다. 한 집단을 다른 집단으로부터 분리하는 변이를 판단하려면 완전히 다른 DNA 집단이 필요하다. 쉬 박사는 개체군 단위의 차별화에 단일 염기 다형성SNP[18]이 유용하다는 것을 발견했다.[19] 그는 이를 위한 도구로 중국의 송이버섯 개체군들을 연구했고, 참나무를 좋아하는 송이버섯과 소나무를 좋아하는 송이버섯 사이에 유전적 차이는 거의 없지만 샘플을 얻은 지역들에서 중요한 지리적 분리가 나타난다는 점을 발견했다. 아마도 가장 중요한 것은 이러한 분리가 유성생식이 송이버섯 개체군에 중요하다는 증거를 더했다는 점이다. **포자가 다시 일어난다.**

곰팡이 세계에서 이것은 전혀 자명한 일이 아니다. 곰팡이들은 많은 메커니즘을 통해 증식하고, 발아된 포자의 교미를 통한 유성생식은 단지 그중 한 가지 방식일 뿐이다. 곰팡이 증식의 상당

18. single nucleotide polymorphisms, 단일 염기 다형성. DNA의 염기서열에서 특정 단일 부위의 염기가 차이를 보이는 일반적인 유전적 변화 혹은 변이를 말한다. —옮긴이
19. Jianping Xu, Hong Guo, and Zhu-Liang Yang, "Single nucleotide polymorphisms in the ectomycorrhizal mushroom *Tricholoma matsutake*," *Microbiology* 153 (2007): 2002–2012.

량은 클로닝cloning을 통해 이루어진다. 유명한 아밀라리아 썩음병균의 클론을 포함하는 복제 곰팡이들은 크기가 크고 나이가 매우 많다. 곰팡이는 스트레스를 받는 시기에 생산되는 무성 포자를 통해서도 증식한다. 두꺼운 벽면이 있어서 더 나은 조건이 돌아올 때 발아하기 위해 어려운 시간을 견뎌낸다. 일부 생물종에게 유성생식은 부재하거나 드물다. 그러나 송이버섯에게는 유성 포자가 중요하다는 증거가 있다. 복제된 패치들의 유전적 구성을 검토해 조사하면 그 증거가 드러난다. 송이버섯은 독립적으로 돌연변이를 하는가 아니면 유전적 물질들을 교환하는가? 예를 들어, 자유로운 포자 분산이 이루어지는 어린 숲보다는 '창시자 효과founder effect'[20]를 기대할 수 있는 더 오래된 숲에서 오히려 더 많은 유전적 다양성이 발견되는가? 송이버섯의 경우, 이 마지막 질문에 대한 답은 '그렇다'다. 즉, 포자는 균사체가 성장하는 패치들 사이에서 교환되는 것으로 보인다.[21] 그러나 풍경의 특색으로 인해 포자 교환이 막힐 수 있다. 예를 들어, 연구자들은 송이버섯 개체군들 사이의 유전적 교환을 막는 그 산등성이들을 발견했다.[22]

이것은 꽤 익숙한 정보인 것 같다. 그러나 긴장을 풀지 말자.

---

20. 큰 개체군에서 떨어져 나온 작은 크기의 개체들이 지리적인 분리와 같은 변화에 의해 서로 다른 유전적 변이를 갖게 되어 새로운 개체군이 되는 것을 말한다. —옮긴이

21. Anthony Amend, Sterling Keeley, and Matteo Garbelotto, "Forest age correlates with fine-scale spatial structure of matsutake mycorrhizas," *Mycological Research* 113 (2009): 541–551.

22. Anthony Amend, Matteo Garbelotto, Zhengdong Fang, and Sterling Keeley, "Isolation by landscape in populations of a prized edible mushroom *Tricholoma matsutake*," *Conservation Genetics* 11 (2010): 795–802.

송이버섯은 여러분의 유성생식에 대한 생각을 완전히 뒤바꿀 수 있는 이상하고 대단한 무언가다. **이번에는 또 다른 식사시간, 아니 차를 마실 때였다. 쓰쿠바**筑波**시에서 산림총합연구소의 무라타 히토시**村田仁**와 마쓰타케 월드의 일원인 리바 파이어와 함께 차를 마셨다.**[23] **나는 그것을 이해하게 됐을 때 너무 흥분해서 내 접시에 차를 잔뜩 쏟아버릴 정도였다.** 무라타 박사는 송이버섯 집단유전학을 공부했다. 송이버섯은 연구하기에 쉬운 대상이 아니기 때문에 그 과정은 매우 힘들었다. 포자가 발아되는 방법을 알아내는 것 자체가 문제였다. 포자는 다른 송이버섯의 부분들(예를 들면 버섯갓 안쪽의 버섯주름)이 있는 곳에서 발아했다. 이는 포자가 버섯이 생기게 하는 모체의 시로를 포함해, 살아 있는 시로에서, 즉 균개에서 가장 잘 발아할 수 있다는 점을 시사했다.[24] 그리고 포자가 발아했을 때 어떤 일이 일어나는가? 그의 연구가 경이로운 어떤 것을 밝힌 지점이 바로 여기다. 송이버섯의 포자는 반수체인데, 짝을 이루는 쌍이 아니라 오직 한쪽의 염색체만 있다는 뜻이다. 그렇다면 다른 반수체의 포자와 짝짓기를 해 완벽한 쌍을 이룰 것이라고 예상할 수 있다. 그리고 송이버섯 포자는 그렇게 한다. 인간의 난자와 정자도 이런 방식으로 합쳐진다. 그러나 송이버섯의 포자는 또 다른 방식으로 발아하는 것도 가능한데, 이미 염색체의 쌍을 이룬 체세포들과 결합할 수 있다. 그것을 다이몬di-mon 교배라고 부르

---

23. 2006년 인터뷰.
24. 무라타 박사에 따르면 송이버섯은 짝짓기를 제한하는 신체의 불화합성 구조가 없다. 참고: Murata et al., "Genetic mosaics" (16장 각주 10번에 인용).

는데, '둘'—곰팡이 체세포들에 존재하는 염색체 복제의 숫자—을 나타내는 접두사와 '하나'—발아하는 포자의 숫자—를 나타내는 접두사를 합한 용어다.[25] 이것은 마치 나 자신의 팔과 (복제가 아니라) 짝짓기 하기로 결정하는 것과 같다. 얼마나 퀴어한가.

시로의 후손임에도 포자는 시로에 새로운 유전적 물질을 더한다. 그 이유는 시로 자체가 모자이크 형식으로서 다수 게놈의 결합이기 때문이다. 같은 시로에서 발생했다고 해도 서로 다른 버섯들은 서로 다른 게놈을 가질 수 있다. 같은 버섯에서 생겨났더라도 서로 다른 포자는 서로 다른 게놈을 가질 수 있다. 곰팡이의 유전적 장치는 개방적이어서 새로운 물질을 더할 수 있다. 이를 통해 환경 변화에 적응하고 내부적 손상을 치유하는 능력을 가진다. 하나의 몸체에서 진화가 일어난다. 즉, 곰팡이는 다른 게놈을 지니기 위해 덜 경쟁적인 게놈을 버릴 수 있다. 다양성은 패치 내부, 바로 그곳에서 발생한다.[26]

무라타 박사는 원래 세균학자로 교육을 받았는데, 균류학자로서는 특이한 그의 배경 덕분에 이러한 질문들을 할 수 있었다고

---

25. 곰팡이 체세포에 존재하는 반수체 핵은 자실체가 만들어지기 전에는 결합하지 않을 수 있다. 그러는 동안 그 염색체의 복제가 하나씩 있는 두 개의 (또는 더 많은) 핵을 함유하는 세포들을 생산한다. '다이(di)'는 두 개의 반수체 핵이 존재하는 곰팡이 체세포를 지칭한다.

26. 이와 반대되는 시각에 대해서는 다음을 참고하기 바란다. Chunlan Lian, Maki Narimatsu, Kazuhide Nara, and Taizo Hogetsu, "*Tricholoma matsutake* in a natural *Pinus densiflora* forest: Correspondence between above-and below-ground genets, association with multiple host trees and alteration of existing ectomycorrhizal communities," *New Phytologist* 171, no. 4 (2006): 825–836.

설명한다. 대부분의 균류학자는 식물학을 전공했는데, 식물학은 한 번에 한 가지 유기체, 또는 유기체 사이 상호작용을 볼 수 있는 하나의 생태계를 연구한다. 그러나 박테리아는 너무 작아서 한 번에 한 가지를 살펴볼 수가 없고, 그것들을 패턴과 집단으로 연구한다. 그는 세균학자로서 '쿼럼 센싱quorum sensing', 즉 각각의 박테리아가 다른 박테리아의 존재를 화학적으로 감지하고, 집단 내에 존재하면서도 서로 다르게 행동할 수 있는 능력에 관해 알고 있었다. 그는 곰팡이에 대한 첫 번째 연구에서부터 바로 쿼럼 센싱을 발견했다. 곰팡이가 모자이크를 이루고 조화롭게 합심해 버섯을 형성하는데, 곰팡이 모자이크 속 각각의 세포계는 다른 세포계를 감지할 수 있다. 곰팡이를 다른 방식으로 연구하자 새로운 물체가 눈에 들어왔다. 그것은 유전적으로 다양한 곰팡이 몸체, 모자이크다.

유전적으로 다양한 포자를 가진 버섯! 모자이크형 몸체! 집단과 관련된 결과를 생성하는 화학적 감지 행위! 얼마나 이상하고도 멋진 세상인가?

나는 고민한다. 패치들, 서로 양립할 수 없는 규모들, 역사의 중요성으로 되돌아갈 시간이 아닌가? 나는 풍경에서도, 과학에서도 패치들이 등장하는 다수의 리듬, 박자로 되돌아가야 하지 않는가? 그러나 포자와 함께 날아다니고 범세계적인 과잉을 경험하는 것은 얼마나 행복한 느낌인가! 잠깐 동안 독자들은 성급한 결론들로 임시변통해야만 한다.

포자는 새로운 유전적 물질을 더하면서 송이버섯 개체군에 새로운 활기를 불어넣는다. 버섯은 많고 많은 포자를 생산하고 오직 몇 개만이 발아해 짝짓기 한다. 그러나 그 수는 버섯 개체군들을 세계적으로 퍼뜨리고 다양하게 유지하기에 충분하다. 그 다양성 중 일부는 포자를 생산했던 모체 내부에 있다. 그 어떤 '하나'의 곰팡이 몸체도 쉽게 규정할 수 없는 마주침에서 제외된 채 자급자족해 살지 않는다. 곰팡이 몸체는 나무, 다른 생물과 무생물, 그리고 다른 형태로 바뀐 곰팡이와 역사적으로 합류하는 지점에서 생겨난다.

과학자들은 진화와 송이버섯의 전파를 포함하는 열린 질문들에 대해 포자와 같은 방식으로 탐구한다. 그러한 생각들 중 대부분은 전혀 차이를 만들지 않지만, 차이를 만드는 몇 안 되는 생각이 그 분야에 새로운 활기를 불어넣는다. 범세계적인 지식은 생물과 무생물 연구 대상, 그리고 다른 형태로 바뀐 그 지식이 역사적으로 합류하는 지점에서 발전한다.

패치들은 생산적이지만 포자도 존재한다.

규정하기 힘든 삶, 교토부.
송이버섯이 번성할 수 있는
숲을 유지하는 것은
치우는, 갈퀴질하는,
그리고 숲 내부에
뚜렷하게 나타나는
생명선에 대한 긴장을
늦추지 않는 춤이다.
채집하기 역시 춤추기다.

인터루드
춤추기

채집인들에게는 송이버섯 숲을 알아차리는 그들만의 방식이 있다. 그들은 버섯의 생명선을 찾는다.[1] 이런 방식으로 숲에 존재하는 것은 춤으로 간주될 수 있다. 그들은 감각, 움직임, 방향 설정orientations을 통해 생명선을 추구한다. 이 춤은 숲 지식의 한 형태다. 그러나 보고서에는 문서화되어 있지 않다. 그리고 그런 의미에서 모든 채집인이 춤을 추지만 모든 춤이 비슷한 모습은 아니다. 각각의 춤은 이질적인 미학과 지향점을 담고 있는 공동의 역사들에 따라 각기 모양을 갖춘다. 이러한 춤을 소개하기 위해 나는 오리건주 숲으로 다시 들어간다. 먼저 나 혼자 들어간 다음, 그 후에는 일본계 미국인 노인과 함께, 그리고 나서는 두 명

---

1. 다음 문헌을 참고하기 바란다. Timothy Ingold, *Lines* (London: Routledge, 2007).

의 중년 미엔인과 함께 들어간다.

좋은 버섯을 찾기 위해서는 나의 모든 감각이 필요하다. 송이버섯 따기에는 비밀이 하나 있기 때문이다. 그 비밀은 버섯을 거의 찾지 않는 것이다. 이따금씩 온전한 버섯 하나를 발견한다. 아마도 동물이 버렸거나 너무 늙어서 벌레가 먹었던 것이다. 그러나 좋은 버섯은 땅 밑에 있다. 때로 나는 버섯을 발견하기 전에 자극적인 향을 맡는다. 그러면 나의 다른 감각이 곤두선다. 나의 눈은 어떤 채집인이 설명하듯이 '자동차 앞 유리의 와이퍼'처럼 땅을 훑는다. 때때로 나는 더 좋은 각도로 쳐다보기 위해, 또는 느끼기 위해 땅에 엎드린다.

나는 버섯이 성장한 흔적, 버섯의 활동선activity line을 찾는다. 버섯은 자라면서 땅을 조금 움직이는데, 그 움직임을 찾아야 한다. 사람들은 그것을 혹이라고 부르는데, 윤곽이 분명한 둔덕을 말하고 매우 드물게 존재한다. 그렇게 생각하기보다는 나는 가슴으로 숨을 들이마실 때와 같은 들썩거림을 느끼는 것으로 생각한다. 그 들썩거림을 버섯의 호흡으로 상상하면 쉽다. 마치 버섯의 숨이 도망간 듯이 그곳에는 갈라진 틈새가 있을지 모른다. 버섯이 그렇게 숨을 쉬지는 않는다. 하지만 이것은 공통의 삶의 형태를 춤의 기본으로 인식하는 것이다.

숲바닥에는 수많은 덩어리와 틈새가 있고, 그 대부분은 버섯과 아무런 상관이 없다. 대부분은 오래되었고, 정적이며, 생명의 움직임을 나타내지 않는다. 송이버섯 채집인은 살아 있는 것이 천천히 밀어내는 신호를 보내는 덩어리와 틈새를 찾아다닌다. 그러고 나서 땅을 느낀다. 버섯은 표층에서 몇 인치 아래에 있을 테지만, 그것의 활기를 느껴온 훌륭한 채집인은 생명선을 알고 있다.

탐사에는 열정적이면서도 고요한 리듬이 있다. 채집인들은 숲에 들어가려는 자신들의 열망을 '열병'으로 묘사한다. 때때로 그들은 갈 계획이 전혀 없었음에도 열병에 사로잡혔다고 말한다. 열병의 열기 때문에 비가 오나 눈이 오나, 그리고 어두운 밤에도 불빛을 비추며 버섯을 채집한다. 어떤 이는 다른 사람들이 버섯을 찾아버릴까봐 숲에 첫 번째로 도착하기 위해 해뜨기도 전에 일어난다. 하지만 숲에서는 어느 누구도 서둘러서는 버섯을 찾을 수 없다. 나는 계속해서 "천천히 움직이라"는 조언을 받았다. 경험이 없는 채집인은 너무 빨리 움직여서 대부분의 버섯을 지나치고 마는데, 오직 주의 깊은 관찰을 통해서만 그러한 부드러운 들썩거림을 발견한다. 그것은 침착하지만 열병을 앓는 것이고, 열정적이지만 고요하다. 채집인의 리듬은 균형을 유지하는 기민함으로 그러한 긴장을 농축시킨다.

채집인들은 또한 숲을 공부한다. 그들은 숙주 나무들의 이름을 안다. 그러나 수목 분류는 채집인이 탐색하는 지역을 결정하는 문을 열 뿐이고, 실제로 버섯을 찾는 것에는 그다지 도움이 되지 않는다. 채집인들은 나무를 올려다보면서 많은 시간을 낭비하지는 않는다. 우리의 눈길은 땅을 들썩이면서 버섯이 올라오는 아래 방향을 향해 있다. 어떤 채집인들은 흙의 모양새가 맞아 보이는 곳에 관심을 가지며 그 흙에 집중한다고 말한다. 그러나 내가 더 자세하게 알려달라고 하면 그들은 항상 곤란해한다. 아마도 내 질문에 피곤해진 듯한 어떤 채집인은 다음과 같이 설명했다. 알맞은 종류의 흙은 송이버섯이 자라는 곳에 있는 흙이다. 분류는 큰 역할을 하지 않는다. 이곳에서 담론은 한계가 있다.

채집인들은 흙의 등급보다는 생명선을 살핀다. 유의미한 것은 단지 나무만이 아니라 그 나무 주위의 공간이 말하는 이야기다. 송이버섯은 비옥하고 수분이 많은 지역에서 찾을 가능성이 없다. 대신 그곳에서는 다른 곰팡이가 자랄 것이다. 난쟁이월귤나무dwarf huckleberries가 있다면 그 땅은 아마도 매우 습할 것이다. 중장비가 지나갔다면 그건 곰팡이에게 죽음의 주술을 부렸을 것이다. 만약 동물의 똥과 그들이 지나간 흔적이 있다면 그 자리를 살펴볼 필요가 있다. 만약 바위나 통나무에 습기가 있다면 그곳 또한 좋은 장소다.

숲바닥에는 무기물보다 송이버섯에 훨씬 더 의존하는 작은 식물이 하나 있다. 캔디 케인Allotropa virgata은 꽃으로 장식된 빨간색과 하얀색 줄무늬가 난 줄기를 형성하지만 자체적으로 영양분을 만드는 엽록소를 전혀 가지고 있지 않다. 대신에 이 식물은 송이버섯이 나무에서 가져온 당분을 그것으로부터 뽑아낸다.[2] 꽃이 진 후에도 캔디 케인의 메마른 줄기를 숲에서 볼 수 있고, 그 줄기는 송이버

2. Lefevre, "Host associations" (12장 각주 12번에 인용).

섯의 존재를 알려주는 표시다. 버섯을 형성했든 아니면 지하에 곰팡이의 가느다란 줄기들의 뭉치만 존재하든지 간에 그곳엔 송이버섯이 있다.

생명선은 얽혀 있다. 캔디 케인과 송이버섯, 송이버섯과 숙주 나무, 숙주 나무와 약초, 이끼, 벌레, 흙의 박테리아, 그리고 숲의 야생동물, 들썩이는 둔덕과 버섯 채집인의 생명선이 얽혀 있다. 송이버섯 채집인들은 숲에서 생명선에 민감하다. 모든 감각을 동원해 탐색하면서 그러한 각성이 생긴다. 그것은 분류 체계의 완성이 부재하는 숲의 지식과 이해의 유형이다. 분류 대신에, 우리는 탐색하면서 생명체를 대상으로서가 아니라 주체로서 경험하며, 그러한 존재들의 활기를 느낀다.

히로는 일본계 미국인 공동체에서 원로다.[3] 현재 80대 후반인 그는 모범적인 노동자 계급의 삶을 살았다. 제2차 세계대전이 발발했을 때 히로는 부모님과 농장에서 생활하는 청년이었다. 그의 부모는 정부가 그들을 처음에는 가축 사육장으로, 그다음에는 강제 격리 수용소로 이주시켰을 때 그 농장을 잃었다. 히로는 미군에 지원했고, 백인 부대를 구출하기 위해 치른 희생으로 유명해진 니세이 442연대 전투단에서 복무했다. 그 후에 그는 중장비를 생산하는

---

3. 여기서 나의 민족지적 현재는 2008년이다. 히로는 그 후 세상을 떠났다.

단조 공장에서 일했다. 평생 그렇게 오랫동안 일한 대가로 받는 연금은 1년에 11달러다.

히로는 그러한 차별과 상실의 역사 속에서 활발한 일본계 미국인 공동체 형성을 도왔다. 그것을 가능하게 한 요소 중 하나는 동료애와 기억의 상징인 송이버섯이다. 히로한테는 송이버섯을 선물하는 것이 채집이 주는 가장 큰 즐거움 중 하나다. 작년에 그는 64명의 사람들에게 송이버섯을 주었는데, 그들은 대부분 직접 송이버섯을 찾으러 산에 오를 수 없는 노인들이었다. 송이버섯으로 나눔을 즐기는 감각이 생긴다. 그리고 버섯은 노인이 젊은이에게 줄 수 있는 선물이 된다. 그렇다면 숲에 들어가기도 전에 송이버섯은 기억을 일깨운다.

히로와 함께 차를 타고 숲을 지나가는 동안 기억은 개인적인 것이 된다. 그는 창밖을 가리키며, "저곳이 로이가 송이버섯을 따는 구역이에요. 저쪽은 헨리의 특별한 장소이고." 나중에야 나는 로이와 헨리가 모두 세상을 떠났음을 알게 되었다. 그러나 그들은 여전히 히로가 만든 숲의 지도에 살아 있어서 그가 그들의 구역을 지나갈 때마다 회상된다. 히로는 자신보다 나이 어린 사람들에게 버섯 따는 법을 가르치고, 그 기술과 함께 기억은 되살아난다.

우리가 숲 안으로 걸어 들어가면서 기억은 구체화된다. "저 나무 아래에서 한번은 버섯을 열아홉 개나 발견했어요. 나무등치의 절반에 걸쳐 한 줄로 늘어서 있는 것을 통째로 발견했죠." "저 건너편에서는 내가 지금까지 찾은 버섯 중 가장 큰 버섯을 발견했는데, 4파운드나 됐지만 아직 어린 순에 불과했죠." 그는 한때 훌륭한 버섯 나무였던 것을 폭풍이 쓰러뜨린 자리를 보여주었다. 그곳에는 더는 버섯이 나지 않을 것이다. 우리는 홍수가 겉흙을 씻어내린 곳과 채집인들이 땅을 파서 덤불의 기반을 약화시킨 곳을 보았다. 그곳들도 버섯이 잘 자라던 곳이었지만 더는 그렇지 않다.

히로는 지팡이를 짚고 걸었기 때문에 그가 여전히 쓰러진 통나무를 기어오르고, 덤불이 우거진 땅을 가로지르고, 미끄러운 협곡을 오르내릴 수 있다는 것이 대단하게 느껴진다. 그러나 히로는 숲을 답파하려고 하지 않는다. 대신에 그가 기억하는 한 곳의 버섯 구역에서 다른 구역으로 간다. 송이버섯을 찾는 최상의 방법은 이전에 찾은 곳을 둘러보는 것이다.

물론 그곳이 멀리 인적이 끊긴 곳에 있는 어떤 나무 근처의 어떤 덤불 아래라면 해마다 그 장소를 기억하는 것은 꽤 어렵다. 자신이 버섯을 찾은 모든 장소를 목록으로 만드는 일은 불가능할 것이다. 그러나 히로는 그렇게 할 필요가 없다고 설명한다. 그 장소에 도착하면 버섯을 발견할 당시의 세부적인 것들에 대한 기억이 갑자기 또렷해지면서 몰려온다. 나무가 기울어진 각도, 송진이 있는 덤불의 냄새, 빛이 비추는 모양, 흙의 질감까지 기억난다. 나는 종종 그렇게 기억이 몰려오는 것을 경험했다. 익숙하지 않은 숲으로 보이는 곳을 걷고 있는데 갑자기 바로 그곳에서 내 주위에 있는 것들이 함께 묶이면서 버섯을 찾은 기억이 나는 것이다. 그리고 나서 나는 정확하게 어느 곳을 살펴볼지 알게 된다. 여전히 버섯을 발견하기가 사람들이 상상하는 것만큼 어렵다고 할지라도 말이다.

그러한 종류의 기억은 움직임을 필요로 하고 숲에 대한 개인적으로 친밀한 역사적 지식에 영감을 준다. 히로는 어떤 길이 처음으로 대중에게 개방된 시기를 기억한다. "길가에 버섯이 너무 많아서 숲속으로 들어갈 필요가 전혀 없었어요!" 그는 특히 수확이 좋았던 해를 기억한다. "나는 오렌지 담는 상자 세 개를 채울 정도의 버섯을 발견했어요. 차가 세워진 곳까지 어떻게 옮겨야 할지 난감할 정도였어요." 이 모든 역사는 우리가 새로운 생명의 출현을 확인하는 장소들에서 나타나고 사라지면서 그 풍경에 층을 이루며 엮여 있다.

나는 이러한 기억의 춤이 갖고 있는 힘에 매료되었는데, 더는 그것을 수행할 수 없는 사람들에 대해 이야기할 때 특히 강한 인상을 받았다. 히로는 더는 숲에서 걸어 다닐 수 없는 사람들에게 버섯을 가져다준다. 버섯 선물하기는 아픈 이들과 반려자를 잃은 이들을 공공의 풍경 속으로 다시 포함시킨다. 그러나 때로 기억은 실패하고, 그렇게 되면 좋든 나쁘든 세상은 모두 버섯이 된다. 히로의 친구 헨리는 일본계 미국인 2세대로서 알츠하이머를 앓아서 요양원에서 거주하는 나이 많은 한 사람의 가슴 아픈 이야기를 한적이 있다. 헨리가 방문했을 때 그 노인은 그에게 "당신은 지난주에 이곳에 왔어야 했어. 언덕이 버섯으로 하얗게 덮여 있었어"라고 말했다. 그는 창밖으로 보이는, 송이버섯이 한 번도 자란 적이 없는 손질된 잔디밭을 가리켰다. 송이버섯 숲의 춤이 없으면 기억은 초점을 잃는다.

히로는 상업적 채집인들이 풍경을 조심히 다루지 않은 계곡으로 나를 데려갔다. 히로는 내가 아는 사람 중 가장 너그러운 사람 중 한 명이다. 그리고 그는 인종적, 문화적 범주를 넘어서 일하기를 좋아한다. 그러나 몇 시간 후, 피곤해진 그는 낙심한 어투로 반복해서 말했다. "이곳은 캄보디아인들이 망치기 전에는 좋은 장소였어요. 캄보디아인들이 망치기 전에는 좋은 장소였죠." 캄보디아인들이란 동남아시아 채집인을 그가 짧게 줄여서 가리키는 말이다. 어떤 미국인도 우리가 서로를 정형화하는 인종 프로파일링을 하며 언쟁한다는 사실에 놀라지 말아야 한다. 히로나 캄보디아인에게 손가락질하는 것은 접어두고 내가 두 명의 미엔인 채집인에게 배운 행위로 돌아가자. 내 의도는 분류상의 대조를 보이는 것이 아니라 또 다른 춤으로 여러분을 데려가는 것이다.

모에이 린과 팸 초이에게 송이버섯 채집은 생계와 휴가 둘 다에 해당한다. 1990년대 중반부터 송이버섯 시즌마다 그들은 남편들과 함께 캘리포니아주의 레딩시에서 캐스케이드산맥 중부로 왔다. 주말에는 자녀들과 손주들이 가끔 동행했다. 시즌이 끝나면 모에이 린의 남편은 월마트에서 물품 상자를 쌓는 일을 한다. 팸 초이의 남편은 스쿨버스를 운전한다. 벌이가 좋은 해에는 송이버섯 채집이 이 두 가지 직업보다 더 수입이 많다. 여전히 그들은 운동과 신선한 공기를 포함하는 다양한 이유 때문에 버섯 시즌을 고대하며 기다린다. 특히 이 여성들은 도시에 갇힌 답답함에서 해방되는 기

분을 느낀다. 미엔인 거주 구역에 위치하는 사교적인 그들의 캠핑지는 그들이 미국에서 경험한 장소 중 라오스의 고지대에 있는 마을과 가장 비슷한 곳이다. 미엔인의 버섯 캠프는 마을 생활로 활기 넘친다.

잊어버려야 하는 이유도 있는데, 내가 집에 관한 기억을 물었을 때 팸 초이가 내게 상기시킨 것과 같은 이유다. 많은 몽계 채집인이 오리건주의 숲에서 등산하면 라오스가 생각난다고 말했기 때문에 나는 미엔인의 경험도 궁금해졌다. "네, 물론이죠"라고 그는 말했다. "하지만 버섯에 대해서만 생각하고 있으면 잊을 수 있어요." 모에이 린과 팸 초이는 인도차이나에서 벌어진 미국전쟁[4]으로 인한 비극 때문에 미국에 왔다. 태국에서 수년을 보낸 후 그들은 난민으로 받아들여졌고, 온화한 날씨와 농업을 통해 얻은 부유함을 갖춘 캘리포니아주의 중부 지역으로 이주했다. 그들은 영어를 몰랐고 도시에서 직장 생활을 한 경험이 없었다. 그들은 직접 키운 작물로 음식을 만들었고 남편들은 전통적인 도구를 만들었다. 숲에서 버섯을 따 돈을 벌 수 있다는 말을 듣고 그들은 가을 수확에 합류했다.

그들에게 새로운 풍경을 개척하는 것은 한때 이동경작에 필수적이었던 오래된 기술이다. 그것은 전통 유산을 기리는 행위로서의 채집heritage picking과는 달리 많은 땅을 수색하는 상업적 버섯 채집에 유용한 기술이다. 전통 유산을 경험하려는 헤리티지 채집

---

4. 동남아시아인들은 베트남전쟁을 미국전쟁이라고 부른다. —옮긴이

인들은 버섯을 반 바구니 따면 만족하지만, 상업적 채집인들은 버섯 반 바구니로는 기름 값도 안 된다는 것을 알고 있다. 상업적 채집인들은 기억하는 몇 군데의 장소를 확인하는 것만 할 수는 없다. 그들은 생계를 유지하기 위해 더 오랫동안, 더 넓은 지역을, 더 다양한 생태계를 수색한다.

도시 출신 난민들과 달리 모에이 린과 팸 초이는 숲을 두려워하지 않으며 좀처럼 길을 잃지 않는다. 숲에 있을 때 그들은 마음이 편하기 때문에 가까운 거리에 함께 있어야 할 필요가 없다. 내가 그들과 함께 채집할 때, 남자들은 더 빨리 다니기 위해서 단독으로 수색하고 여자들은 그들 스스로의 방식으로 천천히 지나다니다가 시간이 많이 지난 후 남자들과 합류한다. "남자들은 큰 버섯을 쫓아서 달려가요. 반대로 여자들은 땅을 긁죠"라고 팸 초이가 설명한다.

팸 초이, 모에이 린과 함께 나는 땅을 긁는다. 우리가 채집하는 곳마다 다른 채집인들이 우리보다 먼저 다녀갔다. 그러나 그 사람들이 엉망으로 파놓은 것을 욕하기보다 우리는 그 자리를 탐색한다. 모에이 린은 흙이 건드려진 곳에 몸을 가까이 기대고 막대기로 그곳을 건드린다. 땅이 들썩거린 흔적을 찾을 수 없는데, 그 이유는 땅의 표면이 이미 부서졌기 때문이다. 그러나 때때로 그런 곳에 버섯이 있다! 우리는 우리보다 먼저 다녀간 수확꾼들의 흔적을 따라가며 그들이 남긴 것들을 어루만진다. 나무에 닻을 내리고 있는 송이버섯은 같은 장소에 다시 나타나기 때문에 이 방법은 놀랍게도 생산적인 전략이다. 우리는 우리보다 먼저 다녀갔지만 자신들의 활동선 흔적을 우리에게 남겨놓은 보이지 않는 채집인과 우리 자신을 나란히 맞춘다.

최소한 이 전략에서 비인간 채집인은 인간만큼 중요하다. 사슴과 엘크는 송이버섯을 매우 좋아해서 다른 버섯보다 송이버섯을 먹으려 한다. 사슴이나 엘크의 자취는 종종 우리를 패치로 이끈다. 곰은 송이버섯이 아랫부분에 숨겨져 있는 통나무를 뒤집고 주변의 땅을 파서 어지럽혀 놓는다. 그러나 사슴과 엘크처럼 곰도 절대 모든 버섯을 취하지 않는다. 최근에 동물이 파놓은 흔적은 버섯이 주변에 있다는 확실한 신호다. 동물의 삶이 남긴 이러한 흔적을 따라다니며, 그들과 함께 찾으면서, 우리는 우리의 움직임을 그들과 얽히게 하면서 나란히 맞춘다.

모든 흔적이 좋은 안내서는 아니다. 생기 있는 돌기를 발견하고 눌렀을 때 나는 얼마나 자주 그것이 그저 공기였음을 발견했던가. 그것들은 땅다람쥐나 두더지의 터널이었다. 그리고 내가 모에이린에게 캔디 케인의 안내를 따라 가느냐고 물었을 때 그는 눈살을 찌푸리고 "아니요"라고 말한다. "다른 사람들이 이미 그곳에 갔을 거예요"라고 그는 설명한다. 그것은 우리가 찾는 미묘한 얽힘의 신호라기에는 너무 뻔한 것이다.

쓰레기를 그러한 관점에서 본다는 것은 내게 정말 뜻밖의 충격이었다. 백인 등산객과 산림청은 쓰레기를 증오했다. 쓰레기는 숲을 망친다고 그들은 말한다. 그들은 동남아시아 채집인들이 쓰레기를 너무 많이 버린다고 말한다. 어떤 이들은 쓰레기 때문에 채집인들에게 숲을 개방하지 않는다고 말한다. 그러나 그러한 쓰레기는 생명선을 찾아 나서는 데 도움이 된다. 산처럼 쌓이는 백인 사냥꾼들의 맥주 캔이 아니라 숲에 흔적을 남기는 적은 양의 쓰레기가 그러하다. 구겨진 호일 조각, 버려진 인삼 강장제 병, 물에 젖은 매우 값싼 중국 상표인 중난하이中南海 담뱃갑. 그러한 것들은 동남아시아 채집인들이 지나갔다는 표식이다. 나는 그 선을 알아본다. 그 선과 나를 맞추어 정렬한다. 그 선은 내가 길을 잃지 않도록 한다. 버섯을 찾는 길에서 벗어나지 않게 한다. 쓰레기가 이끌어주는 선을 기대하는 나를 발견한다.

쓰레기가 산림청의 유일한 골칫거리는 아니다. 또 다른 근심거리는 땅을 파헤치는 것을 의미하는 '갈퀴질'이다. 갈퀴질에 반대하는 사람들은 갈퀴질이 독선적이거나 무지한 사람들의 작업이라고 설명한다. 갈퀴질하는 사람들은 다른 사람들에게 미치는 영향은 생각하지도 않고 큰 막대기로 땅을 판다. 그러나 여성 채집인들은 다른 견해를 내게 이야기한다. 갈퀴질당했다고 분류되는 교란된 땅은 가끔 많은 사람의 손을 거친 작업의 결과다. 많은 일손이 어떤 구역의 생명선들을 찾기 위해 그곳에서 작업할 때 집단적으로 생산된 길고 좁은 골이 형성될 수 있다. 갈퀴질은 종종 많은 연속적이고 얽힌 생명선들의 결과다.

모에이 린과 팸 초이가 채집 작업을 하는 땅은 그림처럼 아름답게 자라 있는 이끼와 지의류의 카펫으로 뒤덮인 히로의 특별한 계곡이 아니다. 캐스케이드산맥 동부 화산 지대의 고지대 사막에서 땅은 건조하다. 그래서 나무는 바람을 받아 휘어졌고 병약하며, 때로 가지와 잎이 듬성듬성 나 있다. 쓰러진 나무들이 땅을 어지럽

히면서 뿌리째 뽑힌 그 나무들의 밑동이 등산로를 막는다. 몰아치듯 벌어진 벌목과 산림청의 '처리' 방식은 나무 그루터기들로 이어진 숲길과 도로를 남겼고 땅을 부서뜨렸다. 채집인이 숲한테 최악의 위협 중 하나라고 주장하는 것은 이상한 것 같다. 여전히, 그들의 흔적이 그곳에 있다. 그러한 흔적이 모에이 린과 팸 초이에게는 유리한 점이다.

생명선을 뒤쫓고 그 선과 자신들의 움직임을 정렬시키면서 모에이 린과 팸 초이는 넓은 범위의 땅을 탐색한다. 우리는 동이 트기 전에 일어나서 밥을 먹고 해가 비추기 시작할 때 숲에 들어간다. 우리는 남자들이 어디에 있는지 워키토키[5]로 그들에게 연락을 취하기 전까지 네다섯 시간을 숲에서 보낸다. 그리고 언덕들의 보통의 윤곽이 낯익다고 할지라도 우리는 항상 새로운 장소를 확인한다. 그것은 익숙한 것들이 붙어 있는 숲이 아니다. 우리는 생명선을 따라다니며 새로운 영토를 정찰한다.

점심시간에 우리는 통나무에 앉아 비닐봉지에 싼 밥을 꺼낸다. 오늘 우리의 반찬은 빨간색과 초록색의 양념을 묻힌 작은 갈색 덩어리로 만들어진 잉어다. 감칠나게 풍부하고 매운맛에 나는 어떻게 만드는지 묻는다. 팸 초이는 "생선에 소금을 쳐요"라고 설명한다. 그가 더듬거리며 말한다. 그것이 전부다. 나는 물이 뚝뚝 떨어지는 소금에 절인 날생선을 손에 들고 부엌에 서 있는 나를 상상한다. 언어는 한계에 도달한다. 요리하는 요령은 쉽게 설명할 수 없는, 몸

---

5. 소형 휴대용 무선 송수신기. —옮긴이

으로 하는 공연에 있다. 분류라기보다는 춤에 더 가까운 버섯 채집도 마찬가지다. 여기서 많은 춤추는 삶과 협력하는 것은 춤이다.

내가 서술한 버섯 채집인들은 그들 자신만의 숲의 춤을 추는 공연자일 뿐 아니라 다른 이들의 삶의 공연을 보는 관찰자이기도 하다. 그들이 숲의 모든 생물에 관심을 가지지는 않는다. 사실 그들은 꽤 선택적이다. 그러나 그들이 주의를 기울이는 방식은 다른 이들의 삶의 공연을 그들 자신의 공연에 포함시키는 것이다. 교차하는 생명선은 숲에 관한 지식의 한 가지 방식을 창조하면서 그 공연을 안내한다.

협력자를 발견한다. 왼난성.
시골 장터에서
버섯을 사는 떠돌이 상인은
군중의 시선을 끈다.

4부
한창 진행 중인 상황에서

오픈티켓에서 차를 세우고 벌금을 물리는 절차에서 인종 프로파일링이 있었는지 논의하기 위해 채집인들이 산림청과 만나려고 모여 있다. 두 명의 산림청 직원이 나왔고, 그 시즌에 숲에 머물고 있는 사람 중 극히 일부인 스무 명 정도의 채집인이 나왔다. 이 모임의 운영을 맡은 크메르인이 얼굴을 찡그리면서 평을 한다. "캄보디아 사람들이 회의에 안 왔어요"라며 그가 내게만 털어놓는다. "누군가가 살해당할지도 모른다고 그들이 생각하기 때문이에요." 그는 많은 사람이 죽은 크메르루주 정권을 생각하고 있다. 그러나 우리 회의에는 다른 안건들이 있다. 회의는 생기 있는 재담으로 시작되었다. 그렇지만 곧 산림감독관 한 명이 규제에 대해 계속 웅얼거린 후, 회의는 오직 짧은 질문만 끼어들 수 있는 규칙에 대한 설명으로 악화된다. 여기서 혁명의 가능성을 보기란 어려운 일이다. 그럼에도 산림청이 채집인들과 만난다는 것 자체가 전혀 예상 밖의 일이다. 그리고 새로운 무언가가 있는데, 적어도 내게는 그렇다. 각각이 진술한 후에 우리는 크메르어, 라오어, 미엔어로 순차 통역을 듣고, 통역가를 찾기 위한 짧은 허둥거림이 있는 후에 과테말라식 스페인어 통역도 이어진다. 각 언어는 조화되지 않은 서로 다른 억양으로 귀에 들어오고 공기 중에 잊힐 수 없는 상태로 유령처럼 머무른다. 단순한 질문이나 규칙 설명조차 **매우** 긴 시간이 걸린다. 불편하지만, 나는 우리가 경청하는 법을 배우고 있다고 이해한다. 우리가 아직 토론하는 방법을 알지는 못할지라도 말이다.

채집인과 산림청이 참여하는 회의는 베벌리 브라운Beverly Brown이 남긴 유산 덕분에 열린다. 브라운은 북서부 숲의 버섯 채집인들을 포함해서, 경제적으로 불안정한 노동자들의 말을 듣기로 결정한 지치지 않는 활동가였다.[1] 브라운은 번역이라는 실천을 통해 채집인들이 화합하게 만들었다. 번역이라는 실천은 너무 쉬운 해결책으로 안주하는 것을 저지하면서, 차이의 해소 대신에 창조적인 듣기를 장려하며 차이를 용인한다. 듣기는 브라운의 정치 활동의 시작점이었다. 그의 활동은 언어가 아니라 도시와 시골 간의 간극으로 시작됐다. 그가 죽기 전에 녹음한 회고록에서 설명하듯

---

1. 브라운은 1994년 제퍼슨교육연구센터(Jefferson Center for Education and Research)를 설립했고, 그 센터는 2005년 그가 죽은 후 문을 닫았다. 브라운이 길을 연 후, 다른 단체들이 버섯 채집인을 조직하는 일을 맡았는데, 그중에는 문화와생태연구소(Institute for Culture and Ecology), 시에라공동체와환경연구소(Sierra Institute for Community and Environment), 산림노동자연합(Alliance of Forest Workers and Harvesters) 등이 있다. 그 프로젝트는 채집인들 중 '버섯 모니터 요원'을 뽑아 고용했다. 버섯 모니터 요원이 하는 일은 채집인에게 필요한 것을 알아내고, 그들이 형성하는 지식을 이용해 작업하며, 역량 증진(empowerment) 프로그램 디자인을 돕는 것이다. 활동비를 받지 않게 되었을 때도 어떤 요원들은 자원봉사자로 계속 일했다. 많은 사람과 기관의 노력으로 그 프로젝트가 실행되었다.

이, 브라운은 도시의 엘리트 계층이 결코 시골 사람들에게 귀 기울이지 않는다는 사실을 인지하면서 자랐고, 그것에 대해 무언가를 할 것을 다짐했다.[2] 그는 권리를 박탈당한 벌목꾼들과 다른 시골 백인들의 말을 경청하기 시작했다.[3] 그러나 그렇게 한 덕분에 그는 버섯, 산딸기, 꽃 장식 식물을 채집하는 상업적 채집인들에게 소개됐다. 그 사람들은 벌목꾼보다 더 다양했다. 그의 활동은 더 큰 격차를 뛰어넘어 이루어지는 듣기를 계획하면서 훨씬 더 야심적인 프로젝트로 성장했다.

브라운이 정치적 듣기를 추구한 사실을 알게 되면서 나는 우리가 염원하는 것들에 방해가 되는 것을 뛰어넘어 생각하는 방식에 고무되었다. 발전이 없다면 무엇이 투쟁인가? 권리를 박탈당한 자들은 우리 모두가 진보를 공유할 수 있는 한 공통의 목표를 가졌다. 투쟁을 통해 더 나은 어떤 곳으로 이동하리라는 자신감을 우리에게 심어준 것은 끈질기게 전진하는 성향이 있는 계급과 같은 정치적 범주들이 제시하는 확정성determinacy이었다. 이제는 어떠한가? 브라운의 정치적 듣기가 이 점을 다루고 있다. 브라운의 정치적 듣기가 제안하는 바에 따르면, 어떤 모임이라도 이제 시작 단계인 많은 정치적 미래를 담고 있으며, 정치 활동은 정치적 미래 중 일부가 지금 생성하는 데 도움이 되는 작업으로 구성된다. 불확

---

2. Peter Kardas and Sarah Loose, eds., *The making of a popular educator: The journey of Beverly A. Brown* (Portland, OR: Bridgetown Printing, 2010).
3. Beverly Brown, *In timber country: Working people's stories of environmental conflict and urban flight* (Philadelphia: Temple University Press, 1995).

정성은 역사의 끝이 아니라 오히려 많은 시작이 잠복해 있는 교점이다. 정치적으로 듣는 행위는 아직 분명하게 표현되지 않은 공통의 의제들이 남긴 흔적을 발견하는 것이다.

그러나 우리가 이런 식으로 인식하는 행위를 공식 회의에서 끄집어내 일상생활로 끌어들일 때는 더 많은 도전을 해야 한다. 예를 들어, 어떻게 우리는 다른 생명체들과 공통의 대의를 수립할 것인가? 더는 듣기만으로 충분하지 않고 다른 유형의 각성이 동원되어야 할 것이다. 그리고 얼마나 거대한 차이들이 기다리고 있는가! 브라운이 한 것처럼, 나는 좋은 의도라는 이유로 차이를 종이로 덮어 가려버리는 방식을 거부하면서 차이를 인정할 것이다. 그럼에도 우리는 인간의 정치에서 배웠던 것처럼 전문적인 대변인에게 의존할 수는 없다. 잠재적인 협력자를 알아차리기 위해 우리에게는 많은 종류의 각성이 필요하다. 설상가상으로 우리가 감지하는 공통적인 의제에 대한 힌트는 아직 개발되지 않았고, 약하고, 얼룩져 있고, 불안정하다. 기껏해야 우리는 가장 수명이 짧은, 희미하게 깜박이는 빛을 찾고 있다. 그러나 불확정성과 함께 살아가는 우리에게 그러한 희미한 빛은 정치적인 것이다.

다가오는 여러 번의 다양한 가뭄과 겨울에 직면해 최종적으로 급증하고 있는 버섯의 이러한 마지막 쏟아짐 현상에서 나는 제도화된 소외의 한가운데에 존재하는 얽힘의 일시적 순간들을 찾아본다. 그러한 곳들이 협력자를 찾을 장소다. 어떤 사람은 그러한 장소를 잠복해 있는 공유지latent commons로 생각할 수도 있다. 그 장소들은 두 가지 의미로 잠복해 있다. 첫째, 어디에나 존재하고 있음에도 우리는 그곳을 거의 알아차리지 못한다. 그리고 둘째로는 그곳이 미개발되었다는 점이다. 그곳은 현실화되지 않은 가능성으로 들끓는다. 그곳은 찾기 힘들기 때문이다. 그곳은 브라운의 정치적 듣기에서 그리고 연관된 알아차림의 기술에서 우리가 듣게 되는 것들이다. 그곳은 공유지 개념을 확대하라고 요구한다. 그래서 나는 그곳을 다음과 같이 부정문으로 특징짓는다.

잠복해 있는 공유지는 인간 집단 거주지에만 제한되어 있는 것이 아니다. 공유지를 다른 존재들에게 개방하면 모든 것이 바뀐다. 유해 동물과 질병을 포함하게 되면 우리는 조화를 희망할 수 없다. 사자는 양과 함께 앉아 있지 않을 것이기 때문이다. 그리고 유기체들은 서로를 먹기만 하지는 않고 서로 달라지는 생태계도 만든다. 잠복해 있는 공유지는 이 혼란의 게임에서 발견되는 그러한 상호적이고 비대립적인 얽힘이다.

잠복해 있는 공유지가 모든 이에게 좋은 것은 아니다. 협력이 이루어지는 모든 경우마다 어떤 이들에게는 기회를 주고 다른 이들은 배제시킨다. 어떤 협력에서는 하나의 생물종 전체가 밀려난다. 우리가 할 수 있는 최선은 '충분히 좋은' 세상을 목표로 하는 것이다. 그런데 그런 세상에서 '충분히 좋은' 것은 항상 불완전하고 수정된다.

잠복해 있는 공유지는 잘 제도화되기 어렵다. 공유지를 정책으로 전환시키려는 시도는 칭찬받아야 할 정도로 용감한 일이지만, 잠복해 있는 공유지의 활기는 그러한 시도로 포획되지 않는다. 잠복해 있는 공유지는 법의 간극에서 움직인다. 위반, 감염, 부주의, 침범에 의해 촉진되기 때문이다.

잠복해 있는 공유지는 우리를 구원하지 못한다. 일부 급진적인 사상가들은 진보가 우리를 구원하는 유토피아적인 공유지로 이끌 것이라고 희망한다. 그와 반대로, 잠복해 있는 공유지는 문제로 에워싸인 지금 여기에 있다. 그리고 인간들은 그것을 절대로 완벽하게 통제하지 못한다.

이러한 부정적인 특성을 놓고 볼 때, 기본 원칙을 확고히 하거나 최상의 경우를 발생시키는 자연법을 찾는 것은 아무런 의미가 없다. 대신에 나는 알아차림의 기술을 실천한다. 나는 보물들을—각각의 보물은 독특하고, 최소한 그와 똑같은 형태로는 다시 찾아질 것 같지 않다—찾으면서 이미 존재하는, 만들어지는 과정에 있는 세상의 엉망인 상태를 구석구석 뒤지고 있다.

협력자를 발견하다, 교토부.
소나무에 이롭게 하려고
사토야마에서 활엽수의
뿌리를 없앤다. 봉사자들은
송이버섯이 좋아할지 모르는
숲을 만들기 위해
일한다—그리고
버섯이 합류하기를
희망한다.

18
송이버섯 운동가: 곰팡이의 활동을 기다리며

"가자." "우린 그럴 수 없어." "왜?" "우리는 고도를 기다리
는 중이야."
— 사뮈엘 베케트Samuel Beckett, 『고도를 기다리며』

삶에 대한 만족감은 인간이 사토야마에 개입하는 일이
필수적이라는 사실에서 온다. 그렇지만 그러한 인간의
개입은 자연의 연속적 물리력과 균형을 맞춰야만 한다.
— 구라모토 노보루倉本宣, 「시민에 의한 사토야마 풍경
    보전」

인간은 송이버섯을 통제할 수 없다. 따라서 버섯
이 나타나는지 보려고 기다리는 것은 실존적인 문제다. 버섯은 우
리가 인간 너머의 자연적 과정에 의존하고 있다는 사실을 상기시

킨다. 다시 말해 우리는 어떤 것도, 우리가 부러뜨린 것조차도, 우리 스스로 고칠 수 없다는 것이다. 그렇다고 아무것도 하지 못하고 마비되어 있기를 강요할 필요는 없다. 어떤 일본인 봉사자들은 어떤 일이 일어나는지 보고자 기다리면서 자신들을 유용할 것 같은 풍경 교란의 일부분이 되게 한다. 그들은 실제로 자신들이 공유지를 **만들 수** 없다는 것을 알지만, 자신들의 활동이 잠복해 있는 공유지, 달리 말하면 공유된 집회shared assembly를 분출하도록 자극할 수 있기를 희망한다.

사쓰카 시호는 다종의 모임에서, 그리고 그들 자신들에게서 변화를 자극하는 한 방법으로 풍경을 교란하는 집단들을 내게 소개해주었다. 교토의 마쓰타케 크루세이더스Matsutake Crusaders[1]가 그중 하나다. 크루세이더스는 좌우명이 있다. "우리 모두가 **스키야키**를 먹을 수 있도록 숲을 회생하자." 송이버섯과 함께 끓이면 가장 맛있는 이 요리는 고기와 채소로 된 전골 요리인데, 숲 회생에서 뿜어져 나오는 감각적인 즐거움을 떠오르게 한다. 그러나 송이버섯이 그의 생전에 나타나지 않을지도 모른다고 한 크루세이더가 내게 인정했다. 그가 할 수 있는 최선은 숲을 교란하는 것이다. 그리고 송이버섯이 나타나기를 희망하는 것이다.

어째서 그 풍경에서 작업하는 일이 새로운 가능성의 감각을 일깨울 수도 있는 것인가? 어떻게 그렇게 하는 것이 생태계뿐 아니라 봉사자들 역시 변화시킬 수도 있는 것인가? 이 장은 산림 회생

---

1. '송이버섯 운동가'라는 뜻. ―옮긴이

집단들의 이야기다. 그들은 소규모의 교란이 사람과 숲 모두를 소외 상태에서 끌어낼 수 있다고 희망하면서 균근의 방식인 상리공생의 변형이 아직 일어날 가능성이 있는 서로 겹치는 생활 방식의 세계를 구축하려고 한다.

6월 어느 화창한 토요일, 나와 사쓰카 시호는 마쓰타케 크루세이더스가 어떻게 숲을 교란하는지 보러 갔다. 스무 명이 넘는 봉사자들이 일하러 나왔다. 우리가 도착했을 때 이미 그들은 산비탈로 흩어져 한때 소나무 비탈이었던 곳에 침입한 활엽수의 뿌리를 파헤치고 있었다. 그들은 밧줄과 도르래를 산비탈 아래로 묶어 내려보냈고, 그 비탈 밑부분의 흙더미로 뿌리와 부엽토가 담긴 커다란 가방들을 내려 보냈다. 그들은 그것마저 없었다면 산비탈이 텅 비었을, 외로운 생존자인 소나무만 남겨두었다. 나의 첫 번째 반응은 혼란이었다. 나는 숲이 재생되기보다는 사라지는 것을 보았다.

이 집단의 리더인 요시무라 박사는 친절하게 설명해주었다. 그는 소농민에게 버려진 후 산비탈에서 성장한, 뒤얽혀 있는 상록수로 이루어진 활엽수 덤불을 내게 보여주었다. 덤불이 매우 빽빽해서 그 사이로 손을 넣을 수조차 없었다. 어두운 그늘에서는 어떤 하층 식생도 자랄 수 없었다. 빛을 좋아하는 생물종은 죽었고 하층 식생이 결핍되면서 경사지가 취약해졌다. 농민들이 그 산비탈을 보살폈던 때는 한순간도 그곳에서 심각한 침식이 일어나지 않았다고 요시무라 박사는 말했다. 산비탈의 아랫부분에 위치한 길은 그 지역의 기록에 따르면 몇 세기 동안 그대로였다. 이제는 빽빽하고

교란되지 않은, 단순화된 구조의 숲이 되어 흙을 위협했다.[2]

반대로, 요시무라 박사는 크루세이더스가 작업을 마친 비탈의 측면을 내게 보여주었다. 소나무가 산비탈을 푸르게 뒤덮었고 봄꽃과 야생식물이 스스로 자라고 있었다. 이 집단은 그 숲의 활용성을 증진시키고 있었다. 그들은 숯을 만들기 위해 가마를 지었고, 일본 소년들이 채집하기 좋아하는 딱정벌레를 번식시키기 위해 퇴비 더미를 만들었다. 그들이 제거한 부엽토 거름을 뿌려 비옥해진 과실수와 채소밭이 있었고, 다른 많은 프로젝트를 실행하기 위한 계획을 세웠다.

봉사자 중 많은 이가 퇴직한 사람이었지만, 주말 휴식을 기꺼이 포기하려는 학생, 주부와 직장인도 있었다. 어떤 이들은 개인 산림지를 소유했고 자신들이 소유하는 소나무를 관리하는 방법을 배웠다. 어떤 이가 아름다워서 여러 번 상을 받은, 그가 가꾼 사토야마 숲의 사진을 보여주었다. 봄이 되면 그의 산비탈은 야생 벚꽃과 진달래로 수놓인다. 그는 송이버섯이 나타나지 않더라도 이 재건된 숲에 참여하는 것이 행복하다고 설명했다. 크루세이더스는 완성된 정원을 목표로 하지 않는다. 그들은 전통적인 규모의 교란 가능성으로 자신들을 배열하는, 여전히 창발적인 숲을 이루기 위해 일한다. 사토야마는 크루세이더스 회원들이 맺는 관계도 포함해 인간 너머의 사회적 관계가 번창할 기회가 있는 구역이 된다.

점심시간에 봉사자들은 소개와 농담, 기념 식사를 하려고 모

2. 따라서 침식으로부터 산비탈을 보호하려는 요시무라 박사의 관심은 3부의 첫 부분에서 설명했던, 침식을 통해 광물질 토양을 노출시키려는 가토 씨의 시도와 대조된다.

였다. 그들은 점심 식사를 준비했는데, 흐르는 소면 요리인 '시냇가에 있는 국수'[3]였다. 대나무 수로가 만들어졌고, 나는 흘러가는 국수를 건지기 위해 줄을 섰다. 모두가 숲을 살리면서 재미있는 시간을 보냈고, 배운 것이 있었다.

버려진 숲 살리기라고? 내가 앞에서 제안했듯이, 미국인의 감수성으로 생각할 때 '버려진 숲'은 이미 모순어법이다. 숲은 인간의 개입 없이 번창한다고 생각하기 때문이다. 농부들이 서부로 이주한 후에 녹지화된 뉴잉글랜드는 그 지역의 자랑이다. 버려진 땅은 숲으로 바뀐다. 유기된 숲은 그 공간을 되찾을 자유를 갖는다. 일본에 무슨 일이 있었기에 사람들은 유기를 숲의 생기와 다양성을 잃게 하는 것으로 보게 되었을까? 다음의 여러 역사들이 뒤얽힌다. 산림 대체, 산림 방치, 산림 질병, 인간의 불만. 나는 그것들을 각각 살펴볼 것이다.

제2차 세계대전 이후 미국 점령군은 토지 보유를 줄였고, 이는 메이지 유신 이래로 줄어들고 있던 공공 산림을 더욱 사유화했다. 1951년, 목재를 확장성 있게 만드는 제재소 산업의 표준화를 의미하는 국유림 계획이 시작됐다. 새로운 길이 닦이면서 더 많은 수확이 가능해졌다. 일본 경제가 활기를 띠면서 건축업은 당장 이용할 확장성 있는 나무를 더 많이 요구했다. 15장에서 그 결과를 논의했다. 개벌이 도입됐고, 벌채된 땅이 다시 숲으로 자라나도록 허용되지 않았다. 1960년대 초가 되자 일본 중부의 한때 소농

---

3. 일본 요리인 나가시소멘이다. ―옮긴이

민 숲이었던 곳들은 스기와 히노키 나무 플랜테이션 농장으로 변했다. 플랜테이션 농장이 우세해지면서 사람들은 숲으로부터 소외감을 느끼게 됐고, 사토야마 집단들은 이 소외감에 반응했다.

개발업자들은 번창하는 도시의 변두리에서 남아 있는 소농민 풍경을 살펴보았고, 그곳들을 교외 복합공간이나 골프장으로 만들었다. 어떤 사토야마 보전 집단들은 개발업자들에 반대하는 투쟁을 하면서 성장했다. 아이러니하게도 그와 같은 열정적인 봉사자 중 일부는 시골 생활을 포기하고 도시로 올라온 이주민의 자녀들이었다. 시골 풍경 재생의 모델로 조부모의 마을을 떠올리는 사토야마의 옹호자들이 바로 그들이다.

시골에서도 변화가 일어났는데, 숲에 어떤 일이 일어났는지에 대한 두 번째 이야기가 바로 그것이다. 1950년대와 1960년대에 일본은 급격히 도시화되었다. 농민들은 시골을 떠났고, 한때 소농민의 생계를 이어준 시골 지역은 방치와 유기의 공간이 되었다. 시골에 남은 사람들에게는 사토야마 숲을 유지할 이유가 점점 줄어들었다. 일본의 갑작스러운 '연료 혁명'으로 외딴 시골의 농민들도 1950년대 말부터는 난방, 요리, 트랙터 운전에 화석연료를 사용하게 되었다. 장작과 숯은 버려졌다. (숯은 다도 같은 전통적인 관례에 사용할 용도로 보관됐다.) 이리하여 소농민 숲이 가장 중요하게 사용되던 방식은 사라졌다. 코피싱은 장작과 숯 사용이 급격히 감소됨에 따라 중단됐다. 풋거름을 모으기 위해 하던 갈퀴질은 화석연료 성분의 비료가 도입되면서 사라졌다. 초지草地 유지와 지붕을 이는 재료인 짚을 얻기 위한 벌초 또한 초가지붕이 없어지면서 사라졌다. 방치된 숲들은 바뀌어서 관목과 새롭게 형성된 상록수 활엽수로 빽빽해졌다. 죽순대와 같은 교란종이 밀려들었다. 빛을 좋아하는 약초들의 하층 식생이 사라졌다. 소나무는 그늘에 가려 숨막혀 죽었다.

농민 활동가 고토 고키키後藤克己는 자신의 회고록에서 이러한 상황을 설명한다.[4]

이시무시로石室의 마을 주민들이 빈번하게 사용하던 산림지, 또는 우리가 사토야마라고 부르는 곳은 우리가 등에 60킬로그램 무게의 보따리를 메고 걸어서 아침에 두 번, 오후에 두 번, 하루 총 네 번 왕복할 수 있었을 정도로 가깝다. 만약 숲속으로 좀 더 멀리 걸어 들어갔다면 우리는 생나무 꾸러미를 집까지 짊어지고 가기에는 너무 힘들다고 느꼈을 것이다. 그래서 우리는 그 나무들을 숯으로 만들어야 했다. … 이시무시로에 대략 천 헥타르의 이리아이 [공유] 산림지가 있는데, 사토야마 산림지의 대부분을 포함한다. 이리아이 산림지는 이시무시로 공유림 협회에 속하는 90가구가 공동으로 사용한다. …

현금을 벌 방법이 거의 없었던 옛날에는 이리아이 권리를 갖는 것이 이곳에서 살기 위해서 마을 주민들에게 필수적인 일이었다.

---

4. Kokiki Goto(모토코 시마가미島上 宗子가 편집하고, 주석을 달고, 서문을 썼다), "*Iriai forests have sustained the livelihood and autonomy of villagers*": Experience of commons in Ishimushiro hamlet in northeastern Japan," working paper no. 30, Afrasian Center for Peace and Development Studies, Ryukoku University, 2007, 2-4.

우리는 삶에 필요한 대부분의 것을 구하기 위해서 작은 마을 주변의 산림지에 의존했다. 이리아이 숲에서 연료로 쓰기 위해 장작과 불쏘시개를 모을 권리나 사료를 수확할 권리가 없는 사람들은 그 마을에서 살아남을 수 없었다. …

매우 작은 면적의 산림지를 소유하는 우리와 같은 분가[5]는 장작, 불쏘시개, 다른 생필품들을 얻기 위해 마을의 이리아이 산림지가 꼭 필요했다. 1950년대 어떤 시기에는 산업화의 물결이 점점 빠른 속도로 작은 마을의 생활 방식을 바꾸면서 이시무시로에 영향을 미치기 시작했다. 마을 주민들은 등유와 전기를 사용하기 시작했고, 초가지붕을 아연을 입힌 철판으로 교체하기 시작했고, 따라서 장작, 불쏘시개와 여물과 짚이 갈수록 불필요하게 되었다. 결과적으로 많은 사람이 드문 경우를 제외하고는 사토야마에 들어가지 않게 되었다. … 버섯 사냥은 오늘날 경제적으로 성공할 수 있는 유일한 활동이다. 이리아이 숲의 축복이 공동체에 많은 것을 의미했던 시대와는 상황이 급격히 달라졌다.

그는 이야기의 후반부에서 그와 다른 사람들이 마을 풍경을 회생시키려 한 노력에 대해 이야기한다. 그는 수로를 정화하고 숲을 개방하려는 집단적 노력을 설명한다. "사람들이 '옛날이 더 좋았다'라고 말할 때 그들은 많은 사람들과 함께 일하면서 느꼈던 기쁨을

---

5. 한 가족의 장남이 아닌 아들들이 결혼 후 분가하여 이룬 가정으로, 부모님을 모시고 살며 대를 잇는 장남보다 유산으로 물려받은 부동산을 포함하는 자산이 훨씬 적은 것이 보통이다. —옮긴이

머릿속에 떠올리고 있는 것이라고 나는 믿어요. 우리는 그 기쁨을 잃었습니다."[6]

농민들뿐 아니라 소나무도 더는 번창하지 않았다. 11장에서 설명했듯이 소나무재선충은 일본 중부의 소나무 대부분을 죽였다. 그 이유 중 하나는 사토야마의 방치와 유기가 소나무에게 스트레스를 주었기 때문이다. 방치된 사토야마 숲을 걸으면서 볼 수 있는 것은 죽었거나 죽어가는 소나무뿐이다.

그렇게 죽어가는 소나무 때문에 송이버섯 수확도 불행한 운명을 맞았다. 숙주 나무가 없으면 송이버섯은 생존할 수 없기 때문이다. 사실 일본의 소나무 숲이 소실되었음을 가장 명백하게 보여주는 것이 송이버섯의 감소에 대한 기록이다. 20세기 초반에 사토야마 숲은 많은 송이버섯을 생산했다. 시골 사람들은 송이버섯을 대수롭지 않게 여겼다. 송이버섯은 계절을 상징하는 음식 가운데 야생의 봄 음식을 보완하는, 여러 종류의 채집된 가을 음식 중 하나일 뿐이었다. 1970년대에 송이버섯이 부족해지고 비싸진 다음에야 사람들은 크게 호들갑 떨기 시작했다. 버섯의 감소폭은 컸고 갑작스러웠다. 소나무들이 죽어가고 있었다. 1980년대에 일본의 경제가 지속적으로 호황을 맞으면서 일본 송이버섯은 진귀하고도 매우 가치 있는 것이 되었다.

수입 송이버섯이 시장에 밀려 들어왔고 1990년대를 거치면서 수입 버섯조차도 깜짝 놀랄 만큼 비싸졌다. 자신의 국에 담긴 값비

6. 같은 책, 16.

싼 얇은 조각에서 나는 멋진 향을 기억하는, 그리고 그것이 풍부한 양으로 등장하는 꿈을 꾸면서 놀라움과 기쁨으로 반응하는 사람들은 1970년대에서 1990년대 사이에 성인이 된 세대다.

송이버섯은 소농민 숲이 제 기능을 하는 풍경으로 남아 있도록 돕는다. 값비싼 송이버섯 판매만으로도 토지세와 유지비를 지불할 수 있다. 이리아이 권리가 여전히 존재하는 지역에서는 마을들이 버섯 수확권(그리고 판매권)을 경매 처분하고 공동으로 사용해 송이버섯의 혜택을 활용한다. 경매는 그 해 버섯 시즌에 수확이 얼마나 좋을지 어느 누구도 알기 전인 여름에 개최된다. 마을 주민들은 술이 제공되는 연회를 열고 서로에게 더 높은 값을 부르기를 권한다. 승자는 마을에 큰돈을 지불하지만 이후에 버섯을 따서 그 돈을 만회한다.[7] 그러나 공공의 혜택과 재정적 혜택이 있음에도 숲을 유지하는 작업이 항상 이루어지는 것은 아닌데, 특히 마을 사람들이 나이 들어감에 따라 그러하다. 방치된 숲에서 소나무는 죽고 송이버섯은 사라진다.

사토야마 운동은 잃어버린 공동체 생활의 사교성을 회복하려는 시도다. 이 운동은 일과 놀이를 통해 교육과 공동체 만들기를 결합하면서 노인, 젊은이, 어린이가 화합하는 활동을 설계한다. 농민과 소나무를 도우는 것 이상의 활동이다. 사토야마 작업은 인간 정신을 재건한다고 봉사자들은 설명한다.

7. 2005년 사이토 하루오(齋藤暖生)와의 인터뷰; Haruo Saito and Gaku Mitsumata, "Bidding customs and habitat improvement for matsutake (*Tricholoma matsutake*) in Japan," *Economic Botany* 62, no. 3 (2008): 257–268.

일본이 제2차 세계대전에서 회복한 후 맞은 경제 호황기에 도시로 간 이주민들은 현대적인 상품과 생활 방식을 좇아서 시골을 떠났다. 그러나 1990년대에 경제성장이 둔해지자 교육이나 취업 중 어떤 것도 발전에 기반한 안녕well-being을 손쉽게 얻을 수 있는 전략으로 보이지 않았다. 스펙터클과 욕망의 경제는 번창했지만, 인생의 과정에서 예상되는 것들과 동떨어진 것이 되었다. 상품에 대한 욕망을 제외하면 삶을 어느 곳으로 이끌어야 하고 그 안에 무엇이 있어야 하는지 상상하기가 더 어려워졌다. 이 문제에 대해 하나의 아이콘과 같은 존재가 세인의 이목을 끌었다. 히키코모리는 자신의 방에 자기 자신을 가두고 대면 접촉을 거부하는, 주로 십 대인 젊은 사람을 지칭한다. 히키코모리는 전자미디어를 통해 살아간다. 그들은 구현된 사회성으로부터 자신을 해방시키는 이미지 세계에 접속해 살아가면서, 그리고 스스로 만든 감옥에 갇혀 살면서 자기 자신을 고립시킨다. 그들은 많은 사람이 느끼는 도시적 아노미 상태의 악몽을 포착한다. 우리 모두의 내면에는 히키코모리가 조금씩 존재한다. 13장에서 언급한 K 교수가 제자들의 멍한 눈에서 본 악몽이 그것이다. 그 악몽은 학생과 K 교수를 자신들을 재건할 장소인 시골로 보냈다. 그리고 그 악몽은 다른 많은 옹호자, 교육자, 봉사자도 그곳으로 보내고 있다.

사토야마 회생 운동은 다른 존재들과 사회관계를 형성하는 활동이기 때문에 아노미 문제를 다룬다. 인간은 살기 좋은 환경을 만드는 많은 참여자 중 하나일 뿐이 된다. 참여자들은 나무와 곰팡이가 인간과 사귀기를 기다린다. 그들은 인간의 행동을 필요로 하지만, 그 필요를 초월하는 풍경을 작동시킨다. 21세기 초에 이르자 수천 개의 사토야마 회생 집단이 일본 전역에서 생겨났다. 어떤 집단은 물 관리나 자연 교육 또는 특정 꽃이나 송이버섯 서식지에 집중한다. 모든 집단이 풍경뿐 아니라 사람들의 재생에도 관여한다.

시민 집단들은 자신을 재건하기 위해 과학과 소농민의 지식을 혼합한다. 과학자들은 종종 사토야마 회생 운동에서 리더 역할을 한다. 그러나 그들은 토착 지식을 편입하고자 하는 목적을 갖고 있다. 여기서 도시의 전문가와 과학자들은 나이 든 농부들에게서 조언을 구한다. 어떤 이들은 농부들의 일을 돕는 것에, 또는 사라지는 삶의 방식과 관련해서 노인들을 인터뷰하는 일에 자원한다. 그들의 목표는 제 기능을 하는 풍경의 재건이고, 그렇게 하려면 제 기능을 하는 지식이 필요하다.

상호 배움도 중요한 목표다. 집단들은 실수하는 것과 그 실수에서 배우는 것에 대해 솔직하다. 한 봉사자 집단이 이룬 사토야마 작업에 대한 보고서에는 자신들의 노력으로 빚어진 모든 문제점과 실수가 포함되어 있다. 그들은 조율 과정 없이 너무 많은 나무들을 베어냈다. 그들이 벌채한 어떤 지역에서는 원하지 않는 종류의 나무들이 더 빽빽하게 자랐다. 그 보고서의 마지막 부분에서 저자들은 그 집단이 공동의 시도와 실수를 예술로 승화시키면서 "행하고, 생각하고, 관찰하고, 그리고 다시 행하다"의 원칙을 발전시켰다고 주장한다. 그들의 목적 중 하나가 참여를 통한 배움이었기 때문에 자신들이 실수를 하고 그것을 관찰하도록 허용하는 것은 그 과정의 중요한 부분이었다. 저자들은 "성공하려면 봉사자들이 프로그

램의 모든 단계와 수준에서 참여해야 한다"고 결론짓는다.[8]

　　교토의 마쓰타케 크루세이더스와 같은 집단들은 송이버섯의 매력을 사람들과 숲 사이에서 작동하는 관계를 갱신하려는 자신들의 헌신에 대한 상징으로 삼으며 그것을 이용한다. 만약 송이버섯이 생기면—예를 들어, 2008년 가을에 어떤 크루세이더스 회원 한 명이 잘 가꾸어놓은 산비탈에서 그랬듯이—그 버섯은 봉사자들에게 폭발적인 흥분을 선사한다. 숲 만들기의 다른 참여자들과 맺어진, 이와 같은 기대하지 않은 얽힘보다 더 큰 황홀감을 줄 수 있는 것은 없다. 소나무와 인간과 곰팡이는 공생물종 존재co-species being가 되는 순간에 재생된다.

　　어느 누구도 송이버섯이 거품 경제가 추락하기 이전의 영광스러운 날들로 일본을 되돌릴 수 있을 것이라고는 생각지 않는다. 송이버섯 숲 회생은 구원보다는 오히려 소외의 무더기를 살핀다. 그 과정에서 봉사자들은 과정 중에 있는 세계가 어느 방향으로 나아가는지 알지 못하는 상태에서 다종의 다른 존재들과 섞일 때 필요한 인내력을 얻는다.

---

8. Noboru Kuramoto and Yoshimi Asou, "Coppice woodland maintenance by volunteers," in *Satoyama*, ed. Takeuchi et al., 119–129 (11장 각주 14번에서 인용), 129.

협력자들을 발견하다. 원난성.
시장에서 수다를 떤다.
사유화는 잠복해 있는 공유지를
없앨 수 없다. 그것에
의존하기 때문이다.

19

일상적인 자산

때때로 공동의 얽힘은 인간의 계획에 의해서가
아니라 인간이 세운 계획과 상관없이 등장한다. 달성하기 힘든 공
동의 삶의 순간을 가능하게 하는 것은 계획의 실패가 아니라 오
히려 그 계획의 설명되지 않는 부분이다. 사유재산 만들기의 경우
가 그렇다. 자산을 모을 때 우리는 공유지를 무시하는데, 공유지가
집합 자산의 구석구석에 퍼져 있을 때조차도 그러하다. 그러나 알
아차리지 못한 것들 또한 잠재적인 협력자들을 위한 장소가 될 수
있다.

현재의 원난성은 이러한 문제를 생각하기에 좋은 장소인데, 그
이유는 공산주의적 실험의 뒤를 이어서 국내외 엘리트 계층이 모
든 곳에 사유재산을 만드는 일에 엄청난 열기를 보이고 있기 때문
이다. 그러나 자산 만들기의 상당 부분은 이상하고 날것이다. 사유

화와 사람들이 사물과 관계 맺는 다른 방식 사이에 병렬 현상이 보이기 때문이다.[1] 송이버섯 숲과 송이버섯 무역은 딱 들어맞는 그러한 사례다. 누구의 숲이고 누구의 무역인가?

구속받지 않는 공간과 다양한 생태계가 존재하는 숲은 어느 지역에서나 사유화를 추구하는 사람들에게 일종의 시험대다. 지난 60년 동안 윈난성의 숲은 여러 차례의 사용권 합의를 거쳤고, 숲 전문가인 마이클 해서웨이와 내가 걱정하며 이야기했듯이, 농민들은 산림관리 방식에 낙담하며 혼란스러워하고 있었다.[2] 그럼에도 아직 그들은 최근의 한 가지 사용권 범주에 희망을 가지고 있었다. 그것은 숲을 농민의 개별 가구와 계약하는 것이다.

미국식의 사유재산에 대한 자유로운 권리는 아닐지라도 그러한 유형의 계약으로 소농민 풍경을 합리화할 수 있을 것이라고 전문가들은 희망했다. 영향력 있는 국제 감독 기관들은 개인 사용권

1. 마이클 해서웨이는 (2014년에 나눈 개인적인 대화에서) 윈난성에서 사유화는 가끔 공산주의 혁명 이전 시기의 토지 사용권 관계를 부활시킨다는 점을 내게 일깨워주었다. 자산을 성립시키는 관계에 관심을 가지게 되는 이유는 그것들이 완전히 새롭기 때문이라기보다는 그것들의 변화가 갑자기 일어났기 때문이다.

2. 사용권에 관한 논의에 대해서 다음 문헌을 참고하기 바란다. Liu, "Tenure" (13장 각주 16번에서 인용); Nicholas Menzies, *Our forest, your ecosystem, their timber: Communities, conservation, and the state in community-based forest management* (New York: Columbia University Press, 2007). 1981년의 정책들이 적용된 후 대부분의 숲은 다음 세 가지 범주로 나뉘었다. 국유림, 집체림(collective forest), 개별 가구가 책임지는 산림. 두 번째 범주에서 숲은 또한 개별 가구 계약으로 나뉘었다. 나무 사용권과 기타 산림 접근권은 점점 더 분리되었다. 1998년에 벌목 금지령이 윈난성에 도입되었다. 윈난성 내의 지역에서 그 정책들은 다양하게 작동했다. 추슝이족자치주에서 마이클 해서웨이와 내가 연구한 지역은 개별 가구 접근권 방식으로 알려져 있었다. 그러나 우리가 인터뷰한 농부들이 종종 이러한 범주들의 세세한 차이점에 대해 혼동하거나 무시한다는 것을 우리는 발견했다.

을 보전의 한 가지 형식으로서 상상하는데, 그 이유는 그 방식이 현명하게 사용하도록 동기 부여하기 때문이다.[3] 그 방식이 윈난성에서는 포퓰리즘적 희망도 준다. 즉 극심한 하향식 집행의 역사 이후에 마침내 지역 농민들이 그들 자신의 숲을 관리하는 데 일정 정도의 주도권을 가질 기회가 온 것이다. 윈난성의 연구자들은 정치생태학 분야의 범세계적인 발전에 관해 논의하면서 사회 정의를 향한 목표들이 어떻게 가구 단위의 계약[4]으로 가능해진 지방의 산림 통제를 통해 달성될 수 있을지 예측한다.[5] 따라서 연구자들은

3. IMF와 세계은행(World Bank)은 사유화란 우리가 공유하는 자원을 파괴하는 "공유지의 비극"을 방지하는 제도라고 본다. Garrett Hardin, "The tragedy of the commons," *Science* 162, no. 3859 (1986): 1243–1248.

4. 1970년대 말부터 시행된 중국의 개혁개방 정책의 일환으로, 농촌에서는 인민공사(人民公司)를 해체하고 개별 가구에 농지를 분배해 농산물 생산을 맡기는 농가생산청부책임제(農家生産請負任制)를 실행했다. —옮긴이

5. 영어로 쓰인 문헌으로는 다음과 같은 것들이 있다. Jianchu Xu and Jesse Ribot, "Decentralisation and accountability in forest management: A case from Yunnan, southwest China," *European Journal of Development Research* 16, no. 1 (2004): 153–173; X. Yang, A. Wilkes, Y. Yang, J. Xu, C. S. Geslani, X. Yang, F. Gao, J. Yang, and B. Robinson, "Common and privatized: Conditions for wise management of matsutake mushrooms in northwest Yunnan province, China," *Ecology and Society* 14, no. 2 (2009): 30; Xuefei Yang, Jun He, Chun Li, Jianzhong Ma, Yongping Yang, and Jianchu Xu, "Management of matsutake in NW-Yunnan and key issues for its sustainable utilization," in *Sino-German symposium on the sustainable harvest of non-timber forest products in China*, ed. Christoph Kleinn, Yongping Yang, Horst Weyerhaeuser, and Marco Stark, 48–57 (Göttingen: World Agroforestry Centre, 2006); Jun He, "Globalised forest-products: Commodification of the matsutake mushroom in Tibetan villages, Yunnan, southwest China," *International Forestry Review* 12, no. 1 (2010): 27–37; Jianchu Xu and David R. Melick, "Rethinking the effectiveness of public protected areas in southwestern China," *Conservation Biology* 21, no. 2 (2007): 318–328.

그 지역의 문제를 해결하기 위해 계약의 특권을 활용하는 법을 터득한 농민들의 창의력과 통찰력 또한 경계한다. 한 연구자는 마을 주민들이 서로의 잠재적 이득을 평등하게 하기 위해 숲의 구역을 재배치하는 방식을 발표했다. 예를 들어 그는 성인 형제들이 서로가 혜택을 입을 기회를 확실히 나누도록 하기 위해 순차적으로 숲의 구획 지어진 땅을 바꾼 사례를 기록했다.[6]

그러나 이러한 상상된 혜택은 어떤 것들인가? 윈난성에서는 여러 해 동안 벌목이 금지되었고, 최소한 공식적으로는 허가를 받은 목재만 벌목할 수 있었고, 그것도 국내에서 사용할 목적에 한해서였다. 그러나 다른 잠재적인 자산이 있다. 윈난성 중부의 추슝이족자치주에 위치한 산에서 송이버섯은 가장 값비싼 임산물이다. 전문가들은 그 사실 때문에 개별 가구 단위의 계약에 흥분한다. 사유화를 향한 그러한 단계가 없다면 채집인들이 자원을 파괴할지 모른다고 전문가들은 말한다. 산림감독관들은 마을 채집인들이 동이 트기 전에 흩어져서 손전등을 들고 공유지를 훑는, 윈난성의 다른 지역에서 발생하는 참상을 우리에게 이야기했다. 이것은 혼돈이라고 그들은 말했다. 게다가 작은 버섯이 가장 높은 시장가치에 도달하기 전에 채집된다. 반면에 계약은 그러한 무모함과 비능률을 막으면서 숲에 질서를 세운다. 추슝이족자치주의 숲은

---

6. 윈난성농업과학원(云南省农业科学院)의 수카이메이(苏开美)와의 2009년 인터뷰. 다음 문헌도 참고하기 바란다: 杨宇华·施庭有·白永顺·苏开美·白宏芬·慕丽琼·余艳·段兴周·刘增军·张纯德,「楚雄州林下生物资源利用的山林承包管理模式探讨」,『林业调查规划』, 3 (2007): 87–89쪽; 李树红·柴红梅·苏开美·钟明惠·赵永昌,「剑川县野生菌资源及可持续发展潜力研究」,『中国食用菌』5(2010).

사적 자산을 만드는 모델을 제공한다. 즉 윈난성과 중국 전역에서 참고할 만한 산림 개혁의 사례다.[7]

송이버섯 관리 방식 중에서 널리 찬사를 받는 한 가지 방법은 마을 경매다. 경매 대상은 송이버섯 시즌 동안 마을 주민들이 계약한 숲에 대한 접근권이다. 이 제도는 일본의 이리아이 숲 경매를 연상시킨다. 마을 주민들의 땅에서 난 송이버섯의 수확 및 판매 권리가 경매의 승자에게 주어진다. 우리가 방문한 윈난성의 한 지역에서는 경매를 통해 번 돈이 각 가구에 분배되어 현금 수입의 중요한 일부가 된다. 경매의 승자는 다른 채집인들과 경쟁해야 하는 스트레스 없이 버섯의 시장 가격이 가장 높을 때 버섯을 딸 수 있어야 하고, 따라서 보상받는 마을 주민들의 수입뿐 아니라 자신의 수입도 최대화할 수 있어야 한다. 개별 가구 단위 계약을 지지하는 사람들은 또한 그 자원, 즉 송이버섯이 혼돈을 일으키는 과다 수확이 주는 압박이 없으면 더 잘 자랄 것이라고 주장한다. 하지만 송이버섯이 사유림에서 번성할 수 있을까? 이 질문에 단계별로 접근해보자.

농촌 경제에서 경매의 승자들은 사유재산을 모으려고 찾아다니는 모범적인 인물들이다. L '사장'은 그중 한 명이다. 그는 열한

---

7. 다음을 참고하기 바란다. X. Yang et al., "Common and privatized," 그리고 Y. Yang et al., "Discussion on management model." 가장 많은 외국인 학자들이 연구하고 있는 윈난성의 디칭티베트족자치주(迪庆藏族自治州)의 특징은 송이버섯 수확에서 공동체가 훨씬 더 강력한 통제력을 가지는 매우 다른 방식의 통치 방식을 따른다는 것이다. Menzies, *Our forest*; Emily Yeh, "Forest claims, conflicts, and commodification: The political ecology of Tibetan mushroom-harvesting villages in Yunnan province, China," *China Quarterly* 161 (2000): 212–226.

가구가 존재하는 그의 고향 마을에서 송이버섯 수확 계약을 땄고 주요 지역 구매자도 되었다. 그는 정부의 산림감독관들 및 연구자들과 좋은 관계를 맺고 있다. 약 15년 전에 산림감독관들은 그에게 송이버섯 공개 행사를 위한 숲을 만들어달라고 부탁했다. 그는 수 헥타르에 달하는 숲의 공간을 울타리로 둘러 나누고 거기에 판자를 깔아 만든 길을 놓아 걸어서 통과하도록 만들었다. 그렇게 해서 방문하는 산림감독관들과 연구자들이 모델 숲을 건드리지 않고 구경할 수 있도록 했다. 소농민의 교란이 없었기에 공개 행사에서 선보인 숲의 나무들은 크고 아름답게 자라 있었다. 농민들이 갈퀴질하지 않은 땅에는 두꺼운 산림 퇴적물이 생성되어 있었는데, 그것은 가장 영양가 있는 부엽토 위에 한 층의 나뭇잎과 솔잎이 덮여 있는 것이다. 우아하게 아치형을 이룬 나무들을 보고 진한 흙내음을 맡으며 숲을 걷는 것은 상쾌한 일이다. 버섯 하나를 발견하면 열광하게 된다. 그리고 어느 누구도 그곳에서 송이버섯을 채집하지 않기 때문에 버섯은 깔끔한 우산 모양으로 산림 퇴적물 밖으로 솟아오른다. 그 송이버섯 숲을 감탄하며 바라보기 위해 수많은 지역에서 관광객이 온다. 그러나 산림감독관들은 문제가 있다는 것을 잘 알고 있다. 부엽토가 너무 풍부하다. 여전히 송이버섯이 생기지만 아마 오래가지 않을 것이다. 송이버섯은 더 다양한 것들이 있는 상태를 더 좋아한다.

다른 곳에서 많은 일이 일어나고 있는 것이 확실하다. 공개 행사용 숲 이외의 지역에서는 송이버섯 숲들을 너무 많이 이용하고 남용한다. 마이클 해서웨이와 내가 갔던 모든 지역에서 활엽수가 장작으로 사용되기 위해 대규모로 가지치기된 흔적이 보였다. 그 결과 많은 활엽수가 마구 난도질당한 덤불로 변해 있었다. 소나무 역시 소농민이 소나무 종에 따라 송홧가루나 잣을 얻으려고 가지를 제거하면서 잘리고 또 잘린다. 솔잎은 돼지 축사를 덮기 위해 갈퀴로 모아지고, 나중에는 퇴비가 되어 밭에 뿌려진다. 염소가 어느 곳에나 있어서, 두터운 목초지에서 살아남기 위해서 '목초 단계'와 비슷하게 적응한 것으로 보이는 어린 소나무를 포함해 모든 것을 먹어 치운다. 사람들도 어디에서나 살면서 약초, 돼지 사료, 송이버섯을 채집할 뿐 아니라, 반드시 말리거나 삶아야 하는 매캐한 맛과 향의 락타리우스Lactarius버섯에서부터 식용으로는 의심스러운 버섯인 아마니타Amanita에 이르기까지 상품으로 팔 수 있는 다른 많은 종의 버섯을 채집한다. 고요하고 우아한 것과는 거리가 먼 그 숲은 인간의 필요와 그들이 사육하고 재배하는 동식물이 입을 혜택 둘 다를 위한 바쁜 교차로다.

그러나 그러한 숲은 매우 칭송받는, 개인이 접근권을 갖는 인클로저의 모델이다! 그곳들은 어떻게 이렇게 많은 통행이 일어나는 장소도 될 수 있는가? 송이버섯 숲 경매의 또 다른 승자이지만 L '사장'보다 작은 규모의 산림 보유지에서 작업하는 L '동생'과 하루를 보내기 전까지는, 나는 통행과 인클로저 사이의 충돌을 생각하며 혼란스러웠다. 그는 내 연구팀을 그의 숲에 데려가서 그곳의 식물과 버섯을 보여주었다. 그 지역에서 내가 보았던 다른 송이버섯 숲들처럼 그 숲은 방목과 벌목의 흔적이 뚜렷한, 심하게 상처입은 어린 숲이었다. L '동생'은 개의치 않았고, 그러한 모든 통행의

한가운데서 등장하고 있는, 그 숲에서 이루어지는 버섯 수확의 풍요로움을 우리에게 보여주었다. 그리고 통행과 인클로저 사이의 상호작용을 설명해 나의 혼란을 없애주었다. 그는 송이버섯 시즌 동안 그의 숲이 도로 및 등산로와 경계를 이루는 곳에 눈에 띄는 색의 페인트를 칠한다. 사람들은 그 선 안으로 들어가서는 안 된다는 것을 알고 있고, 불법 침입으로 인한 문제가 생기기도 하지만 대개 그 선을 넘지 않는다. 한 해의 나머지 기간에는 사람들이 그곳에 들어가서 마음껏 땔나무를 모으고, 염소에 풀을 먹이고, 다른 임산물을 찾아다닐 수 있다. 물론이다! L '동생'은 송이버섯 인클로저에 긍지를 가지고 있었지만 이 방식을 속임수라고 생각하지 않았다. 숲에 들어갈 수 없다면 사람들이 어디에 가서 땔감을 모으겠냐고 설명했다.

이 방식은 공식적인 계획이 아니다. 성급 산림감독관들과 전문가들은 계절에 따라 다르게 시행되는 인클로저에 대해 이야기하지 않는다. 만약 그들이 알았다면 잊어버리려고 노력했을 것이다. 국제적으로 권위를 갖는 기관들이 견책했을 것이 틀림없는 방식이기 때문이다. 계절에 따른 인클로저는 '사유화가 보전이다'의 신념으로 기획된 프로그램을 유명무실하게 했을 것인데, 그 이유는 지방 거주민들이 그러한 전문가들이 못마땅하게 생각하는 방식으로 공유지의 자원을 사용하기 때문이다. 더욱이 그러한 전문가들은 그 숲이 젊고 흙이 지고 통행으로 가득 찬 모습으로 보이는 것을 싫어했을 것이다. 계획된 것이 아니다. 그러나 이러한 방식으로 사유화를 이루는 것이 송이버섯을 빛나게 하는 일이 아닐까? 통행은 숲이 개방된 채로 있게 하고 따라서 소나무를 환영하며 받아들이게 한다. 통행 덕택에 부엽토가 얇게 쌓이게 되고 영양이 부족한 땅이 되어 송이버섯이 나무에 영양을 제공하는 역할을 잘할 수 있게 되기 때문이다. 그 지역에서 송이버섯은 소나무뿐 아니라 참나무 및 참나무의 사촌과도 파트너 관계를 맺는다. 그래서 아직 젊고 흥이 진 숲 전체가 무기질 토양에서 살아남기 위해 송이버섯과 함께 작업한다. 그 모든 통행이 없었더라면 낙엽이 퇴적되어 쌓이고 흙은 비옥해져서 다른 곰팡이와 박테리아가 송이버섯을 밀어낼 것이다. 그렇다면 송이버섯에게 특권을 주는 것은 그곳을 송이버섯 생산에 최적의 장소 중 하나로 만드는 바로 그 통행이다. 그러나 그 통행은 송이버섯을 **살리려는** 명백한 목적을 가지고 이 지역에 소개된 계약들의 감시망을 피해서 이루어져야만 한다. 송이버섯은 일시적이고 곧 사라질 수도 있는 이러한 공유지에서 번성한다. 개인의 접근성을 통해서 높일 수 있는 것은 송이버섯으로 얻는 소득뿐이다.[8]

송이버섯 소득과 관련된 주제로 우회하여 접근하면 다음과 같은 점을 일반화하는 데 도움이 된다. 즉 사유재산의 거의 대부분이 항상 그 존재를 인정받지 못하는 공유지에서 발생한다는 점이다. 이 점은 단지 약삭빠른 원난성의 소농민에 관한 것만이 아니

---

8. 이 지역의 다른 연구자들은 여러 관리 정책과 지역의 실천 간의 괴리를 서로 다른 규모의 통치에 관한 문제라고 설명하는데, 꽤 유용한 설명이다. Liu, "Tenure"; Menzies and Li, "One eye on the forest" (16장 각주 7번에 출처 밝힘); Nicholas K. Menzies and Nancy Lee Peluso, "Rights of access to upland forest resources in southwest China," *Journal of World Forest Resource Management* 6 (1991): 1-20.

다. 사유화는 절대 끝나지 않는다. 그런데 사유화해 가치를 창조해 내기 위해서는 공유 공간이 필요하다. 이것이 계속해서 재산이 도둑맞는 이유뿐 아니라 재산의 취약성도 설명해주는 비밀이다. 다시 한 번 송이버섯을 원난성에서 일본으로 수출될 준비가 된 상품으로 생각해보자. 우리 손에 있는 것은 버섯인데, 그것은 땅속 곰팡이의 자실체다. 이 곰팡이들이 번성하려면 공유지에서 일어나는 통행이 필수적이다. 숲이 교란되지 않으면 버섯이 하나도 생기지 않기 때문이다. 사유재산으로 소유되는 버섯은 인간에 의한 부분과 인간에 의하지 않은 부분이 섞여 잠복해 있는 공유지의 가능성을 경험하며 서서히 성장하는 몸체, 즉 공동체를 이루며 살아가는 지하 조직의 파생물이다. 곰곰이 생각해보면, 버섯의 지하 공유지를 고려하지 않고 버섯을 자산으로 만들어 다른 이들이 그것에 접근하지 못하게 할 수 있다는 사실은 한편으로는 사유화에서 통상적으로 사용되는 방식임과 동시에, 다른 한편으로는 꽤 보기 드문 잔인무도한 행위라는 점을 알 수 있다. 곰팡이들을 형성하는 숲에서의 통행과 사유재산이 된 버섯 간의 뚜렷한 차이가 상품화의 좀 더 일반적인 표상인지도 모르겠다. 즉 얽힘을 지속적이고 끝없이 차단하는 행위 말이다.

이 점 때문에 나는 이전의 관심으로, 즉 인간뿐만 아니라 비인간의 한 가지 속성으로서 소외를 분석하는 작업으로 되돌아가게 된다. 송이버섯이 완전한 사유재산이 되려면 자신의 삶의 세계에서뿐 아니라 상품으로 입수되는 과정과 관련되는 관계에서도 찢겨 나가야 한다. 이 두 가지 단절 중 첫 번째 단계는 버섯을 채집하고 숲 밖으로 이동시키는 것으로 처리될 수 있다. 그러나 오리건주처럼 원난성 중부에서도 두 번째 단계의 단절을 이루는 데 더 오랜 시간이 걸린다.

마이클 해서웨이와 내가 원난성 시골에서 행한 연구의 중심이 된 작은 마을에서는 세 명의 남자가 핵심 역할을 하는 송이버섯 '라오반老板', 즉 사장으로 인정받고 있었다. 그들은 그 지역에서 나는 송이버섯의 대부분을 구매해 더 큰 마을에 판매하는 상인들이었다. 그 마을에서 정기적으로 열리는 시장에 방문하는 송이버섯 구매인들이 있었지만 그들은 적은 양의 송이버섯만 구매할 수 있었다. 그 사장들이 설명하듯이, 방문 구매인들은 그 지역의 인맥이 충분하지 않았다.

사장들과 그들의 대리인들이 일하는 모습을 지켜보면서 나는 오리건주에서 현장연구를 하는 동안 익숙해진, 가격과 등급을 높여서 협상하는 모습이 보이지 않는다는 사실에 특히 흥미를 느꼈다. 어떤 사장은 자신의 운전기사를 산으로 보내 그곳의 마을 주민들한테서 송이버섯을 구매했다. 그런데 그 마을의 채집인들은 한 마디도 하지 않고 버섯을 넘겼고 그 대가로 말없이 현금 다발을 받았다.[9] 다른 거래에서는 대화가 있었지만 채집인들은 버섯 가격으로 얼마를 제안하는지 절대 물어보지 않았고 대신에 지불되는 만큼 받기만 했다. 나는 사장 중 한 명이 지나가던 버스 운전기사 한테서 버섯 한 상자를 전달받는 것을 지켜보았다. 그런데 그 사장

---

9. 나는 그 현장연구에 참여하지 못했다. 마이클 해서웨이가 친절하게도 무슨 일이 일어났는지 설명해주었다.

은 채집인에게 나중에 돈을 지불할 것이라고 설명했다. 또한 나는 채집인들이 자신들이 모은 버섯 중에 벌레 먹은 버섯이 있을 때, 구매인이 눈치채지 못하는 한 팔아버리려고 노력하는 것이 아니라 그것들을 골라내는 것도 관찰했다.

채집인들이 구매인들의 공간에 들어서자마자 시장체제의 경쟁적인 협상이 중심을 차지하던 오리건주에서의 경험에 비추어볼 때, 이 모든 행위가 완전히 이국적으로 느껴졌다. 이는 원난성의 상품사슬의 하류에서만 일어나는 일들과도 꽤 달랐다. 더 큰 마을과 도시에 있는 버섯 특산 시장에서는 가격 및 등급 협상이 지속적이고 치열하게 일어났다.[10] 수많은 도매상이 서로 경쟁했고, 최상의 가격과 가장 적합한 등급 선정을 결정하는 쟁탈전에 모든 사람의 관심이 쏠렸다. 상류에서는 그와 대조적으로 구매가 조용히 이루어졌다.

시골의 가장자리에서 우리가 이야기를 나눈 모든 사람들은 관련인들 사이에 형성된 오래된 관계와 신뢰 때문에 가격 흥정이 없는 구매가 일어난다고 설명했다. 사장들은 채집인들에게 최고의 가격을 지불했을 것이라고 사람들은 말했다. 그 사장들과 채집인들은 같은 공동체 및 가족에 속해 있으며, 같은 종족의 구성원이자 같은 언어를 사용하는 관계인 것이다.[11] 그들은 작은 마을의 일

---

10. 데이비드 아로라("Houses" [16장 각주 27번에서 인용])는 원난성 버섯 시장에서 두 시간에 여덟 번이나 소유자가 바뀐 송이버섯을 보았다. 버섯 특산 시장에서 송이버섯을 관찰한 내 경험도 비슷했다. 즉, 지속적으로 교환이 일어났다.
11. 그러한 구매 현장과 마이클 해서웨이가 연구한, 원난성 내 티베트인 거주지의 훨씬 더 경쟁적인 지역 송이버섯 시장을 대조하면 유익한 지식을 얻을 수 있다. 그곳에서 티베트

상의 일부분을 이루는 그 지역의 사람들이다. 채집인들은 그들을 신뢰한다.

여기서 '신뢰'란 모든 사람들에게 동등한 이점을 취하게 하는 자질이 아니다. 나는 '신뢰'를 동의나 평등과 혼동하는 사람을 믿지 않는다. 사장들이 송이버섯으로 부자가 되고 있다는 사실을 모르는 사람은 없었고, 누구나 개인 재산을 모으는 데 그들이 이룬 성공을 모방하고자 했다. 그럼에도 여전히 이들의 관계는 호혜적인 의무로 연결된 얽힘의 한 형태다. 그래서 송이버섯이 그 안에 포함되어 있는 한, 송이버섯은 완전히 소외된 상품이 아니다. 작은 마을에서 일어나는 송이버섯 교환 행위에서는 적절한 사회적 역할을 인정할 필요가 있다. 버섯이 교환을 위한, 완전하게 소외된 생물이 되면서 자유로워지는 곳은 더 큰 마을의 버섯 시장뿐이다.

우리는 작은 마을의 사장들과 채집인들 사이의 관계에서 다시 한 번 어떻게 사유재산이 공동의 삶의 공간에 의존하는지 보게 된다. 사장들은 채집인들과 얽혀 있기 때문에 자신들이 원하는 조건대로 지역의 버섯을 구매할 수 있다. 그리고 나서 그들은 버섯이 사유재산으로 전환될 수 있는 더 큰 마을로 버섯을 옮길 수 있다. 이러한 관점으로 본다면, 숲 계약을 사안으로 삼는 프로젝트 역시 숲을 지키기 위한 것이라기보다는 부를 전용하기 위한 것으로 이

계 채집인들은 한족계 중국인 상인들에게 버섯을 판다. 구매 현장은 처음부터 격하게 경쟁적이다. 내가 묘사하는 지역에서는 사장들과 채집인들 모두 이족 사람들이다. 친족 관계와 거주지도 채집인들과 구매인들을 연결한다.

해될 수 있다.[12] 계약자들은 개별 가구 단위의 숲 계약에서 버섯의 가치를 추출해낼 수 있는데, 그것은 그 존재를 인정받지 못하며 곧 사라질 수도 있는 공유지에서 이전에 뽑아냈던 가치다. 그러나 부가 전용되는 과정은 여전히 어느 정도는 차지하려는 사람들 어느 누구에게나 열려 있다. 이 지점에서 사회적인 의식이 있는 윈난성의 연구자들의 활동이 긴급히 요구된다. 그들의 역할은 촌과 작은 마을에서 부를 유지하기 위해 행하는 장래성 있는 지역 활동을 사회와 보전을 위한 모델로 바꾸는 것이다.

그러나 이 등식에서 보전에 관한 지점이 가장 까다로운 부분인데, 그 이유는 사유재산에 대한 욕망은 드문 경우에만 숲에 이롭기 때문이다. 그 대신에 종종 이 욕망은 기대하지 않았던 파괴의 후원자가 된다. 어떤 경매 우승자는 수확권을 딴 송이버섯 숲에서 더 많은 부를 짜내기 위한 방법을 어떻게 배웠는지 내게 자랑스럽게 보여주었다. 그는 자신의 일꾼들을 시켜서 송이버섯 계약에 속한 마을 숲에서 희귀종 꽃나무를 파냈다. 희귀하고 잘 알려지지 않은 종이었기 때문에 더욱 가치 있는 나무들이었다고 그는 말했다. 윈난성의 성도省都인 쿤밍시의 행정 담당관들이 갑자기 가로수가 없는 길을 성장한 나무로 꾸미라고 요구했기 때문에 그와 다른

---

12. 윈난성 송이버섯에 대해 "공유지의 비극"이라고 설명한 브라이언 로빈슨(Brian Robinson)은 공유지에서 버섯을 채집하는 것이 곰팡이에게 해를 입히지 않을 수 있다고 인정한다. 그는 그것보다는 수입이 줄어드는 문제에 초점을 맞춘다. Brian Robinson, "Mushrooms and economic returns under different management regimes," in *Mushrooms in forests and woodlands*, ed. Anthony Cunningham and Xuefei Yang, 194-195 (New York: Routledge, 2011).

기업가들은 다 자란 나무들을 도시에 이식했다. 이식된 나무들 중 대부분은 뿌리채 뽑혀 이동하면서 받은 충격 때문에 죽어버렸다. 그러나 돈을 지불받을 때까지 살아남은 나무들은 작은 이윤을 가져다주었다. 숲의 입장에서는 최소한으로 잡아도 다양성을 잃었고, 꽃나무의 아름다움도 함께 잃었다.

이와 같은 기업가적 곡예가 오늘날 중국에서 부를 차지하기 위한 쟁탈전의 일부를 이룬다. 이러한 곡예를 살펴보면 인간 개조 작업이 풍경을 구제하기 및 풍경을 무참히 공격하기와 함께 진행된다는 점을 알 수 있다. 송이버섯 사장들은 윈난성의 시골에서 매우 존경받는 인물이다. 이 사장들은 새로운 사유재산을 찾는 데 선구자들이다. 그래서 나와 이야기한 많은 사람들은 그들처럼 되기를 원했는데, 송이버섯이 아니라면 시골에서 추출할 수 있는 다른 상품들을 다루는 사장이 되고 싶어 했다. 송이버섯 사장들 중 한 명은 그의 집 거실에 지방정부에서 수여한 상패를 전시해두었는데, 그 상패는 그가 돈을 버는 일에서 지도자임을 선포하고 있었다.[13] 시골의 사장들은 사회주의 시대의 영웅들을 대체한다. 그들이 인간이 염원하는 대상의 모델이기 때문이다. 사장들은 기업가 정신의 전형이다. 이전 사회주의 시대의 꿈과 달리 그들은 자신들의 공동체가 아니라 자신들을 부자로 만들어야 한다. 그들은 자수성가한 자신을 꿈꾼다. 그럼에도 그들의 자율적인 자아는 송이버섯에 비교할 만하다. 즉 인정받지 못하고, 규정하기 힘들며, 수명이

---

13. 상패를 알아본 마이클 해서웨이의 날카로운 통찰력에 감사를 표한다.

짧은 공유지에 존재하는 가시적인 열매인 송이버섯과 다를 바 없는 것이다.

사장들은 협력해서 생산된 버섯의 성장과 채집으로 얻어진 부를 사유화한다. 이처럼 공공의 부를 사유화하는 것은 모든 기업인의 공통적인 특징이라고 볼 수 있다. 이와 같은 역사적 순간에 처한 원난성의 시골 지역은 생각해보기에 좋은 곳인데, 그 이유는 자연 자원 관리를 합리화하려는 관심이 재산법과 회계에로만 확장되기 때문이다. 단지 쓰레기를 뒤져 획득한 열매의 소유권을 주장하기만 하면 그것을 사유화할 수 있다. 노동이나 풍경을 재편성하는 방식이 아니고서도 말이다. 그런 방식의 경영 합리화가 더 나았을 거라고 주장하려는 것이 아니다. 그렇게 하는 것이 송이버섯에 이롭지 않을 것이 확실하기 때문이다. 그러나 누구든지 부가 마지막 하나까지 파괴되기 전에 주워 모으기 위해 세상 끝까지 이용할 듯이 구제에 이렇게까지 매달리는 것에는 기이하고 소름끼치는 점이 있다. 원난성의 시골이 특별하거나 지역적이지 않은 이유도 이러한 특성 때문이다. 어떤 산업도 이와 똑같은 종말론적 시각으로 보지 않기는 어렵다. 우리는 원난성 시골의 사장들에게서 어떻게 폐허에서 거금을 구제하는지에 대한 단초점close-focus 모델을 본다.

중국의 새로운 부에 관해 설명하는 대부분의 중국계 및 비중국계 해설자들은 도시의 백만장자에 관한 글을 쓴다. 그러나 사유재산을 향한 쟁탈전은 시골에서도 마찬가지로 치열하다. 농부들, 토지를 소유하지 않는 이주민들, 작은 마을의 사장들, 화려한 회사들 모두 "다 팔아야 합니다" 세일에 참여한다. 이러한 사회 풍토에서는 보전에 대해 생각하는 방법을 알기가 힘들다. 어떤 방법으로 시작하든 간에 가치와 잠복해 있는 공유지 사이에 존재하는 연결 관계를 잊어버릴 여유가 우리에게 있다고 생각하지 않는다. 그러한 순간적인 상호성이 없다면 송이버섯은 존재하지 않는다. 그러한 상호성 없이는 어떤 자산도 존재하지 않는다. 기업인들이 상품의 소외 과정을 통해 사유재산 축적에 전념할 때조차도 그들은 자신들이 알아차리지 못한 채 얽혀 있는 것에서 끊임없이 뽑아낸다. 사유재산 소유가 주는 짜릿함은 지하에 존재하는 공유지의 열매다.

20

끝맺음에 반대하며:
그 과정에서 내가 만난 사람들

내가 2007년에 마치맨을 찾아갔을 때 그는 어느 자그마한 산 정상에 있는 작은 집에서 자신의 여자 친구, 그리고 많은 고양이들과 함께 살고 있었다. ('마치Matsi'는 송이버섯(마쓰타케)의 미국식 은어다.) 나는 예전부터 오리건주 중부의 돌참나무 숲에서 자라는 송이버섯을 보고 싶었고, 그는 한때 감탄을 자아냈지만 벌목으로 사라진 미송의 그루터기들이 고무적인 서식지를 이루고 있는 자신의 장소들을 보여주었다. 돌참나무 잎이 땅을 양탄자처럼 덮고 있었고, 그 아래에서 생겨나는 버섯을 찾는 것은 불가능해 보였다. 그러나 그는 땅에 몸을 엎드리고 기대하는 덩어리의 촉감이 느껴질 때까지 손으로 그 잎들을 느끼는 방법을 내게 보여주었다. 우리는 촉각에만 의지해 송이버섯을 찾고 있었는데, 내게 그것은 숲을 배우는 새로운 방법이었다.

이 방법은 송이버섯이 생길 만한 곳을 알고 있을 때만 유용하다. 일반화된 유형이 아니라 특정한 식물과 곰팡이에 대한 지식이 있어야 한다. 이처럼 정통한 지식과, 산림 퇴적물을 훑는 촉각을 겸비하게 되면서 나는 다시 지금 여기, 한창 진행되고 있는 상황에 집중하게 된다. 우리는 시각을 너무 많이 믿는다. 나는 땅을 쳐다보고 '이곳에는 아무것도 없어'라고 생각했다. 그러나 마치맨이 손을 더듬어 찾아낸 것처럼, 그곳에는 무언가가 있었다. 진보 없이도 헤쳐 나가려면 우리의 손을 이용해 충분히 느껴야 한다.

이 장에서는 이러한 마음가짐으로 내가 소외의 가장자리를 표시하는 경계 혼란의 유형들을—그리고 그래서 아마도 잠복해 있는 공유지를—언뜻 보았던 순간들을 되새기면서 나의 연구 지역들을 다시 한 번 돌아보겠다. 다른 존재와 혼란스럽게 얽혀 있는 상태는 항상 상황이 한창 진행 중인 것이다. 그렇기 때문에 제대로 결론이 나지 않는다. 요점을 반복해서라도 나는 진행 중에 있는 모험의 냄새가 전달되기를 바란다.

마치맨은 송이버섯에 대한 열정으로 그 이름을 가지게 됐다. 그는 상업적 채집인이자 열의를 가지고 공부하는 아마추어 과학자다. 그는 자신의 패치를 점검하면서 기온과 강수량에 따른 송이버섯 생산량을 오랜 기간에 걸쳐 적은 뛰어난 기록물을 만들었다. 또한 마치맨은 그의 웹사이트 이름이기도 한데, 그곳은 많은 곳에서 모은 버섯에 관한 정보로 가득 차 있다. 그 사이트는 또한 특히 백인 채집인과 구매인들이 토론하는 장소가 되었다.[1] 자신의 열정을 따랐기에 그는 산림청과도 대화하게 되었고, 산림청은 송이버섯 연구에 그의 서비스를 이용했다.

마치맨은 버섯에 진심을 다해 임하지만, 버섯만으로 자신에게 필요한 것들을 충분히 얻을 수 있다고 생각하지는 않는다. 그는 다른 많은 꿈과 사업 계획도 가지고 있다. 내가 방문했을 때 그는 강에서 채취한 금 알갱이들과 향신료로 팔 계획인 훈제향이 나는 송이버섯 가루를 내게 보여주었다. 그는 약효가 있는 곰팡이들을 재배하는 실험을 하고 있었고, 땔나무를 판매 목적으로 모아두고도 있었다. 마치맨은 자신이 자본주의의 맨 끝자락에 있는 생계 방식을 선택했다는 것을 잘 알고 있었다. 그는 다시는 임금노동을 하고 싶지 않았고, 소유하거나 빌리지 않고도 산에서 살 수 있는 장소를 찾고자 했다. (그는 그 당시 개인 소유의 산에서 관리인으로 살고 있었고, 이후에는 무보수로 캠핑장 관리인의 일을 맡으며 살았다.) 많은 버섯 채집인들처럼 그는 자본주의의 한계 공간들, 엄밀하게 말해서 내부도 외부도 아닌, 세계를 완전하게 담아내지 못하는 자본주의적 규율의 무능력이 특히 명백하게 드러나는 곳을 탐험해왔다.

마치맨은 불안정성precarity의 문제점뿐 아니라 가능성도 살펴

---

1. https://www.matsiman.com/

며 항해한다. 불안정성은 계획을 세우지 못한다는 뜻이다. 그러나 불안정성으로 인해 실제로 이용 가능한 것을 동원해 일하게 되므로 알아차림이 활성화된다. 다른 존재와 함께 살아가기 위해서 우리는 우리에게 있는 모든 감각을 사용해야 할 필요가 있다. 그것이 산림 퇴적물 주변에서 느끼는 것을 의미할지라도 말이다. 마치맨이 알아차림에 대해 자신의 웹사이트에서 사용한 단어들은 꽤 적절해 보인다. "마치맨은 누구인가?"라고 그는 묻는다. "사냥하기, 배우기, 이해하기, 보호하기, 다른 이들을 교육하기를 사랑하고 송이버섯과 그것의 서식지를 존경하는 사람은 누구라도 마치맨이다. 무엇이 이것이나 저것을 일어나게 하거나 일어나지 않게 했는지 알아내려고 끊임없이 노력하면서 아무리 많이 알게 되어도 충분하지 않다고 느끼는 우리들이 마치맨이다. 우리는 국적이나 성별, 교육 수준, 나이 등에 구애받지 않는다. 누구나 마치맨이 될 수 있다." 마치맨은 송이버섯 애호가들의 잠복해 있는 공유지를 불러낸다. 그의 상상 속 마치피플matsipeople을 함께 묶는 것은 알아차림의 즐거움이다.

　나는 이 책 지면의 대부분을 살아 있는 존재들에 할애했지만, 죽은 존재들을 기억하는 것도 쓸모가 있다. 망자들도 사회적 세계들의 일부분이다. 루민 바리오Lu-Min Vaario는 숯덩이 주위에 모여 있는 송이버섯 균사(곰팡이 몸체의 끈 같은 모양의 세포들)를 찍은 슬라이드를 보여주면서 나를 이 방향으로 살며시 인도했다. 비록 송이버섯은 살아 있는 나무들과 관계를 맺는 것으로 잘 알려져 있지만, 그의 연구가 보여주듯이 죽은 나무들에서도 영양분을 얻을 수 있다.[2] 그는 이 발견에 고무되어 송이버섯의 살아 있는 그리고 이미 죽은, '좋은 이웃들'에 관한 연구 프로젝트를 시작했다. 여기서 숲은 살아 있는 나무, 곰팡이, 토양 미생물에 합류한다. 그는 이웃다움―즉, 생명력과 생물종이 모두 다름에도 서로 맺어진 사회 관계들―이 좋은 삶에 얼마나 필수적인지를 연구한다.[3]

바리오 박사는 인간에게 차이를 가로지르는 상호관계를 뜻하는 이웃다움이 어떤 것인지에 대해서도 깊이 사유했다. 중국에서 태어나 그곳에서 초등교육을 받았지만, 그의 연구는 송이버섯 과학의 많은 중요한 장소에 걸쳐 이어져 있다. 그는 우호적인 송이버섯 연구를 형성하기 위해 감춰져 있으면서도 공공연히 드러나 있는 서로 다른 국가적 관습을 뛰어넘으며 작업해야 했다. 그는 도쿄대학에 있는 스즈키 가즈오의 영향력 있는 실험실에서 박사 후 연구원으로 훈련받았다. 그 실험실에서 그는 처음으로 송이버섯이 가진 부생균腐生菌, 즉 죽은 생물을 먹는 미생물로서의 능력을 실험했고, 그 능력이 송이버섯을 재배하는 기술로 이끌어줄 수 있기를 희망했다. (균사는 무생물 물질의 표면에서도 자라지만, 살아 있는 숙주 없이 균사체에서 송이버섯이 생기는 것을 본 사람은 아직 아무도 없다.) 중국에 자리한 연구직을 받아들였을 때 그는 다른 송

---

2. Lu-Min Vaario, Alexis Guerin-Laguette, Norihisha Matsushita, Kazuo Suzuki, and Frédéric Lapeyrie, "Saprobic potential of *Tricholoma matsutake*: Growth over pine bark treated with surfactants," *Mycorrhiza* 12 (2002): 1–5.
3. 관련된 연구로는 다음 문헌을 참고하기 바란다. Lu-Min Vaario, Taina Pennanen, Tytti Sarjala, Eira-Maija Savonen, and Jussi Heinonsalo, "Ectomycorrhization of *Tricholoma matsutake* and two major conifers in Finland—an assessment of in vitro mycorrhiza formation," *Mycorrhiza* 20, no. 7 (2010): 511–518.

이버섯 풍경을 연구할 기회에 흥분하면서도 그의 연구에 대한 이해가 거의 없다는 점에 좌절감을 느꼈다. 몇 년 후 그는 결혼해 핀란드인 남편과 함께 핀란드로 옮겨 갔고, 핀란드산림연구소Finnish Forest Research Institute로부터 '좋은 이웃' 연구를 계속하도록 연구비를 받았다. 이웃다움에 대한 연구는 차이를 협력을 위한 자원으로 바꾼다. 중국인, 일본인, 핀란드인 과학자들 사이의 상호작용뿐 아니라 뿌리, 균사, 숲, 박테리아 사이의 상호작용을 상상하는 것은 생존에 대한 우리의 이해를 협력 프로젝트로서 새롭게 이해하는 것만큼 좋은 방법이다.

바리오 박사는 정해진 일자리가 없는 과학자로서, 기관에서 제공하는 일자리 보장이 없기 때문에 연구비를 지원받은 것은 운이 좋은 경우다. 정규직 일자리 없이 사는 문제는 고등교육 학위가 없는 사람들에게 더 가혹하다. 북극권 한계선 위에 위치한 핀란드의 시골에 살고 있는 티아를 생각해보자. 자신의 집으로 가는 길에 그는 우리에게 실직자들이 정부의 실업수당을 기다리면서 술을 마시며 시간을 때우는 골목을 보여주었다. 유럽연합산 값싼 식료품이 이용 가능해지면서 핀란드 북부의 농업은 무너졌고 다른 직업은 없다고 그는 불평했다. 그러나 그에게는 기획력이 있다. 그 지역의 산딸기류 열매로 만든 잼, 원목 공예품, 뜨개질한 스카프, 송이버섯을 포함하는 지방 생산품을 판매하는 협동조합식 마케팅 할인점을 공동 창업했다. 그는 송이버섯을 알아보고 채집하는 방법을 알려주는 여행 세미나에서 송이버섯에 대해 배운 뒤에 지금은 송이버섯을 더 많이 발견할 수 있는 풍년이 오기를 기다리고 있다. 그는 송이버섯 관광업의 가능성에도 관심이 있다.

그가 사는 지역의 다른 사람들은 도시에서 온 방문객에게 송이버섯 채집을 포함해 숲에서 하는 스포츠와 취미 생활을 보여주는 자연 가이드로 훈련받았다.[4] 나는 다음 풍년에는 '송이버섯의 왕'이 될 것을 약속한 활기 넘치는 젊은이와 함께 채집할 기회가 있었다. 그는 어떤 수업에서 버섯은 전통 유산이 아니라고 배웠다. 그에게 버섯은 밀물이 들어올 때 그 위에 타고 물살을 가르게 할 열정이자 출발점이며, 희망을 대표했다. 송이버섯이 열렸다면 전등으로 비추면서 밤새 버섯을 땄을 거라고 그는 말했다. 송이버섯은 단지 그럭저럭 살아가기 위해서가 아니라 열정적으로 살아가기 위한 그의 꿈이었다.

여기에 다시 한번 자본주의의 내부임과 동시에 외부인 그 가장자리가 있다. 새로운 상품사슬이 도착할 때, 이 남자는 산업 훈련을 통해서가 아니라 개인의 재능을 활용해, 그리고 많은 불안정한 가능성 중 하나로서 그것을 움켜잡는다. 한편으로 이것은 자본주의**다**. 즉, 모든 사람이 기업가가 되고 싶어 한다. 다른 한편으로 기업가 정신은 무언의 결핍 상태와 향상을 원하는 열의가 혼합되어 있는 핀란드 시골의 리듬에 맞춰 형성된다. 이 사슬의 하류로 이동하는 어떤 상품이라도 번역의 지저분한 과정에서 그러한 연결

---

4. 헤이키 유실라(Heikki Jussila)와 야리 야르빌루오마(Jari Jariviluoma)는 경기 불황을 겪고 있는 현대 라플란드의 관광업에 대해 논의한다. "Extracting local resources: The tourism route to development in Kolari, Lapland, Finland," in *Local economic development*, ed. Cecily Neil and Markku Tykkläinen, 269–289 (Tokyo: United Nations University Press, 1998).

들로부터 뽑혀야만 할 것이다. 다른 세상들을 상상할 여지가 여기에 있다.[5]

내가 일본에서 만난 사토야마 옹호자들도 자신들 머릿속의 상당히 많은 부분을 다른 세상에 대한 상상으로 채웠다. 나는 특히 다나카 씨를 떠올리고 있는데, 그는 티아처럼 그 지방의 천연 제품과 공예품을 전시하는 센터를 세웠다. 그러나 티아와 다른 점은 그는 생계를 꾸리는 것에 관심이 없었다. 그는 편안하게 정년퇴직했고, 그곳은 그가 소유한 땅이었다. 그는 개인 소유의 자연 센터에서 사토야마 풍경을 가꾸는 문화를 형성해 이웃과 방문객들에게 선물하고자 했다. 그의 마을 아이들이 버스를 타고 학교에 가기 시작했다고 그는 말했다. 이제 아이들은 학교에 걸어가지 않게 되었기 때문에 거의 밖으로 나오지 않았다. 그는 숲에 관심을 기울이는 방법과 숲에서 노는 방법을 보여주기 위해서 아이들을 그의 땅에 초대했다. 우리는 그 숲의 특별한 장소들을 지나다녔는데, 그는 그 아이들도 그곳들을 발견할 수 있기를 희망했다. 그곳에는 두 그

---

5. 사실 또 다른 세계가 형성되고 있다. 경기 불황을 겪고 있는 핀란드의 시골로 결혼 이주할 태국 여성들을 모집해 이주시키게 되면서 산딸기와 최근에는 버섯을 채집하는 태국인 채집인들의 연결망이 숲에 진입했다. 채집인들은 사비를 들여 독립적으로 들어온다. 오리건주의 채집인들처럼 그들은 자비로 경비를 들여 직접 채집한 것을 판다. 그들은 움츠러들고 있는 핀란드 시골 마을들에서 폐교 건물에 모여든다. 그들은 때로는 자신들이 직접 요리하거나 음식 몇 가지를 싸 와 먹으면서 자신들의 삶의 방식을 유지한다. 자신들을 모집한 사람들과는 달리 채집인들은 방콕 출신이 아니라 라오어를 사용하는 가난한 태국 동북 지역 출신이다. 아마도 그들은 미국의 라오계 채집인들의 먼 친척일 것이다. 그들의 닮은 점을 보니 다음과 같은 의문이 든다. 핀란드 산림감독관들과 지역 사회 활동가들은 이 새로운 채집인들과 어떻게 대화하는가? 그들의 경험과 전문 지식은 대화에 등장할까?

루의 (서로 다른 종의!) 나무가 하나의 몸통으로 서로 묶여 함께 자라고 있었다. 그곳에는 덤불이 있는데, 그가 그곳을 깨끗하게 정리하자 여러 개의 부서진 불상이 모습을 드러냈다. 그곳에는 그에게 어떤 여성을 떠올리게 하는 두 개로 깨어져 분리된 자연석이 있다. 그는 자신이 돌보지 않으면 그 지역에 걷잡을 수 없이 퍼진 재선충병으로 죽을 소나무를 보여주기 위해 우리를 데려갔다. 그것을 치료하고 돌보는 데는 비용이 많이 들고 그의 아내는 그 비용을 허락하지 않는다. 그러나 이것이 다나카 씨가 그 숲에 쏟는 헌신이다.

다나카 씨는 산등성이에 작은 산장을 지었고, 사쓰카 시호와 내가 나무들을 내려다보는 동안 우리에게 차를 대접했다. 그 산장은 옻칠을 한 콩크_{conk}[6]부터 특이한 야생 과일에 이르기까지 그가 숲에서 발견한 온갖 흥미로운 것들로 가득 차 있었다. 잠시 후에 산림 노동자인 그의 매부가 와서 어떻게 숲이 한때 마지막 나무 한 그루까지 벌목됐었는지 우리에게 말해주었다. 산이 무성하게 다시 자라도록 방치되기 전이었다. 다나카 씨의 가족은 산에서 일하면서 그 지역에서 5대째 살고 있었고, 그는 우체국 공무원이 되었다. 그는 땅을 사는 데 퇴직금 중 상당한 금액을 들였다. 큰 비용이 들었음에도 그는 숲에서 일하는 것이 자신에게 좋은 영향을 미친다고 느낀다. 돈을 벌어다 주지는 못하지만, 방문객을 감화하는 숲의 능력은 그에게 큰 의미가 있다. 사람들이 자연에 대해 느끼는

---

6. 나무 몸통에서 자라는 버섯류. —옮긴이

감각에 새로운 활기를 불어넣게 되면 세계는 살 만한 곳이 된다고 그는 말한다. 만약 송이버섯이 맺혔다면 그것은 뜻밖의 선물이 될 것이었다.

의도치 않게 우리 중 대부분은 우리 주위에 존재하는 다중의 세계를 무시하는 법을 배운다. 다나카 씨가 하듯이 다시 호기심을 갖기 위한 프로젝트들은 다른 존재와 함께 살기 위해 필수적인 작업이다. 물론 충분한 자금과 시간이 있다면 도움이 된다. 그러나 그것이 호기심을 가지게 만드는 유일한 방법은 아니다.

나는 샤오메이가 아홉 살일 때 한 시골 호텔에서 일하고 있던 그의 엄마와 함께 그를 처음으로 만났다. 마이클 해서웨이와 나는 윈난성 중부에 있는 그 호텔에 머물고 있었다. 샤오메이는 용감하고 매력적이며 영리했고, 우리에게 보여주는 것을 매우 좋아했다. 그의 부모는 그 호텔을 소유하는 송이버섯 사장과 좋은 관계를 맺고 있어서 그의 가족은 가끔 버섯을 찾아다니고 피크닉을 하러 산으로 올라갔다. 나는 마이클과 함께 그들과 동행한 적이 있는데, 샤오메이와 나는 입에 넣었을 때 눈이 감길 정도로 맛이 매우 강한 조그마한 산딸기에 온통 정신이 팔렸다. 그리고 나서 샤오메이는 가치는 없지만 아름다운 버섯인 빨간색 갓의 무당버섯Russula을 주우러 뛰어다녔다. 샤오메이의 열정은 전염성이 있어서 나 또한 그 버섯을 좋아하게 됐다.

2년 뒤에 내가 다시 그곳을 방문했을 때, 나는 샤오메이가 삶의 달콤함에 대한 감각을 잃지 않은 것을 보고 매우 기뻤다. 그는 마이클과 나를 끌고 가서 길가의 채소 텃밭을 보여주었고, 교란된 장소의 야생식물이 자라고 있는 개간되지 않은 변두리 공간으로 우리를 더 깊숙이 안내했다. 그곳은 잡초로 무성한 잠복해 있는 공유지였다. 즉 흔히 가치가 없는 곳으로 상상되는, 진보의 서사가 말하는 '텅 빈 공간'이었다. 그러나 우리에게는 몹시 흥미로운 곳이었다. 우리는 검은 딸기나무에서 딸기를 따먹었고 아주 작은 버섯을 찾아다녔다. 우리는 염소가 지나다니는 길을 따라 꽃을 관찰했다. 샤오메이는 그것들이 무엇인지 그리고 사람들이 그것들을 어떻게 사용하는지 설명해주었다. 그것은 다나카 씨가 그의 마을의 아이들에게서 육성하고자 했던 바로 그러한 종류의 호기심이었다. 다종적으로 살아가기는 그러한 호기심이 좌우한다.

진보 이야기를 빼면 세상은 무서운 곳이 된다. 폐허는 버려졌다는 공포를 담아 우리를 노려본다. 어떻게 살아야 하는지 아는 것은 쉬운 일이 아니며, 지구를 파괴하지 않는 것은 더 어렵다. 다행히 여전히 인간과 비인간의 일행이 함께 있다. 파괴된 우리 풍경들의 제멋대로 자란 변두리를—자본주의적 규율, 확장성, 그리고 자원을 생산하는 방치된 플랜테이션 대농장의 가장자리를—여전히 탐험할 수 있다. 우리는 잠복해 있는 공유지의 냄새를—그리고 찾기 힘든 가을 향기를—여전히 붙잡을 수 있다.

규정할 수 없는 삶, 오리건주.
레케 나카시무라Leke Nakashimura를
기억한다. 레케는
늙은이도 젊은이도 그를 따라
숲으로 들어가서 버섯을
찾자고 격려하면서
송이버섯에 대한 기억이
사라지지 않도록 노력했다.

포자가 만든 자취.
더 멀리 나아가는 버섯의 도전

21세기 초반의 사유화와 상품화 프로젝트에서 가장 이상한 것 중 하나는 학문을 상품화하려는 움직임이다. 두 가지 형태가 놀랍게도 강력히 이루어지고 있다. 유럽에서는 행정가들이 학자의 업적을 숫자로, 학술적 교환이 이루어지는 삶에 대한 총계로 축소하는 평가 활동을 요구한다. 미국에서 학자는 아무것도 모르는 시기, 즉 연구를 시작하는 첫날부터 스타가 되는 길을 찾고 자신들을 브랜드화하면서 기업인이 되기를 요구받는다. 두 가지 형태 모두 괴이하고 숨 막히게 하는 것 같다. 이러한 프로젝트들은 협업이 필수적인 작업을 사유화함에 따라 학문의 숨통을 끊어놓는 것을 주목적으로 삼는다.

그렇게 되자 생각을 중히 여기는 사람은 누구라도 사유화의 감시 기술을 의미하는 '전문직화'를 초월하거나 도피하는 장면을 어쩔 수 없이 연출한다. 그것은 놀이 집단과 소규모 협업 집단이 필요로 하는 연구를 디자인하는 일을 의미한다. 이러한 집단들은 비용과 혜택을 계산하는 개인의 집합이 아니라 협업을 통해 등장하는 학술적 모임이다. 버섯에 대해 심사숙고하는 것은 다시 한 번 도움을 줄 수 있다.

만약 우리가 의도하지 않은 디자인에서 수많은 유용한 산물의 원천이 등장하는 소농민 숲이 지적인 삶의 모습이라고 상상하면 어떨까? 이러한 이미지는 정반대의 것을 불러낸다. 즉 평가 활동에서 지적인 삶은 플랜테이션 대농장이다. 학문적인 기업가 정신에서 지적인 삶은 완전한 절도, 즉 공공의 산물을 사적으로 전용하는 것이기 때문이다. 어떤 것도 매력적이지 않다. 그 대신에 숲의 즐거움을 생각해보자. 그곳에는 산딸기, 버섯을 비롯해서, 땔나무, 야생 채소, 약초, 목재에 이르기까지 수많은 유용한 산물이 있다. 채집인은 어떤 것을 채집할지 선택할 수 있고 뜻밖의 풍요로움을 선사하는 숲의 패치들을 이용할 수 있다. 그러나 숲은 지속적인 작업을 필요로 하는데, 이는 숲을 정원으로 가꾸기 위해서가 아니라 개방적이고 다종이 이용할 수 있는 곳으로 유지하기 위해서다. 인간에 의한 코피싱, 동물의 방목, 산불은 이러한 설계를 유지한다. 다른 생물종들은 숲을 그들 자신의 것으로 만들기 위해 모인다. 학술적인 작업에서 이 방식은 꼭 알맞은 것 같다. 공동 연구는 학자 개개인의 특별한 솜씨의 가능성을 창조한다. 학술적인 발전의 알려지지 않은 잠재력을 고무하려면—한 무리 버섯의 예상하지 못한 풍부함처럼—지적인 숲의 공동 연구를 지속시킬 필요가 있다.

이러한 마음가짐으로 나의 송이버섯 연구를 가능하게 한 집단인 마쓰타케 월드 리서치 그룹은 우리의 개인 연구와 공동 연구에서 유희적인 협업을 구축하고자 노력해왔다. 사유화의 압력이 모든 학자의 삶에 파고들어 있기 때문에 이러한 노력은 간단하게 이루어지지 않았다. 협업의 박자는 필수적으로 산발적일 수밖에 없다. 그러나 우리는 코피싱과 화전을 시행했고 우리 공동의 지적인 숲은 번창하고 있다.

이것은 또한 임산물에 상응하는 지적 산물이 채집인으로서의 우리 각자에게 이용 가능하게 되었다는 것을 의미한다. 이 책은 그러한 생산물 중 단지 하나의 수확이다. 이것은 마지막이 아니다. 숲은 계속해서 바뀌는 자신의 보물들로 우리를 계속 끌어당긴다. 그곳에 버섯이 하나 있다면 더 많은 버섯이 있을 수 있지 않은가? 이 책은 송이버섯 숲으로 향하는 우리의 일련의 시도를 연다. 상업을 추적하며 중국으로 향하고 범세계적 과학을 뒤쫓아 일본으로 향하는 것과 같은 시도가 더 많이 있을 것이다. 이 책과 동행하는 책들에서 더 많은 모험을 생각해보자.

중국에서는 세계화된 무역에 관한 흥분으로 그 중심에 초국적 무역이 자리 잡은 '중국의 시골'을 창조하면서 가장 외딴 시골 마을조차도 변형시켰다. 송이버섯은 이러한 발전을 뒤따르기 위한 이상적인 운송 수단이다. 마이클 해서웨이의 「창발하는 송이버섯 세계들Emerging Matsutake Worlds」이라는 제목의 글[1]은 윈난성에서 독

---

1. 해서웨이의 단독 저서에 실릴 글의 제목이다. —옮긴이

특하게 형성되고 있는 글로벌 상업의 경로를 추적한다. 그의 책은 어떻게 송이버섯 숲을 포함하는 특정한 장소들이 전 지구적으로 연결되어 발전하는지 보여주면서 보전과 상업의 서로 상충하는 초국적 압력—예를 들어, 중국산 버섯에서 살충제가 검출되는 설명하기 어려운 사실에서 보이는 것과 같은—을 연구한다. 한 가지 놀라운 발견은 소수민족의 기업가 정신이 가지는 중요성이다. 티베트와 이족彝族 지역 모두에서 채집인들과 촌 단위로 거래하는 상인들은 소수민족 연결망 속에서 일한다. 해서웨이는 송이버섯에 의해 고무되는 새로운 종족적 열망의 범세계적인 성격과 전통주의적 심취 두 가지 측면 모두를 연구한다.

과학을, 그리고 더 일반적으로는 지식을 범세계적인 역사에 개방하는 것은 학자들에게 시급한 과제다. 송이버섯 과학이 일본에서는 한편으로는 과학과 토착 지식 간의 교차점을, 그리고 다른 한편으로는 국제적인 전문 지식과 지방의 전문 지식 간의 교차점을 이해하기 위한 이상적인 장소임이 판명되었다. 사쓰카 시호의 논문인 「야생 버섯의 카리스마The Charisma of a Wild Mushroom」는 어떻게 일본의 과학이 항상 이미 범세계적이면서도 토착적인지 보여주기 위해서 이러한 교차점들을 철저하게 조사한다. 사쓰카는 모든 지식이 번역에 기반하고 있다는 번역 개념을 발전시킨다. 송이버섯 과학은 오리엔탈리즘적이면서도 민족주의적인 상상인 오류 없는 완벽한 '일본의' 지식이라기보다는, 모든 면에서 번역이다. 그의 연구는 송이버섯이 우리에게 보여주는, 어설프게 구분 지어진 인간-비인간 세계 안에서 인간성과 사물성의 예상하지 못한 형태를 탐구하고자 우리에게 익숙한 서구식의 인식론과 존재론 너머로 이동한다.

끝맺기를 거부하는 이 책은 어떤 종류의 책인가? 송이버섯 숲처럼, 각각의 우연한 모임은 예상하지 못한 풍부함으로 다른 모임들을 지원한다. 학문의 상업화를 반대하며 한계를 넘어서지 않았다면 이것은 불가능했을 것이다. 숲 또한 플랜테이션 대농장과 노천 채굴 광업을 공격한다. 그러나 숲을 완전하게 사라지게 하는 것은 어려운 일이다. 학술적인 숲도 마찬가지다. 공동의 놀이에서 탄생한 아이디어는 여전히 유혹의 손짓을 한다.

어슐러 K. 르 귄은 「소설의 운반 가방 이론The Carrier Bag Theory of Fiction」에서 독자들은 사냥과 살해에 관한 이야기 때문에 개인의 영웅적인 행위가 이야기의 요점이라고 상상하게 되었다고 주장한다. 르 귄은 이러한 이야기 대신에 큰 사냥감을 죽이기 위해 기다리는 사냥꾼처럼 이야기를 전개하기보다는 오히려 채집인이 하는 것처럼 다양한 의미와 가치가 있는 것들을 포착해 함께 모으는 스토리텔링을 하자고 제안한다. 이러한 종류의 스토리텔링에서는 이야기들이 결코 끝나지 않아야 하고 더 많은 이야기로 이끌어야 한다. 내가 용기를 북돋으려고 노력해온 지적인 숲에서 모험은 더 많은 모험으로 이끌고 보물은 더 많은 보물로 이끌었다. 버섯을 채집할 때 하나의 버섯만으로는 충분하지 않다. 첫 번째 버섯을 찾으면 더 많은 버섯을 찾을 용기가 생긴다. 그렇지만 르 귄이 대단한 유머와 의지를 가지고 그것을 말했기에, 나는 마지막 말을 그에게 넘긴다.

나는 말하는데, 계속해서 야생 귀리를 찾아서 헤매세요, 슬링[2]에는 우우를 싸서 매고 바구니에는 작은 움을 담아 들고 다니면서. 당신은 그냥 계속 말하는데, 어떻게 매머드가 붑에게 덤벼들었는지,[3] 어떻게 카인이 아벨에게 덤벼들었는지, 어떻게 폭탄이 나가사키에 떨어졌는지, 어떻게 불붙은 젤리[4]가 마을 사람들 위로 떨어졌는지, 어떻게 미사일이 악의 제국[5] 위에 떨어질 것인지, 그리고 인류의 부상을 위해 실행한 다른 모든 단계에 대해 계속 말한다.

만약 원하는 무언가를 담는 것이 인간의 특징이라면, 그것이 유용해서, 먹을 수 있어서, 또는 아름다워서, 가방에, 또는 바구니에, 또는 나무껍질이나 나뭇잎으로 만든 두루마리 조각에, 당신의 머리카락으로 짠 그물망에, 또는 당신이 가진 어떤 것에든지 담는다면, 그리고 나서 집으로, 또 다른 더 큰 종류의 주머니나 가방, 사람을 담는 그릇인 집으로 가져간다면, 그리고 나서 나중에 그것을 꺼내서 먹거나, 함께 나누거나, 고체 용기에 담아 겨울을 대비해 저장하거나, 약재 꾸러미에 넣어두거나, 사원이나 박물관, 신성한 장소, 성스러운 것이 살고 있는 지역에 놓아두거나, 그리고 나서 다음날 당신은 똑같은 일을 아마도 다시 할 것이

2. 운반용 띠. —옮긴이
3. 붑은 인간 사냥꾼의 이름인데, 선사시대에 동물이 인류에 맞섰으나 사냥꾼이 모두 죽여 멸종되었다는 의미다. —옮긴이
4. 베트남전쟁에 쓰인 젤리 형태의 폭탄 원료인 네이팜을 뜻한다. —옮긴이
5. 1983년에 로널드 레이건(Ronald Reagan) 전 미국 대통령이 연설에서 소련을 포함하는 공산주의 국가들을 언급하기 위해 사용한 용어다. 이후 미국의 적이라고 여겨진 국가들을 지칭하는 표현으로 악(the evil)이라는 단어가 종종 사용되었다. —옮긴이

고—만약 그것을 하는 것이 인간이라면, 그것이 인간이라서 해야 하는 일이라면, 그렇다면 나는 결국 인간이다. 완전하게, 자유롭게, 기쁘게, 태어나서 처음으로.[6]

6. Ursula Le Guin, "The carrier bag theory of fiction," in *Dancing at the edge of the world*, 165–170 (New York: Grove Press, 1989), 167–168.

[해제] 다종의 세계 만들기와 알아차림의 기술

노고운

포스트휴머니즘 인류학

문화인류학에 대해서 아주 조금이라도 알고 있는 독자라면 이 책이 문화인류학 학술서라는 사실에 의아해할 수도 있겠다. 이 책은 송이버섯에 관한 연구인데, 문화인류학은 현대를 살아가는 인류와 그들이 구성하는 사회문화를 연구하는 학문이기 때문이다. 따라서 인간이 아닌, 버섯 곰팡이의 자실체인 송이버섯을 주요 연구 대상으로 삼은 이 책이 정말 문화인류학인가라는 의문을 가질 수 있다. 한 사회학과 대학원생은 이 책의 특정 부분이 인류학이 아니라 생물학 같다고 말하기도 했다. 인류 문화를 연구할 때 적용하는 문화인류학 이론을 비인간 생물에 대한 연구에 사용할 수 없다고 생각하는 문화인류학자도 적지 않다. 비인간 생물은 문화를 형성할 수 있는 능력이 없다고 여기기 때문이다. 하지만 이 책은 문화인류학이다. 어떻게 그럴 수 있을까? 그 답은 포스트휴머니즘 이론에 있다.

최근 점점 더 많은 문화인류학자들이 포스트휴머니즘 이론을 적극적으로 받아들이고 있다. 포스트휴머니즘은 인본주의(휴머니즘)에 대한 비판적 성찰과 문제 제기로 탄생한 이론적 태도를 뜻하는 용어다. 인본주의는 인간과 비인간을 구분하고, 인간의 능력과 도덕적 자질, 존재의 가치를 비인간 존재의 그것보다 우월한 것으로, 따라서 더 소중한 것으로 여기는 사상이다. 포스트휴머니즘은 이런 인본주의에 내재한 인간예외주의와 인간중심주의를 비판한다. 그러므로 포스트휴머니즘 이론은 문화인류학자가 이전과는 전혀 다른, 그리고 매우 근본적인 관점을 가질 수 있게 해주었다. 문화란 인간에게 고유한 것이 아니라 인간과 비인간이 함께 구축하는 것이라는 통찰이 그것이다.

어쩌면 문화인류학은 포스트휴머니즘이 등장하기 이미 오래전부터 인본주의를 벗어날 수 있는 이론적 기반을 축적해놓았다고 할 수 있다. 20세기의 인류학은 서구의 식민주의 정치경제와 근대주의 사상이 끈질기게 주장해온 인간의 보편적 개념이 틀렸음을 밝히고자 했다. 인류학자들은 서구 유럽 식민주의에 기인한 인종주의를 비판하면서 비서구인들이 유럽 식민 제국에 의해 어떻게 인간 이하로 여겨져 왔는지 분석했다. 이에 더하여 페미니즘 인류학은 인종뿐 아니라 성별과 성차, 섹슈얼리티도 사회적으로 구성된다는 점, 그리고 여성과 어린이, 장애인, 이주민, 노예, 성소수자 등 사회적으로 소외된 이들이 인간 이하의 존재로 취급된다는 점을 밝혔다. 인간이라는 존재론적 범주가 생물학적인 경계에 의해서가 아니라 인간에 의해 임의로 그어지는, 사회적으로 구성되는 경계라는 점을 이론적으로 주장했으므로 포스트휴머니즘의 씨앗을 품고 있었다고 볼 수 있다.

또한 서구 사회보다 비서구 사회를 연구 대상으로 삼았던 이전의 문화인류학에서는 비서구인들의 자연관, 세계관을 다루면서 비인간 존재들에 대한 문화적 해석이 담긴 애니미즘과 토테미즘, 그리고 초자연적 존재에 대한 민간 신앙과 민속적 신념에 대해 연구했다. 이런 민속학적 연구는 문화인류학자들에 의해 여전히 활발하게 수행되고 있다. 세계의 다양한 문화권에서 인간과 비인간이 특정한 관계를 맺으며 연결되어 있다고 믿는 다채로운 양상에 대해 연구한 것이다. 그러나 이런 연구들은 한계가 있다. 비서구인과 여성이 서구 백인 남성과 동등한 능력을 가지고 있으므로 인간 범주에 포함되어야 한다고 주장하고, 비서구 문화의 종교, 신념과 세계관이 서구 문명보다 열등하지 않고 그것만큼 훌륭하므로 동등하게 여겨야 한다고 주장하는 것은 여전히 인본주의적이기 때문이다.

최근 문화인류학은 포스트휴머니즘의 영향 아래 학문 내부의 이런 인본주의적 성향을 성찰적으로 비판하고, 인간 너머의more than human 문화적 맥락을 연구하는 학문으로 거듭나고 있다. 이러한 연구 경향 중 대표적인 몇 가지를 살펴보면 다음과 같다. 먼저 1990년대부터 브뤼노 라투르 등의 인류학자들이 주창하는 행위자-연결망 이론이 관심을 끌기 시작했다. 행위자-연결망 이론은 인간만이 주체성을 가진 행위자라고 보는 인본주의에 대한 비판에서 출발한다. 인간이 이룬 문화적 결과물은 도구, 기계, 기술, 무생물 등을 모두 포함하는 비인간 사물과 결합해 연결망을 형성했기 때문에 가능했다는 주장이다. 이 연결망 속에서 사물은 하나의 주체로서 행위하고 그로 인한 결과물에 인간 못지않게 기여한다. 예를 들면, 이전에는 실험실에서 과학적 지식을 생산한다는 것은 지적 능력이 있는 인간이 비인간 사물을 도구로 사용해 자신의 가설을 객관적으로 증명하는 것이라고 보았다. 그러나 라투르는 더 많은 비인간 사물 협력자들로 더 촘촘하게 연결망을 형성한 과학자 집단의 가설이 사실로 받아들여진다고 보고, 따라서 이 비인간 사물들은 인간과 함께 지식을 생산하는 공동 행위자로 존재한다고 주장한다.

두 번째 이론적 성향은 존재론적 전회the ontological turn라고 불리는데, 비서구 원주민 사회의 애니미즘, 토테미즘 등에 기반하여 토착문화의 존재론에 관심을 기울인다. 메릴린 스트래선, 필리프 데스콜라Philippe Descola, 에두아르도 비베이루스 지 카스트로Eduardo Viveiros de Castro와 같은 인류학자들은 많은 비서구 원주민 사회에는 서구 사회와 달리 자연과 문화, 인간과 비인간에 대한 명확한 구분이 없다는 점을 밝혔다. 아마존의 원주민 사회에서는 인간과 비인간 동식물이 가족이나 친족 관계로 얽혀 있어서 인간-비인간, 문화-자연, 주체-객체라는 이원론에 따라 분류되지 않는다. 그리고 각각의 문화들은 무엇이 자연인지에 대해 다양한 의미를 부여하면서 자연과 문화를 개념화한다. 이전의 인본주의적 인류학에서는 서구 사회가 이해하는 방식의 자연만이 객관적인 과학적 사실이지만, 그럼에도 비서구 사회들의 사고 체계 속에 존재하는 다양한 형태의 자연 개념 또한 존중해야 한다고 주장했다. 이것은 다

문화주의다. 즉, 자연은 보편적이나 자연에 대한 문화적 해석은 다양할 수 있다는 것이다. 그러나 존재론적 전회 이론에서는 서구가 이해하는 자연 역시 서구 사회에서 믿는 존재론에 의해 개념화된 한 가지 유형의 자연일 뿐이다. 데스콜라에 의하면, 서구 사회의 자연주의 존재론은 비인간 동물이 문화와 감정이 없고 생물학적으로 프로그램화된 본능에 의해 반응할 뿐인 기계 같은 존재라고 믿는 특정한 유형의 자연 개념을 구성하는 것이다. 다양한 관점에 따라 다수의 자연이 존재하는 것으로, 이는 다자연주의다.

마지막으로 이 책이 추구한다고 볼 수 있는 다종민족지multi-species ethnography 이론이 있다. 2000년대에 등장한 다종민족지는 말 그대로 다수의 생물종이 마주치고, 얽히고, 충돌하며 만들어가는 공동의 삶의 세계들을 구체적으로 기술한다. 이 이론에 따르면 문화는 인간뿐 아니라 동물과 식물, 곰팡이와 세균, 미생물을 모두 포함하는 다양한 생물들이 형성하고 변형시키는 것이다. 하지만 다종민족지는 단순히 여러 생물들이 얽히고 어우러지는 양상을 기록하는 것이 아니다. 생물의 기본 단위를 단일종이 아닌 다종의 복합체로 이해하고, 이 다종의 생물들이 함께 이루는 삶을 하나의 '-되기'로 해석하는 것이다. 인간은 이러한 다종의 되기에서 그 중심이 아닌 일부분에 위치할 뿐이다. 사실 다종민족지 이론에 의하면 인간이라는 단일 생물종은 존재하지 않는다. 인간 DNA 중 인간에게만 고유하게 존재하는 물질은 소수를 이루고(10% 정도일 뿐이라고 주장하는 연구가 널리 받아들여진 후 '기껏해야' 50% 정도라는 보수적인 주장도 등장했다), 대부분은 동식물, 곤충, 미생물을 구성하는 물질과 동일한 물질들로 이루어져 있다. 인간의 몸 안에는 1조 개가 넘는 무수히 많은 미생물이 공존하며 이들이 없다면 인간은 면역체계의 균형을 잃을 것이고, 음식물을 소화시키지도 못해 죽고 말 것이다. 도나 해러웨이는 이렇게 인간과 비인간으로 이루어진 다종의 생물들이 서로의 몸과 삶의 공동 구성요소로서 함께 진화해왔다고 보고, 이들의 관계를 반려종companion species 이라고 부른다. 인간과 비인간의 몸과 삶은 다종의 생물이 모여 이루어나가는 일종의 배치assemblage인 것이며, 이 책의 저자 애나 칭은 송이버섯 곰팡이, 소나무, 인간, 그리고 다른 많은 생물들이 이루는 공생의 배치를 살펴보고자 한다.

협력을 낳는 오염과 불확정성을 두려워하지 말라

애나 칭의 송이버섯 연구는 다종의 민족지로서 다종의 '세계 만들기'를 살펴본다. 근대 사회의 통념과 달리, 다종의 민족지는 인간만이 아니라 모든 비인간 생물이 문화를 건설하고 자신이 살아가는 환경을 만들어나간다고 본다. 칭은 이 과정을 "다종의 세계 만들기"라고 부르는데, 각각의 생물종은 자신의 생활환경뿐 아니라 다른 생명체들의 환경도 바꾸게 된다. 예를 들어, 뛰어난 건축가로 알려진 비버는 댐을 지어 물을 막는데, 그러면 그곳은 습지로 변해 여러 동식물의 서식지가 된다. 그런데 칭은 이렇게 우리 눈에 명백하게 주거 환경 건설로 보이는 활동만을 세계 만들기라고 부르지 않는다. 모든 생물은 지구 환경을 바꾸는 데 일조한다. 박테리아와 미생물, 식물과 동물 모두 호흡하며 공기 중의 산소와 탄소의 양을 조절하고, 먹이를 구하고 소화시키고 배설해 물과 흙의 성분, 모양, 흐름을 바꾼다. 한 공간에 하나의 생물종만 살아갈 수는 없으므로 생명체들은 이렇게 서로의 서식지에 영향을 미치며 무수한 다종의 세계들을 만드는 데 참여한다.

송이버섯 곰팡이와 소나무를 중심에 둔 패치(칭은 이 책에서 패치를 두 가지 의미로 사용한다. 먼저 배치를 통해 형성되는 다종의 생물들의 특정한 집합을 의미하고, 자본주의적 생산, 운송, 소비 등이 분산되어 실행되는 구역들을 지칭한다. 나는 9쪽의 역자주 2번에서 패치에 대해 자세히 설명하였다)에서 일어나는 일은 이런 다종의 세계 만들기의 한 가지 예다. 소나무는 비옥한 땅에서는 잘 자라지 못하는데, 잎이 넓고 빨리 자라는 활엽수 때문에 햇빛을 받지 못하기 때문이다. 양분이 적은 척박한 땅으로 밀려난 소나무는 송이버섯 곰팡이가 붙어서 살 수 있는 잔뿌리를 내어주고, 곰팡이는 그 뿌리와 공생하면서 모래밭의 양분을 소화시켜 소나무 뿌리 곁에 내놓는다. 소나무와 송이버섯 곰팡이가 서로에게 살 집과 먹이를 제공하면서 협력 관계를 이루어 세계 만들기를 하지 않는다면 둘 다 살아남을 수 없다. 이 둘의 공생은 어떤 생물도 살수 없을 것 같은 모래사장이나 바위산을 다양한 생물이 살아가는 소나무 숲으로 바꾼다. 이 소나무 숲에서 인간은 땔나무, 나물, 버섯, 열매를 얻고, 다양한 동식물, 이끼류, 균류도 이 숲을 집으로 삼아 먹이를 얻으며 살아간다. 인간과 동식물은 이렇게 살아가면서 흙을 헤집거나 다지고, 잔가지를 치고, 씨앗을 묻는데, 이 과정에서 흙과 나뭇잎이 섞여 미생물과 곰팡이에 의해 발효되고, 꽃가루와 씨앗이 널리 퍼지며, 햇빛이 숲 내부로 스며들 수 있다. 칭은 제2차 세계대전 중 원자폭탄이 투하된 일본의 히로시마 지역과 1986년 구소련 체르노빌의 핵발전소 사고 후 이 지역들에 처음으로 등장한 생물이 버섯이라는 이야기를 소개한다. 이 이야기를 통해 버섯은 인간이 발전시킨 근대 자본주의 체제에 의해 폐허로 변한 지역에서 생명체의 가능성을 보여주는 생물이며, 이 가능성은 다종의 공생의 얽힘을 통한 세계 만들기에 의해 이루어질 수 있다고 칭은 주장한다.

　　매우 아름다운 이야기라고 생각할 수 있다. 기후위기로 인한 서식지 파괴와 생물종 대멸종의 시대를 살아가는 우리 인류에게 희망을 주는 이야기라고도 생각할 수 있다. 하지만 칭은 이 공생의 세계 만들기가 모든 생물에게 도움을 주지는 않는다는 점을 명확히 한다. 송이버섯과 침엽수 소나무의 공생 관계는 활엽수나 송이버섯 냄새를 싫어하는 특정 동식물, 또는 다른 미생물과 곰팡이에게는 도움이 되지 않을 수도 있고, 심지어 그들의 생존에 치명적인 해를 입힐 수도 있다. 인간도 송이버섯을 먹을 수는 있지만 그것만으로 배를 채울 수는 없을 것이다. 이 점을 이해하는 것은 매우 중요하다. 기후위기 시대에 인류의 미래를 위한 대안을 찾으려는 마음으로 다종의 세계 만들기를 바라봐서는 안 된다는 점을 잘 보여주기 때문이다. 다종의 세계 만들기를 인류 구원이라는 특정한 목적을 가지고 바라본다면, 우리는 지금까지 인류가 지향해온 인본주의적 정치경제를 버리지 못한 채 다종의 세계 만들기를 인간만을 위해 이용하고자 할 것이다. 화성 탐사처럼, 지구의 생태계를 파괴하는 현재의 정치, 경제, 사회 체제를 바꾸지 않은 채 우주를 식민화해 지구 환경의 대안으로 삼으려는 현재 군사과학의 양상과 크게 다를 바 없을 것이다.

특히 근대 이래로 서구는 자본주의적 부의 축적과 식민주의에 의한 점령을 성장, 진보, 발전으로 믿고, 이를 위해 비서구의 인간들과 비인간들을 착취해왔다. 칭은 서구가 주도해온 이와 같은 근대 식민주의와 글로벌 자본주의를 비판하며 그것들을 다종의 세계 만들기와 비교한다. 서유럽 국가들이 주로 식민지에 건설한 플랜테이션 농장은 그곳에 경작되는 식물과 그것을 경작할 노동자를 그들의 생태 주거 환경에서 분리시키고 소외시키는 방식으로 운영되었다. 플랜테이션 농장에 끌어들여진 인간/비인간 존재들은 원래 다종의 관계로 얽혀 있는 삶을 이루어왔지만 농장에서는 그 관계들이 끊어진 상태로 살아가야 했다. 노예가 된 비서구의 노동자들은 가족, 친족, 지역 공동체에서 분리된 채 소외된 노동력이 되었고, 식물들은 야생의 삶에서 뿌리째 뽑혀 한 종의 작물만을 다루는 단일경작 방식으로 심어졌다. 소외된 노동력과 환금작물이 된 인간과 비인간 존재들은 하나의 자립적인 단위로서 언제라도 새로운 지역에 심어질 수 있도록 디자인되었다. 칭은 이러한 특성을 확장성scalability이라고 부른다. 확장성이란 하나의 기본적인 구조와 틀을 변형시키지 않고 규모만 확장시키는 것이 가능한 특성을 말한다. 플랜테이션 대농장과 글로벌 생산 및 조립 공장에서는 생산에 필요한 구성 요소들을 그것들에 내재한 다양성을 없애

확장성을 갖춘 단일한 성격의 존재들로 만들기 위해 노력한다. 숙련된 수공예 장인들을 분업화된 노동에 투입되는 단순 노동자로 변형시키고, 다양한 식물을 유전자 변형을 통해 특정한 모양, 색깔, 맛만을 내는 농산물로 바꾸어 세계 어느 지역에서도 똑같은 상품, 똑같은 시장 가치로 생산될 수 있게 탈바꿈시킨다. 이와 같은 생산 과정은 호환 가능하고, 단일하고 규칙적인 리듬과 패턴으로 조율된다.

칭에 의하면 다종의 세계 만들기는 이와 정반대다. 다양한 생물들이 얽혀 관계를 맺어가기 때문에 탄생, 성장, 재생산, 죽음의 생애 주기가 단일하지 않고 다성음악적 다운율을 이룬다. 따라서 이 존재들은 자립적인 삶을 이루지 못하고 상호의존적이기 때문에 자본주의가 원하는 확장성을 갖기 어렵다. 그렇다고 다종의 세계 만들기가 전적으로 자본주의적 억압으로부터 해방된 영역에 머물러 있기만 하는 것은 아니다. 자본이 아니라 자유를 추구하는 채집인이 자본주의 바깥에서 채집한 송이버섯이 자본주의적 상품이 되듯이, 확장성 없는 다종의 패치에 있던 인간 및 비인간 존재들도 시장 경제로 끌어들여지는 번역의 과정을 거치기도 하기 때문이다. 그러나 이렇게 상품이 된 송이버섯이 시장 경제에 완전히 포섭되는 것은 아니다. 버섯은 소비자에게 팔릴 때 상품보다는 선물로 증여되면서 다시 시장 경제에서 빠져 나온다. 이 과정에 대해서는 다음 장에서 더 자세히 살펴보겠다.

다종의 생물들은 세계 만들기의 과정에서 서로 마주치고 충돌하며 협력적 생존을 이루는데, 이때 서로의 서식지를 '교란'시키고 서로를 '오염'시킨다. 교란과 오염은 칭의 다종 민족지 이론을 이해하는 데 중요한 개념들이다. 먼저 생태 환경을 이야기할 때 교란이라는 단어는 일반적으로 부정적으로 쓰인다. 예를 들어, 환경부가 지정한 '생태계 교란 생물'은 외국에서 유입되어 한국 생태계의 균형을 무너뜨린다고 여겨지는 동식물을 지칭한다. 교란은 외부 요인이 유입되어 질서와 균형 잡힌, 안정적인, 정상적인 내부 상태를 흐트러뜨리는 상황을 설명할 때 쓰이는 개념이다. 그러나 칭은 교란을 긍정적으로 받아들이고 실천하는 사례를 소개한다. 그중 하나는 일본의 사토야마 프로젝트다. 사토야마 프로젝트는 소나무와 송이버섯 곰팡이의 공생을 돕기 위해 숲 바닥의 과도한 부엽토를 긁어내고 너무 빽빽이 자란 덤불을 가지치기하는 등 인간에 의한 교란을 폐허가 된 숲에서 송이버섯이 나타나는 숲으로 전환하는, 숲의 회생에 필요한 요소로 포함시키는 작업이다. 이러한 인간 활동은 숲을 목재 생산을 위한 대규모 공장으로 여기며 개벌해 결국 폐허로 만드는 자본주의적 교란과는 다르다. 사토야마 프로젝트에서 추구하는 교란은 다종의 생물들이 생존을 위해 살아가면서 의도치 않게 서로의 세계 만들기에 영향을 미치며 벌이는 활동과 같은 방식으로 인간의 활동도 그중 하나가 되는 것이다. 상품으로서의 목재 생산을 목적으로 하는 인간중심적 산림 생태계 파괴가 아니라, 송이버섯이 나타나기를 희망하지만 인간의 기술만으로는 송이버섯을 생산하지 못한다는 점을 이해하면서 송이버섯이 맺힐 가능성이 높은 산림 생태계 조성에 인간도 하나의 부분으로서 참여하는 방식의 교란이 그것이다.

이에 더하여, 칭이 말하는 오염이란 서로 다른 생물종이 접촉하며 서로의 신체 활동에 영향을 끼치고, 그로 인해 특정한 방향으로 생존, 진화해가는 양상을 말한다. 근대 생물학은 스스로 형성되고 조직하는 존재로서 내부적인 재생산이 가능한지의 여부에 따라 생물종을 구분했다. 하지만 최근의 생물학은 린 마굴리스Lynn Margulis와 같은 생물학자들이 주장하는 연속 세포내공생진화 이론과 심바이오포이에시스symbiopoiesis 개념을 바탕으로 여러 유기체들이 형성하는 복합체를 하나의 진화 단위로 보고, 공생 진화(공진화가 아니라)를 생물 진화의 예외적인 경우가 아니라 일반적인 현상으로 인정하고 있다. 따라서 한 생물종의 정상적인 탄생, 성장, 죽음은 다른 생물종과의 우연한 마주침에 의해 빚어진 사건에 영향을 받는다. 3부에서 설명하는 것처럼, 하와이밥테일오징어의 빛을 내는 신체 기관은 태어난 후 발광성 박테리아를 만나야만 발달한다. 기생말벌 아소바라 타비다는 볼바키아 박테리아가 몸 안에 들어오지 않으면 난자를 생산하지 못한다. 인간은 태어날 때 어머니의 산도를 통과하면서 얻게 되는 젖산균 박테리아 없이는 젖을 소화할 수 없으며, 몸의 곳곳에 존재하는 미생물 없이는 면역력을 유지할 수 없다. 칭은 이러한 혁신적인 생물학 연구에 영향을 받아 생물이 생존하는 방식이 역사적으로 우연히 발생한 이종 간 관계interspecies relationships에 의존한다고 본다. 즉 생물종은 독립적이고 자립적인 단위가 아니며, '순수한' 자기 성분만으로 이루어질 수 없다. 모든 생물종은 다른 생물종과의 관계를 형성하며 서로의 신체를 오염시키면서 공진화했고 공생하고 있는 것이다. 그리고 이러한 이종 간의, 다종 간의 관계맺음은 우연적인 사건이기에 그것의 결과 또한 일관적이지 않고 불확정적이며 다양하다. 송이버섯 곰팡이가 여러 지역으로 이동해 퍼져나가는 과정에서 소나무뿐 아니라 다양한 나무들과 관계를 맺으며 다양한 냄새와 색깔과 모양을 가진 송이버섯이 생겨나는 것처럼 말이다.

칭은 인간을 포함한 모든 생물의 생존에 있어서 협력에 의한 오염의 중요성을 강조하면서 집단유전학과 신고전파 경제학을 비판한다. 이 두 학문은 생물학과 경제학이라는, 서로 공통점이 없는 두 학문 분야에 각각 기반하지만 그 근저에 있는 이론적 틀은 같다. 둘 다 자립적인 개체가 자신의 이익을 극대화시키는 방식으로 행동하고, 그것만이 다른 개별적 개체들과의 경쟁에서 살아남을 수 있는 방법이라고 주장한다. 그 결과 오염과 교란에 기반한 협력이 언제나 존재해왔고, 지금도 일어나고 있다는 사실을 현대 사회는 보지 못한다. 그리고 우리의 생존은 자립에 의한 순수성 유지가 아니라 협력에 의한 오염과 그로 인해 얻어지는 다양성(유전적, 생태적, 경제적, 문화적 다양성을 모두 포함한다)에 의해 이루어진다는 점 또한 무시한다. 근대 시대는 이렇게 자립과 경제적 이익을 위한 경쟁을 강조하면서 우리 인간에게 진보와 향상, 그리고 경제적으로 안정적인 미래를 약속했다. 하지만 자본주의가 발전하면 할수록 우리의 삶은 더욱 불안정해지고 있다. 신자유주의 시대에 우리는 더 이상 안정적인 평생 직장이나 정규직, 또는 사회복지 서비스를 기대할 수 없게 되었다. 이러한 경제적 불안정성의 시대에 여전히 발전과 진보 이데올로기가 우리에게 안정성을 제공할 것이라고 믿는 것은 얼마나 어리석은가. 칭은 교란과 오염을 통한 다종의 협력에서 등장하는 불확정성에서 생명의 가능성을 보자고 제안한다. 송이버섯 곰팡이와 소나무의 공생을 바라본다는 것은 현재의 기후위기를 극복할 만병통치약을 얻는다는 것이 아니라, 협력적 생존의 가능성 중 한 가지 방식을 배우는 것이다.

자본주의가 장악했지만 장악하지 못한 세계

현재 인류가 당면한 지구의 환경 문제는 기후위기climate crisis를 넘어서 기후비상climate emergency 상황이다. 그리고 기후비상 상황을 초래한 주범은 인간이라는 생각이 널리 받아들여지고 있다. 그 한 예로 현 지질 시대를 인류세로 명명해야 한다는 주장을 들 수 있다. 인류세는 자연이 아닌 인간이 지구의 지질학적 환경에 전 지구적 규모로 거대한 영향을 미치고 있는 시대를 지칭하는 용어다. 세계 각국의 과학자로 구성된 국제지질학연합Intenational Union of Geological Science은 인류세 실무그룹Anthropocene Working Group을 구성해 현 시대를 인류세라는 새로운 지질 시대로 지정하는 데 필요한 연구 자료를 수집하고 있다. 현재를 인류세로 명명하든 그렇지 않든 간에 중요한 것은 인류가 지구 환경을 변형시키며 살아가는 방식이 기후비상 상황을 초래하고 있다는 점이다. 그리고 그중 가장 큰 영향을 미치는 것이 자본주의 체제라는 사실이다. 인류세의 시작점을 근대 자본주의가 태동한 시기로 봐야 한다면서 인류세 대신 자본세라고 부르자고 주장하는 환경사학자 제이슨 무어Jason W.

Moore를 포함하는 많은 학자들은 자본주의가 지구 환경에 미치는 치명적인 영향에 대해 연구한다.

이 책에서 애나 칭은 이런 학자들과 달리 자본주의를 크게 비판하지 않는 것처럼 보인다. 자본주의를 비판하는 다양한 인문사회과학 이론에 익숙한 학자들과 학생들이 보기에 애나 칭의 이론은 뭔가 찜찜하고 뜨뜻미지근하다. 산업화로 폐허가 된 숲에 대해 이야기하면서도 일본의 메이지 유신과 중국의 대약진 운동으로 숲이 민둥산이로 변한 이후 오히려 송이버섯이 많이 등장한 사례를 전한다. 칭은 표준 고용과 자본주의적 노동 착취를 거부하고 산에서 송이버섯을 따는 다양한 배경의 채집인들을 자연친화적이고 평화를 지향하며 비자본주의적인 삶을 사는 모습으로 그리지 않는다. 대신에 그들의 삶에 들어 있는 전쟁과 군사주의의 잔상, 일확천금을 노리는 상업 전략, 송이버섯이 자본주의 상품으로 '번역'되는 '구제 축적'의 과정에 적극적으로 참여하는 모습에 주목한다. 그렇다면 칭은 자본주의를 옹호하는 것인가? 칭은 자본주의를 어떻게 보는 것인가?

하지만 이 책을 꼼꼼히 읽은 독자라면 칭의 이론이 마르크스의 자본론에 뿌리를 두고 들뢰즈와 가타리의 배치 이론에서 꽃을 피우고 있음을 알 수 있을 것이다. 칭은 자본주의를 비판하는 선학들의 이론에 찬사를 보내고 자신이 그들의 연구에 많은 영향을 받았음을 이 책의 곳곳에서 증명한다. 칭에 의하면 자본주의를 비판하는 이론가들은 크게 두 개의 집단으로 나뉠 수 있다. 마이클 하트와 안토니오 네그리처럼 자본주의가 전 세계의 모든 영역을 장악했다고 보는 학자들과, J. K. 깁슨-그레이엄처럼 자본주의에 의해 장악당하지 않은 다양한 기술과 경제, 관계가 있으며, 그것들이 자본주의 이후의 시대를 위한 자원이라고 주장하는 학자들이 있다. 칭은 이 둘 모두를 존중하지만 그럼에도 자본주의에 대한 비판에서 멈추지 않고 그 너머를 보고자 한다. 이는 자본주의가 가져온 여러 문제(불평등, 빈부 격차, 기후 문제 등)를 분석하는 것이 의미가 없다고 주장하거나, 그 반대로 자본주의에서 희망을 찾자고 주장하는 것이 아니다. 자본주의와 지구 생태계 간의 관계를 제대로 파악하자는 것이다. 즉 모두 자본주의에 잠식당했느냐, 아니면 자본주의의 대안이 될 수 있느냐라는 이분법적 분석이 아니라, 자본주의적 영역과 비자본주의적 영역을 넘나드는 행위들, 그 포섭과 변형, 마주침, 이 과정에 참여하는 행위자들의 다양성, 그리고 그 결과의 불확정성을 살피자는 것이다.

이를 위해 칭은 자본주의를 세계 전체에 영향을 미치는 하나의 거대한 체제로 보거나 자본주의의 영향을 받지 않는 순수한 비자본주의적 공간이 존재한다고 보는 두 시각을 모두 거부한다. 대신에 자본주의적 생산, 이윤 추구와 축적이 세계 여러 지역의 패치(조각)들을 연결하면서 작동하는 체계로 본다. 이 패치들은 다운율의 리듬이 여전히 존재하고 다종의 얽힘이 이루어지는 비자본주의적 성격을 띠면서도 이것들을 자본주의적 교환가치의 창출과 축적으로 끌어들이는 번역이 작동할 수 있는 주변자본주의적 공간에 형성된 집합들이다. 여전히 글로벌 기업과 정부가 결탁해 인클로저와 생물해적질biopiracy을 통해 자본주의 생산 수단으로 흡수되지 않은 땅과 물, 생물, 토착 지식과 기술을 잠식하고 있으므로, 이런 주변자본주의적 공간과 패치가 존재하는 것은 확실하다. 칭은 주변자본주의pericapitalist, 구제 축적salvage accumulation, 번역translation과 같은 용어를 사용하여 "자본주의의 내부이자 동시에 외부인" 주변자본주의적 장소에서 토착 지식과 기술로 모은 가치가 자본주의적 이윤으로 전환되는 양상을 구제와 번역이라고 부른다. 이에 더하여 칭은 자본주의로 번역된 다종의 생물과 토착 지식, 그들의 얽힘과 관계 맺음이 자본주의의 착취 속에 영원히 머물러 억압받고 없어지는 것은 아니라고 주장한다. 상품이 선물로 증여되듯이, 그들은 자본주의 내부와 바깥에 동시에 존재하며 행위자성을 가진다.

송이버섯을 예로 들어보자. 송이버섯은 일본의 소매점에 진열되는 값비싼 상품이지만 상품으로 생산되지도 판매되지도 않는다. 환금작물을 생산하는 농경지에서 노동자에 의해 생산되는 대신 소외된 노동을 거부하고 다양한 의미의 자유를 원하며 그 자유를 송이버섯 채집과 거래의 행위로서 연기하고 수행하는 프리랜서 채집인, 구매인, 현장 중개인에 의해 모아지고 분류된다. 채집된 버섯의 가치가 미국 오리건주의 오픈티켓 안에서 매겨질 때에는 채집인뿐 아니라 버섯도 자본주의적 생산과 소비 과정에 의해 소외되지 않는다. 문화인류학 연구에서 많이 다루어지는 비서구 사회의 선물 교환 경제 체제에서처럼, 버섯은 경제적 가치뿐 아니라 심미적, 생태적, 문화적 가치도 가지며, 이 버섯과 관련된 위의 인간들이 추구하는 자유의 상징이자 트로피가 된다. 이 버섯에 관련된 인간들 또한 버섯의 문화적 가치와 연결된 정체성을 얻는다.

그러나 우리가 모두 알고 있듯이 이 송이버섯은 명백히 상품이다. 시장 경제에서 송이버섯에 대한 수요가 없었다면 송이버섯은 채집되지도 않았을 것이다. 글로벌 자본주의에 완벽하게 포섭되지 않은 공간에서 생태적 과정을 통해 형성된 자연(인간과 비인간을 모두 포함)은 일본이 발명해 미국과 소위 '선진국'에 전파한 글로벌 공급사슬에 의해 자본주의 시장으로 흘러들어오게 된다. 곰팡이와 소나무의 다종적 협력으로 탄생한 자실체인 송이버섯이 채집인, 구매인, 현장 중개인을 거쳐 일본의 대규모 무역회사로 넘겨지는 것처럼 말이다. 칭은 이 과정을 구제 축적이라고 부른다. 미국의 오리건주, 중국의 윈난성, 일본의 사토야마 숲은 확장성을 지닌 플랜테이션 농장이 아니지만 그 숲에서 자란 송이버섯은 자본주의적 부의 축적을 위해 '구제'될 수 있는 것이다. 구제 축적은 기업이 이 숲들을 플랜테이션 농장으로 만들지 않고도 이윤을 내고 부를 축적하는 방식이다. 칭은 이렇게 구제가 이루어지는 장소를 주변 자본주의적 장소라고 부르고, 구제가 이루어지는 과정을 번역이라고 부른다.

이 책에서 이런 구제와 번역의 과정을 가장 잘 보여주는 곳은, 대반전의 에피소드로 나를 충격에 빠트렸던 대목인데, 바로 9장 「선물에서 상품까지, 그리고 되돌아가기」다. 대규모 무역회사는 송이버섯을 일본으로 운송하기 직전에 송이버섯에 대해 전혀 모르는 일용직 노동자들에게 버섯의 성숙도와 크기에 따라 분류하도록 한다. 채집인이나 구매인이 송이버섯과 맺은 관계를 철저히 배제한다.

송이버섯과 숲과 채집인을 함께 묶었던 자유라는 단어 속의 다양한 의미, 경험과 지식이 농축된 역사에서 탄생한 명성, 다종의 생명과 삶과 세계 만들기의 가치는 지워지고, 버섯은 자본주의 상품으로 번역된다.

그런데 이렇게 재고품으로 분류된 송이버섯이 일본에 도착한 후 또 다른 반전이 일어난다. 오픈티켓에서의 정체성은 잃었지만 송이버섯은 상품이 아닌 선물로 교환되면서 다시 소외에서 벗어나고 인간 행위자와 함께 새로운 역사를 만들어가게 된다. 송이버섯은 그것을 선물로 주고받는 사람들뿐 아니라 버섯 판매자와 소비자 간에도 선물 경제에서 보이는 증여의 관계를 형성하게 한다. 버섯은 또한 소원해진 가족과 친족 관계를 되살리고, 다양한 문화적 상상의 주인공이 되며, 그 향과 맛으로 문학적 잠재력을 자극하고, 사람들을 숲으로 돌려보내 다종의 세계 만들기에 참여하게 만든다. 서로 다른 생각과 염원을 가진 다양한 국적과 배경의 과학자, 인문학자, 기업인, 정부 관료, 환경운동가를 하나의 학회로 모으고 연결시키기도 한다.

이러한 얽힘을 통해 형성되는 배치는 송이버섯을 중심으로 이루어지는 우연한 마주침의 불확정성을 잘 보여준다. 칭은 주변자본주의적 공간들을 가로지르며 벌어지는 번역과 구제 축적을 역사적으로 살펴볼 때, 자본주의 자체는 불확정성을 주요 특성으로 하는 배치의 성격을 띠게 된다고 본다. 신자유주의 경제는 번역을 통해 주변자본주의의 것들을 자본주의로 끌어들이지만, 고용 불안정, 자원 고갈, 사회복지 감소와 같은 경제적 불안정성 또한 제공함으로써 노동으로 달성할 수 있는 성공을 거부하고 '자유'를 열망하며 주변자본주의적 공간으로 빠져나가는 송이버섯 채집인이 생겨나는 조건도 제공한다. 이 채집인들이 열망하는 자유는 한 가지 의미로 수렴될 수 없이 다양하다. 삶의 다운율적 리듬과 우연한 배치를 확장성과 균일성으로 변형시킨 자본주의가 다양성을 낳은 것이다. 그리고 그들과 송이버섯 숲의 생물들을 연결한 것이다. 또 다른 예를 들자면, 산업비림이 과도한 개벌로 폐허가 된 후 미국, 일본, 중국, 핀란드 등 각국에서 발전시킨 송이버섯 과학은 동일하지 않고 서로 다르며 국가 단위로 실행된다. 각국 특유의 과학과 산림 관리 정책으로 서로 다른 성격의 숲이 생겨나고, 그 숲속에서 생기는 배치도 독특하다. 이 책 속에 소개된 활동가 베벌리 브라운이 한 것처럼 다양한 문화적 배경의 채집인과 산림청을 하나로 모으기도 한다. 생태적 이질성이 발생하고, 교점이 없을 것 같은 존재들이 교차한다. 이것은 자본주의가 예상하지 못한 결과다.

잠복해 있는 공유지를 알아차리자

현재의 기후비상 상황에서 인간에 의해 발생한 환경 문제에 대한 우리 사회의 다양한 반응 중 특히 두 가지가 눈에 띈다. 하나는 주로 인류세를 주장하는 과학자들이 주장하는 것인데, 지구 전체에 해를 입힐 만큼 인간의 능력(여기에서 능력은 과학기술과 동의어다)이 대단하기 때문에 그 능력으로 지구를 구할 수도 있다는 주장이다. 다른 하나는 "인간만 없으면 돼"라고 탄식하며 인간이 살아 있는 한 지구의 자연은 황폐화될 수밖에 없다는 주장이다. 이 두 주장은 서로 매우 다른 것처럼 들린다. 첫 번째 주장은 인류가 이룬 문명의 위대함을 찬양하고, 두 번째 주장은 인류의 존재 자체를 비난하기 때문이다. 그러나 내가 보기에 이 둘은 비슷한 주장이다. 둘 다 자연을 인간과 분리된 비인간으로 보고 그것의 운명이 인간에 의해 좌지우지될 수 있다고 믿는다. 따라서 둘 다 인본주의적이다.

칭은 이 두 가지 주장을 모두 거부한다. 그는 인간에 의해 폐허로 변한 숲에서 일어나는, 송이버섯과 소나무가 (그리고 인간이) 함께 참여하는 세계 만들기, 그리고 세계 만들기가 쌓여 이루어지는 역사 만들기에 주목한다. 칭은 우리에게 나무와 새가, 미생물과 곰팡이가 역사의 행위자라는 점을 잊고 있다고 지적한다. 소나무와 송이버섯 곰팡이는 연대하며 폐허가 된 풍경을 차지한다. 그리고 함께 번창하며 역사를 만든다. 우리도 칭이 하는 것처럼 다종의 역사 만들기에 주목한다면, 환경 문제에 대한 위의 두 가지 인본주의적 반응에서 벗어날 수 있을 것이다. 한때 생태계 교란 외래생물로 지정되어 전 국민의 미움을 받았던 황소개구리는 최근에 유입된 외래종 어류의 먹이가 되면서 지역 생태계의 먹이 사슬을 확장시켰다. 자연스럽게 그 지역 생태계도 균형을 찾았다. 황소개구리를 포획해오면 포상금을 주는 한국 정부의 죽음의 정치 necropolitics 덕분이 아니라, 황소개구리가 살아가면서 주변의 생물들과 함께 조우하며 만들어내는 몸짓과 소리가 그 지역의 생태계 안에 문화적 기호로서 스며들어 갔기에 가능했다(이 이론적 통찰에

도움을 준 전남대학교 문화인류고고학과 석사과정생 이창민에게 감사를 표한다). 또 다른 예를 들자면, 코로나-19 팬데믹의 발생으로 인간의 활동이 줄어들자 비인간의 활동이 눈에 띄게 늘었고 기후 위기를 나타내는 지표들의 성장도 주춤하게 되었다. 이는 인간이 없어야만 자연이 살아난다는 주장을 뒷받침한다기보다는, 항상 진행되고 있는 다종의 역사 만들기가 인간 활동의 상대적 공백기에 더 두드러지게 드러난 것이라고 볼 수 있다.

그렇다면 우리는 칭이 제안하듯이, 잠복해 있는 공유지를 알아차리는 것이 좋겠다. 칭은 잠복해 있는 공유지란 "공동의 목적에 동원될 수 있는 얽힘"(248)이라고 설명한다. 자본주의로 인한 불균등 발전, 빈부 격차, 소외를 해결할 방법으로 최근 공유지 논의가 활발히 이루어지고 있다. 공유지 논의는 사유재산 인정만이 인간에게 진보를 위한 동력을 제공한다는 거짓말에서 우리가 마침내 벗어날 수 있게 해주는 것 같다. 그런데 칭의 이론에 비추어 생각해볼 때 공유지 논의 또한 인본주의적이다. 공유지는 비인간 존재들이 구성하는 다종의 세계 만들기가 없다면 생명이 없는 죽음의 공간이자 존재하지 않는 자원임에도, 인간만이 공유지의 창조와 사용에 관여하는 것처럼 이야기하기 때문이다. 칭의 표현대로, 송이버섯은 사유재산이 될 수 있을지는 모르지만 그것은 인간과 비인간이 함께 형성하는, 하나의 지하 공동체에서 파생된 것이다. 이 지하 공동체는 다종의 얽힘이 끊임없이 일어나는, 다종의 생물을 위한 잠복해 있는 공유지다. 4부에서 설명하듯이, 잠복해 있는 공유지는 인간 집단 거주지에 제한되지 않고, 다종의 관계 맺음에서 상호적이고 비대립적인 얽힘의 공간이다. 잠복해 있는 공유지는 모든 생물을 이롭게 하지 않으며, 우발적이거나 의도하지 않은 방식에 의해 생긴다. 따라서 인간에게 통제되지도 않고, 인류를 구원할수도 없다. 이러한 공유지는 우리가 주목하지 않아서 모르는 것일뿐, 어디에나 존재하고 항상 존재해왔다. 잠복해 있는 공유지가 있기에 폐허에서 송이버섯이 올라온다.

번역 작업에서 경험한 다종의 세계 만들기

번역은 노동일까? 여기에서 번역은 이 책에서 칭이 이론적으로 사용한 개념이 아니라, 일반적인 의미의 외국어 번역을 뜻한다. 번역은 중노동이다. 시간과 품이 매우 많이 들고, 끝내고 나서도 오역을 하지 않았다고 자신할 수 없어서 계속 들여다보며 심리적 스트레스에 시달리게 되는 작업이다. 그리고 들이는 노력과 시간에 비해 그 금전적 대가가 매우 낮다. 그런데도 한국의 출판 시장을 살펴보면 너무나 많은 외국 서적이 훌륭하게 번역되어 있다. 신자유주의적 인간이 되지 못한 사람들, 즉 현재 우리 사회의 요구에 제대로 응하지 않거나 못하는 사람들이 번역을 하고 있고, 그 사람들의 수가 아주 많다는 뜻이 아닐까? 물론 나도 그중 한 사람이다. 번역은 주변자본주의적이다.

그러나 번역은 노동이 아니다. 번역은 동남아시아 채집인들이 떠나온 고향을 느끼기 위해, 임금노동에서 맛볼 수 없는 자유를 누리기 위해 숲에서 버섯을 찾아다니듯이, 노동을 거부하고 글에서 의미를 찾는 일이다. 번역은 노동의 효율성, 소위 '가성비' 추구를 내팽개칠 때에만 가능하다. 이 책이 만들어질 수 있게 한 애나 칭을 포함한 모든 사상가들, 그들이 형성하는 배치에 역자의 문화적, 언어학적, 생태적 요소를 연결시키는 (리좀형) 작업이다. 송이버섯 곰팡이와 소나무와 이리아이 소농민과 엘크와 캔디 케인과 채집인에게서 흘러나온 아주 작은 쓰레기 조각이 형성하는 잠복해 있는 공유지를 자판으로 더듬거리는 경험이다. 자유의 공연은 미국 오리건주의 오픈티켓에서만이 아니라 내가 노트북 컴퓨터를 올려놓았던 서울, 용인, 광주, 제주의 작은 책상들과 나의 무릎 위에서도 이어졌다.

애나 칭이 마츠타케 월드 리서치 그룹을 구성하고 여러 학자들과 협업하며 '얽힘을 가능하게' 하는 과정에서 이 책이 탄생한 것처럼, 이 번역서도 여러 인간과 비인간 존재들과 함께 얽히지 않았다면 세상에 나오지 못했을 것이다. 먼저 나의 오역이 섞인 번역 원고를 함께 읽으며 토론과 오역 교정으로 많은 도움을 준 분들(현실문화연구의 김수기 대표와 강정원 씨를 포함한 편집자들, 전남대학교 문화인류고고학과와 사회학과 대학원생들, 여성환경연대 산하 에코페미니즘 연구센터 달과나무의 이윤숙 전 부소장, 달과나무의 전 소장을 역임한 연세대학교 문화인류학과 김현미 교수, 이화여대 이화인문과학원의 김애령, 이경란, 송은주 교수와 동 대학의 포스트휴먼 융합인문학 협동과정 대학원생들)께 감사의 인사를 드린다. 나의 번역 속도가 너무 느림에도 이 번역서의 출간을 기다리는 마음을 전하며 인내심을 가지고 기다려주고 내게 용기를 북돋아

준 수많은 동료와 선후배 학자들에게 마침내 떳떳하게 얼굴을 들고 책을 드릴 수 있게 되어 기쁜 마음을 건넨다. 그리고 무엇보다도 외로운 번역의 시간 동안 내 곁에서 골골송으로 다운율의 리듬을 더하고, 가끔 자판을 두드려 원고를 자동 저장하지 않는 버릇이 있는 나를 정신 차리게 만들었던 나의 가족 고양이들(지지, 소리, 비나, 오티, 밤비, 니오)에게도 사랑의 눈 깜빡임을 보낸다. 마지막으로 다종의 세계 만들기로 나를 인도해준 이 책의 저자 애나 칭 교수에게 무한한 존경을, 그리고 애나 칭을 다종의 세계 만들기로 이끈 수많은 지구의 반려종 생물들에게 끝없는 연대를 보내며, 계속해서 이루어질 그들과의 우연한 마주침을 기대한다.

용어 찾아보기

인명 찾아보기

지은이 애나 로웬하웁트 칭 Anna Lowenhaupt Tsing

인류학자. 캘리포니아대학교 산타크루스캠퍼스 교수. 글로벌 자본주의를 주로 인간 사회의 정치경제적 행위로 분석하던 학계에 환경, 생태, 풍경, 다중 민족지와 같은 생태인류학적이고 포스트휴머니즘적인 관점으로 이론적 지평을 넓혀 전 세계적으로 알려진 학자다. 첫번째 책『다이아몬드 여왕의 세계에서In the Realm of the Diamond Queen』로 1994년에 해리 벤다 상을, 두 번째 책『마찰: 글로벌 연결에 관한 민족지Friction: An Ethnography of Global Connection』로 2005년에 미국민족지학회가 수여하는 시니어북 상을 수상했다. 2007년부터 송이버섯 세계를 연구하는 모임 '마쓰타케 월드 리서치 그룹'을 조직해 송이버섯의 다종적 결합 및 송이버섯을 둘러싼 상품사슬을 세계 여러 나라의 학자들과 공동으로 연구하고 있다. 2013년부터 5년간 덴마크국립연구재단에서 후원하는 오르후스대학교 닐스 보어 교수직을 수여받았고, 동 대학의 인류세 연구센터 소장으로서 인문·사회 과학, 자연과학, 예술을 포괄하는 초학제적 연구 프로그램을 운영하고 있다. 이책을 비롯해 칭의 최근 연구는 인류세에 대한 비판적 분석과 함께훼손된 지구 환경에서 형성되는 다종의 관계와 이를 통한 삶의 방식을 논의한다.

옮긴이 노고운

인류학자. 전남대학교 문화인류고고학과 조교수. 미국 캘리포니아대학교 데이비스캠퍼스에서 인류학으로 박사학위를 받았다. 현재 기후와환경 문제, 근대 국가의 비인간 생물 관리 정책, 다종의 얽힘과 다종적 정의justice를 다루는 다종 민족지 이론, 에코페미니즘 이론을 중심으로 연구하고 있다.

세계 끝의 버섯

자본주의의 폐허에서 삶의 가능성에 대하여

1판 1쇄 2023년 8월 30일
1판 6쇄 2025년 2월 20일

지은이 애나 로웬하웁트 칭
옮긴이 노고운
펴낸이 김수기

펴낸곳 현실문화연구
등록 1999년 4월 23일 / 제2015-000091호
주소 서울시 은평구 불광로 128, 배진하우스 302호
전화 02-393-1125 / **팩스** 02-393-1128 / **전자우편** hyunsilbook@daum.net
ⓗ blog.naver.com/hyunsilbook   ⓕ hyunsilbook   ⓧ hyunsilbook

ISBN 978-89-6564-285-5 (03300)